『臺灣私法』の成立過程

テキストの層位学的分析を中心に

西 英昭 著

九州大学出版会

凡　例

一、文献の引用に当たっては、複数回引用するものであっても読者の参照の便を考え、「前掲」とはせず逐一書誌情報を掲げた。当該論文の再録など附属情報については初出時のみこれを附した。刊行年不明のものについては「刊行年不明」としたが、版元や出版地についても不明の場合は書誌情報を掲げていない。

二、雑誌論文の引用の頁数については、連載されたものの一部に言及する場合は掲載巻号と頁数を併記した（例：二巻九号、一二頁→（二―九、一二頁））。新聞記事の引用については、容易に参照が可能であることから頁数を省略した。

三、本書での主な分析対象となる臨時臺灣舊慣調査會や臨時臺灣土地調査局等の著作物については、頻繁に登場する為、初出時のみ書誌情報を掲げた。『第一回報告書』、『第二回報告書』、『臺灣私法』からの引用に附された頁数は、特に註記のない限りそれぞれ上巻、第一巻、第一巻上の頁数である。

四、史料の引用に当たっては、筆者の判断で句読点を施した。また、判読不能箇所は「□」とした。

五、引用文中に於ける補充・註釈は（筆者補）、（筆者註）で示し、省略がある場合は「…（中略）…」とした。必要な場合のみ、（以下略）を同様に附した。傍線を施した場合は（傍線筆者）と註記した。その他筆者の分析に於いて用いた記号は、その都度註記したので参照されたい。

六、本書で扱った史料には、差別用語とされる「土人」、「蕃族（番族）」といった表現が登場する場合があるが、史料上の用語である為そのまま用いた（現在では通常それぞれ「漢人」、「原住民」といった表現が採られる）。

目次

凡例

序章

本書は『臺灣私法』（正式には『臨時臺灣舊慣調査會第一部調査第三回報告書　臺灣私法』（一九一〇―一一）、以下『臺灣私法』と省略）及びそれに先行して重層的に存在し、そのテキストに関連を有する報告書群に対し、校合を用いた層位学（Stratigraphie）的分析による批判を施すことによって、そのテキストの成立過程に於いて行われた議論が内包した様々な緊張関係を復元し、その議論自体を位置付ける試みである。

本書の出発点となる問題意識の一つは「テキストを読む」ということである。或るテキストを読む際、そこに書いてあることをただ漫然と受け止めるということではそのテキストを十分に読んだということにはならない。或るテキストに於いてそこでその記述が行われるに至るには一体どのような作業があり、どのような取捨選択が重ねられた上でその記述がなされたのか――テキスト作成過程に於けるその一つ一つの選択を、その選択の場に於いて存在したであろう他の選択肢との緊張関係を意識し、その選択に意味を見出しつつ読むことが必要である。それを行うのと行わないのとでは「テキストを読む」というその行為の質は著しく異なる、と本書は考える。またこのようにして「前提」を位置付けることで初めて、翻って現在行われている諸研究にもヨリ明確な意味が与えられると思われる。本書はテキストのこのような読み方が必要であるとの前提に立つものである。

或るテキストを以上のように読むということは、そのテキストに於いて一体何がなされ、何がなされなかったのかということを厳密に認識するということである。その際にはテキストをただ漫然と読んでいてもその作者達の置かれていた緊張関係を把握することはできない。ただ単に「Aと書いてある」ことで満足しそれをそのまま受け取るのではなく、「何故Aと書かれているのか」について考える、Aという記述は何によって支えられているか、その論拠をまずはテキストの記述の上から導き出す、これが第一の作業となる。

即ちそれは、過去の認識の「過程」に於いて一体何が論拠とされ、それをもとにどのような立論が組み立てられたのかを逐一検証することである。そこでは時系列的に後に存在する作者が、先行する記述が行われた際にその先行する記述の作者が直面した幾つかの緊張関係のうちどの問題に対して意識的であったか、どの問題に対して無意識であったか、或る関係を（そうとは知りながら故意に）改変して利用したのか、またはそうした故意がないままに緊張関係を見失ったのか、等々の問題を確定することが必要となる。各段階の記述が一体何との緊張関係に於いて成り立っているのかが一つ一つ確定され、その前後の記述との関係に於いて当事者の設定する緊張関係がどのように変遷してゆくのかという問題が確定されなければならないのである。

次に、A以外の選択肢が存在したかどうか、存在したとしてその論拠と立論の関係はどうか、という問題を確認し、Aとそれ以外の選択肢の緊張関係を確認することが必要となる。作者が様々な要素に直面し、その相互の関係の中から或る記述が選択されたという時点——A、B、Cについての検討が行われた上で、BでもなくCでもなく他ならぬそのAが選択された瞬間——即ち文章を推敲するまさにその瞬間、この様相に本書は第一の関心を持つ。ただ漫然と単独に存在するAはそれだけでは十全な意味を有しないのであり、「BでもなくCでもなく他ならぬその」という要素によって初めて、ヨリ豊かな意味がAに附与される。さらにはもしかしたら作者も気づかぬうちにDという選択肢が乱入しているかもしれない。このように、Aと緊張関係に立ち、Aにヨリ豊かな意味を附与するもの、に本書は重大な関心を持つ。

以上のような読み方は一見奇異に、或いは迂遠に見えるかもしれない。しかしながら或るテキストをただ漫然と額面どおりに受け取るのではなく、それを批判的に読もうとするならば不可欠の、そして基本的な読み方であることは了解されよう。時空を超越してテキストが書かれた現場に立ち会うことは不可能であるけれども、何らかの方法で試行錯誤のまさにその現場に接近することはできないか、そしてそこからヨリ深い意味を汲み出せないか――この問題を巡っての一つの試みが本書である。

凡そあらゆる学問分野にとって、その学問が何をしてきたかを振り返り整理しておくことは必要なことであると本書は考える。以上のような作業を経てテキストにしっかりと足場を設定しなければ、批判の足場を得られないまいつまでも彷徨するか、もしくは足場のない批判を繰り返すことしかできないのではないだろうか。また本書はテキストを以上のように読むに当たり、テキストが書かれてきた過程を単に来歴的に整理して終わりとすることや、当時と現在を何の媒介もなく短絡してしまう見方は意味をなさないとの立場を採るものである。

さて、東洋法制史学がその一つの「成果」として『臺灣私法』というテキストを持つということはよく知られている。同書は日清戦争の結果日本の植民地となった台湾に於いて、岡松参太郎[1]を調査の首班とする臨時臺灣舊慣調査會が約一〇年の歳月をかけて旧慣調査を行い編纂したテキストである。

このテキストの持つ重要性については過去多くの指摘がなされている。例えば滋賀秀三は『臺灣私法』、『清國行政法』（正式には『臨時臺灣舊慣調査會第一部報告　清國行政法』（一九一四―一五）、以下『清國行政法』と省略）の叙述につき「すべてそのまま現代の知的欲求を満すとは限らないけれども、公法・私法の領域でわれわれが思い当るほどの問題は、両者のどこかですでに相当立入って論及されているのが常である。何かを調べるときにまずはあたって見るべき書物、という地位を将来ともながく失わないであろう[2]」と言明している。台湾という社会を認識しようとする者にとって『臺灣私法』は、それがどのように認識されてきたかを示す一つのテキストとしてひとまず立ち現れるのであり、即ちそれは好むと好まざるとに関わらず一つの「前提」となるのである。

さてでは現在まで『臺灣私法』を巡っては他に如何なる言明が存在したのであろうか。

『臺灣私法』に言及した文献としてよく知られている福島正夫「岡松参太郎博士の台湾旧慣調査と華北農村慣行調査における末弘厳太郎博士」（東洋文化二五・一九五八）は「「旧慣」という場合、そこには古い起源に由来する制度なり規範なりをまず念頭におき、現在よりもむしろ歴史の探求に重点をおく傾向をまぬかれがたい。これは、中国の場合、停滞性の理論とも結びついて、中国社会の特質を常に古いものとのつながりにもとづき説明することに汲々とし、変化と発展を無視する観点に堕せしめるおそれがある。それは、台湾私法などの台湾旧慣調査において、実際そうであった。しかし、そこでは、政策の必要上、まだ多方は現在的観点が保たれている。「旧慣」主義のとくに顕著に発揮されたのは、満州旧慣調査であったと思われる。…（中略）…末弘博士の調査方針は、その全体において、「旧慣調査」を否定するものであった。しかしそれは単純な否定ではなくて、それをもふまえ、その上に出ている。」（四八―四九頁）と述べている。

また別の論考[3]で福島は末弘厳太郎の言明、即ち「調査研究の結果得られたものを系統的にまとめ上げてゆくに付いては、概念構成を明確にするの必要あること勿論なるも、軽々しく欧洲法学系統の概念構成に捉はれることは最も慎むべきことである。又、調査の結果得られた特殊の事項を強いて既成の概念体系の中に押し込むことも極力之を避けねばならぬ。本調査は法律制定の準備作業として之を行ふにあらずして、支那社会の真相を理解する目的を以て行はるゝものであるから、無理に事を分類せんとするよりは寧ろ常時事の本体を捉へることに注意を向けるべきである。」（二三頁）を受けて、「西欧的概念構成を中国法慣行の場合にむりに適用することの非を強調されたものので、これは博士が偉大な労作の台湾私法に加えられた批判の一つでもある。そこには二つの問題がある。一つは、所有権その他近代的法概念に前近代的社会の規範をあてはめること、一つは全体の構成をかかる近代法体系で組み立てることである。」（二五頁）としてヨリ踏み込んだ解説を行っている。

以上は福島が『臺灣私法』及び末弘の言明に対し彼自身緊張関係を迫られた上での発言であり、この発言自体が思想史の対象足り得るものである。その見解に対する賛否は措くとして、以上の言明に於ける『臺灣私法』の特徴の整理について確認されるべきことは、少なくともそれが『臺灣私法』の一字一句を踏まえそれを厳密に分析した上での発言ではないということである。

また『臺灣私法』は昨今の研究に於いてしばしば引用されることがある。例えば本書に於いて扱う慣習の一つである「大租」を巡っての研究[4]にも、その多くを『臺灣私法』をはじめとした本書で扱うテキスト群に負っているものが見られる。しかしそれとても『臺灣私法』の記述を単に引用、乃至はそれに言及するのみで、テキストを批判した上でその主張を位置付け引用するものではない。つまりそこでは「『臺灣私法』はこう言っている」とされるのみで、「何故そう言っているのか」は問われていないのである。

昨今の檔案、古文書などの一次史料の大量発掘により、それらを用いた研究も増加しているが、そのような研究状況と『臺灣私法』の関係が問われることもあまりないようである[5]。テキスト批判という迂遠な道を通るよりも、認識対象である社会にヨリ直接に接近すべきであり、新たな一次史料の大量出現という状況がそれに応える以上、『臺灣私法』は最早問わなくてもよいとするものなのかもしれない。しかし先にも述べたように、これまでなされてきたことを厳密に認識しないことには、現在の研究を位置付けその意味を問うことはできないのである。

最近では『臺灣私法』のテキストを直接扱うことなく、それを取り巻いた背景から『臺灣私法』の営為を位置付けようとするものもある[6]。背景となる諸事情に目を配ることは必要ではあるが、テキストそのものの分析をすることなく『臺灣私法』が何をやったのかを語ることはできるのであろうか。

以上の諸状況から見るに、現在未だ本書の如き関心から『臺灣私法』のテキストを分析したものは現れていない。即ちまずはテキストから始めるというこの実に単純なことが不思議なほどに行われていないのである。従って本書の作業は、第一に『臺灣私法』は一体何をして何をしなかったのかということをテキストの厳密な批判によって確定する、ということになる。

さて次に『臺灣私法』は台湾社会と如何なる切り結び方を見せているのか。第一に『臺灣私法』は植民地化以前の台湾社会と密接に関連している。『臺灣私法』はそのテキスト成立過程に於いて、眼前に広がっていた清代の様相を色濃く残すとひとまず想定される台湾社会と密接な関係を有していたものであり、作者達の目に映ったその様相は、我々がそれを通じて『臺灣私法』以前の社会を見る際の一つの手掛かりとすることができるように思われる。

第二に『臺灣私法』の記述は、それが書かれるまさにその時点に於いて展開していた当時の台湾社会との鋭い緊張関係のもとに作られていったものである。また『臺灣私法』のテキストが書かれる過程は、台湾社会とテキストの間の相互作用によって互いが互いを変容させる、まさに台湾社会が『臺灣私法』を作り、『臺灣私法』が台湾社会を作ってゆく過程としても捉えることができよう。

第三に『臺灣私法』はそのテキスト成立後の台湾社会と緊張関係を有するものとすることができる。(7)『臺灣私法』の記述それ自体が新たな台湾社会即ち植民地時期台湾という社会を形成しているという要素から、『臺灣私法』テキストの分析は『臺灣私法』後の植民地時期台湾社会の検討に際しての手掛かりを提供することになろう。

『臺灣私法』が認識対象たる台湾という社会と以上のような複雑な切り結び方をしていることは、それを手掛かりに台湾という社会へと接近する際に十分に留意されなければならない。『臺灣私法』を通してそれ以前・それ以後の何れの台湾社会に接近を試みるにせよ、『臺灣私法』が生れるまさにその時に何が起こったのかを分析しておくことは必要不可欠な作業であるといえよう。また『臺灣私法』は当時の政策立案上の要請にも深く関与することから、或る社会の重要な転換点に陣取るテキストとすることができ、逆にこのテキストの分析によってそこに結集する多くの要素へと分析を広げることができるといえる。或る社会について書かれたテキストを通じて或る社会へと接近を試みる際に如何なる問題が存在するか、この問題を『臺灣私法』という素材を通して考えることも本書の主要な関心の一つである。

一方で、社会と緊張関係を持ちながら『臺灣私法』というテキストを記述した人々の営みそれ自体をどう考えるかという問題がある。『臺灣私法』が作られた過程は確かに現地の人々が暮らす「台湾」という社会を当時の「日本人」が認識した過程である。しかしそこで行われた作業は所詮日本人学者達の「社会」に於ける営みでしかないという理由のみで、東洋法制史学と無関係である（それは「台湾」という場であったにせよ「日本」の法学の一齣でしかなくむしろ日本法制史学の問題である）とすることはできない。『臺灣私法』は、それ以前の社会を見、それに一定の作業を施し、またその結果がそれ以後の社会に影響を与える、という『臺灣私法』以前（清代台湾）・以後（植民地時期台湾）の社会と密接な関係を持つ「営み」である。その「営み」が何であったかを検証することなしには、それを通して『臺灣私法』以前・以後の社会に接近することはできないのである。

『臺灣私法』に於ける「営み」はそれが当時の台湾総督府の諸政策と関係を持つことから、現在の東洋法制史学とは関心を異にするものであるかもしれない。それが現在行われている諸研究と関心を同じくする「先行研究」であるかどうかは一つの問題であり、検討対象足り得る。しかしながら、現在の我々がこう考えるという考え方・発想の一つの淵源がそこにあることもまた認められよう。『臺灣私法』の性格を巡る以上の問題についても、テキストの一字一句を踏まえた検証なしに何かをいうことはできないものと思われる。

また本書の作業は、『臺灣私法』の外にあってそれと密接な関連を有することが予想される一次史料への接近の為の確固たる足場を築くことでもある。台湾旧慣調査を指揮した岡松参太郎関係の文書は一九九九年秋早稲田大学へ寄贈され、本書とも関連する史料が多く含まれていることが判明していたが、二〇〇八年にようやくマイクロフィルムの形で公開されるに至った(8)。また植民地台湾社会の認識にとり重要な位置を占めると思われる当時の判例も、近年台湾の各法院（裁判所）に於いて膨大な量が保存されていることが確認され、その整理作業を経て二〇〇八年、「日治法院檔案資料庫」としてデータベースが公開されたが、一方で整理作業は未だ完結していない(9)。本書執筆時にはこれらを参照することができなかった。両史料群の分析は挙げて将来の課題となる。

以上の現状の下で求められる作業は、現在まずは目の前にあるテキストについて厳密な整理を行うことであると本書は考える。この作業は一次史料の多寡に関わらず、また逆に一次史料へと切り込むに当たっての足場を固める上で、是非とも必要となる作業である。眼前にそのテキストがある以上、そのテキストから始める――まずはこの最も基礎的な作業を厳密に、着実に行うことが必要である。本書は以上のような関心に基づき作業を行うものである。

さて、では本書での具体的な作業をどのように進めてゆけばよいか。『臺灣私法』はその全体を「不動産（總論・不動産權・不動産權ノ特別ナル物體・不動産權ノ特別ナル主體）」、「人事（人・親族・婚姻・親子・託孤）」、「動産（總論・物主權・當權）」、「商事及債權（商事總論・商人・商業使用人・債權總論・債權各論・合股・匯票及憑單・海商・倒號）」の四編に分かち、附編として「民事訴訟」を有する。第一巻上下・第二巻上下・第三巻上下の六巻構成で総頁数は本文だけで三二七三頁を数える大著である。この全てを検討することは一冊の著書をしても不可能である。

本書ではそのうちひとまず土地を巡る記述に分析対象を絞ることとする。土地、特に広い意味での「所有」のあり方を巡る議論が、或る社会の認識にとって重要な要素の一つとなることに加えて、台湾に於いて「舊慣」の援用を指示した民事商事及刑事ニ關スル律令（一八九八）の施行規則第一条「土地ニ關スル權利ニ付テハ當分ノ内民法第二編物權ノ規定ニ依ラス舊慣ニ依ル」に端的に示されるように、「舊慣」を巡る問題の最も大きなものの一つが土地を巡るものであったからである。

またこの選択は『臺灣私法』に至る先行報告書のうち最も早く書かれた『臺灣舊慣制度調査一斑』（一九〇一、以下『調査一斑』と省略）が主として土地に関する問題を扱っている（一方で家族に関する簡単な記述も附されてはいる）というテキストの成立状況にも関わる。即ち『臺灣私法』に繋がる先行報告書全てに共通する問題が土地を巡るものであり、最も分厚く議論が蓄積している部分であることから、考察に最も適するものと考えられるのである。一方で土地を巡る問題が家族を巡る問題と密接に関連することは『調査一斑』自身が認めており、筆者も同感であるが、テキスト分析にかかる膨大な労力と作業の精密さとの間の平衡、及び扱い得る範囲を考慮し、本書ではさしあたり分析対象を『臺灣私法』「第一編不動産　第二章不動産權」部分及びそれに繋がる記述に絞り、その中でも議論の中心を占め、かつ広く「所有」一般を巡る問題と最も密接な関係に立つ「業主権」及び「典」に関わる部分に限定する。一方で以上の選択はそれ以外の部分の考察を将来に期すことを妨げない。

その上で本書は以下の構成を採って記述を進めることにする。第一章では台湾旧慣調査に関する基礎情報を整理・提供する。明治初期日本の慣習調査以来、アジア地域に於いては台湾旧慣調査をはじめ朝鮮、満鉄調査部、東亜研究所、旧満洲国などに於いて、また中国側でも清末民国期に於いて慣習調査が行われていた[10]。こうした台湾旧慣調査の位置付けの中から、条約改正などとの関係にも留意しつつ、特に台湾旧慣調査の首班となった岡松参太郎本人の明治初期日本の慣習調査への言及、ドイツ植民法学（中でもStengelの所論）への言及、ドイツ膠州湾統治への言及に注目し、台湾旧慣調査が何故に開始されたのか、また始められるに当たって意識された要素が何であったのか、という問題を史料に即した形で分析する。さらに各慣習調査間の人的連鎖の中でもひときわ目を引く中山成太郎の所論に注目することにする。彼は初期の台湾総督府官僚の中でも台湾・朝鮮の双方に関与し、土地問題に関して比較的多くの著作を残している数少ない存在であるからである。

続いて台湾旧慣調査自体の経緯を紹介し、調査の各段階で編纂された報告書の関係を整理し、それらテキストが示す独自の構造に対して如何なる分析方法を用いるのが適当であるかを検討する。『臺灣私法』の前段階には前述の『調査一斑』のみならず、『臨時臺灣舊慣調査會第一部調査第一回報告書』（一九〇三、以下『第一回報告書』と省略）、『臨時臺灣舊慣調査會第一部調査第二回報告書』（一九〇六―〇七、以下『第二回報告書』と省略）といった報告書が積み重なっており、『臺灣私法』はそれら先行する報告書から時にはテキストを切り取ってそのまま利用し、また時には変更・削除・追加を行っているという特徴を有する。本書ではこうした重層的な構造を持つテキスト群に対し校合の手法を用いることによって、どの段階で何を論拠に如何なる立論が行われたのか、という『臺灣私法』成立に至る議論過程の復元を試みる。

第二章では「業主権」を解説するに当たって、その大部分の頁を費やして導入されている「業主権ノ沿革」である「大租小租」、「地基」を巡る具体的なテキスト分析を行う。扱われるテキストは『臺灣私法』とそれに繋がる先行報告書、及びそれらが文中で明確に参照を指示する論文、また明確な指示はないがその引用が認められる論文にひとまず限定される。分析では当該議論に於いてどのような史料が論拠として用いられ、どのような議論が構成されているのかを整理する。

「大租」を巡っては現在でも多くの議論があり、「大租とは何々である」という定義を行うならば忽ちそれに対する異議が提出されることを免れ難いが、そうした「大租」を巡る詳しい議論過程は本文に譲るとして、敢えて一般的と思われる概説を加えておくと以下のようになる。「大租」とは清朝より開墾許可を受けた「大租戸」が、「小租戸」を招いて当該土地を開墾し、「大租戸」は収穫の一部を「大租」として「小租戸」から受け取る（通常はその中から納税する）関係を形成したものを言う。長年この関係が継続する中で「小租戸」は当初相対的に弱い（小作人に類する如き）「権利」しか持たなかったものが、その後「権利」を拡大し土地の「所有者」とも見える立場を獲得するに至ったものとされる。また「小租戸」がさらに「現耕佃人」なる人物に耕作を任せ、「大租」同様に「現耕佃人」から幾許かの「租」を収受するという関係も設定されることがある。これらの関係は様々に錯綜した様相を呈し、「この土地は誰のものか」という問いに容易に答えられないような状況は清代に於いて既に現出していたのである。

以上の如き「大租」を巡る『臺灣私法』の記述に於いては、「大租戸」が「當初」有していた「大租權」が「後年」に至り変化したという主題、及び「大租權」が「物権」か「債権」かという議論、という二つの要素が全ての報告書を通じて現れている。これに関連して「大租戸」の「權利」が時代とともに変化するという発想の来源、また岡松参太郎がReallastの概念を引き合いに出して展開した「物権」・「債権」の別を巡る議論を位置付ける為に、当時の日本やドイツ本国に於ける議論との関連という問題を考えてゆくことにしたい。

一方「地基」は一般的には、或る土地を持っている「地基主」とそこに家屋を建築して居住したいとする「厝主」の間に形成される関係であり、「厝主」は当該土地に家屋を建築し「地基主」は「厝主」から「地基租」と呼ばれる幾許かの金銭を収受するものとされる。この「地基」を巡っては、「大租」同様に時勢の変遷とともに「地基主」から「厝主」へと「土地ニ對スル實權」が移ったと構成する『調査一斑』の姿勢に対し、当時基隆地方を中心に「地基主」から土地を巡る「權利」を購入していた日本人資本家が「地基」関係は賃貸借であるとの攻撃を行い（そうしなければ自ら購入した「權利」は「所有権」ではなく唯の「収租権」になる為である）、『第一回報告書』はその影響を受けて記述を大幅に変更することを余儀なくされた。ここではこのような『臺灣私法』の成立とその社会問題との間に相互影響が存したことがテキストの分析から導かれる。その後「地基」は地上権・賃貸借としての構成がはかられ、「舊慣立法」の草案にもそのように規定された。その後は旧慣調査との連絡が意識されることはなくなってゆく。

第三章は「業主權」に関わる部分について、第二章の分析結果を踏まえつつ、「大租小租」、「地基」に関する部分で行われたことが「業主權」の記述とどのような関係に立つのかを検討し、「業主權」というものがどのようなものとして設定されていったのかという『臺灣私法』のテキストと当時の社会状況との関連を考える。その際には分析対象のテキストとは位相を異にするテキスト群をも検討対象に加え、「業主權」を巡る議論の位置付けを行う。ここで導入されるテキストは調査活動に携わった人間やそれに間接的に関与した人々が『臺灣私法』の外で書き残したものであり、その作者は第一章に見られるような人的連関のもとに『臺灣私法』及び台湾旧慣調査に少なからず関与したと認定される人間にひとまず限定され（テキスト分析の対象たるテキストから見ればいわば二次的な位相に立つテキスト）、必要に応じてさらにそれと連関を持つテキストが順次導入された上でその分析が行われる。そこで検証されるのは以下の内容である。

台湾に於いては既に土地を巡る不動産金融体系の創出、及び租税制度の確立という植民地経営の実務上の要請が早期から提出されており、これらの要請に応え得る理論が模索されていた。初期の台湾総督府官僚であった中山成太郎はプロイセンのシュタイン・ハルデンベルク改革に早くから注目し、同国の内国植民政策に於ける不動産金融体系創出の手法をかなり詳細に追究していた。臨時臺灣舊慣調査會の「舊慣立法」草案にはこれらの影響を受けたと見られる施策も見出すことができる。

以上の要請から不動産金融制度や租税制度に適合する、「所有権」を中心とする体系乃至はそれに限りなく近い体系へ移行する為の理論を構築することが必要とされていたが、一方で『臺灣私法』はその議論過程に於いて、「所有権」的体系とは異なる旧来の「所有」のあり方、即ち各人が各人の「業」を持って土地に関わるという「所有」のあり方をも認識していた。しかし『臺灣私法』は「業主」なる用語がこの旧来の「所有」を巡るあり方に於ける各人各様の「業」を持つという意味で使われることを認識しつつ、それを「所有権者」に等しい意味合いへと読み換え、また清朝期に劉銘傳が行った清賦改革の性質については、租税上の便宜であるとする立場及び「所有権者」的意味合いでの「業主」を認定したものとする立場の両方に反応を示しつつ後者へと傾斜し、同改革を「所有権」認定の「先例」と解釈するかの如き方向性を示していた。そこで探求されたのは、各人が各人の「権利」を持って土地に関わるという「所有」のあり方から「所有権」的な「所有」のあり方への転換を説明し得る理論であった。

そこでは「大租戸」が有していた「権利」を「土地ニ對スル實權」と「收租權」に分割し、前者が「小租戸」に移転したという構成ではなく、「大租戸」の持つ「権利」が全体として質的に変化し、現在では「收租權」を残すのみのものとなったとの構成が採られた。旧来の「所有」のあり方に於いて「大租戸」が有していた「権利」全体を囲い込む形でそれが質的に変化をしたという形を採らない限り、折角作り上げた新たな体系に対しあらぬ方向から手が伸びてくるということを遮断できないとの考慮がはたらいたものと思われる。「物権」・「債権」の別を詳細に論じて「大租權」を「債権」と構成したことも、旧来のあり方に強力な効果を認められないという状況と関係するものと捉えることができる。

各人が各人の「權利」を持って土地に関わるという「所有」のあり方は、意識されつつもそれが十全に展開されることはなかったが、英国法に由来する概念を引用した説明として諸処にその現れを見ることができる。しかしそれは「胎」と呼ばれる慣習の処理や、登記を巡る問題に見るように、新たな体系の創出と保護という要請に応じるものではなかった。しかし一方で「業主權」という言葉が設定された一つの要因である「王土思想」が所有權と領土權の関係という問題に関連するものであること、また英国法での土地取引方式と中国のそれとの表面上の類似などの問題は、凡そ「所有」という問題を考えるに当たっての非常に興味深い論点を提示するものと言える。

第四章では「典」を巡る議論状況を整理する。「典」は第二章・第三章で扱われた広く「所有」を巡る議論とも密接な関係を持つ素材であり、その議論に於いて枢要な位置を占める問題である。これに関する分析を欠いて広く「所有」を語ることは不可能であることは贅言を要しないであろう。

「典」とは何か。実は「大租」同様これ自体が既に非常に厄介な問題なのである。「典」はその性質を変化させつつも中国・台湾に於いて現在に至るまで継続して存在する一つの仕組みであり、これを巡って現在に至るまで数多くの議論が積み重ねられてきた。しかしまたそれが故に、「「典」とは何々である」という解説を行うならば、その解説自体に論者の「典」に対する認識が表出されてしまい、即座に異論を招くという状況にある。さりとて「典」について何らの解説を置かずに本論に入るならば、読者に対して困難を強いることにもなりかねない為に、未解決の問題であるという前提のもとに一定の解説を置くことは無意味ではないと考える。

「典」は或る土地を持つ人間（出典人、或いは原主、原業主）と相手方（承典人、或いは典主、現業主）の間に形成される関係で、多くは中人と呼ばれる人間を間に挟んで行われ、そこでは承典人が当該土地の使用・収益を得、かわりに出典人は承典人から「典価」と呼ばれる金銭（概ね当該土地の売却額の五割から八割程度）を受け取る。この行為の動機は様々であるが、作成される契約文書には多く「今因乏銀応用」の如く金融を欲する由が記載される。

この関係が継続する中で出典人は諸般の事情から典価の足し前を要求することがある。これを「找価」と呼ぶ。そしてこの「典」関係は「回贖」により終了させることができる。「回贖」とは出典人が当初承典人から受け取った金銭と同額（「找価」があればその分を追加）のものを承典人に返却し、出典人が当初の如く当該土地の使用・収益を行うという状態に復帰するものである。またこれと異なり承典人が出典人に対してさらに金銭を与えて当該土地を自己のものとする（「找絶」）こともあり、当該土地を第三者に売却（「別賣」、「別售」）して得られた金銭によって関係を解消することもある。この場合は先の「典」関係で承典人の地位にあった人間が新たに出典人となる訳である。一方で以上の選択肢を採らずに関係をそのまま継続するという場合も存在する。[11]

以上の「典」をどのように説明するかについては様々な枠組みが可能であり、現にこれまでにも様々な形で議論が行われており、西洋に於いてすら一定の蓄積を見ることができる。[12] 特に「典権」に関する具体的な条文を有する中華民国民法が現行法として通用している台湾[13]に於いては制度自体の存否を巡る議論が行われている。[14] 二〇〇七年に制定をみた中華人民共和国物権法に於いては「典権」に関する条文は設置されなかったが、その起草過程に於いては条文を設置するか否かを巡り意見が戦わせられた。[15] 両地域では現実の問題として「典」を巡る議論が行われているのである。

その議論過程に於いては「典」を説明する枠組みとして買戻特約付売買説、質権説、用益物権説等が用いられており、中国大陸・台湾では現在もこの枠組みに沿う形で議論が続けられている。管見では「典」を用益物権とするのが通説のようであるが、その議論は依然繰り返されており、多くの論考が発表され続けている。

しかしながらそこに於いて買戻特約付売買説、質権説、用益物権説等が『臺灣私法』に由来する議論の枠組みであるということは殆ど意識されていない。『臺灣私法』は以上の「典」を巡る諸研究のいわば「源」の一つとして存在しているのであるが、そのことは殆ど認識されていないのである。

大陸や台湾に於いては、民国期に書かれた教科書類[16]が直接の先行研究として参照されているが、民国期には（特に「典権」に関する条文を置く中華民国民法が成立した一九二九・三〇年前後を中心にして）数多くの「典」を巡る研究[17]が発表されており、その中では『臺灣私法』に直接の緊張関係を設定してその説を検討するものがある。また『臺灣私法』に於ける議論はその後の日本に於ける論考[18]でも多く先行研究として参照され、それらは同時代の中国に於ける議論とも関係を有しつつ展開を見せているのである。

しかしながら、そもそも「典」を議論するに当たり何故買戻特約付売買や質権、用益物権といった枠組みが用いられるのか、このことを、その「出発点」という決定的な位置を占める『臺灣私法』に遡って行うものは（大陸・台湾ともに）ない。議論の枠組み自体がどのような位置にあるのか、それが問われないままに現在も議論は続けられているのである[19]。

以上の問題状況を踏まえ、第四章では対象テキストの整理と予備的考察を行った後、『臺灣私法』成立過程に於ける議論を大きく二つの系統に分けて分析することとする。即ち『第一回報告書』に至る過程と、その後『第二回報告書』に至る過程である。最終的な『臺灣私法』はこの二つの報告書の合成である以上、内容の分析は先行する二報告書の分析によって行われることになる。但し二報告書が最終的にどのようなテキストとして『臺灣私法』に受け継がれたかという問題は残る為、継承時に加えられた変更については別途検討を行うこととしたい。

また第三章までとは異なり、「典」を巡る議論は、テキスト上の字句の継承関係を含みつつ、『臺灣私法』を相当に意識しながら、『臺灣私法』後の諸テキストに於いても展開されている。以上のテキストを巡る諸条件から、第四章に於いてこうした「延長戦」としての「典」の議論をも扱ってゆくことには十分な理由と必要性があるとすることができる。

第五章では前章を受けて『臺灣私法』成立過程に於いて発表された論文及びそれに連なる史料の議論上で既に問題とされていた事柄、疑義が呈せられていた問題について考慮し、立論過程に大きな影響を与えたと考えられる要素について考察を加えることにしたい。具体的にはまず議論の内部に存在する問題、即ち「法学」概念を巡る問題、さらに当事者達がどの素材のどの部分を根拠としてその説に至ったのかという立論過程の問題、次に当事者達を取り巻いた要素のうち、当事者達の解釈を支えているのではないかと思われる当時の条件について考察し、それらを総合した上で議論状況に可能な限り接近してゆくこととする[20]。

また以上の所論の他に第六章に於いて、大きく「舊慣」を巡る議論を考える上での好個の素材足り得る諸要素について、補論としてその幾つかを扱うこととしたい。まずは『臺灣私法』に於いて「舊慣」を扱う部分のテキストの変化を分析する。また『臺灣私法』後に関わる文献として石坂音四郎が記した慣習に関する論文を手掛かりとし、それが後の法学者達からどのような緊張関係を設定されるに至ったかという問題について幾つかの文献を紹介する。さらに雉本朗造が晩年関係した鳴海小作争議を取り上げ、凡そ「所有」という問題を考える手掛かりを拾い上げておくこととする。

終章では以上述べた「業主權」の創出過程とその社会との相互関係、及び「典」を巡る議論過程についての知見を再度整理しておくことにしたい。

註

(1) 岡松参太郎については和仁陽「岡松参太郎――法比較と学理との未完の綜合――」（法学教室一八三・一九九五）を参照。他に岡松に関する文献として末川博「岡松参太郎先生の思い出」（同『法律の内と外』（有斐閣・一九六四）所収）、「故法學博士岡松参太郎君　肖像並哀辞」（法学論叢七―二・一九二二）、牧野英一「故岡松博士の憶ひ出」（法学志林二四―二・一九二二）があり、年譜・著作に福井純子「岡松参太郎年譜・著作目録」（立命館百年史紀要八・二〇〇〇）がある。なおこの目録に収録されていない岡松の作品として論文「意思表示の妨害」（法曹記事一八―三・一九〇八）、「我國に於ける法律学の弊」（慶應義塾学報一二八、一二九・一九〇八）、「第三者の債權侵害」（京都法学会雑誌一一―一一、一二・一九一六）、新聞記事「岡松博士の臺灣談」（臺灣日報・明治三五年五月三〇、三一、六月一〇、一二、一三日）、「生蕃の國法上の地位」（臺灣日日新報・明治三六年一月二八、二九日）、及び「臺灣の立法」（臺灣日日新報・明治四一年一月一七日）への反論として小林勝民「岡松參太郎君に與ふる書」（日本辯護士協會録事一一七・一九〇八）がある。

（2）滋賀秀三「清朝の法制」（坂野正高・田中正俊・衛藤瀋吉編『近代中国研究入門』（東京大学出版会・一九七四）所収）三〇八頁。ほかに『アジア歴史事典』（平凡社・一九六〇（初版）、一九六二（再版））所収の仁井田陞「台湾私法」、中山八郎「清国行政法」、松本善海「臨時台湾旧慣調査会」も書かれた時代を反映しつつその重要性に説き及ぶ。また奥村郁三「東洋法制史学の現状と課題」（法律時報四五―五・一九七三）もその重要性に言及する。

（3）福島正夫『中国農村慣行調査と法社会学――とくに末弘博士の法社会学理論を中心として――』（中国農村慣行研究会・一九五七）。その題名に見るように、この著書は第二次世界大戦後の日本の法社会学のあり方を考える際に枢要な地位を占めるテキストの一つと考えられる。関連の諸問題を考えるに当たっては六本佳平・吉田勇編『末弘厳太郎と日本の法社会学』（東京大学出版会・二〇〇七）が必読文献の一つとなる。

（4）古くは戴炎輝「清代臺灣之大小租業」（臺北文獻四・一九六三）、同「從一田兩主談臺灣的租權」（臺北市文獻委員會編『中原文化與臺灣』（同会・一九七一）所収）、また大陸でも楊国楨「台湾与大陸大小租契約関係的比較研究」（歴史研究一九八三―四）、最近では Mark A. Allee, *Law and Local Society in Late Imperial China, Northern Taiwan in the Nineteenth Century*, Stanford, Stanford University Press, 1994（中国語訳：艾馬克『晩清中國的法律與地方社會――十九世紀的北部臺灣』（播種者文化有限公司・二〇〇三））も「大租」を扱っている。

（5）例えば堤和幸「批評と紹介：林玉茹著　清代竹塹地区的在地商人及其活動網路」（東洋学報八三―三・二〇〇一）は「『台湾私法』と『台湾文献叢刊』だけで台湾史を語れる時代が終わろうとしている」（一三三頁）とするが、その『台湾私法』はこれまで十分に語られてきたと言えるのであろうか。それが何であったかも問われないままに捨て去られようとしているのではなかろうか。

（6）呉豪人「ドイツ人種学的法学と『臺灣私法』の成立」（比較法史学会編『複雑系としてのイエ　Historia Juris 比較法史研究――思想・制度・社会8』（未來社・一九九九）所収、同氏の台湾史研究一四・一九九七掲載論文を加算修正したもの）参照。

（7）『臺灣私法』が完成すると、それを裁判での論拠にそのまま引くものも現れた。例えば覆審法院大正元年八月二〇日判決（「典權贖囘典權抹消登記請求事件」（台法月報六―一〇・一九一二））には「證據トシテ控訴代人ハ臨時臺灣舊慣調査會第一部調査第三回報告書ノ一部寫ヲ提出シ」とある。また旧慣調査に携わった人材は裁判の場に於いても慣習の存否の証言や証拠の鑑定を行っている。覆審法院明治三八年二月二三日判決（「契約金請求事件」（臺灣慣習記事六―五・一九〇六））に登場する鑑定人陳少碩、歐陽長庚は法院での舊慣諮問會の一員で、旧慣の問答記事などに登場する。また覆審法院明治四三年一〇月二七日判決（「地所引渡租谷請求事件」（法院月報四－一二・一九一〇））に登場する山本留蔵は臨時臺灣舊慣調査會の一員である。

(8) 同文書に関するこれまでの紹介として浅古弘「岡松家旧蔵図書・文書資料について」（ふみくら（早稲田大学図書館報）六三・一九九九）、同「岡松家旧蔵図書・文書資料のこと」（書斎の窓五〇五・二〇〇一）、同「岡松家舊藏圖書文書資料整理始末」（法制史研究［台北］二・二〇〇一）、同「岡松家舊藏圖書文獻與台灣法史」（法制史研究［台北］四・二〇〇三）、また日本国内では法制史学会第五五会総会（二〇〇三年四月二七日、於早稲田大学）、日本台湾学会第五回学術大会（二〇〇三年六月一四日、於関西大学）、法史学研究会第一〇三回例会（二〇〇四年一月一六日、於明治大学）に於いて報告がなされている。現在の状況は浅古弘『岡松参太郎の学問と政策提言に関する研究』（課題番号１２４２０００３、平成一二年度～平成一四年度科学研究費補助金（基盤研究（Ｂ）（２））研究成果報告書）（二〇〇三）に詳しい。岡松参太郎文書の全容については早稲田大学図書館・早稲田大学東アジア法研究所編集『早稲田大学図書館所蔵　岡松参太郎文書目録』（雄松堂・二〇〇八）を参照。

(9) 判決原本の発見・整理作業につき後藤武秀「台湾に現存する日本統治時代の裁判所資料」（東洋法学四四－二・二〇〇一）、王泰升「旧台湾総督府法院司法文書の保存と利用」（林屋礼二・石井紫郎・青山善充編『明治前期の法と裁判』（信山社・二〇〇三）所収）、同「台湾総督府法院文書目録の編纂」（台湾史研究部会編『台湾の近代と日本』（中京大学社会科学研究所・二〇〇三）所収）など参照。「日治法院檔案資料庫」については http://tccra.lib.ntu.edu.tw/tccra_develop/ を参照（二〇〇九年七月確認）。現在も続く作業につき「台湾法務部司法官訓練所蔵刑事裁判記録仮目録」（浅古弘『東アジアにおける近代法形成と法の回廊に関する実証的研究』（課題番号１６２０３００１、平成一六年度～平成一九年度科学研究費補助金（基盤研究（Ａ））研究成果報告書）（二〇〇八））参照。

(10) こうした繋がりを山室信一『思想課題としてのアジア』（岩波書店・二〇〇一）の説く「思想連鎖」という概念で呼ぶことも可能であろう。「思想連鎖」という視角については「ここで思想連鎖というのは、ある時代、ある次元での思想・制度が時代を超え、社会を超えて伝わり、衝迫力をもって新たな思想や社会体制の変革を喚び起こす原因となり、いかに連動性をもって変化していったかに着目するものである。そして、この思想連鎖がいかに欧米とアジアとの間で、さらにアジアの諸政治社会の間で生じたかという相互交渉過程を検討することによって、世界の一環としてのアジアの位相と、さらにそのなかにおける各々の政治社会の繋がりの態様を明らかにするというのが、思想連鎖という視角を設ける目的である。」（一三頁）と述べられている。

(11) 既に本書のこの記述に対し反論を唱える方も多いと思われるが、本書は「典」をあくまで素材として扱うものであり、「典」そのものについて何か明らかにしようとするものではない。「典」そのものに関して論じる文献は数多く存するので、そちらもあわせて参照されたい。代表的な研究として寺田浩明「中国近世における自然の領有」（後藤明ほか執筆『シリーズ世界史への問い1　歴史における自然』（岩波書店・一九八九）所収）、同「清代中期の典規制にみえる期限の意味について」（島田正郎博士頌寿記念論集刊行委員会編『東洋法史の探究：島田正郎博士頌寿記念論集』（汲古書院・一九八七）所収）、梁治平『清代習慣法：社会与国家』（中国政法大学出版社・一九九六）九二頁以下、岸本美緒「明清時代における「找価回贖」問題」（中国――社会と文化――一二・一九九七）、臼井佐知子『徽州商人の研究』（汲古書院・二〇〇五）「第二部　徽州における典當と典當業經營」及びそこで扱われる先行研究を参照。また「典」は土地のみならず房屋や動産、果ては妻に対しても用いられるが、本書の検討対象である『臺灣私法』が土地を主な対象として扱っている為、本書もそれに沿う形で、特に断らない限り土地に対する「典」を念頭に置くこととする。ただし『臺灣私法』及びそれに連なる議論が、不動産に関する「典」と動産に関する「典」を截然と区別することなく論じていることは、後世別の問題を引き起こすこととなる。

（12）　筆者の知り得た限りでの「典」を扱う西洋の文献には Horst Bohling, *Chinesisches Sachenrecht*, Inaugural-Dissertation, der Thüringischen Landesuniversität Jena, 1934, Horst Bohling, "Das Dien", in: *Sinologica* 2, 1950, Karl Bunger, "Alte Chinesische Rechtsgedanken im Modernen Chinesischen Grundstuks Recht", in: *Sinica* 8, 1933, Karl Bunger, *Zivil- und Handelsgesetzbuch sowie Wechsel- und Scheckgesetz von China*, Marburg in Hessen, N. G. Elwertsche Verlagsbuch Handlung, 1934, Von Otto Haas, "Gewohnheitsrechtliche Vertragstypen in China", in: *Archiv für Ostasien* 1, 1948, Henry McAleavy, "Dien in China and Vietnam", in: *Journal of Asian Study* 17, 1958 などがある。管見の限りでは「典」の問題に対し中華民国民法成立を報じる際に言及するものと、第二次世界大戦直後にやや専門的な論考が発表されているのが目を引く。ただしその殆どは中華民国民法に於ける「典」の解説である。また McAleavy の研究は『臺灣私法』に言及するものとして注目される。専論と思しき Horst Bohling, "Das Dien" も、「典」が中国の家族と祖先崇拝（Familie und Ahnenkult）に密接な関係を持つものとし、西洋の諸制度との異同を簡単に述べた後、中華民国民法の紹介を行っている。また最近中国大陸に於いて米健「典権制度的比較研究――以徳国担保用益和法、意不動産質為比較考察対象」（政法論壇（中国政法大学学報）・二〇〇一年第四期）が「現今国内大多数学者…（中略）…都認為典権是中国独特的不動産制度…（中略）…不過…（中略）…将視野拡大到整個世界時、就会発現這種看法其実是不真実的」（一三頁註3）として（Nussbaum 等の研究に依りながらではあるが）ドイツ、フランス、イタリア等の法制史研究を視野に入れようと試みるのは、中国大陸に於いて発表されている数ある典権関係の文献の中でも異彩を放つ。この方向が単純な比較に止まるのでなく、進んで社会構造にまで降りた上でこの対話が探求されるならば、中国大陸の学界にヨリ多くの成果をもたらすことであろう。

（13）　第二次世界大戦後台湾では日本植民地時代の「不動産質権」が「臨時典権」という形で処理されている。これにつき劉恆妏「台灣法律史上國家法律體系對民間習慣規範之介入――以台灣「典」規範之變遷為例――」（國立臺灣大學法律學研究所碩士（修士）論文・一九九六）九七―一〇七頁参照。また台湾に於ける「典」の変遷については陳栄隆「百年來典權之滄桑歲月及

未來展望」（黃宗樂總編輯『台灣法制一百年記念論文集』（臺灣法學會・一九九六）所収）参照。その他戦後台湾に於ける「典」を巡る論考は袁坤祥編『民法總則債編物權親屬繼承法律論文分類索引 1947-1999』（東呉大學・二〇〇一）一八四―一八六頁参照。

(14) 近年台湾に於いては中華民国民法物權編の改正作業が進んでおり、「典權」は一応存続させる方向で議論が行われている。この議論過程については法務部主編『法務部民法研究修正委員會物權編研究修正小組會議資料（典權部分）彙編（十）』（法務部總務司・一九九三）、法務部主編『法務部民法研究修正委員會物權編研究修正小組會議資料（第八章典權部分）彙編（廿二）』（法務部總務司・一九九六）を参照。そこでは「典權」につき僅かながら実務が存すること、将来活用の可能性が絶無ではないこと（不無東山再起之可能）などの理由から条文を存置する方向で検討が行われている。

(15) 中華人民共和国に於いて「典」は、土地を巡るものについては資本家・地主階級の搾取手段であったとして全廃されたが、房屋の「典」を中心に残存し、現在もその回贖を巡る紛争が存在する。関係する法令、判例や人民法院の批復は梁国慶主編『新中国司法解釈大全』（中国検察出版社・一九九〇）、顧昂然・肖揚主編『中華人民共和国司法解釈総覧』（法律出版社・一九九六）等に収録されている。また近年の民事法制定の動向に応じて発表された論文も多数存在する。一方では条文を置かない方向での立法方針を説く中国社会科学院法学研究所物権法研究課題組「制定中国物権法的基本思路」（法学研究・一九九五年第三期）、質権や抵当権の活用で足りるとする王金澤・呉炳灝・田耀東「恢復不動産典権問題芻議」（中国房地産二〇九・一九九八）、質権の見直しを提唱する馬新彦「典権制度弊端的法理思考」（法制與社会発展・一九九八年第一期）、現代市場経済の需要に合わないとする王剣鋒・賀冰潔「也論典権制度的存廃」（武漢理工大学学報（社会科学版）一六―五・二〇〇三）などの主張も存在する。しかし、管見の限り多数の論文は「典」を「中国固有の制度」とし、その性質を質権など「担保物権」ではなく「用益物権」であるとし、市場経済下での新たな活用の道を探りつつ、「典」に関する条文の設置を提唱しているようである。一九九〇年代以降発表された論考はあまりに多数の為紹介を省略するが、諸論文の中で最も詳細な情報整理を行い、よく引用されるものとして李婉麗「中国的典権法律制度研究」（民商法論叢一・一九九四）、比較的最近のものとして崔建遠・申衛星「典権制度応予承継」（同編『我国物権立法難点問題研究』（清華大学出版社・二〇〇五）所収）、其木提（宇田川幸則・林美鳳訳）「中国の典権制度についての一考察」（名古屋大学法政論集二一五・二〇〇六）を挙げておく。二〇〇七年に制定を見た物権法では結局「典権」に関する条文は置かれなかったが、草案に於いては「典」に関する条文を設置するものが殆どであった。梁慧星『中国物権法草案建議稿：条文、説明、理由與参考立法例』（社会科学文献出版社・二〇〇〇）五八〇―五九八頁、王利明編『中国民法典学者建議稿及立法理由・物権編』（法律出版社・二〇〇五）三〇八―三二三頁参照。また中華人民共和国に於ける歴代の民法典草案については何勤華・李秀清・陳頤編『新中国民法典草案総覧』上中下（法律出版社・二〇〇三）がある。

(16) よく引用されるものとして余棨昌『民法要論物権』(朝陽學院出版部・一九三二)、何凌漢編『民法物權』(商務印書館・一九三五)、曹杰『中國民法物權論』(商務印書館・一九三七(初版)、臺灣商務印書館・一九六七(臺二版))、黄右昌『民法詮解物權編』上下(商務印書館・一九四五(初版)、臺灣商務印書館・一九七七(臺一版))、鄭玉波『民法物權』(三民書局・一九五九(初版)、一九九九(修訂十一版))、史尚寛『物權法論』(史尚寛・一九五七(台北初版))などがある。教科書である為引用文献は極端に限られているが、史尚寛著は『臺灣私法』を参考文献として挙げている。また黄右昌は北洋政府時期の民法第二次草案の起草者としてその論が注目されている。

(17) 民国期の中国に於ける「典」の研究は本文で扱うものの他、以下のようなものがある。王鳳瀛「我國現行不動産典當制度與民法草案所認之地上權永佃權不動産質權有無異同應否並存」(法學會雜誌一〇・一九二三)、黄錞「民法法典中之典權應若何規定乎?」(法律評論三〇八・一九二九)、同「論典權之性質」(法律評論三一三〜三一五・一九二九)、薛祀光「讀民法物編立法原則關於典權部分後所感」(社會科學論叢二―一・一九三〇)、同「典權之性質」(社會科學論叢二―八/九・一九三〇)、劉重蔭「物權中典之研究」(法學雜誌八―一・一九三五)、沈家詒「對於民法典權規定之商榷」(中華法學雜誌六―六・一九三五)、鍾公選「典權論」(民鐘季刊一―二・一九三五)、李宜琛「民国民法に於ける典權の研究」(早稲田法学一四・一九三五)、徐海容「典權性質之檢討」(法學雜誌一―一・一九三五、何勤華・李秀清主編『民国法学論文精萃 民商法律篇』(法律出版社・二〇〇四)に再録)、鍾乃可『典權制度論』(商務印書館・一九三七)、劉徳暄「我國民法中「典」之沿革論」(中華法學雜誌(新編)一―八・一九三七)。うち黄錞、薛祀光の論考は直接『臺灣私法』の行論に言及する。なお黄錞の論考は自身が明治大学に提出した学位論文を中国語で発表したものである。学位論文自体は筆者未見であるが、これは後に附録部分を省略して黄錞「中国不動産典權論」(台法月報三二―六〜三三―一二・一九三七〜三八)として掲載されている。

(18) 例えば以下のようなものがある。河村東洋「典權について」(東亜経済研究一九―一・一九三五)、八木芳之助「支那における農地の典について」(経済論叢五〇―六・一九四〇)、清水金二郎「北支の典慣行」(東亜人文学報三―一・一九四三)、星川長七「典制度の考察」(早稲田法学二一・一九四三)、清水金二郎『契の研究』(大雅堂・一九四五)、杉之原舜一「典の法的性質」(法律時報一九―一・一九四七)。

(19) 「典」を巡る『臺灣私法』成立過程の議論を扱った直接の先行研究としては呉珮君「中華民国民法典における典権概念の推移――伝統的法慣習の近代法的理解――」(法学政治学論究八・一九九一(法制史研究四二・一九九三に寺田浩明による書評がある))が近代法史に於ける議論の推移に着目した数少ない研究として挙げられる。しかし同研究は『臺灣私法』の成立過程、そこに於いて用いられる史料相互間の関係に対する分析を欠いている。また『臺灣私法』以降日本の植民地支配の過程で作成された諸調査資料についてもその相互の関連が明らかにされてはおらず、一連の日本側の調査が持つ全体的な文脈との関連が明確に語られるまでには至っていない。議論過程に於ける各論者の主張の整理についても、同研究は各論者が「論決した」、「議論の余地なく証明した」という形での類型化を図り、各論者と報告書の記述の関係についても「全く一致する」というように整理する。しかし各論者は同研究が整理するような明確な断定を下すに至っているのか、各報告書の記述と論者の関係はそこまで明確なのか、また論文中には一部論争当時から二〇年程後の資料を引いて論決を下している箇所もあるが、厳密な時系列的処理を欠くこの論決は果たして成立し得るのであろうか、疑問なしとしない。また同研究は日本側の資料を検討する理由として日本側の認識が中国へ与える影響を挙げるが、この関係は先行する日本人学者の見解に後発の中国側が影響されたという単純な流れにまとめられるものであろうか。『臺灣私法』成立過程に於いて現れた調査結果やそこで行われた論争と清末法典編纂時の日本人顧問の存在という両要素が関係を有するものであるかどうかの検証は困難を極める問題であり、当面別個の要素として検討されるべきである。またそれ以外の流入経路についても考察が行われるべきであるし、また中国から日本への影響の存否も検討されなければならず、この相互作用が示す相当に複雑な構成は、ヨリ注意深く扱われなければならない。

(20) 『清國行政法』については本書で触れることはできない。同書に於いて「典」は旗地の問題との関係でその沿革として解説が加えられていることから、ひとまずは別の文脈をもつ記述として扱われるべきであり、また民国期の「典」に関する文献で同書を参照するものが殆ど見られないことからも本書では割愛した。

第一章　『臺灣私法』に関する基礎情報

第一節　「調査」の時代

明治初期日本に於ける慣習調査以来、台湾や朝鮮、満鉄調査部、東亜研究所、旧満洲国などに於いて、また清末民国期の中国に於いて、多くの慣習調査が行われたことはよく知られている。これらは相互に人的な関係を有するものでもあった（次頁地図を参照）。

明治初期の日本に於いて司法省が行った（後に司法省編『全國民事慣例類集』（同省・一八八〇）に結実する）慣習調査はその発端に位置するものである。[1]その調査員は他の地域に移動して継続して調査を行った訳ではないけれども、調査が行われたこと自体は折に触れて想起され、調査を行うという一つの範型として言及されることとなる。ついで沖縄に於いて慣習調査が展開した後、[2]日清戦争の結果日本の植民地となった台湾に於いて、本書の中心的な考察対象である『臺灣私法』及びそれに連なる報告書群を生んだ台湾旧慣調査（岡松参太郎指揮）が開始される。

台湾旧慣調査が行われていた頃、一方の清末中国では日本から法律顧問として岡田朝太郎・松岡義正・志田鉀太郎・小河滋次郎が参加して近代的法典編纂活動が行われ、[3]作業に当たって岡田から岡松への協力要請も行われていた。またこの時期には清朝側の機関である憲政編査館・修訂法律館による慣習調査が行われていた。[4]これは清朝の

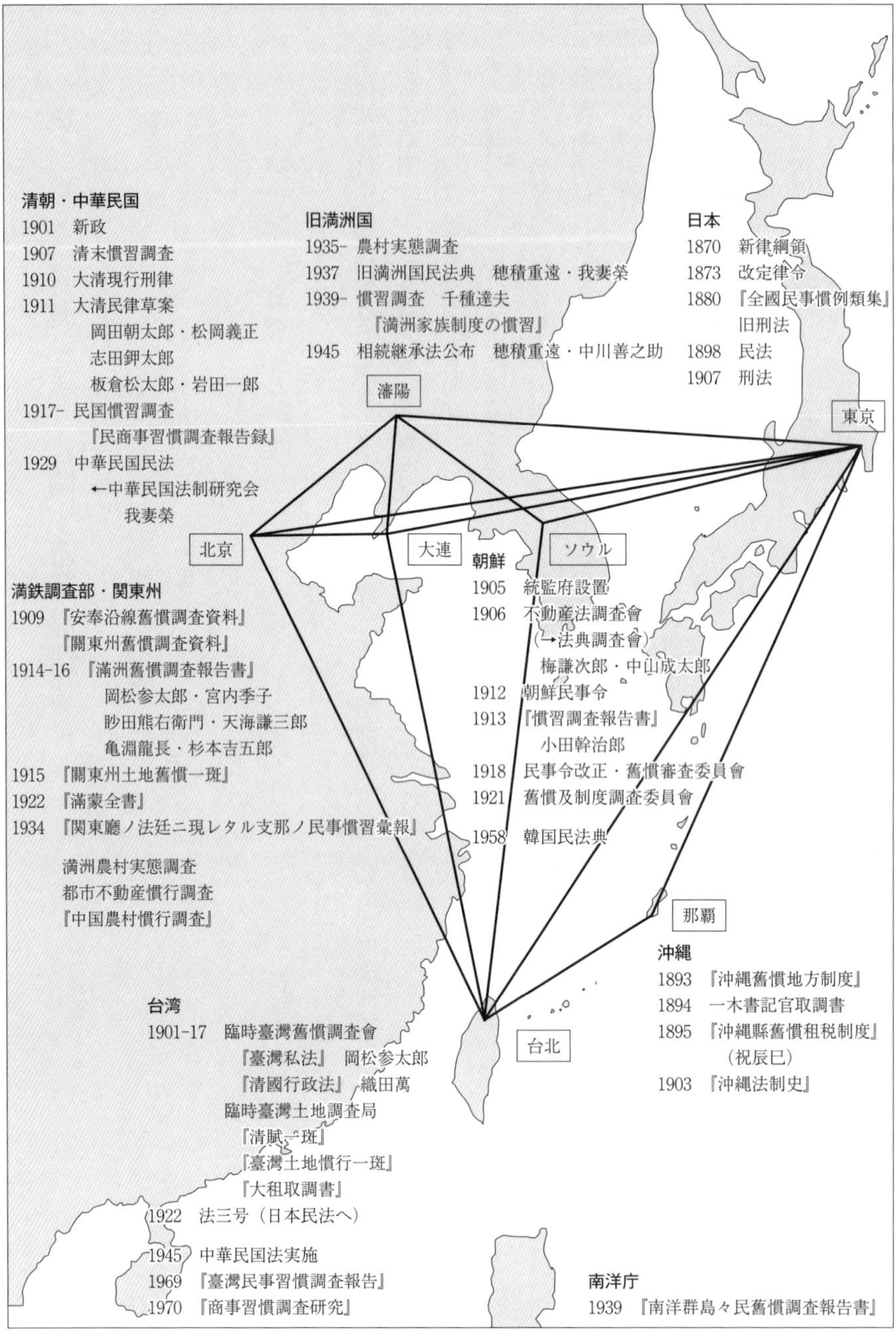
清朝・中華民国
1901　新政
1907　清末慣習調査
1910　大清現行刑律
1911　大清民律草案
岡田朝太郎・松岡義正
志田鉀太郎
板倉松太郎・岩田一郎
1917-　民国慣習調査
『民商事習慣調査報告録』
1929　中華民国民法
←中華民国法制研究会
我妻榮
旧満洲国
1935-　農村実態調査
1937　旧満洲国民法典　穂積重遠・我妻榮
1939-　慣習調査　千種達夫
『満洲家族制度の慣習』
1945　相続継承法公布　穂積重遠・中川善之助
日本
1870　新律綱領
1873　改定律令
1880　『全國民事慣例類集』
旧刑法
1898　民法
1907　刑法
瀋陽
東京
北京
大連
ソウル
朝鮮
1905　統監府設置
1906　不動産法調査會
(→法典調査會)
梅謙次郎・中山成太郎
1912　朝鮮民事令
1913　『慣習調査報告書』
小田幹治郎
1918　民事令改正・舊慣審査委員會
1921　舊慣及制度調査委員會
1958　韓国民法典
満鉄調査部・関東州
1909　『安奉沿線舊慣調査資料』
『關東州舊慣調査資料』
1914-16　『滿洲舊慣調査報告書』
岡松参太郎・宮内季子
眇田熊右衛門・天海謙三郎
亀淵龍長・杉本吉五郎
1915　『關東州土地舊慣一斑』
1922　『滿蒙全書』
1934　『関東廳ノ法廷ニ現レタル支那ノ民事慣習彙報』
満洲農村実態調査
都市不動産慣行調査
『中国農村慣行調査』
那覇
沖縄
1893　『沖縄舊慣地方制度』
1894　一木書記官取調書
1895　『沖縄縣舊慣租税制度』
(祝辰巳)
1903　『沖縄法制史』
台湾
1901-17　臨時臺灣舊慣調査會
『臺灣私法』　岡松参太郎
『清國行政法』　織田萬
臨時臺灣土地調査局
『清賦一斑』
『臺灣土地慣行一斑』
『大租取調書』
1922　法三号（日本民法へ）
1945　中華民国法実施
1969　『臺灣民事習慣調査報告』
1970　『商事習慣調査研究』
台北
南洋庁
1939　『南洋群島々民舊慣調査報告書』

慣習調査の連鎖

倒壊とともに頓挫するが、北洋政府時期には改めて慣習調査の必要が説かれ、『民商事習慣調査報告録』（司法行政部・一九三〇）に結実する慣習調査が行われている。(5)

一方台湾旧慣調査に携わった人間は後に岡松とともに初期の満鉄調査部に渡り、継続して調査を行うこととなり、(6)これは後に『滿洲舊慣調査報告書』（全九冊、南滿洲鐵道株式會社調査課／大同印書館・一九一四—一五）として結実することになる。この段階では新たに東亜同文書院を卒業した人材も加わり、(7)後の調査へと引き継がれてゆく。満洲農村実態調査、(8)都市不動産慣行調査を経て、(9)東亜研究所第六調査委員会による(10)『中国農村慣行調査』(11)が「調査の時代」を一応締めくくることになる。

旧満洲国でも満鉄調査部と関係を有しながら農村実態調査(12)が行われ、また千種達夫による家族法の慣習調査も行われた。(13)同時に進められた旧満洲国法典編纂(14)は穂積重遠、我妻榮(15)など当時の日本を代表する法学者が参加したものであり、彼らはまた中華民国法制研究会(16)などの調査を通じて中華民国法制の研究を行っていた学者でもあった。また旧満洲国民法典は中華民国民法典とともに現在の大韓民国民法典起草に際し参照されたとする説がある。(17)

そのほかにも朝鮮では台湾での旧慣調査とほぼ同じ頃、晩年の梅謙次郎が法典編纂・慣習調査に携わっている。(18)その助手として参加したのは初期の台湾総督府を支えた中山成太郎であった。また日本人顧問はタイでの法典編纂(19)にも参加しており、それはいち早く台湾でも報じられ、(20)岡田も後にこれに関する論考をものしている。(21)慣習調査は南洋庁下のミクロネシア、(22)また終戦間際の東南アジアにも及んでいた。(23)台湾では日本の植民地支配終了後、さらに慣習調査が行われている。(24)また現在民法典の編纂が進む中華人民共和国に於いても、慣習調査を行うべきことを主張する学者もある。(25)

第二節　調査の「範型」を求めて

以下では実際に台湾に於いて如何なる発端により旧慣調査が開始されたのか、考え得る要素について史料を挙げて順に見ておくことにしたい。関係当事者が何故慣習を調べなければならないと思ったのか、調査を行うということに関し先行する範型として何が意識されていたのか、という問題について、まず当時の台湾を取り巻いた条約改正との関連につき整理し、しばしば引用される後藤新平の講演やその他の史料を瞥見し、次に調査の実質的な指揮をとった岡松参太郎が一体何を意識していたのかを、彼の残した言明から検討することにしたい。

第一款　条約改正と台湾

治外法権の撤廃の為に日本内地に於いて新法典の実施が急がれたことは以前から指摘されている。[26] この問題は台湾に於いては、日本の植民地となった台湾が条約に言う日本帝国政府の領域に含まれるかどうか、含まれるとすれば台湾にも新法典を施行しなければ条約相手国に「日本はその領域に於いて新法典を施行しておらず条約の定める要件を満たしていない」との口実を与えかねない、さりとて「文明的」である新法典を「非文明的」である台湾に今すぐに実施するのは困難である、との文脈で議論を引き起こしていた。

この問題に関する政府内での検討は外務省参事官寺尾亨による報告書に見ることができるが、[27] その中ではフランスのアルジェリア統治に関する言及が見られるのが特徴的である。寺尾は報告書の送付状の中で「我國臺灣ト殆ント同一ノ地位ニ有之候佛國所領「アルゼリア」ニ於テハ」云々としており（その判断の理由は送付状では述べられていない）、一方で「英國殖民地ニ於テモ同様ノ儀ト存候間」云々とも述べてはいるものの、報告書自体は「アルゼリア」を中心としたものとなっている。

台湾の統治に当たり外国の植民地統治方式が広く参照されたことは容易に推定できよう。殊にフランスのアルジェリア統治が参照されたことについては、仮に各国から台湾には新法典が施行されていないと抗議されたとしても、フランスを引き合いに出すことによって、領土の一部に新法典が施行されていないからといって条約の要件を満たさないとは言えない、それは恰もフランスのアルジェリア統治と同じ関係である、と抗弁することを意識した選択であった可能性を当時の報道に見ることができる(28)。

以上を踏まえての台湾の具体的な統治方策については、寺尾報告書送付時の大隈重信書簡が「（一）改正条約ノ実施ニ連係スル所ノ各法典ハ台湾島ニモ之ヲ施行シ（二）該島住民相互ノ契約其他私法関係其相互ノ訴訟手続其刑罰及ヒ処刑手続ニ限リ旧慣ヲ参酌シテ特ニ之ヲ規定スルコトヲ得」としており(29)、また当時法制局長官であった梅謙次郎もこれとほぼ同旨の意見書をまとめていた(30)。最終的にはこれに添った形での民事商事及刑事ニ關スル律令が制定された訳であるが、これについては異論・反論も多く存在したことが報道されている(31)。

以上の如く新条約を台湾に施行する為の手当てとして策定された民事商事及刑事ニ關スル律令、またその施行規則第一条が「土地ニ關スル權利ニ付テハ當分ノ内民法第二編物權ノ規定ニ依ラス舊慣ニ依ル」として「舊慣」の適用の余地を残す形を採ったことから、この問題に引き続いて、適用されるべき「舊慣」とは何かという問題が生じ、それが旧慣調査の登場する背景となったとするのが一つの見解である(32)。

第二款　後藤新平「臺灣經營談」

民事商事及刑事ニ關スル律令を待つまでもなく、植民地たる台湾を統治するに当たり、現地の人々の慣習を正しく認識しないことには行政の基盤が立たないとする声は非常に多く聞かれていた(33)。こうした実務からの要請をも踏まえた意見書であり、旧慣調査の直接の契機としてその後しばしば言及されてきたものに後藤新平の「臺灣經營談」（東京日日新聞・明治三四（一九〇一）年一月一、六日）がある。この講演には「行政の確立」、「経済の改良」、ている。

「法律制度の確立」などの内容が含まれ、そこでは台湾に於ける行政実務遂行の需要から慣習調査の必要が説かれている。

この講演は様々な媒体に転載されており[34]、重要な文章であったことが推測される。福島正夫も部分的に紹介し改めてこの文章への注意を喚起したが、その際省略された部分には無視できない幾つかの注目すべき要素がある。

後藤は講演に於いて調査の「系統的・分析的・総合的」という表現を二度にわたり用いてその性格を強調し[35]、調査の為には特設機関が必要であることを説き[36]、英国がインドを統治する関係と日本が台湾を統治する関係とを同視している[37]。そこでは「マコレー、ピーコック、メーン、スチーブン」といった英国学者の名前も挙げられている[38]。ここでは英国のインド統治を参考とし、旧慣調査に関して踏み込んだ解説が行われていることが目を引く。

しかし旧慣調査という構想が後藤のみに由来するものでないことは古くから指摘されており、満鉄での慣習調査に参加した伊藤武雄はそれを大内丑之助の発案によるものと証言している[39]。また児玉源太郎総督の前任者、乃木希典の影響とする説[40]、顧問 Kirkwood の名を挙げる当時の報道もある[41]。

台湾旧慣調査に於いて英国という要素は多く見ることができる[42]。初期の台湾総督府、特に法院関係者に英国法の影響を受けた人材が非常に多い[43]ことは注目される。勿論法官全員が英国法系出身者であるという訳ではなく、また英国法履修者は英国法でしか思考しないということはあり得ないが、こうした英国法系の人材による判例への影響の有無という視角は台湾植民地法制を考える上で非常に興味深い手掛かりとなるであろう[44]。

英国法と「慣習」という問題に関しては、台湾旧慣調査やその周辺に於いて幾つかの手掛かりも見ることができる。例えば「調査の時代」の始まりと終わりに位置する穂積陳重、内田力蔵がともに Henry Sumner Maine に言及しているという大変に興味深い事実がある。穂積が Maine に傾倒していたことは非常によく知られており[45]、他方『中国農村慣行調査』に結実する慣習調査に参加した内田は、自身が Maine の研究を行うに至った経緯について「たまたま、よく知られている『支那慣行調査』のしごとに参加したことから生じた、何かの方法論的な準備をすることの必要に応ずるためという要因も手伝っている」[46]と述べている。

内田は Maine の居た時期の英国のインド統治について以下のように要約する。[47]

インドの裁判所が「革命的作因」としての役割をはたしたというのは、慣習法をイギリス的な判例法として硬直化ないし固定化したこと、慣習法の漠然とした制裁が、命令にたいする不服従にともなう制裁または刑罰に転化されたこと、また、右の転化とともに、法的な権利・義務の観念、とくに個人的権利の感覚が生じたこと、さらにまた、固定化された慣習法が…(中略)…新たに生起する法律問題を「解決するための明示的な準則または原理をほぼ十分な個数において供給することがない」結果、そこに生ずる法の間隙を、おのずからイギリス法の詳細な準則をかりて埋めることになり、大量の司法的立法がおこなわれたこと、きわめて大まかな言い方をすれば、慣習法の固定化とイギリス法の大量の導入という二つの側面をもつ過程が各種の裁判所でおこなわれたことを指す

植民地時期の台湾に於いて法院が右の如く「慣習」を判決という形で固定化し、それによる最終的な「慣習法」の「編纂」を意図したかどうかについては判決原本の詳細な分析に期すことになるが、その際には英国本国及びその植民地の例は一つの重要な示唆を与えるであろう。[48]判例が現地の「慣習」との間に設定せざるを得なかった緊張関係、及びそれらの間の相互影響は分析に於いて重要な問題となる。台湾では雑誌『臺灣慣習記事』上に於いて旧慣調査開始とほぼ時を同じくして判例の掲載が開始されており、判例集の刊行も早期から言及され、現に多く刊行されていた。[49]これら判例集を巡って当時の台湾に以上のような議論が行われたかどうかについても、判例の研究に於いて注意すべき点となるといえる。

第三款　岡松参太郎の見解

次に旧慣調査の首班として同調査を指揮監督した岡松参太郎自身が旧慣調査というものをどう考えていたのか、という問題を彼自身の残したテキストや発言から確認しておく。

第一項　明治初期日本の慣習調査

岡松はある新聞記事の中で次のように述べている。

　現今に於ける舊慣調査は重に土地に關する民事上の慣例を調査する目的にして、目下未だ材料の蒐集中なれば今日に於て其方針に就き明言するを得ざるも、先づ臺北品のみの材料を蒐集し以て項目を作り（此項目の如きも専ら法律關係調査にあらざれば舊慣に依るは勿論なり）、明治十年頃大木卿が内地の民事慣例を取調べたる例に倣ひ各地に配布し、以て主任者を派して其正否を調査せしむる方法に出でんとす、而して是は五年の繼續事業なり[50]

ここでいう大木卿の調査とは明治九年から一三年にかけて司法省が民法典編纂の材料を得る為に行ったもので、後に『全國民事慣例類集』に結実する調査である。岡松本人がこの調査に直接言及していること[51]、さらに調査方法への言及があることは十分注意されてよい[52]。以下では先行研究、特に手塚豊・利光三津夫編『民事慣例類集　附畿道巡回日記』（慶應義塾大学法学研究会・一九六九）により明治初期日本の慣習調査を瞥見しておくことにする。

この調査の発端とされるのは同書にも収録される御雇外国人 George W. Hill の意見書である。そこでは「日本ノ如キ景状」は「近世ノ法律」が「適過」するものではないという発想が示される一方、ユスティニアヌス帝の「当時ノ法律ノ景状」に「同ジキヲ観ル」ものとされる。そしてユスティニアヌス帝の法典編纂の経緯を引きつつ、慣習法を知る材料として判決録及び明治維新以来の指令・布告に言及する（九四、九九頁）。また調査の方法に関しては Hill の書簡に於いて「帝国ノ諸部へ委員ヲ派出シ、其地ノ習慣法ヲ纂集シ、之ヲ其本局へ稟報セシムルハ、一ノ好策、…（中略）…然レトモ此事業ニ付、最緊要ナリトスル所ノモノハ、是迄諸裁判庁及其他民事ヲ取扱フ諸庁ニ於テ為シタル民事ノ判決記録ニ可有之ト奉存候」とされている（一〇一頁）。

以上に対し利光はこの調査がある種の「誤解」から始まったことを指摘し[53]、また同調査が民法典編纂の際に利用されなかった理由として「所載の慣習は、江戸期以前の所謂故俗であって、これを近代法典に参酌することは、困難であった」ことを挙げる。また後世に於いてもこの調査は星野通『民法典論争資料集』（日本評論社・一九六九）掲載の史料のうち和田守菊次郎「法典ノ修正実施先後論」、今村和郎「解難」など数点に於いて言及されるに止まり、民法典論争時に発表された岡田朝太郎ほか九名の「法典実施断行意見」[54]も「本書を精読したか否かは、甚だ疑問とせざるを得ない」とし、また磯部四郎が同書に対し否定的な評価を下していることを紹介している[55]。

しかしこの問題を台湾旧慣調査・清末慣習調査との関連という視点から再検討すれば、そこに幾つかの興味深い手掛かりを見出すことができる。例えば「法典実施断行意見」の署名には岡田を筆頭に若槻礼次郎、荒井賢太郎、入江良之、岡村司、織田萬、手島兵次郎[56]、宮古啓三郎、宮本平九郎、安達峯一郎の名が連ねられているが、この帝国大学の同期という人脈の中に[57]『清國行政法』の編纂を通じて台湾旧慣調査に関わることになる織田、初期台湾総督府の法務課長・覆審法院検察官であった手島、後に清国法律顧問として活躍する岡田の名前が見える（若槻も沖縄での慣習調査を担当していた一人である）。後に各所で慣習調査に関わるようになる人間がこれほど多く見受けられるのは興味深い。また民法典論争との関係では、『臺灣慣習記事』の編纂を行った臺灣慣習研究會を中心に活躍する小林里平[58]が『民法評釋』（東京堂・一八九八[59]）を著しているのが注目される。

以上の点から見て明治初期の慣習調査が、明治二〇年代末期乃至三〇年代に活躍する法学者や台湾関係者の中に一つの範型として想起可能な存在となっていたことは認めてよいであろう。さらに J. H. Wigmore[60] もこの慣習調査の存在を知って研究に利用していたことが知られており、その著 *A Panorama of the World's Legal System*, Saint Paul, West Publishing Company, 1928 に結実する法系論が、穂積陳重[61]を通じて近代中国法曹界に与えた影響の大きさからも重要な要素とすることができる。

第二項　Stengel とドイツ植民法学

また別の記事では岡松は Karl von Stengel[62] の所論を訳して紹介している。

> 凡そ土人に對する司法組織を定るに當りては、屬領地の吏員若は之が爲に特別なる委員を設け、各屬領地に於ける土人の慣習法及び慣行を調査確定すること尤も必要なり。蓋し之を爲すに非れば立法的行動の安全なる基礎を欠くを以てなり。是に依りて初めて各屬領地に於て如何なる者を土人と認む可きやを定め、又各屬領地に於ける土人は同一法律に從はしめ得可きや、或は其中に存在する數多の部族に從ひ取扱を異にするを要するやを定むることを得[63]

同文の原典は（原語での表記がないけれども）von Stengel, “Wie ist die Rechtspflege in den Schutzgebieten zu ordnen: a) für die Europäer, b) für die Eingeborenen?”, in: *Verhandlungen des Eins und- zwanzigsten Deutschen Juristentages*, 1890 である。原文の該当箇所ではさらに脚註が附されており、論文 “Die Rechtsverhältnisse der Eingeborenen in den deutschen Schutzgebieten”, in: *Die Grenzboten, Zeitschrift für Politik, Litteratur und Kunst* 48-2, 1889 が引かれている。

この脚註で引用された論文はわずか六頁半の短文であり作者名も附されていないが、後半三頁半にわたって慣習調査の必要性とその調査方法について具体的に論じた希少な論文である。この文章を岡松が直接参照したことを示す史料はなく、またこの論考の内容が当時の各国植民地支配のあり方として支配的な見解であったかどうかは不明ではある。しかし、そこでは慣習の正確な認識・徹底的かつ体系的な研究が植民地に於ける政策立案に不可欠であること、その為には宣教師や現地滞在者など慣習調査という目的や専門的知識を持たない人々を通じた情報収集ではなく、現地官僚の如き専門機関を通じた資料の収集が必要であり、パンデクテン法学のみならず比較法学を駆使した研究が必要であること（また一方で法学者達も未開民族の法という問題に目を向けつつあること）、こうした目的の遂行の為に現地法制度に関する手引書の作成が望ましいことなど、台湾に於ける後の施策を髣髴させるような内容が描かれている。

文中では Bachofen, Dargun, Post, Kohler[64] の名も引用されており、また A. H. Post, *Afrikanische Jurisprudenz*, Oldenburg : Leipzig, Schulze, 1887 や De Louter, *Handleiding tot de Kennis van het Staats en Administratief Recht van Nederlandsch Indië*, Batavia, H. M. van Dorp & Co., 1875 のように著書まで挙げられているものもあり、参考文献としてどのようなものが読まれていたかを窺うこともできる。もちろん直ちにこの論文が台湾統治の方針を決したということはできないが、ただ同時代のドイツに於いてこのような議論が行われていたということは、我々が当時の台湾統治政策を考える際の一つの「参考」として使用することが可能である。

第三項　膠州湾及びその他

岡松はさらに彼自身の膠州湾視察[65]に基づき自身の見解を示しており[66]、その中で具体的な土地条例と土地売買について以下のように紹介している。

土地に關しては大いに注目すべき点がある、これは獨逸政府は始め殖民地を經營するには土地に對しては大に講究したのである、財産家が多く土地を買入れて仕舞つて遂に土地兼併の弊が起つて地價が非常に騰貴して後には政府の力もどうすることも出來ぬ様になる懸念がある、されば殖民地の發達に大障害を起すから此通弊

を観破して土地に關する原則をして私の賣買を禁ずることに定めたのである

膠州湾に関してはこの記事以前にも紹介を行うものがあるが[67]、その中でも中山成太郎[68]「膠州灣について　第五章　膠州灣に於ける行政」（臺灣日日新報・明治三一年八月一八―二五日）[69]が、

土地に就ては既に逢着しつゝある本島の土地整理に最も參考の資と爲すに足る者あり、盖し一種の土地に關する特例を有せる支那國の土地を、歐羅巴的の法律觀念を以て説理したる新慣例なればなり

と述べて、欧州の国家が実際に清朝の土地に直接的に携わった例としてドイツの膠州湾統治に重要性を認めているのは特に注目される。

中山は新条約台湾施行の際の参事官として先に見た新聞報道にも名前が挙がっており、後に述べるように土地問題に関してもドイツの例を詳細に検討している。旧来殆どその存在は注目されていないが、後に朝鮮での慣習調査にも携わる重要人物であり[70]、『韓國不動産ニ關スル權利一斑』や『不動産信用論』（ともに不動産法調査會・一九〇六）などの土地制度に関する著書や論文を比較的多く残しており、初期の台湾総督府官僚の見解を窺う好個の例として本書では彼の構想について後に詳しく検討することにしたい。

欧米各国の植民政策について岡松は「英佛獨屬領地に於ける立法制度」（臺灣日日新報・明治三五年八月一九―二六日）[71]で英・仏・独三国ともに慣習に一定の考慮を払っていることを指摘しており[72]、そこでは慣習尊重対慣習撤廃といった論理の対立が表立っては存在しておらず、また台湾総督府乃至は臨時臺灣舊慣調査會が欧米各国のうちいずれか一国の植民政策方式に選択的に傾倒したということまでは言えない。当時の植民地学の状況について見ても模範となる国をどこか一国に絞ったとまでは言えないようである[73]。A国型かB国型かと単純に分類するのではなく、どの段階でどの政策に対し緊張関係を結ぼうとしているのか、を個別に注目してゆくことが必要となろう。

第三節　台湾旧慣調査の過程

『臺灣私法』に結実する臨時臺灣舊慣調査會の調査の経緯については同会による『臺灣舊慣調査事業報告』（一九一七）があり、台湾旧慣調査を考える際にまず見るべき第一の手引書たる地位を失わない。現在まではその上にさらに多くの研究が重ねられてきている[74]。また台湾領有開始から同会の設立までの経緯についても、当時から回顧的に論及されたものが存在する[75]。調査の経緯については基本的にはそれらの文献に譲ることとして、以下ではその概略を紹介し、旧来あまり言及されなかった問題を中心に取り上げることとしたい。なお主要な動向や刊行資料については資料1（以下資料はすべて巻末）にまとめたので適宜参照されたい。

一八九九年「総督府に於て新たに旧慣調査を計画するの議」により台湾総督児玉源太郎、民政長官後藤新平は京都帝国大学教授岡松参太郎を起用して旧慣調査事業を開始した。同事業を担当する機関即ち臨時臺灣舊慣調査會は一九〇一年臨時臺灣舊慣調査會規則により正式に組織化されることになるが、それに先立ち岡松は台湾総督府採集の資料・古記録、『臺北縣下農家經濟調査書』（臺灣總督府民政部殖産課（山田伸吾調査）・一八九九）[76]、『臺灣蕃人事情』（臺灣總督府民政部文書課・一九〇〇）などの先行調査、加えて小規模な実地調査と刑名師爺李少丞の協力を得て『調査一斑』（一九〇二）を作成しており、同書は後に Santaro Okamatu, *Provisional report on investigations of laws and customs in the Island of Formosa*, Kobe Herald, 1902 として英訳されている。

本島法制に関する旧慣調査を担当した同会第一部はまず北部台湾調査を開始、その結果を『第一回報告書』（一九〇三）として刊行し、続けて南部台湾調査に移り『第二回報告書』（一九〇六―〇七）を刊行、さらに中部台湾調査を行い『臺灣私法』（一九一〇―一一）を刊行した[77]。通常『臺灣私法』という場合はこの最後の報告書を指す。また同会の活動は新聞にも刻々と報道されており[78]、一定の関心が存在したことが窺える。なお『臺灣私法』刊行後も調査会は『臺灣蕃族慣習研究』に結実する原住民調査、また旧慣調査を踏まえての所謂「舊慣立法」草案策定などの活動を行い、調査会自体は一九一九年に至り解散を迎えている。[79]

これと並行して一九〇〇年設立されたのが臺灣慣習研究會である。会頭に児玉源太郎、副会頭に後藤新平、委員長に石塚英蔵、幹事長に鈴木宗言[80]、また会誌『臺灣慣習記事』編集主任に小林里平が任ぜられている。同会は一九〇七年、鈴木の大審院転任と時を同じくして散会[81]し、七巻八号までを刊行した『臺灣慣習記事』は手島兵治郎主幹の『法院月報』（後に『台法月報』と改称）慣習欄に継続することとなっている。同会には臨時臺灣舊慣調査會をはじめ臨時臺灣土地調査局、その他台湾総督府関係者が多く入会し、『臺灣慣習記事』はそれら会員に対して慣習を巡る討論の場を提供していた。同会が鈴木の内地転任とともに散会となっていることや彼の『臺灣慣習記事』終刊での挨拶などから見て、鈴木が中心的に運営していたらしいことが見て取れる。なお蕃族に関する研究会も存在したが、本書の分析対象ではない為に割愛する。[82]

また旧慣調査は平行して行われた諸調査とも影響関係を有する。その一つである臨時臺灣土地調査局[83]は一八九八年臺灣地籍規則、臺灣土地調査規則をもとに地籍整理の為に設立され、一九〇五年に任務終了とともに閉局している。こちらは鈴木の弟中村是公が実務上の責任者となった調査で、中村自身が調査の性格について講演を行ったもの[84]が『臺灣土地調査事業概要』（一九〇五）として刊行されているほか、初期の組織及権限、調査及測量、庶務、会計、雑件、旧慣などにつき『臺灣土地調査法規提要』（一九〇一）、また事業報告として『臨時臺灣土地調査局第一回（～第五回）事業報告』（一九〇二―）がある。また報告書として『清賦一斑』（一九〇〇）や『大租取調書』、『大租取調書附屬參考書』（ともに一九〇四）、『臺灣土地慣行一斑』（一九〇五）などがあり、掲載された史料が『臺灣私法』に於いて利用されている場合がある。

また戸口調査に関しては、それによって旧来明らかでなかった慣習がヨリ明確になったとする当時の報道があるが[85]、同調査は土地調査局の如き報告書を多数発刊していた訳ではなく、また『臺灣私法』に於いて明示的にこれに言及する箇所を本書で分析する範囲に於いて見出せない為、当座戸口調査に関する分析は措くこととしたい。

なお旧慣調査は何らの反対論もなく順調に推移した訳ではなかった。とりわけ六三法[86]延長との関係で、主に旧慣調査の結果として予期される旧慣に基づいた立法が、日本から台湾に渡航し定住した日本人に対して適用されるのではないかとの危惧からの批判が行われたことを伝える報道が知られている[87]。

第四節　層位学的分析

現在『臺灣私法』と呼ばれるテキスト以前には、それに繋がる各段階での報告書が重層的に存在している。このような構造を持つ史料群からその議論の過程へと接近を試みるにはどのような方法が相応しいのであろうか。先に見た通り確かに『臺灣私法』は台湾旧慣調査の最終段階の報告書である。このことから、一見台湾旧慣調査の結論がそこに集約されており、そこに至る先行報告書は全て「最終報告書」である『臺灣私法』に解消されているように見える。しかし、本当に全ての議論が『臺灣私法』に集約されているのであろうか。先行する報告書は所詮草稿乃至は反故であり、「最終報告書」である『臺灣私法』が編集された以上最早見るべき価値のないものなのであろうか。

多くの議論が重ねられた結果編集された『臺灣私法』にまずは注目するということはそれ自体不当なことではない。しかしその「最終報告書」に至る議論の過程をも踏まえて「最終報告書」を読む方が、ヨリ多くの意味をそこから引き出せるものと本書は考える。即ち、先行する報告書はむしろ『臺灣私法』に至る試行錯誤の過程を示すこの上ない史料となるのである。

「『臺灣私法』にAと書いてある」とただ読むのと、「先行報告書に於いてA、B、Cと様々な可能性が示されていたが、最終的に『臺灣私法』ではAと書かれた」と読むのでは、同じ記述を読むにしてもその意味合いはまるで異なるものとして立ち現れることであろう。先行報告書からの行論の紆余曲折を見ることによって、『臺灣私法』の記述の意味をヨリ踏み込んで理解することが可能となり、ヨリ豊かな意味をそこから引き出すことが可能となるのである。

また『臺灣私法』はその「最終報告書」としての位置が意識されながら編集された報告書であり、『臺灣私法』後にはそれ以上の報告書が刊行されることはなかったが、『臺灣私法』の段階で全ての議論は尽くされたのか、未了の議論もあったのではないか、という点については十分に注意しながら読むことが必要になる。これらは『臺灣私法』を一連の議論の中の一つの段階として捉えることによって、ヨリ注意深く意識することが可能となる。

『調査一斑』から『臺灣私法』に至る四つの報告書、これらは一応独立した報告書ではあるけれども、各報告書を通読すればわかるように、そこで扱われるテーマは共通のものであり、しかも文章を読んでいけば、先行報告書の文章を一字一句そのまま引き写した箇所が頻出することに気付く。

一例を以下に掲げる（傍線・二重傍線とも筆者）。

•『調査一斑』（一〇七頁）

第三　大租權ノ性質

以上述ヘタル所ニ依リテ見レハ、大租權ハ小租戸ニ對スル一種ノ收益權ニシテ（一）然カモ今日ニ於テハ土地ニ對スル實權ヲ包含セサルカ故ニ土地ノ業主權ニ非ルト共ニ（二）權利主體ノ變更ニ影響ナキカ故ニ小租戸ニ對スル普通ノ債權ニ非サルコトモ明ナリ。然ラハ其法律上ノ性質如何。我内國法ニハ之ニ比ス可キ權利ナシ。地役權ハ義務者ハ只權利者ノ或行爲ヲ許容シ又之ヲ妨ク可キ行爲ヲ爲サヽルノ義務ヲ有スルモノニ過キサレハ大租ニ比スルコトヲ得ス。若夫レ之ヲ外國法ニ求ムレハ英國法ノ Rentcharge 又獨逸法ノ Reallast ハ蓋之ニ酷似セルモノナリ。只其異ナルハ此等ハ何レモ皆土地ト直接ノ關係ヲ有シ、義務者ハ土地ノ收穫中ヨリ其義

務ヲ履行シ、又ハ其土地ヲ以テ其義務ノ擔保ト爲スニ反シ、大租權ハ全ク土地ト直接ノ關係ナク全ク小租戸其人ニ對スル權利ナリ

・『第一回報告書』（一四七―一四八頁）

第三　大租權ノ性質

以上述ヘタル所ニ依リテ見レハ、（《）大租權ハ小租戸ニ對スル一種ノ收益權ニシテ（一）然カモ今日ニ於テハ土地ニ對スル實權ヲ包含セサルカ故ニ土地ノ業主權ニ非ルト共ニ（二）權利主體ノ變更ニ影響ナキカ故ニ小租戸ニ對スル普通ノ債權ニ非サルコトモ明ナリ。然ラハ其法律上ノ性質如何。我内國法ニハ之ニ比ス可キ權利ナシ。地役權ハ義務者ハ唯權利者ノ或行爲ヲ許容シ又之ヲ妨ク可キ行爲ヲ爲サヽルノ義務ヲ有スルモノニ過キサレハ大租ニ比スルコトヲ得ス。若夫レ之ヲ外國法ニ求ムレハ英國法ノ Rentcharge 又獨逸法ノ Reallast ハ蓋之ニ酷似セルモノナリ。唯其異ナルハ此等ハ何レモ皆土地ト直接ノ關係ヲ有シ、義務者ハ土地ノ收穫中ヨリ其義務ヲ履行シ、又ハ其土地ヲ以テ其義務ノ擔保ト爲スニ反シ、大租權ハ全ク土地ト直接ノ關係ナク全ク小租戸其人ニ對スル權利ナリ

・『臺灣私法』（三一一頁）

第三　大租權ノ性質

以上述ヘタル所ニ依リテ見レハ、大租權ハ其初ニ於テハ土地ニ對スル完全ナル支配權ニシテ物權的性質ヲ有シタルヤ明ナレトモ、後年ニ於ケル大租權ハ小租戸ニ對スル一種ノ收益權ニ外ナラス。然レトモ土地ニ對スル實權ヲ包含セサルカ故ニ土地ノ業主權ニ非ス。又權利主體ノ變更ニ影響ナキカ故ニ小租戸ニ對スル普通ノ債權ニ非ス。然ラハ其法律上ノ性質如何。我國法ニ於テハ之ニ比ス可キ權利ナシ。（へ）若夫之ヲ外國法ニ求ムレハ英國法ノ Rentcharge 又ハ獨逸法ノ Reallast ハ蓋之ニ酷似セルモノナリ。唯其異ルハ此等ハ何レモ皆土地ト

直接ノ關係ヲ有シ、義務者ハ土地ノ收穫中ヨリ其義務ヲ履行ス可キモノトシ、又ハ其土地ヲ以テ其義務ノ擔保ト爲スニ反シ、大租權ハ土地ト直接ノ關係ナク全ク小租戸其人ニ對スル權利ナリ

これは右から『調査一斑』、『第一回報告書』、『臺灣私法』のそれぞれ一部を抜粋したものであるが、『調査一斑』と『第一回報告書』を見比べるならば当該箇所がほぼ同文であることに気付く。一方『第一回報告書』と『臺灣私法』を見比べるならば、『第一回報告書』の傍線部が『臺灣私法』に於いては削除され（〈で示した部分に於いて削除されている）、また二重傍線部が追加されているのがわかる（《で示した部分に於いて追加されている）。逆に、それらの箇所以外は、細かな言い回しの変更はあるものの、ほぼ同文であることが見て取れる。

例に挙げたようなほぼ一字一句違わぬ文章の「引き写し」は他にも頻繁に登場する。これはやはり先行する文章をそのまま継承（再利用）したものと見るのが自然であろう。何となれば新たに書き下ろしたものならばここまで一字一句似せて書くこともないと思われるからである。即ち、『調査一斑』、『第一回報告書』、『第二回報告書』、『臺灣私法』は、先行報告書との間に一定の関係を意識しながら、先行報告書のテキストを時にはそのまま継承し、時には変更を加えつつ、その上に積み重なるように議論を展開しているテキスト群であるとすることができる。

そうすると前後の報告書に於いて文章の変更・追加・削除が行われている箇所は、そこでその処理が行われるに至る何らかの理由が背景としてそこに存在する、と捉えることが可能となる。或る箇所に文章の変更・追加・削除が加えられているとすれば、先行して存在した記述が何らかの理由で作者の意に沿わなかった為にまさにその箇所に於いて変更・追加・削除が行われたものと見ることができる。即ちそこに於いて作者が問題としたことが何であったかを見定めることが可能となるのである。

また逆にこれらの変更・追加・削除が全く行われないままに各段階の報告書を通じて継承されている記述、即ち先行報告書から大部分一字一句違わぬ引用を行っている箇所については、その内容がひとまず継承されているもの

と見ることができる。作成者によって何らかの問題を含むとされた記述であれば、何らかの形での変更・追加・削除といった作業が行われる筈であり、それらの作業が介在しないということは、その記述に現れる発想がひとまず是認されていると見ることができるからである。ただ勿論、それが積極的に是認されたものかそれとも単に見過ごしていた為に残ってしまったのか、その腑分けは別途必要となろう。また、その記述自体に変更等がなくても、新たに変更等が加えられた記述との関係如何によっては別の文脈を生じさせることも想定される。そのような記述間の関係については注意が必要となる。

或るテキストの成立過程を問題とするならば、そのテキストを書いた人間が一体何を問題としていたのか、ということを知らなければならない。読者の勝手な判断でテキスト作成者が置かれていた問題状況を予断することなく、また一方でテキスト作成者自身もさほど意識しないうちに行った変更にも目を光らせることが必要である。これらを目途として本書が『臺灣私法』とそれに繋がる報告書群に対して施す手法は「校合」である。

「校合」は旧来刊行時期が分からない各版本の年代を確定する為の技術の一つとして用いられてきたもので、即ち或る本をさしあたり基準とし、その記述と他の版本の記述を一字一句照らし合わせることによって本文の異同を探り、そこに現れる様々な手掛かりから版本の「系図」を復元するなどの目的の為に行われるものである(88)。

『臺灣私法』に繋がる各報告書は全て発行年月日が確定されている訳であるから、版本の年代確定の為にこの方法を用いる訳ではない。その逆に、年代が確定し前後関係が明確であることによって、校合によって洗い出された問題点、即ち記述の変更・追加・削除がどの時点で行われたものかを確定することができ、全体としての議論の過程をそこに復元することが可能となるのである。慣習を巡る議論の中で当事者が一体何を問題としていたのかを史料上に根拠を持つ形で特定する為にはこの方法は非常に有力であると思われる。

『臺灣私法』が先行報告書を複数持ち、相互の記述が関係を有するということは、まさにその記述に至る議論過程を復元する手掛かりをその記述の重なりそれ自体の中に持つということであり、その記述の積み重なりを丁寧に追いかけるという読み方が可能かつ必要な史料であるとすることができる。全く手掛かりを有しない史料は格別、このような特徴を示す史料は、それ自体が恰も地層を一層一層発掘するような読み方をむしろ求めるものといえよう。以上の方法による分析方法を地学の用語をかりて層位学的分析（Critique stratigraphique）と呼んでおく。[89]

またテキスト内部での変更箇所と変更時点が特定されることにより、その特定された問題を手掛かりにして、何故その時点でその変更がもたらされているのかという疑問からテキスト外に於ける事象との関連を考えることも可能となるといえる。さらにその逆に、全報告書を通じて変わらない発想、ものの捉え方というものを見てゆくこともできる。記述の分析を通じてそれらを分析した上で他の要素との関係を考えることが必要であり、それを行わずにただやみくもに記述の外に出たとすれば、その作業には十分な根拠がないということになるものと思われる。本書ではこの手法を用いて『臺灣私法』に繋がる議論の過程に接近を試みることにする。

註

（1）この調査に関しては手塚豊・利光三津夫編『民事慣例類集　附畿道巡回日記』（慶應義塾大学法学研究会・一九六九）を参照。またこの調査の地方での様相を紹介したものに大井隆男「明治九年「民法ニ関スル現行慣例取調」（佐久郡）について」（長野県近代史研究三・一九七二）がある。

（2）若槻礼次郎『沖縄法制史』（内國税彙纂第八號・一八九三）、祝辰巳（後の台湾総督府民政長官、履歴は秦郁彦編『戦前期日本官僚制の制度・組織・人事』（東京大学出版会・一九八一）四二頁参照）『沖縄縣舊慣租税制度』（一八九五）などが知られる。また一木喜徳郎も調査に当たっている。一木と沖縄の関係については田港朝昭「明治中期の沖縄調査」（津田秀夫編『近世国家の解体と近代』（塙書房・一九七九）所収）、宮平真弥「一木喜徳郎の自治観と沖縄調査」（沖縄文化研究二六・二〇〇〇）、近藤健一郎「日清戦争直前の沖縄教育政策――『一木書記官取調書』（一八九四年）を中心に――」（南島史学四八・一九九六）等を参照。また琉球王朝の法制に関する先行研究は和仁かや「近世琉球における歴史・規範・国家――法制史料としての『中山世鑑』――」（国家学会雑誌一一七―七／八・二〇〇四）に手際よくまとめられている。なお当時の台湾に於いて沖縄での慣習調査に言及した記事があることを指摘しておく。「舊慣調査に就て」（臺灣民報・明治三四年一月一六日）は、「曾て琉球に於て、同地の舊慣調査書なるもの編制せらる丶や、其調査書を実際の舊慣と大差あるを後に發見せし事屢々なりしが、其後其舊慣に付裁判を求めたるに、概ね皆其調査書に重を置き他の立証を准さず、縣廳等に於ても、其調査書の相違を發見し、其の調査書に反對せる對手人に同意見を有するにも係らず、殆んど立証せしむるを要せずとして、事件の進行を見るに至り、大に迷惑せしことありしとの事なれば、当局に於て調査書など稱する形式立ちひる文書を作成する前には十方百方の探求を要すべきことに致たきものなり」と伝えている。当時の沖縄での状況がこの報道どおりであったかどうかは分からない。また臨時臺灣土地調査局と沖縄縣土地整理事業の関係につき江丙坤『台湾地租改正の研究』（東京大学出版会・一九七四）一二五、一三四―一三五頁参照。

（3）　清末法典編纂事業に関する全般的な研究としては島田正郎『清末における近代的法典の編纂』（創文社・一九八〇）、宮坂宏「清末の法典編纂をめぐって」（法制史研究一四別冊・一九六三）、同「清国の法典化と日本法律家」（仁井田陞博士追悼論文集編集委員会編『日本法とアジア　仁井田陞博士追悼論文集　第三巻』（勁草書房・一九七〇）所収）、同「清末の近代法典編纂と日本人学者」（専修大学社会科学研究所月報四六／四七・一九六七）がある。岡田・松岡・志田・小河の履歴については拙稿「清末民国時期法制関係日本人顧問に関する基礎情報」（法史学研究会会報一二・二〇〇八）参照。

（4）　浅古弘『岡松参太郎の学問と政策提言に関する研究』（課題番号12420003、平成一二年度～平成一四年度科学研究費補助金（基盤研究（B）（2））研究成果報告書）（二〇〇三）三二九頁所収「岡田朝太郎発岡松参太郎宛書簡」参照。岡田と岡松は刑法改正に関して意見を戦わせたこともあり、岡松参太郎「刑法改正反対論」（法律新聞二〇・一九〇一）、岡田朝太郎「岡松君に」（法律新聞二一・一九〇一）に於いて議論の応酬が見られる。

（5）　この清末民国時期の両調査については拙稿「『民商事習慣調査報告録』成立過程の再考察――基礎情報の整理と紹介――」（中国――社会と文化――一六・二〇〇一）、同「清末・民国時期的習慣調査和《民商事習慣調査報告録》」（中国法律史学会編『中国文化与法治』（社会科学文献出版社・二〇〇七）所収）及びそこで扱われる先行研究を参照。

（6）　台湾旧慣調査からの人材として宮内季子、眇田熊右衛門が満鉄調査部に移っており、『滿洲舊慣調査報告書　典ノ慣習』（宮内季子）が冒頭に「同會（筆者註：臨時臺灣舊慣調査會）各報告書の補遺と称するも亦可なり」と述べていることが知られる。宮内は漢学者宮内君浦の子、弟は松井簡治、妻は岡松参太郎の姪。明治三六年七月京都帝国大学卒業、司法官試補、同三八年一月同被免、臨時臺灣舊慣調査會囑託、同四〇年六月解囑託、滿鉄調査部に渡る。著書に『滿洲舊慣調査報告書　典ノ慣習』、『滿洲舊慣調査報告書　押ノ慣習』がある（「中国旧慣の調査について」（東洋文化二五・一九五八、のち天海謙三郎『中国土地文書の研究』（勁草書房・一九六六）に収録）、国立公文書館任免裁可書（明治三十六年・任免巻十七・岡八以下五十八名司法官試補ニ採用ノ件、明治三十八年・任免巻一・司法官試補宮内季子依願免職ノ件）、野々山三枝「松井簡治」（『近代文学研究叢書』第五七巻（昭和女子大学・一九八五））など参照）。また眇田は岩手県盛岡市出身、明治三一年七月第二高等学校大学予科卒業、同三五年七月東京大学法科大学（英法）卒業、司法官試補（東京地方裁判所詰）、同九月大学院入学（民法専攻）、同三七年司法官試補を依願により被免、臨時臺灣舊慣調査會事務嘱託、同三七年同第一部・第三部委員、大正二（一九一三）年五月委員を解職、後満鉄調査部に渡る。第一次世界大戦青島攻略後は山東鉄道総務部長に転出。著書に『滿洲舊慣調査報告書租權』がある（「中国旧慣の調査について」（東洋文化二五・一九五八）、国立公文書館任免裁可書（明治三十八年・任免巻一・眇田熊右衛門臨時台湾旧慣調査会委員被仰付ノ件）など参照）。また山本秀夫「中国雑誌解題『支那研究資料』」（アジア経済資料月報一三―四・一九七一）は後藤新平、田原禎次郎、橘樸の三者の関係から『支那研究資料』（原雑誌は第一巻第一号より第二巻第三号まで刊行され（一九一七―一八）、のち龍渓書舎より復刊（一九七九）されている）と『清國行政法』の関係を論じている。また人材移動の経緯については「中国旧慣の調査について」（東洋文化二五・一九五八）参照。

（7）杉本吉五郎（明治三二年明治法律学校卒）、亀淵龍長（同三七年東亜同文書院卒・商務科第一期生）、天海謙三郎（同三九年同卒・政治科第三期生）らが加わる。東亜同文書院についてはさしあたり翟新『東亜同文会と中国』（慶應義塾大学出版会・二〇〇一）、大森史子「東亜同文会と東亜同文書院」（アジア経済一九―六・一九七八）、また初期の卒業生につき「会員名簿」（東亜同文書院同窓二四・一九一三）を参照。さらにそれが後期満鉄調査部へと世代交代していった様相につき伊藤武雄「調査課時代（1）―石川鉄雄と野中時雄―」（アジア経済二九―三・一九八八、のち井村哲郎編『満鉄調査部――関係者の証言――』（アジア経済研究所・一九九六）に収録）は、次のように回顧する。

われわれが入社した頃（筆者註：一九二〇年当時）には旧慣調査グループでは、杉本吉五郎さんというご老人だけが残っておられた。すでに天海さんも亀淵龍長さんも会社を離れられ、杉本さんお一人が旧慣調査のころの伝統を守っておられました。その杉本さんの調査のやり方は、大連の調査室の事務室にはほとんど顔を出さないで、しょっちゅう旅順の法院の資料を探索して勉強していた。杉本さんはせっせと旅順通いをしていて、調査課にはたまにしか顔を出さないという姿勢でした。ですから、われわれは旧慣調査なんていうのは実にルースなもんだと思い、その時分は杉本さんや旧慣調査をあまり尊敬していなかったというのが事実です。調査課のその時分のスタッフについてお話しますと、当時調査課の人員は大体三十人前後ではなかったかと思いますが、その中心スタッフは同文書院（東亜同文書院）出身の人々で、それに対して新米の帝大出が何人かいるという形でした。（『満鉄調査部』三頁）

（8）野間清「満鉄経済調査会の設立とその役割」（愛知大学国際問題研究所紀要五六・一九七五）、同「「満洲」農村実態調査の企画と業績」（同五八・一九七六）参照。

（9）加藤雄三「東亜研究所第六調査委員会支那都市不動産慣行調査概観」（比較法史学会編『法生活と文明史　Historia Juris 比較法史研究――思想・制度・社会11』（未來社・二〇〇三）所収）参照。なお「調査の時代」という表現は同論文の劈頭に掲げられているものに依る。

(10) 井村哲郎「東亜研究所「支那慣行調査」関係文書――解題と目録――」(アジア経済資料月報二九―一、四・一九八七)参照。

(11) 中国農村慣行調査刊行会編として一九五二年から五八年の間に全六巻が岩波書店から刊行された。関連の研究として野間清「中国慣行調査、その主観的意図と客観的現実」(愛知大学国際問題研究所紀要六〇・一九七七)、小口彦太「『中国農村慣行調査』をとおしてみた華北農民の規範意識像」(比較法学一四―二・一九八〇)、また井村哲郎編『満鉄調査部――関係者の証言――』(アジア経済研究所・一九九六)、天野弘之・井村哲郎編『満鉄調査部と中国農村調査　天野元之助中国研究回顧』(不二出版・二〇〇八)参照。

(12) 中兼和津次「旧満洲の農村および農業実態調査について」(同『旧満洲農村社会経済構造の分析』(アジア政経学会・一九八一)所収)参照。

(13) 前野茂『満洲国司法建設回想記』(前野茂・一九八五)に「莫大な資料は、千種君の手によって全七巻の原稿にまとめられ印刷に付することになったけれど第一巻…(中略)…を有斐閣で印刷されただけで、第二巻の原稿…(中略)…は有斐閣の金庫の中で戦災を免れたが、第三巻以後第五巻分の原稿は終戦の際喪失してしまった。残念というほかはない。」(一二八頁)とあるが、有斐閣で難を逃れた分の原稿は後に千種達夫編『満洲家族制度の慣習』三冊(一粒社・一九六四―六七)として刊行された。うち第三巻は、前野のいう第一巻、即ち満洲国司法部編『満洲家族制度慣習調査』(有斐閣・一九四四)を復刊したものである。なお千種達夫関係文書が現在早稲田大学図書館に寄贈されている。この概要については浅古弘『東アジアにおける近代法形成と法の回廊に関する実証的研究』(課題番号16203001、平成一六年度~平成一九年度科学研究費補助金(基盤研究(A))研究成果報告書)(二〇〇八)参照。

(14) 小口彦太「満洲国民法典の編纂と我妻栄」(池田温・劉俊文『日中文化交流史叢書　第二巻　法律制度』(大修館書店・一九九七)所収)、前野茂『満洲国司法建設回想記』(前野茂・一九八五)、満洲帝国政府編『満洲建国十年史』(明治百年叢書)』(原書房・一九六九、第五―八章)、満洲国史編纂刊行会『満洲国史』各論(第一法規出版・一九七一、第六編司法)、井村哲郎「「満洲国」関係資料解題」(『「満洲国」の研究』(京都大学人文科学研究所・一九九三、のち緑蔭書房・一九九五)所収)など参照。また戦前に刊行された旧満洲国私法関連の論文の検索には高田源清『滿・支私法文献(邦文)解題』(巌松堂・一九三九)が便利である。

(15) 彼の残した資料のうち日本関係が東京大学法学部に、中国等アジア関係が東京大学東洋文化研究所に寄贈されている。アジア関係の文献につき『我妻栄先生旧蔵　アジア法制関係文献資料目録』(東京大学東洋文化研究所・一九八二)、中田実「我妻栄先生旧蔵・アジア法制関係文献資料について」(東京大学附属図書館月報・図書館の窓二一―一〇・一九八二)参照。これらには中華民国法制関係文献資料、満洲国関係立法資料、中国諸慣行調査関係資料、南方諸地域法制関係文献資料が含まれる。その他の我妻栄関係資料は山形県立図書館（山形県立図書館『県人文庫目録』（同館・一九九七）参照）、我妻栄記念館（山形県米沢市）にも所蔵されている。これらの経緯につき唄孝一「我妻榮先生の文書・記念館のことなど」（『尾中哲夫　社長就任十五年と古稀祝賀　記念随想集』（日本加除出版・二〇〇三）所収）参照。また中国諸慣行調査に関する史料は鈴木竹雄所蔵のものが東京大学法学部近代日本法政史料センター原資料部『中国慣行調査資料』として寄贈されている。

(16) 拙稿「中華民国法制研究会について――基礎情報の整理と紹介――」（中国――社会と文化――二一・二〇〇六）参照。

(17) 鄭鍾休『韓国民法典の比較法的研究』（創文社・一九八九）参照。

(18) さしあたり李丙洙「朝鮮民事令について――第一一條の「慣習」を中心に――」（法制史研究二六・一九七六）、鄭鍾休『韓国民法典の比較法的研究』（創文社・一九八九）、内藤正中「韓国における梅謙次郎の立法事業」（島大法学三五―三・一九九一）、李英美『韓国司法制度と梅謙次郎』（法政大学出版局・二〇〇五）、及びその旧稿「朝鮮統監府における法務補佐官制度と慣習調査事業――梅謙次郎と小田幹治郎を中心に――」（法学志林九八―一、四、九九―二、三、四・二〇〇一―〇二）に対する拙評（法制史研究五三・二〇〇三）を参照。また韓国に於ける土地調査事業について宮嶋博史『朝鮮土地調査事業史の研究』（東京大学東洋文化研究所・一九九一）を参照。現在では韓国近代法史研究者が台湾旧慣調査に言及する例も見られ、鄭肯植『韓國近代法史攷』（博英社［ソウル］・二〇〇二）が日本及び台湾での慣習調査に関する簡単な記述を置いている。

(19) 香川孝三『政尾藤吉伝』（信山社・二〇〇二）、同「日本法と東南アジア法とのかかわりについての予備的考察」（富山大学経済論集二六―三・一九八一）、五十川直行「タイ民商法典の比較法的考察〈序説〉」（九州大学法政研究六二―三／四・一九九六）、飯田順三「海外法律情報・タイ　タイ法の発展と政尾藤吉」（ジュリスト一一二一・一九九七）、同「海外法律情報・タイ　民商法典成立小史」（ジュリスト一一四一、一一四九、一一五四、一一六〇、一一六五、一一七七・一九九八―二〇〇〇）、同「タイ近代刑法典および民商法典の編纂過程における日本法の影響」（創価法学二九―一／二・一九九九）などを参照のこと。また Georges Padoux はタイでの法典編纂に携わった後に中華民国に於いて法律顧問に就いている。Padoux の法律関係の論文には "Misconceptions regarding extraterritoriality", in: *China Law Review* 2, 1924-26, "Extraterritoriality and Tariff autonomy", in: *Chinese social and political science review* 9, 1925, "List of English and French translations of modern Chinese laws and regulations, 1907-1935", in: *Chinese Social and Political Science Review* 19, 1936 などがあり、『中華法學雜誌』にたびたび掲載された論文が王健編『西法東漸――外国人与中国法的近代変革』（中国政法大学出版社・二〇〇一）にまとめられている。また第一次世界大戦後の所謂山東問題への意見書（『寶道顧問意見書』）が知られている。

(20) 「暹羅の法典編纂」（臺灣日日新報・明治三一年一〇月八、一三日）参照。

(21) 岡田朝太郎「暹羅國刑法法典」（早稲田法学三・一九一四）参照。

(22) 南洋庁『南洋群島々民舊慣調査報告書』（同庁・一九三九）参照。なお琉球・沖縄法制史の基礎を築いた奥野彦六郎はこの時期南洋庁法院長として赴任している。

(23) 東亜研究所による臨時南方調査事業には我妻榮も参加し、『蘭印の土地制度』（東亜研究所・一九四三）を残している。また慣習調査とは言い難いかもしれないが、一九四三年には司法研究所より司法研究報告書として上田孝造『比島に於ける司法制度の研究』、工富工『佛領印度支那に於ける司法制度』、村松俊夫『蘭領印度に於ける司法制度の研究』、大阪谷公雄『海峡植民地に於ける英國の司法政策に就て』、神野嘉直『英領マレーの檢察』、安田慶嗣『ビルマの裁判制度及ビルマ佛教徒の婚姻制度に就て』が刊行されている。

(24) 『臺灣民事習慣調査報告』（司法行政部・一九六九）、『商事習慣調査研究』（同・一九七〇）を参照。また第二次世界大戦終了後の台湾に於ける日本法・中華民国法の運用についてはさしあたり王泰升『日治時期法律在中華民國法制上之運用』（行政院國家科學委員會專題研究計畫成果報告・一九九五）、及び同『中華民國臺灣之法律發展與政治變遷』（同報告・一九九六）を参照。

(25) 渠涛「中国物権法立法における慣習法の位置付け」（比較法学三六―二・二〇〇三）参照。

(26) 例えば中村菊雄『近代日本の法的形成』（有信堂・一九五六）参照。同書所収の関係条文は以下の通りである。

・明治二七年日英通商條約第二一条

本條約は調印の日より少なくも五箇年の後迄は實施せられさるものとす而して日本帝國政府に於て本條約を實施せむと欲する旨を大不列顛國政府に通知したる後一箇年を經るに非されは實施せられさるものとす（以下略）

・日英全権間議定書（明治二七年七月一六日）

帝国政府は日本帝国と大不列顛國との間に現存する條約の消滅に歸するときに當りて帝國政府か已に發布せし各法典の實施せられ居ることの便利なるを認めたるを以て目下未た實施中に之なき法典の實施せらる、に至るまては本日調印せし通商航海條約第二十一条第一項に規定するところの通告を爲さ、ることを約す

(27) 「法典調査会・民法商法修正案整理案」（『日本近代立法資料叢書14』（商事法務研究会・一九八八）所収）にある松方正義宛清浦圭吾・大隈重信書簡「欧米各締盟国トノ条約改正ノ台湾島ヘノ適用ニツイテ」、及び報告書「アルゼリア法制」、「『アルゼリア』ニ於ケル司法制度」、「其他仏国植民地ノ法制」、「印度緬甸地方英国植民地法制」がそれであり、後者の四報告書が「臺灣法制ニ關スル先例取調書」として明治三〇年一〇月一五日、外務省参事官寺尾亨より外務大臣大隈重信に提出されたものである（「台湾法制ニ関スル先例取調書（台湾島ニ特別法施行一件）」外務省外交史料館・外務省記録・一門（政治）五類（帝国内政）三項（施政）に収録）。国際法学者として名高い寺尾は当時法科大学教授と外務省参事官を兼任している。欧州留学（明治二五年六月から同二八年九月）後の任官でもあり、その留学経験が報告書に生かされた可能性は推定できよう。なお彼は後

に帝大七博士事件により参事官兼任を解かれる。彼の経歴については一又正雄『日本の国際法学を築いた人々』（日本国際問題研究所・一九七三）参照。

(28)「白眼一瞥（中）法令問題」（臺灣日日新報・明治三二年一月五日）は「一國の法典は全版圖に實施するあり又區域を限りて實施するの止べからざるものあり」とした上で「（筆者補：後者の）例は佛領アルゼリーにも實施せることなれば各締盟國に異議なきは明白なり、即ち法典を本島の一部に實施すること、なれる所以なり」とする。また「法典實施と改正條約」（臺灣日日新報・明治三一年六月二九日）は「佛國のアルゼリー殖民地に施行せるか如き特例を設け、士人《ママ》相互間のみは法典を實施せすとの制に倣ひ、本島にも固より民法、商法、刑法、民事訴訟法、刑事訴訟法等内地同様施行すべしと雖も、特例として土人相互間及ひ土人對清國人間に關しては現行法及ひ舊慣に依ること」と報じ、「新條約と臺灣との關係」（臺灣新報・明治三一年一月一八、一九、二三、二九、二月二日）は「全版圖内の一部に、新法典を實施する能はされはとて右締盟國は新條約第二十一条の通知に對し、故障を申立つる能はさるは明白」としている。

(29) 大河純夫「外国人の私権と梅謙次郎」（立命館法学二五三、二五五・一九九七—九八）はこれが「本島人及清國人ノ外ニ關係者ナキ民事及商事ニ關スル事項」について「別ニ定ムルマテ現行ノ例ニ依ル」とした民事商事及刑事ニ關スル律令（一八九八）に具体化されることになったとしている（以上二五五、一二四頁）。

(30) 梅謙次郎の「臺灣ニ關スル鄙見」（後藤新平伯関係文書（後藤新平記念館所蔵）所収）のうち「法典ハ之ヲ臺灣ニモ施行スヘキカ」に以下のようにある。これは大河純夫「外国人の私権と梅謙次郎」（立命館法学二五三、二五五・一九九七—九八）にも紹介されている。

今假ニ條約トノ關係ヲ離レテ之ヲ論スレハ、直チニ法典ヲ之ニ施行スルコトヲ休メ、先ツ力メテ舊慣ニ仍リ、必要ニ應シテ之ニ適用スヘキ法令ヲ制定スルノ愈レルニ如カサルコトハ、蓋シ疑ヲ容レサル所ナリ。唯新條約ニシテ臺灣ニモ施行セラルルモノトスル以上ハ、少クトモ條約國人ニ關スル事項ニ就テハ、之ニ法典ヲ施行スルニ非サレハ、爲メニ内地ニ於ケル新條約實施ノ妨害ヲモ釀スコトナキヲ保セス。況ヤ我政府ハ外國政府ニ對シテ既ニ之ヲ約シタルコトアリト聞ケルニ於テオヤ。蓋シ法典ハ必スシモ内地ト臺灣ト同一ナルコトヲ要セスト雖モ、大体ニ於テ粗同一ノ基礎ニ據レルモノタラサルヲ得ス。故ニ今新ニ臺灣ニ施行スヘキ法典ヲ制定セント欲スルモ、時日ノ之ヲ許ササルヲ奈何セン。殊ニ内地ノ法典ト粗同一ノ基礎ニ據レル法典ナランニハ、之ヲ土人ニ適用シタルト同シク困難ナルヘシ。故ニ原則トシテハ内地ノ法典ヲ臺灣ニ施行スルコトトシ、唯土人間ノ關係ニ就テハ暫ク舊慣ニ仍ルヘキモノトシ、且不動産ニ關スル規定ノ如キハ、土地調査ノ終了スルニ至ルマテハ臺灣ノ全島又ハ其大部分ニハ之ヲ適用セサルコトトシ、又親族、相續ノ關係ニ就テハ或ハ暫ク國際私法ノ原則ヲ準用スル必要アルヘシ。尚ホ刑法、民事、刑事訴訟法等ニ就テモ多少ノ特例ヲ設クル必要アラン。而シ

テ此等ハ敢テ外國ノ抗議ヲ容レサル所ナリト信ス（二五五、一二五頁）

（31）「新條約と臺灣との關係」（臺灣新報・明治三一年一月一八、一九、二三、二九、二月二日）は「（筆者補：台湾の）文明の程度に於ては、尚我二十年以前の内地より低きを知るへし。此の如き事情の下に在る本島に、三十年來長足の進歩を爲したる我文明地に施行せんとする新法典と新條約を實施するの害あるも利なきは明白」であり、さらに「速に新法典を本島に實施するの方針をとり…（中略）…漸次其の歩を進めて新法典の一部又は全部を、完全に本島に實施するの手段を取らんとすることを望む」とする。また「法典施行の準備」（臺灣日日新報・明治三一年七月一四日）は、「來る十六日を以て本嶋にも法典を實施することゝなりたるに就き、内地現行の附屬法を其ま、本島に施行するか、若くは別に制定するか、又民法商法を全部實施するか、若くは除外例を行ふか、に就き昨日より大島、中山兩參事官主任となり、夜半まで専ら之れが調査を爲したる由なれば、今日中には大体の方針を決定せらるべしと云ふ」と報じている。大島久滿次、中山成太郎と見られる名が挙がっているのが注目される。「法典の實施」（臺灣日日新報・明治三一年七月一五日）は「元來法典の實施は數月前より定まれる問題にして…（中略）…今日に及んで足下より鳥の立つ騒きを爲し二三吏員の手に於て國民の生命財産の頼りて繋るべき法律を取捨せんとするは無謀も亦太しからすや」と報じる。ほかに条約問題を報道する記事として「臺灣と新法典の實施」（臺灣日報・明治三一年四月二六日）、「東京特信　法典問題」（臺灣日日新報・同五月二五日）、「法典實施と新内閣」（同・同七月三日）、「改正條約實施の準備」（同・同七、一〇、一四日）、「法典の實施」（同・同一二日）、「改正條約實施の通知」（同・同一六日）、「法典實施に附屬する諸規則」（同・同二二日）、「新條約實施に關する諭告」（同・同八月一六日）、「新條約の實施準備」（同・同三二年五月一―一〇日）等がある。

（32）浅野豊美「近代日本植民地台湾における条約改正――居留地と法典導入――」（台湾史研究一四・一九九七、後に大幅に改稿されて同『帝国日本の植民地法制』（名古屋大学出版会・二〇〇八）へ収録）が春山明哲「台湾旧慣調査と立法構想――岡松参太郎による調査と立案を中心に――」（台湾近現代史研究六・一九八八、後に同『近代日本と台湾』（藤原書店・二〇〇八）へ収録）の枠組みを引きつつ「日本帝国の国際環境という次元から見た旧慣調査の必然性」を問題として論及している。ただ浅野論文の主眼は居留地問題、国籍問題にあるようであり、旧慣調査との関係については立ち入った指摘はされていない。

（33）旧慣調査以前から例えば水野遵『臺灣行政一斑』（原敬文書研究会『原敬関係文書』第六巻書類編三（日本放送出版協会・一九八六）二六〇頁以下）なども調査の必要を述べている。臺灣總督府官房文書課『臺灣統治總覧』（一九〇八）「第十五章　舊慣調査」はこうした実務側の視点から詳細な見解を述べており、持地六三郎『臺灣殖民政策』（冨山房・一九一二（二版））にもそのまま引用されている（九六六頁以下）。

（34）この記事はその後「臺灣經營上舊慣制度の調査を必要とする意見」（臺灣慣習記事一－五・一九〇一）と題して転載され、

臨時臺灣舊慣調査會『臺灣舊慣調査事業報告』（同会・一九一七）もこれを収録し、東亜研究所第六調査委員会も一九四〇年にこれを再刊行している。『中国農村慣行調査』を手がけた機関が再刊行していることは、その慣習調査の性格を考える上で興味深い。また福島正夫「岡松参太郎博士の台湾旧慣調査と華北農村慣行調査における末弘厳太郎博士」（東洋文化二五・一九五八）もこれを引用している。収録された各文相互には全体の文意を変更するまでには至らないものの、一部に細微な変更が見られる。

(35) 後藤は講演に於いて「外國の舊慣制度を調査するのは甚だ容易である、何となれば一定の學者が外國の屬地若くは殖民地の舊慣制度を系統的に調査し、能く分析し、能く總合して大成したるものがあるから」云々、また全体の結びに於いて「學術的研究の爲に臺灣の舊慣を調査したるものは甚だ稀である、…（中略）…吾輩の所謂系統的に分析的に綜合的に講究したるものは尠いのである」としている。

(36) 旧慣調査を行うのに特設機関を設置するという発想は自明ではない。外にも様々な形態での調査が想定し得るからである（これについては後に言及するStengelの論文についての所論を参照）。また臨時臺灣舊慣調査會規則制定に関して閣議が持たれた際の史料「臨時台湾旧慣調査会規則ヲ定ム」（国立公文書館公文類纂・第二十五編・明治三十四年・第三巻・官職一・官制一・官制一（内閣・外務省・内務省一））に参照として法典調査會規則が附せられていることも同会の性格を考える上での手掛かりとなる。

(37) 後藤は「英國の印度に於ける目的、位置と略〃同じである、只大小を異にする許りであると言つても、不可ならぬと察せらる」と述べている。

(38) これらの人名は持地六三郎『臺灣殖民政策』（冨山房・一九一二（二版））も「ロード、マコーレー曾て印度政府の法制主任（Legislative member）と爲り、印度法典の基礎を定め、其效績の顯著なるは世人の知る所なり。マコーレー曰く「吾等の原則とする所は出來得る場合には統一を期し、必要なる場合には分立を期するも、孰れの場合に於ても的確を期せざるべからず」と（Our principle is uniformity when possible, variety when this is necessary, but in any case certainty）是れ亦臺灣の法典編纂に於て希望すべき指箴ならずとせざるべし」（一〇一頁）として言及している。なお持地については金子文夫「持地六三郎の生涯と著作」（台湾近現代史研究二・一九七九）参照。持地の蔵書は関東大震災復興支援として夫人ゑい子氏により東京大学法学部図書館に寄贈されている。その後移管を繰り返した為、持地文庫は同大学法学部図書館や総合図書館などに分蔵される結果となっている。これにつき拙稿「東京大学法学部図書館の漢籍、及び台湾関係資料について」（東洋法制史研究会通信一四・二〇〇五）を参照。

(39) 伊藤武雄『満鉄に生きて』（勁草書房・一九六四）に、「もっともこの旧慣調査については、後藤新平の文化センスと一般には理解されていますが、そもそもの発案者は大内丑之助という人の創案でした。この人物は日清戦争のはじまるすこし前、ドイツに留学。ドイツの植民政策について勉強し、その奥義を究めるため、植民の実務機関にはいり、実際的実務に携わってみたこともあるという経歴の持主で、帰国後、明治三十一年、台湾の民政長官に赴任しようとしていた後藤新平に面会を求め、植民政策のあるべき姿について説き及ぶこと数時間。後藤は彼を台湾に随行することになった人だそうです。その船中「植民行政意見」として脱稿、後藤に提案した意見書中に、植民地統治に、その土地の旧慣調査の欠くべからざるゆえんが委曲をつくし、その具体的方法にまで及んで書きつらねてあったとのこと。後藤はこれにしたがい台湾に着くと、京都大学教授岡松参太郎をよんで、土地調査にさきだって旧慣制度の調査を依嘱することにしました。」（二〇頁）との証言がある。なお大内の履歴については東方拓殖協会編『支那在留邦人興信録』奉天の部（同会・一九二六）九頁参照。

（40）　春山明哲「台湾旧慣調査と立法構想――岡松参太郎による調査と立案を中心に――」（台湾近現代史研究六・一九八八）は後藤新平関係文書の中の「乃木総督より児玉新総督への事務引継書」の検討を通し「児玉・後藤の立法構想および旧慣調査事業は、そのアイディアにおいて、乃木に負うところが実に大きいと言わなくてはならない」（九八頁）としている。

（41）　「舊慣調査會（上）」（臺灣民報・明治三四年一二月四日）に、「故に慣習調査をして名實兼行する者ならしめば、其今日に興されたるは、寧ろ遲きに失するものと云ふ可し一歩を進むで云ば初めより舊慣を調査せずして百般の施措を行ひたるは、無謀冒險の甚しき者にして之が爲に幾多の失敗、無用の經營を致したること少なからざるを指摘し得可し、是れ豈我輩の私言ならんや、外客カークード氏は曾て臺灣を視察して、先づ其當局が舊慣を調査せずして、冒險の政を試みたるが爲に萬事の施措に滑稽失敗を來すことを擧げ、舊慣調査の必要を唱へ、次に舊慣を調査して人心悦服の端を開く可きを論じ、又最後に語學研究の必要を切言し去れるあり」との報道がある。その主張の出典は挙げられていないが、例えば一八九五年四月三〇日のカークード「植民地制度」（伊藤博文編『臺灣資料』（秘書類纂刊行會・一九三六）一〇八―一四八頁所収）では香港の例について「成ル可ク清國ノ法律習慣（拷問ヲ除ク）ニ從ヒテ清國人及他ノ在留人ニ對シテ裁判權ヲ施行シ」と述べ、日本の植民地政府組織の要領として「植民地ノ立法、民制度及習慣ハ施行シ得ベキモノハ之ヲ保存」すべきとし、一方で「急遽、主法ヲ改正シ習慣ヲ変更スルトキハ人民服セズシテ治メ難シ」としている。

（42）　「慣習」という論点のみならず英国法のあり方と清朝の法制を関連させる記述も『臺灣私法』には見ることができる。『臺灣私法』は条例の解説部分で清朝の条例について「恰モ英國ニ於ケル判決例カ事後ニ於テハ法律ト同様ノ效力ヲ有スルモノト髣髴タリ」（三四頁）と述べており、清朝の法制の捉え方を窺う一端として興味深い。

（43）　初期の東京大学英法科卒業者だけをみても、石井常英（明治二〇年卒）、大島久滿次、鈴木宗言（同二一年卒）、寺島小五郎（同二二年卒）、中村是公（同二六年卒）、岡松参太郎、高田富蔵（同二七年卒）などがいる。また英吉利法律学校卒の人材が非常に多く台湾総督府に流入しているが（『東京法学院院友会会員名簿』（明治三五年七月改）では講師・卒業生・推薦会員合わせて五二名の台湾関係者が確認できる）、こうした人材、本書との関連でいえば土地調査や土地に関する旧慣調査に携わった人材――山本留蔵や安藤静といった人々――について、その経歴の『臺灣私法』への影響の有無をテキスト上で確認することは、明確な関連を示す記述がない以上難しい。現在のところ状況証拠としておくよりほかない。

(44) なお清末民国時期の近代中国法制を考える上でも英国法の影響という問題は重要な位置を占める。清末法典編纂に携わった伍廷芳は香港に育ち、英国（Lincoln's inn）に留学している。沈家本に比べて清末法典編纂への関与は少ないが、主に民事訴訟律への彼の影響を指摘する論者もある。これらにつき Linda Pomerantz-Zhang, *Wu Tingfang (1842-1922), Reform and Modernization in Modern Chinese History*, Hong Kong, Hong Kong University Press, 1992, 張礼恒『伍廷芳伝』（河北人民出版社・一九九九）、同『從西方到東方――伍廷芳与中国近代社会的演進』（商務印書館・二〇〇二）、また文集として丁賢俊・喩作風『伍廷芳集』（中華書局・一九九三）がある。また民国に於ける法学の第一人者として司法総長・修訂法律館（民国期）総裁・国際司法裁判所判事などの職に就いた王寵恵も米国（Yale University）、英国（Inner Temple）に留学した人物である。王寵恵については段彩華『民国第一位法学家――王寵恵伝』（近代中国出版社・一九八二）、余偉雄『王寵恵與近代中国』（文史哲出版社・一九八七）、文集に『王寵恵先生文集』（中國國民党中央委員會党史委員會・一九八一）がある。また中華民国民法の起草者である傅秉常も香港の出身で、伍廷芳の秘書をしていたことがある。傅秉常については羅香林『傅秉常與近代中國』（中国學社・一九七三）、『傅秉常先生訪問紀録』（中央研究院近代史研究所・一九九三）がある。また北洋政府時期の最高裁判所に当たる大理院も自ら『大理院判例要旨匯覧』（一九一九）などを刊行していた。大理院のあり方についてもその判例からの検討が必要となるが、これに関しては黄源盛氏が整理を進めている。黄源盛「民初大理院司法檔案的典藏整理與研究」（政大法學評論五九・一九九八）、同「民初大理院（一九一二―一九二八）」（同六〇・一九九八）、同『民初法律變遷與裁判』（國立政治大學法學叢書編輯委員會・二〇〇〇、同書に対する拙評が国家学会雑誌一一五―一／二・二〇〇二に掲載）、同「民国初期の裁判史料の整理と研究」（明治大学国際交流センター学術国際交流参考資料集一四二・二〇〇〇）参照。これらの分析は挙げて将来の課題となる。

(45) 例えば穂積陳重『慣習と法律』（岩波書店・一九二九）冒頭の穂積重遠による解題、また堅田剛「穂積陳重の法思想」（獨協法学三七・一九九三）など参照。

(46) 内田力蔵「わが国におけるインド法研究の現状と課題」（比較法研究二八・一九六七）参照。

(47) 内田力蔵「インドにおけるイギリス法導入とメーン」（社会科学研究二〇―三／四、二一―一・一九六九）二一―一、九四頁参照。内田の Maine 研究には外に「サー・ヘンリー・メイン」（法律時報一五―一〇～一六―一一・一九四三）、「サー・ヘンリー・メーンとイギリス法の法典化」（社会科学研究一六―二、二〇―二・一九六四、六八）、「コーディフィケーション（法典化）について」、「インドにおける法典化」（ともに比較法研究三一・一九七〇）などがある。また下山瑛二・堀部政男編『現代イギリス法：内田力蔵先生古希記念』（成文堂・一九七九）に主要著作目録が附されている。

（48）　これにつき、H. P. Jolowicz, *Lectures on Jurisprudence*, London, University of London the Athlone Press, 1963.（特に英国に於ける先例の仕組みが a clear hierarchy of court と an adequate system of reports に負うとの指摘、また先例と Flexibility, Certainty の要素を巡る立論を参照）や A. N. Allott, "The Judicial Ascertainment of Customary Law in British Africa", in: *Modern Law Review* 20, 1957 の議論が参考になる。また Allott 氏の蔵書は現在東京大学法学部図書館に寄贈されている。

（49）　「法院判決録發刊の計畫」（臺灣日日新報・明治三六年二月二四日）には刊行の計画が報じられており、「臺灣總督府法院判決録を讀む」（同・明治三六年七月五、八日）は実際に刊行された判決録の紹介を掲載する。また実際に刊行された判決録は『臺灣總督府　覆審・高等法院判例』（全一二巻＋補遺二巻）（文生書院・一九九七）にまとめられている。

（50）　「民事舊慣調査の將來（岡松法學士の談片）」（臺灣日日新報・明治三三年七月二一日）。

（51）　Jérome Bourgon, "Rights, Freedoms, and Customs in the Making of Chinese Civil Law, 1900-1936", in: William C. Kirby ed. *Realms of Freedom in Modern China*, Stanford, Stanford University Press, 2004 は "The idea（筆者註：明治初期慣習調査のこと）was, however, resurrected later for the purpose of colonizing Taiwan." とし、同 "Le droit coutumier comme phénomène d'acculturation bureaucratique au Japon et en Chine", in: *Extreme-Orient, Extreme-Occident* 23, 2001 を引くが、双方に於いてその論拠となる具体的な資料は（この岡松参太郎の言も含め）挙げられておらず、論証したものと認められない。また同論文は『日本國志』に於いて日本の旧刑法を中国語訳して紹介したことでも知られる黄遵憲について "Huang, an official of the Chinese legation in Tokyo, was probably the first Chinese to define customs as local rules cohesive enough to be imposed on a local community." として論拠に『日本國志』chap. 32 を挙げるが、『日本國志』第三二章にそのような箇所を見出せない。なお『全國民事慣例類集』の調査を手がけた生田精の『畿道巡回日記』には黄遵憲が序文を寄せており、また同日記鼇頭には序を寄せた各人が批評を寄せている（手塚豊・利光三津夫編『民事慣例類集　附畿道巡回日記』（慶應義塾大学法学研究会・一九六九）収録の版ではその部分は削除されている）が、叙述の巧拙や各地風俗についての短評に止まり、慣習の内容への突っ込んだ意見はない。清朝下での慣習調査に対し黄遵憲経由で日本の影響が及んだかどうかについては現在のところ断定的なことはいえない。『日本國志』も広く読まれるのは梁啓超が評価した後であり、影響力は強くないとするのが妥当ではなかろうか。なお黄遵憲の交友関係については蒋英豪編著『黄遵憲師友記』（上海書店出版社・二〇〇二（原版は香港中文大学出版社・二〇〇〇））参照。さらに Bourgon 論文は清末慣習調査が憲政編査館及び修訂法律館の二系統に於いて行われていたことを踏まえていないなど諸処に事実関係の誤りを含んでいる。

（52）　早稲田大学岡松参太郎文書の中に、調査項目と見られる五種類の史料が含まれる由、春山明哲氏よりご教示を頂いたが、それらはここで岡松が述べているものではないかと思われる。同文書が公開されたのは二〇〇八年であり、本書執筆段階ではこれを参照することができなかった。詳細な検討は今後の課題としたい。

(53)「ヒルの提言の真意と、司法省当局の理解との間には、径庭が存した如くである。ヒルの述べている「民法」なるものは、従前の判例、法令、学説等を整理、編纂したものであるが、司法省側は、これを仏法的な「民法典」の意に受取っている。…(中略)…また、ヒルのいう「習慣法」なるものは、英法のいわゆる「王国一般の慣習」、乃至「普通法」の意であるが、司法省側は、これを「地方慣習」の意と考えている。ヒルが、判例集を作成し、これより一般慣習を抽象することが、民法集成事業に際しての緊急の必要事であると上言しているのに対して、司法省側が、民法典編纂の参考資料たる地方慣習の聞き取り調査を計画しているのは、両者のこれ等の誤解の結末である。」（手塚豊・利光三津夫編『民事慣例類集　附畿道巡回日記』（慶應義塾大学法学研究会・一九六九）一七頁参照）。

(54) 磯野誠一「法律政治講義録号外「法典実施断行意見」」（法社会学二〇・一九六八）が同意見の前半部分を紹介し解題を附しており、利光もこれに依っている。

(55) 手塚豊・利光三津夫編『民事慣例類集　附畿道巡回日記』（慶應義塾大学法学研究会・一九六九）八一―九〇頁。この調査が日本の法学にどれほどの影響を与えたかという問題を分析する準備を筆者は持たないが、龜山貞義・宮城浩蔵『民法正義』財産編第一部巻之貳（新法註釋會・一八九三）に「古來ノ習慣ニ基キ賃借權ヲ物權ト爲シタルニ非サル」ことの論拠として『全國民事慣例類集』所収の越後國蒲原郡の永小作に関する慣例が二種引かれ、「右ハ永小作卽チ新法ノ所謂永借權ニ付テノ慣例ニシテ稍此權ヲ以テ物權ト爲シタルカ如シ然レトモ是レ唯越後國蒲原郡ノ慣例ニ過キス一斑ヲ見テ全豹ヲ評ス可ラス」とした上で更に魚沼郡の慣例が引かれ、「同國ニシテ猶ホ此異同アリ日本全國ノ慣例各地區々ナリシヤ推知スルニ足ル」とされていることが注目される（以上三一―五頁）。

(56) 履歴につき手島益雄『広島県人名辞典・附録　広島県先賢伝』（歴史図書社・一九七六（原版は手島益雄『広島県先賢伝』（東京芸備社・一九四三））六二頁及び大園市蔵編『臺灣人物誌』（谷澤書店・一九一六）一二頁以下を参照。

(57)『東京大学卒業生人名録』（東京大学・一九五〇）によれば署名者のうち宮本が明治二六年七月卒、岡田が同二四年七月卒で当時大学院生であったほかは帝国大学法科大学法律学科（参考科第二部・仏法系）の同二五年七月卒である。二五年卒の同期にはさらに清朝の法律顧問として活躍する松岡義正、朝鮮法制史の研究で知られる浅見倫太郎の名が見える。

(58) 明治三四年七月より大正四年三月まで臨時臺灣舊慣調査會補助委員（明治三五年一一月より無給となる法院書記とある）。大正九年六月病気の為依願免職。著書に『民法評釋』（東京堂・一八九八）、『支那時文契字訓解』（日本物産会社・一九〇五）、『臺灣年月誌』（法院月報発行所・一九一〇）、『臺灣歲時記』（政教社・一九一〇）、『中華民國民律草案訳文』（台湾総督府南支那及南洋調査第四一輯・一九二〇）、『変通自在ナル中華民國司法制度』（同第四二輯・一九二〇序）がある（国立公文書館任免裁可書（大正九年・任免巻二十二・台湾総督府法院書記兼台湾総督府属小林里平任免）、『臺灣舊慣調査事業報告』などを参照）。

（59）同書は『日本』誌上の連載「民法素人評」を編集したもので、加藤弘之、富田鉄之助、神鞭知常、山田喜之助の序文がある。

（60）Wigmoreについては山田好司「ウィグモアと旧司法省編纂近世法制史料」（法の支配・一九八三）、研究文献目録として平良「J・H・ウィグモア博士關係文献目録」（慶應義塾大学法学研究三一—二／三・一九五八）等参照。

（61）関連する穂積の著作には（生前に刊行されなかったものの）『慣習と法律』（岩波書店・一九二九）がある。彼は初期の台湾総督府へも多く人材を輩出した英吉利法律学校で法理学を講じており、清朝との関係では彼の著『法典論』（哲学書院・一八九〇、信山社出版より復刊・一九九一）が中国語訳されている（法政雑誌［東京］一—一～五（光緒三二（一九〇六）年）、のち北洋法政學報三一～二八（光緒三三年）。なお法政雑誌［東京］一—一、二には「穂積陳重氏論禮與法」の翻訳もある）。また穂積は初期の東洋法制史学者として知られる広池千九郎とも関係を有し、清末に法律顧問として活躍した松岡義正は慣習調査の必要を論じた草稿の中で穂積の著書を引用しようとしている（東京大学法学部図書館原資料部所蔵「松岡義正文書」所収の「慣習調査ノ必要ヲ論ス」と題される文書にその形跡が窺える）。広池は初期の東洋法制史学を拓いた『東洋法制史序論』（早稲田大学出版部・一九〇五）、『東洋法制史本論』（同・一九一五）などで知られ、穂積の論文「法律五大族之説」に触発されて東洋法制史研究を志した。Josef Kohlerは『東洋法制史序論』の書評を書いており、また大宝令の翻訳を広池に依頼していた。梅謙次郎は広池を韓国の慣習調査に招聘したが辞退されたようである。清末に於ける慣習調査に関しては広池が北京で沈家本らに対し行った講演との関係が内田智雄により指摘されている。以上につき佐藤巌・広池千英『（道徳科學の論文の附録）廣池博士の學問上に於ける經歷』（広池千英・一九二八）、広池千九郎述・内田智雄解題『東洋法制史講案』（モラロジー研究所・一九七七）、同『大清商律評釈』（モラロジー研究所・一九七八）、広池千九郎著・欠端実編『清国調査旅行資料集』（モラロジー研究所・一九七八）、また欠端實「法制史家の中国観——広池千九郎の場合——」（史滴二・一九八一）、今堀誠二「書評「広池千九郎博士清国調査旅行資料集」「大清商律評釈」をめぐって」（モラロジー研究八・一九七九）参照。

（62）Karl Freiherr von Stengel（1840-1930）はドイツの公法学者として知られる。一八八一年よりUniversität Breslau, 一八九〇年よりUniversität Würzburg, 一八九五年よりLudwig-Maximilians-Universität (München) などで公法を教授している。著作に*Die Organisation der Preussischen Verwaltung*, Leipzig, Duncker & Humblot, 1884, *Lehrbuch des deutschen Verwaltungsrechts*, Stuttgart, Ferdinand Enke, 1886, *Deutsche Kolonialpolitik*, Barmen, W. Bamberger 1900, *Wörterbuch des deutschen Verwaltungsrechts*, Freiburg, J. C. B. Mohr, 5Bd. 1890-97 などがある。

（63）「新領土の立法及司法　法學博士　岡松參太郎氏口述」（臺灣日日新報・明治三五年一月一日）。なおこの記事の冒頭には青蘋生なる記者の書簡があり、「昨日博士を鴨涯の邸に訪ひ強ひて起稿を子ダリ申候處千八百九十年第二十一獨逸法典會記第一巻（五十五頁以下）に掲載せられたる獨逸ウヰルツブルヒ大學教授（當時ミュンヘン大學）男爵フォンステンゲル氏の意見中一節「第三章屬領地に於ける（一）歐羅巴人（二）土人に對する司法組織は如何に之を定む可きや」（八十五頁以下）を口述せられ候」とある。なお同和訳はフォン・ステンゲル『新領土ノ立法及司法』（清水朝太郎・一九〇二）として小冊子にまとめられている（国立国会図書館蔵・請求記号　特二一―四四八）。また後藤新平伯関係文書（後藤新平記念館所蔵）中の「台湾の制度に関する意見書／法学博士岡松参太郎」にも収録されている（詳細は春山明哲「法学博士・岡松参太郎と台湾――「台湾ノ制度ニ関スル意見書」解題――」（台湾近現代史研究六・一九八八、後に同『近代日本と台湾』（藤原書店・二〇〇八）へ収録）参照）。また一部が「新領土の土人に對する司法組織」（臺灣協會會報四一・一九〇二）、「新領土の立法及司法」（臺灣慣習記事二―一・一九〇二）として転載されている。相応の重要性を持った文献であったのであろう。

(64)　呉豪人「ドイツ人種学的法学と『臺灣私法』の成立」（比較法史学会編『複雑系としてのイエ　Historia Juris 比較法史研究――思想・制度・社会8』（未來社・一九九九）所収）がPostの影響下にあったJosef Kohlerと岡松参太郎の師弟関係を指摘し、Postの氏族法・地域法・統治法・社会的法制という四類型を挙げて、「『臺灣私法』の構成を見れば分かるように、取り扱われた諸慣習および清国の行政法は、いずれもこの四種類の法体制のいずれかに当て嵌まる。」とすることに対し、中生勝美「ドイツ比較法学派と台湾旧慣調査」（宮良高弘・森謙二編『歴史と民族における結婚と家族：江守五夫先生古稀記念論文集』（第一書房・二〇〇〇）所収）が「岡松にはコーラーの影響から、幅広い比較法の知識が『台湾私法』の基礎にあることは認められるが、呉が主張するように、ドイツ比較法学派の理論的骨組みが『台湾私法』の事業全体の方向付けをしているとは思えない。ポストの理論が影響を与えるのは、『台湾私法』の出版が終り、第二次事業として原住民の調査が始まる時に、調査項目作りの基礎にポストの著作を翻訳した」時点からとしている。確かにPostの *Grundriss der Ethnologischen Jurisprudenz*, 2B. de., Oldenburg: Leipzig. A. Schwartz, 1894-5の翻訳『人種學的法學綱要』が出版されるのは一九一九年であり、同書に直接言及するのは『臺灣私法』ではなく『臺灣蕃族慣習研究』の序文である。「当て嵌まる」というのは呉豪人氏の判断にすぎないということもできる。その可能性は皆無ではないにせよ、史料状況からは断言はできない。岡松とKohlerの関係は春山明哲「法学博士・岡松参太郎と台湾――「台湾ノ制度ニ関スル意見書」解題――」（台湾近現代史研究六・一九八八）も指摘するが、これは中村哲「コーラーの観たる臺灣の舊慣」（民俗臺灣四―三・一九四四）が指摘したことに再び注意を向けたものとするのが正確であろう。

　ヨリ重要なことは、『民俗臺灣』に関わった中村がKohlerに言及していることの意味である。彼は「同化政策のための官僚主導の初期沖縄慣行調査と伊波普猷の如くその後同化政策のなかで否定されていくのに抗する形での沖縄研究の関係のようなものが臨時台湾旧慣調査会の活動と『民俗臺灣』の関係にもあった」（「座談会〈中村先生を囲んで〉」（沖縄文化研究一六・一九九〇）三八九頁）としており、また池田鳳姿「『民俗台湾』創刊の背景」（沖縄文化研究一六・一九九〇）は「（筆者補：『臺灣慣習記事』は）統治者側にたって、上から台湾の慣習を見おろした冷たいものである。彼（筆者註：『民俗臺灣』に関わった池田敏雄）が計画する『民俗雑誌』は、万華の人々への愛情から出発しており、台湾人の慣習を扱うのに冷たく上から下を見おろすようにして調査を進めるのか、愛情をもって民俗採集するのかでは全く質が違うものになると強調した。」とし、『臺灣私法』に関係を有する『臺灣慣習記事』と『民俗臺灣』の間に緊張関係を設定している。これらの問題とKohlerの関係は、南原繁や柳田国男とも関係をもつ中村の思想史的研究に於いて重要な位置を占めるものと思われる。

　またKohlerは比較法学、「人種学的法学」の外にも広い関心を有していた学者であり（Arthur Kohler, *Josef Kohler Bibliographie - Verzeichnis aller Veröffentlichungen und hauptsächlichen Würdigungen*, Darmstadt, Scientia Verlag Aalen, 1984（一九三一年出版の原典の復刊）を参照）、特に民法学者としての彼の性格はヨリ重視されるべきである。また岡松がKohlerに師事したからとて全面的に師と同様の説を展開した訳ではない。実際に岡松がKohlerのどの論文を引用しているのか、から慎重に検証されるべきであろう。

(65)　鹿子木小五郎とともに明治三四年七月一三日に出発したもの。なお鹿子木も「膠州灣青島植民地」（臺灣協會會報四一・一九〇二）を書いている。

(66)　「獨逸膠州灣の近情」（臺灣日日新報・明治三四年九月二八、二九日、一〇月一日）。なお後に詳しく検討するが岡松参太郎「大租權の法律上の性質」（臺灣慣習記事一―一、三・一九〇一）に於いて「獨逸政府が曾て其議會に提出せる膠州灣の報告書を見るに對岸に行はるゝ之と同種の法律關係を指して上有權下有權（Obereigenthum und untereigenthum）と云へり」（一―一、五頁）と膠州灣関係の資料を引用する。これに関し、当時刊行されていた*Jahrbuch der Bodenreform*誌上に一九〇五年以降膠州湾の土地制度に関する記事がある（安達洋・神野麻衣・東渕愛・平塚麻衣・山木あさこ・荒武達朗（監訳）「翻訳と紹介：單維廉（シュラーマイエル）著『ドイツ領膠州湾（青島）の地政資料』」（徳島大学総合科学部人間社会文化研究一五、一六・二〇〇八、〇九）が同記事の中国語訳からの重訳を行っている）。同誌に関与したA. Damaschke, W. Schrameierは膠州湾の土地制度に関して多くの著作を残していることから、おそらくは彼らの著作のいずれかがここでいう「報告書」に当たる可能性が高いのではないかと思われる。以上の見解が荒武達朗氏との情報交換の中で得られたものであることを明記し、氏に感謝申し上げたい。

(67)　「膠州事情」（臺灣日日新報・明治三二年五月六、七、九、一二日）、またドイツ帝国議会に提出された報告書の翻訳（『東京朝日』に掲載されたものという）が「膠州灣經營の報告」（臺灣日日新報・明治三五年四月九、一〇、一一、一六日）にある。

(68)　明治二八年七月帝国大学法科大学法律学科（独逸法）卒業、判事となるが同三〇年一二月依願免官、同三一年一月大蔵省試補、同三月製鉄所事務官、同五月台湾総督府参事官兼事務官、同三二年五月土地司法警察其他民政に関する制度取調の為膠州出張、同三四年六月文部省参事官、同一〇月理学文書目録委員会幹事、同三六年一二月文部省参事官を休職、同三七年一一月煙草専売局事務官、同三九年六月韓国政府聘用、同四〇年一〇月解聘、同一一月朝鮮統監府書記官（任免裁可書に「任統監府書記官、叙高等官四等」とあるが、同三九年一二月高等官四等に陞叙された際にすでに統監府書記官との肩書きがある。時期

が多少食い違うが早期に統監府入りしていたものと思われる）、同四三年一〇月朝鮮総督府参事官。初期の朝鮮での慣習調査機関である不動産法調査會（会長：梅謙次郎）の補佐官を務めている（国立公文書館任免裁可書（明治三十年・任免巻三十八・判事中山成太郎依願本官被免ノ件、明治三十一年・任免巻一・正八位中山成太郎以下二名大蔵省試補ニ採用ノ件、同年・任免巻五・大蔵省試補中山成太郎任官ノ件、同年・任免巻十・製鉄所事務官中山成太郎任官ノ件、明治三十二年・任免巻十三・台湾総督府参事官中山成太郎清国へ被差遣ノ件、明治三十四年・任免巻十四・台湾総督府参事官兼台湾総督府事務官中山成太郎任官ノ件、同年・任免巻二十四・文部省参事官中山成太郎以下二名理学文書目録委員会幹事命免ノ件、明治三十六年・任免巻二十八・文部省参事官中山成太郎以下二名休職ノ件、明治三十七年・任免巻三十一・休職文部省参事官中山成太郎以下五十二名煙草専売局事務官及税務官等ニ被任ノ件、明治三十九年・任免巻三十四・統監府書記官中山成太郎官等陞叙ノ件、明治四十年・任免巻三十・中山成太郎外一名統監府書記官理事庁副理事官ニ被任ノ件、明治四十三年任免巻二十六・朝鮮総督府取調局書記官中山成太郎外五名同上ノ件（ほか公文雑纂・明治三十九年・第十九巻・大蔵省・大蔵省・煙草専売局事務官兼大蔵書記官中山成太郎韓国政府ノ聘用ニ応シ俸給ヲ受ケ及明治三十七年勅令第百九十五号第二項適用ノ件、同・明治四十年・第二十三巻・統監府・統監府、会計検査院・会計検査院・台湾総督府及庁府県・統監府書記官兼大蔵書記官中山成太郎韓国政府ニ傭聘ノ処解職ノ件を利用））を参照）。

(69) この論文は後に臺灣協會會報一二・一八九九にも転載された。また紹介した内容とほぼ同様の文章が韓国不動産法調査會発行と思われる『膠州灣占領ノ當初ニ於ケル獨乙國政府ノ施設』三三頁にも見受けられる。「と思われる」というのは以下の事情による。『朝鮮總督府圖書目録』昭和五年版では内閣不動産法調査会刊行の書籍として『調査事項説明書』*、『朝鮮皇室及民族變遷ノ梗概』*、『不動産信用論』、『維新後不動産法』*、『韓國不動産ニ關スル調査記録』、『韓國不動産ニ關スル慣例（第一・第二綴）』、『韓國ニ於ケル土地ニ關スル権利一斑』、『韓國土地所有權ノ沿革ヲ論ズ』、『慣習調査問題』、『膠洲灣占領ノ當初ニ於ケル獨乙國政府ノ施設』*、『土地家屋證明規則要旨』*、『土地及建物ノ賣買ノ贈與交換及典當ノ證明ニ關スル規則及指令等要録』、『屬領制度ニ關スル學説及實際』*を収録するが、書名に＊を附したものは同目録昭和一一年版には収録されておらず、また『朝鮮舊慣制度調査事業概要』（朝鮮總督府中樞院・一九三八）にも紹介がない。詳細な背景は不明である。

(70) なお台湾と朝鮮の慣習調査双方に関与した人物としてさらに安藤静がいる。鄭肯植『韓國近代法史攷』（博英社［ソウル］・二〇〇二）は、韓国に於ける慣習調査をまとめた『慣習調査報告書』に繋がる報告書として『韓國慣習調査報告書――平北篇――』なる報告書を紹介し、これが事務官補安藤諍（日人）、繙譯官補金東準により隆熙三（一九〇九）年一二月一六日に法典調査局委員長倉富勇三郎に報告されたものとするが、安藤諍は安藤静の誤記ではないかと思われる。安藤は明治二二年九月英吉利法律学校邦語法学科卒業、同三四年四月臨時臺灣舊慣調査會補助委員となり、同四〇年七月解職、後に朝鮮半島に渡り同四四年五月に取調局屬、同四五年に参事官室屬となるなど、慣習調査に関与した部局に名前が挙がっている。朝鮮での慣習調査活動に参加したものであろう。その後には京城府協議会員、高麗人参合資会社長、朝鮮写真通信社長などの肩書が見える（中央大学学員名簿（昭和六〇年版）、中央大学学員会会員名簿（大正一二年版）を参照）。植民地間相互の人材移動については今後一層の研究が望まれる。

（71）　この記事とほぼ同内容の報道は「臺灣協會臺灣支部に於ける岡松博士の講演」（臺灣民報・明治三五年八月一九―二二日）に於いてもなされている。また後に同じ題名で臺灣協會會報五〇、五一、五二・一九〇二―〇三へ転載されている。

（72）　そこでは英国につき「立法は何れの場合にも可成其土地風俗慣習に適應するの立法を求め、本國法と同一ならしむることを勉めず、寧ろ屬領地には特別の法律を施行するの主義をとるもの」、フランスにつき「土人及佛國臣民たりし土人は民事商事に付きては其慣習に從ふを原則とす、而して其慣習が佛國本國法に違背するも尚有效とす」、ドイツにつき「土人に對する立法の實施につきては前述せるが如く全く皇帝の命令を以て立法するが故に各地の情況風俗に從ひ種々なり、多くは其慣習に從ふことを許し又或屬領に在りては裁判權も其土人の酋長に任ずるものあり」と述べられている。

（73）　例えば金持一郎「我國に於ける植民政策學の發達」（京都大学経済論叢三八―一・一九三四）は日清戦争後日露戦争までを「翻訳の時代であり、且つは無著書の時代」、「無理論の時代又は理論未生の時代」としながらも、重要な訳書として台湾総督府刊行の『ルーカス氏英國殖民誌』、井上雅二訳『モリス「殖民史」』を挙げる。確かに後藤新平自身が右ルーカスの著作の翻訳を行わせており、また旧慣調査に関する談話に於いても英国に関する言及を行うなど若干英国寄りの姿勢を示しているようにも見えるが、一方で後藤はドイツ内国植民政策学に関する高岡熊雄の著作にも序文を寄せている。金子文夫「日本における植民地研究の成立事情」（小島麗逸編『日本帝国主義と東アジア』（アジア経済研究所・一九七九）所収）は右以外にも台湾総督府が多くの植民政策関連書籍を翻訳していることを紹介し、また同「東郷実の年譜と著作」（台湾近現代史研究一・一九七八）、同「持地六三郎の生涯と著作」（台湾近現代史研究二・一九七九）、同「井出季和太と日本の南進政策」（台湾近現代史研究三・一九八〇）に於いては台湾植民政策に深く関与した東郷実や新渡戸稲造などがともに札幌農学校出身でありドイツ内国植民政策学との関連を持つことについて注意を促している。これ以外にも植民地学の状況を知る文献として東畑精一「植民學の大觀」（東京帝國大學編『學術大觀　法學部經濟學部』（東京帝國大學・一九四二）所収）などがある。

（74）　福島正夫「岡松参太郎博士の台湾旧慣調査と華北農村慣行調査における末弘厳太郎博士」（東洋文化二五・一九五八）、山根幸夫「清国行政法解説」（『清国行政法索引』（大安・一九六七）所収）、戴国煇「日本人による台湾研究――台湾旧慣調査について――」（季刊東亜四・一九六八）、坂野正高「日本人の中國觀――織田萬博士の「清國行政法」をめぐって――」（思想四五二、四六二・一九六二、のち同『近代中國外交史研究』（岩波書店・一九七〇）に収録）、同「織田萬」（潮見俊隆・利谷信義編『日本の法学者』（日本評論社・一九七四）所収）、山根幸夫「臨時台湾旧慣調査会の成果」（同『論集　近代中国と日本』（山川出版社・一九七六）所収）、春山明哲「近代日本の植民地統治と原敬」（同・若林正丈『日本植民地主義の政治的展開　一八九五―一九三四年』（アジア政経学会・一九八〇）所収）、同「台湾旧慣調査と立法問題」（新沖縄文学六〇・一九八四）、同「植民地における旧慣と法」（季刊三千里四一・一九八五）、同「台湾旧慣調査と立法構想――岡松参太郎による調査と立案を中心に――」（台湾近現代史研究六・一九八八）、同「法学博士・岡松参太郎と台湾――「台湾ノ制度ニ関スル意見書」解題――」（台湾近現代史研究六・一九八八）、石田眞「戦前・日本における「アジア法」研究の一断面――華北農村慣行調査を中心として――」（名古屋大学法政論集一三二・一九九〇）、呉豪人「ドイツ人種学的法学と『台湾私法』の成立」（比較法史学会編『複雑系としてのイエ　Historia Juris 比較法史研究――思想・制度・社会8』（未來社・一九九九）所収）、同「遅れてきたナショナル・アイデンティティ――台湾法史に関する一つの覚書き――」（法学論叢一四三―四、一四五―二・一九九八、九九）、大友昌子「清朝時代における台湾地方経済に関する調査報告書――「旧慣調査」前史として――」（檜山幸夫編『台湾総督府文書目録』5（ゆまに書房・一九九八）所収）、織田萬研究会「織田萬年譜・著作目録」（立命館法学二六二・一九九八）、福井純子「岡松参太郎年譜・著作目録」（立命館百年史紀要八・二〇〇〇）、鈴木一郎「後藤新平と岡松参太郎による旧慣調査」（東北学院大学法学政治学研究所紀要八、九・二〇〇〇、〇一）、中生勝美「ドイツ比較法学派と台湾旧慣調査」（宮良高弘・森謙二編『歴史と民族における結婚と家族：江守五夫先生古稀記念論文集』（第一書房・二〇〇〇）所収）、邱純惠「台灣的舊慣立法事業及其挫敗」（台灣風物四七―二・一九九七）、同「日治時期台灣民商法施行問題初探」（台灣風物四八―一・一九九八）、鄭政誠『臺灣大調査　臨時臺灣舊慣調査會之研究』（博揚文化事業有限公司・二〇〇五）等参照。

(75)　梅蔭子「臺灣舊慣調査事業沿革資料」（臺灣慣習記事四―一、二、三・一九〇四）、木母浮浪「臺灣舊慣調査事業史」（臺灣時報六三・一九一四）参照。梅蔭子及び木母浮浪はともに伊能嘉矩の筆名である。

(76)　台湾総督府民政部殖産課に在籍、「台湾度量衡調査報告」（明治三〇年一一月）、「台北県下米穀過不足に関する調査」（同三一年一二月）、『臺北縣下農家經濟調査書』（臺灣總督府民政部殖産課・同三二年八月、調査自体は同三一年一〇月復命）などを手がける。同三三年七月県治課兼務、同八月警察官及司獄官練習所講師、同三四年四月度量衡司検所技師（國史館臺灣總督府檔案（臺灣總督府公文類纂二一八―八　台灣度量衡調査報告及台北縣管内度量衡調査復命書山田伸吾提出、同三二五―一二　臺北縣下米穀過不足ニ關スル調査報告書山田伸吾提出、同五七一―三七　臺灣總督府民政部殖産局勤務囑託山田伸吾民政部縣治課兼務ヲ命ス、同五七三―一二　山田伸吾警察官及司獄官練習所講師ヲ囑託ス、同六八七―一六　山田伸吾總督府度量衡司檢所技師ニ任ス）などを参照）。

(77)　なお『臨時臺灣舊慣調査會第一部調査第三回報告書臺灣私法第三編』（一九〇九）なる報告書があるが、これは商事及債權の部分を未定稿として出版したものである。未定稿でありまた土地を巡るものではないので本書では報告書に数えない。この報告書の前書は「明治四十年本會第二回報告書ヲ刊行シテヨリ以來、茲ニ二年今ヤ本會最終ノ報告トシテ第三回報告書ヲ公ニスルノ機ニ會セリ…（中略）…本報告書ニ至リテハ、之ニ加フルニ商事及債權ノ一篇ヲ以テスルヲ得ルニ至リ、乃本報告タル全臺灣ノ私法的慣習ノ調査ヲ集成セルモノタリ。是本報告書ニ題スルニ臺灣私法ヲ以テセル所以ナリ」とする。また「本報告書ノ編纂ハ専ラ本會委員法學博士石坂音四郎同法學士雉本朗造ノ擔當スル所ニ係レリ」とするが、『臺灣私法』の編纂にも継続して石坂・雉本の両人が携わったかどうかは今のところ不明である。石坂については京都大学から東京大学への転任に際しての送別辞として織田萬「石坂教授ヲ送ル」（京都法学会雑誌一〇―九・一九一五）、逝去直後の記事として「遺影及哀辞」（京都大学経済論叢四―五・一九一七）、「故石坂博士の葬儀」（法学協会雑誌三五―四・一九一七）、牧野英一「故石坂博士ニ付テ思ヒ出ヅルママ」（法学志林一九―五・一九一七）、岡松参太郎「亡友石坂君を挽し併せて其遺著債権法大綱に序す」（石坂音四郎『債権法大綱』（有斐閣・一九一七（初版））所収）がある。また近年の研究として石田喜久夫「石坂音四郎――日本民法学の山脈における最高峯――」（法学教室一八一・一九九五）、辻伸行「石坂音四郎の民法学とドイツ民法理論の導入――ドイツ民法理論導入全盛期の民法学の一断面――」（水本浩・平井一雄編『日本民法学史・通史』（信山社出版・一九九七）所収）がある。雉本については伝記として永井勝三編『法学博士雉本朗造先生小伝』（なるみ叢書第十一冊・雉本博士銅像維持会、鳴海土風会・一九六三）、堀崎嘉明『評伝　雉本朗造』（風媒社・二〇〇六）がある。また逝去直後の追悼文として「故京都帝國大學教授法學博士雉本朗造君肖像並哀辭」（京都大学法学論叢七―四・一九二二）、牧野英一「故雉本博士の回想」（法学志林二四―五・一九二二）がある。近年の研究としては染野義信「雉本朗造――大正デモクラシーの開花のなかに――」（同『裁判法理論の展開』（勁草書房・一九七九）所収、原載は法学セミナー四七・一九六〇）、鈴木正「雉本朗造――大正デモクラシー期の法学者――」（思想の科学（第五次）一一九・一九七一）、江藤价泰「雉本朗造」（潮見俊隆・利谷信義編『日本の法学者』（日本評論社・一九七五）所収、原載は法学セミナー増刊号・一九七四）、佐上善和「雉本朗造と日本法律研究所」（立命館法学二〇一／二〇二・一九八八）などがある。なお福島正夫は「台湾私法という題名は、ホイスレルの「ドイツ私法綱要」(Institutionen des deutschen Privatrechts)、ギールケの「ドイツ私法」(Deutsches Privatrecht) などから継受したものであろう」（同「岡松参太郎博士の台湾舊慣調査と華北農村慣行調査における末弘厳太郎博士」（東洋文化二五・一九五八）三七頁註4）とするが、岡松が直接そのように言及している訳ではない。

(78)『臺灣日日新報』に於ける慣習及び調査会を巡る主要な記事は以下の通り。「總督府の調査方針について」（明治三一年五月二一日）、「所感一則」（同一一月六日）、「舊慣尊重の程度」、「今後の立法事業」（ともに同三二年四月六日）、「文明と台湾」（同八日）、「同化之方針」（同二八日）、「總督府の調査事務拡張」（同八月一六日）、「法令と習慣」（同一二月一四日）、「整理の時代來る」（同二〇日）、「本島舊慣調査會」（同三三年一月一日）、「本島法制上の注意」（同三四年二月五日）、「本島立法の基礎標準について」（同四月二三日）、「本島舊慣調査の必要」（同二八日）、「舊慣調査事務の進行」（同五月二四日）、「法院の舊慣調査」（同六月六日）、「舊慣調査會に就て」（同七日）、「慣習について」（同一一日）、「法院の舊慣諮問會」（同一九日）、「殖民地の法制」（同七月三日）、「舊慣調査會の本島人嘱託」（同八月二二日）、「舊慣調査の現状」（同二七日）、「慣習研究會の第五博覧會出

品」(同三五年八月一四日)、「臺政と風俗習慣」(同九月七日)、「臺灣慣習研究會總會に於ける兒玉會頭の演説」(同三六年三月一五日)、「商事舊慣の調査」(同一〇月六日)、「商事舊慣の調査」(同一一月一日)、「慣習研究に就て」(同一二月一日)、「商事舊慣調査の模様」(同一二日)、「舊慣研究に就ての所感(李坪生)」(同一七日)、「南部舊慣調査の概況」(同一八日)、「舊慣調査會第一部事業進行の模様」、「舊慣調査會第二部の經濟調査」(ともに同三七年三月二五日)、「臺灣慣習研究會の擴張」(同四月二〇日)、「慣習研究會委員總會」(同六月二三日)、「調査會事業の進捗」(同九月一一日)、「舊慣調査會の事務進捗」(同一〇月八日)、「舊慣調査の進程」(同三八年三月九日)、「舊慣調査の進程」(同四月三日)、「舊慣調査會事務章程」(同六月一〇日)、「經濟資料報告の出版」(同八月一七日)、「本島舊慣の明認」(同一〇月一七日)、「舊慣の採否に就て」(同一一月七日)、「臺灣法政一斑(三元)」(同三九年一月一日)、「舊慣調査の進程」(同二月一五日)、「舊慣研究の結果」(同五月一五日)、「模範的臺灣制度」(同七月八日)、「舊慣調査會の近情」(同四〇年六月二五日)、「慣習研究會解散」(同八月九日)、「慣習研究會の解散と慣習紀事の廢刊を惜む」(同八月一一日)。

(79) 臨時臺灣舊慣調査會解散後に台湾総督府の南洋調査活動の中心の一つとなる調査課設立の書類を起案した片山秀太郎は明治三八年七月京都帝国大学卒業である(なお片山の履歴につき『議会制度七十年史　衆議院議員名鑑』(衆議院参議院編集・一九六二)一三五頁参照)。なお調査課設立の事情につき陳文添「臺灣總督府官房調査課設立經過」(臺灣文獻四九—二・一九九八)、また南洋調査活動全般につき中村孝志「「大正南進期」と台湾」(南方文化八・一九八一)、同「台湾と「南支・南洋」」(同編『日本の南洋関与と台湾』(天理教道友社・一九八八)所収)、長岡新治郎「熱帯産業調査会開催と台湾総督府外事部の設置」(東南アジア研究一八—三・一九八〇)、横井香織「日本植民地期台湾における「南洋」調査活動の展開」(現代台湾研究一七・一九九九)、矢野暢『「南進」の系譜』(中公新書四一二・中央公論社・一九九七(八版))、近藤正巳『総力戦と台湾』(刀水書房・一九九六)、後藤乾一『原口竹次郎の生涯』(早稲田大学出版部・一九八七)など参照。

旧慣調査との関連で言えば、調査会第二部に於いて『經濟調査資料報告』にまとめられた経済調査を担当した愛久澤直哉の存在が重要である。愛久澤は慶應二(一八六六)年愛媛県新居郡に生れ、妻は宮内季子の妻の姉(岡松参太郎の姪)である。明治一三年電信見習技手、同一八年一二月依願免職、同二四年七月第一高等中学校卒業、同二七年七月東京帝国大学(政治科)卒業、三菱合資会社庶務部に入社、同二八年一月社船芙蓉丸外二船陸軍省貸上に監督として乗船、同二九年一〇月より御料佐渡鉱山買受事務に携わる。同三二年一一月依願解傭、同一二月台湾総督府商工旧慣取調嘱託、参事官室勤務、同三四年四月旧慣調査嘱託、同一二月臨時臺灣舊慣調査會第二部部長、明治四三年一一月部長解職。三五公司を興し、台湾総督府の対岸経営、南洋進出に関与したことで知られる(国立公文書館任免裁可書(明治三十四年・任免巻二十九・淡水税関長宮尾舜治以下四名臨時台湾旧慣調査会委員被仰付ノ件)を参照)。また初期の南洋調査に関しては台湾銀行の調査活動も見逃せない。この問題についてはさしあたり横井香織「柳生一義と台湾銀行の南支南洋調査」(東洋史訪一一・二〇〇五)参照。

（80）履歴につき帝國法曹大觀編纂會編集『帝國法曹大觀』（同会・一九一五）、青柳達雄『満鉄総裁中村是公と漱石』（勉誠社・一九九六）など参照。鈴木の実弟中村是公についてはこれに加えて青柳達雄「台湾総督府時代の中村是公」（関東学園大学紀要Liberal Arts 五・一九九七）も参照のこと。なお中村の娘は富井周（民法学者富井政章の子）に嫁いでいる。

（81）『臺灣慣習記事』終刊（七―八・一九〇七）参照、外にも「慣習研究會解散」（臺灣日日新報・明治四〇年八月九日）、「慣習研究會の解散と慣習紀事の廢刊を惜む」（同・同一一日）などの報道参照。

（82）「蕃情研究會」（臺灣新報・明治三一年三月一三日）、「蕃情研究會々則」（臺灣日報・同四月二日）、「蕃情研究會調査要項」（臺灣日報・同四月一六日）など参照。

（83）土地調査に関しては江丙坤『台湾地租改正の研究』（東京大学出版会・一九七四）参照。

（84）「土地調査に就て」（臺灣日日新報・明治三八年四月二〇日以降連載）、内容は『臺灣土地調査事業概要』と同じものである。

（85）「本島舊慣の明認」（臺灣日日新報・明治三八年一〇月一七日）参照。

（86）六三法を巡る議論については外務省条約局法規課『台湾ニ施行スヘキ法令ニ関スル法律（六三法、三一法及び法三号）の議事録』（外地法制誌、同課・一九六六、後に文生書院より復刊・一九九〇）を参照。この問題は戦前からすでに研究がある。中村哲『植民地統治法の基本問題』（日本評論社・一九四三）参照。

（87）「児玉總督の演説　舊慣調査、特別制度」（臺北日報・明治三五年二月一七―一八日）では、「舊慣調査は、被治者の習慣等を調査するに相違なきも、其の結果は唯だ政法當局者の參考とする迄なりと思ひしに、何ぞ圖らん、此の調査の結果を以て、特別制度の基礎となすものなるか、曰く若し果して然りとせば舊慣調査の事務は、今日の如く微々たるものにて、能く其の實效を擧くべしとなすか…（中略）…舊慣調査の結果を以て、一層本物の特別制度を布かんとするに至っては、在臺内地人を無視するも、甚しと謂はざる可けんや」と在台内地人の不満を述べ、「舊慣調査會（下）」（臺灣民報・明治三四年一二月四―五日）は「法律六十三號繼續年限盡きんとする前年度の議會に於て…（中略）…舊慣調査の會を設く可く協贊の成功を遂げたるを見よ、是逆じめ今年度の議會に於て六十三號繼續必要の申譯を試みる餘地を作りし者にあらずや…（中略）…彼は臺灣舊慣の一種特別なるを主張して、以て律令存續の必要を鳴らすに非ずや…（中略）…今や高松《ママ》博士著、臺灣舊慣制度調査一斑は朝野の議員に振りまかれつゝありと、依て以て察するに餘りありとせずや」と述べている。

（88）L. D. Reynolds & N. G. Wilson, *Scribes and Scholars : A Guide to the Transmission of Greek and Latin Literature*, 3rd ed., Oxford. Oxford University Press, 1991, 西村賀子・吉武純夫訳『古典の継承者たち』（国文社・一九九六）参照。

（89）テキストに対しこのような態度を採るということは筆者の独創ではない。それどころか、歴史学に於いては「常識」の水準に属する当然の作法であって、『臺灣私法』の如き基本テキストに対しそのような手法が過去一度も試みられなかったことの方が問題なのではなかろうか。西洋法制史に於ける以下の言明は、テキストに対するこのような態度が歴史学の基本の一つであることを如実に語るものであろう。曰く、「グラーティアーヌスの思考を明らかにするためには、作業の仕方としていかに「素朴な」ものであるとしても、個々のユニット（Distinctio, Quaestio）の中であるテクストがどのように用いられているのか、グラーティアーヌスはそのテクストをどこから採ったのか、グラーティアーヌス以前にそのテクストはどのように用いられていたのか、グラーティアーヌスがそのテクストを選択したことにどのような意味があるのか、すなわち、グラーティアーヌスがあるテクストを採録し、一つのユニットを形成していく過程を忠実にたどることから始めなくてはならないと考えるからである。」（源河達史「グラーティアーヌス教令集における帰責の問題について――C. 15, q. 1 の形成――」（法学協会雑誌一一九―二、五、七、八・二〇〇二―〇三）一一九―二、三〇一頁）。また浅古弘氏は拙稿への書評（法制史研究五六・二〇〇七）で「筆者のいうテキストの層位学的分析という手法は、層位学的分析と呼ぶかどうかを別にすれば、歴史資料分析の手法の一つとして歴史学の世界ではごく普通に行われている手法ではないだろうか。…（中略）…（筆者補：そのような）手法を採らざるを得ないだろうし、現に採っているのである。」と述べるが、果たしてそうであろうか、疑問なしとしない。氏の説かれる「ごく普通に行われている手法」は、筆者が採るような一字一句の水準にまで降りての校合のことなのであろうか、そしてそれは皆が「現に採っている」手法なのであろうか。現に採られていたのであれば、現在見るような議論状況の混乱は招来されていないのではなかろうか。

第二章　「業主權ノ沿革」部分のテキスト分析

第一節　「大租小租」部分のテキスト分析

第一款　テキストの構成

『臺灣私法』「第二章不動産權」は全体を「業主權」・「役權」・「贌權」・「典權」・「胎權」の五節に分かち、それぞれ約三三〇、一五、八〇、六〇、三〇頁を割り当てている。圧倒的な分量を占める「第一節業主權」はその記述を「業主權ノ性質」・「業主權ノ沿革」・「業主權ノ内容」・「業主權ノ限界」・「業主權ノ得喪移轉」・「占有權」の六款に分かち、それぞれ一七、二八〇、五、一〇、一五、二頁を割り当てている。殆どの部分を「第二款業主權ノ沿革」が占めていることが見て取れる。

その「第二款業主權ノ沿革」部分は大きく「田園ノ業主權」、「厝地ノ業主權」の二つの部分に分かれ、前者はさらに「大租小租」、「官租」[1]、「隘租」の三項に分かれている。しかし『臺灣私法』はこれら三者のうち「大租小租」が種々の慣習の基本となっているとの見解を示す。[2]以下ではこのテキストの構成に従い、『臺灣私法』が土地を巡る問題の中で最大の頁数を割く「業主權」、そのうち最も基本的かつ重要とした「大租小租」に関するテキストの分析を行う。

「大租小租」については『調査一斑』から『臺灣私法』まで全ての報告書が記述を置いている。分析を加えるとテキストの継承関係は資料2のようになる。詳しく見てゆくと、「第二目大租小租ノ沿革　第二則大租小租ノ起元」[(3)]、及び「第三目大租小租ノ性質　第一則大租ノ性質」の中の「大租權ノ性質」という二つの部分が『調査一斑』に淵源を持つ『第一回報告書』のテキストを継承するという特徴ある部分をなしている。この両部分に於いて『調査一斑』から『臺灣私法』にまで一定の記述が継承されているということは、(一方でそれに対して設定される緊張関係の変化には常に注意しなければならないけれども、ひとまずは）調査過程を通じ一貫してその記述の内容が報告書の主張として採用されたことを示していると見ることができ、その部分が「大租小租」を巡る記述の柱をなすものと推定することができる。

『第二回報告書』より継承された部分は、（基本的には）これらの柱となる記述に対しヨリ豊富な情報を付け加える部分として機能している。これは『第二回報告書』に於いて「大租ノ性質」を述べた部分に「唯爾後得タル材料ニ基キ聊カ第一回報告ヲ增補スルニ過キス」（八四頁）と述べられることに代表される如くである。

テキストの以上の構成から本節では、「大租」に関する記述の中核をなす「大租權ノ性質」部分から見てゆくことにする。その後「大租」を巡る記述のもう一つの柱である「大租小租ノ起元」部分を扱い、さらにその他の部分（そこでは概ね『第二回報告書』の記述がそのまま継承され、新たに得られた情報が追加されるという構成が採られている）[(4)]へと分析を進めることとしたい。

テキストに於ける参考史料の利用関係については資料3―1、2、3を参照されたい。『臨時臺灣舊慣調查會第一部調査第三回報告書　臺灣私法附録參考書』（一九一一、以下『臺灣私法附録參考書』と省略）第一巻上の「田園ノ業主權」部分には「大租小租」の記述に於いて参照された九五件の参考史料が収録されているが、これは先行報告書の附録参考書に収録された史料を残らず全て収録したものではない[(5)]。つまりそこには収録に当たって削除・追加などの選択作業が介在している。こうした史料即ち論拠の取捨選択は、それが支える主張の変化と関係するものであると見られることから、『臺灣私法』成立に至る議論の過程に分け入る一つの手掛かりとすることができる。これらについても適宜分析の中で言及してゆくこととしたい。

第二款　「大租權ノ性質」

『臺灣私法』に於ける「大租權ノ性質」の部分はそれ以前の記述を総括しつつ「大租」の性格を述べる部分であり、「大租小租」を巡る記述のうち最も中心的な位置を占める。そのテキストの構成を確認すると、前半に『第一回報告書』の記述が（蕃租を巡る部分を除き）そのまま継承された後、『第二回報告書』の記述がそれに接続される形で継承されていることが判明する。その接続部分（『臺灣私法』三一三頁五行目と六行目の間）に『第一回報告書』では「大租權ノ性質ニ關シテハ余曾テ臺灣舊慣《ママ》記事第一巻ニ於テ詳論セリ就テ看ル可シ」との記述が存在した[6]が、『臺灣私法』では削除されている。この削除された論文は岡松参太郎「大租權の法律上の性質」（臺灣慣習記事一—一、三・一九〇一）であり、『第一回報告書』の該当部分の作者が岡松であることが判明する。よってこの論文も『臺灣私法』のテキストに関係を持つ以上、分析対象に加えることが可能かつ必要となる。

まずこの記述全体を通しての主題を見ることにする。「大租權ノ性質」部分の冒頭を少し引用してみると以下の如くである（〈 〉は『第一回報告書』からのテキストの継承に当たり追加された記述、［ ］は削除された記述、——（↑）は（ ）内から傍線部への変更を示す）。

　以上述ヘタル所ニ依リテ見レハ、〈大租權ハ其初ニ於テハ土地ニ對スル完全ナル支配權ニシテ物權的性質ヲ有シタルヤ明ナレトモ、後年ニ於ケル〉大租權ハ小租戸ニ對スル一種ノ收益權ニ外ナラス。然レトモ土地ニ對スル實權ヲ包含セサルカ故ニ土地ノ業主權ニ非ス。又權利主體ノ變更ニ影響ナキカ故ニ小租戸ニ對スル普通ノ債權ニ非ス。然ラハ其法律上ノ性質如何。我國法ニ於テハ之ニ比ス可キ權利ナシ。［地役權ハ義務者ハ唯權利者ノ或行爲ヲ許容シ又之ヲ妨ク可キ行爲ヲ爲サヽルノ義務ヲ有スルモノニ過キサレハ大租ニ比スルコトヲ得ス」。若夫之ヲ外國法ニ求ムレハ英國法ノ Rentcharge 又ハ獨逸法ノ Reallast ハ蓋之ニ酷似セルモノナリ。唯其異ルハ此等ハ何レモ皆土地ト直接ノ關係ヲ有シ、義務者ハ土地ノ收穫中ヨリ其義務ヲ履行ス可キモノトシ、又ハ其土地ヲ以テ其義務ノ擔保ト爲スニ反シ、大租權ハ土地ト直接ノ關係ナク全ク小租戸其人ニ對スル權利ナリ

之ヲ大租ノ沿革及實際ニ徴スルニ

(一) 其初大租戸カ土地ノ實權ヲ握リタル時代ニ於テ［ハ大租戸タルノ位置ハ一ノ物權ヲ爲シタルヤ疑ナシ。然レトモ此時代ニ於テ］モ大租戸カ其土地ニ對スル實權ト土地ヲ給出シ當時ノ佃戸ヨリ年々一定ノ租穀ヲ受クルノ權利トハ明ニ區別セラレタリ。土地ニ對スル實權ハ固ヨリ物權ナリト雖モ、收租ノ權ハ契約ノ結果トシテ生セル債權ナリトス。恰我國法ニ於テ所有者カ其土地ヲ小作ニ付セル場合ト同シ。然ルニ時勢ノ變遷ト共ニ大租戸ハ其土地ニ對スル實權ヲ失ヒタルカ故ニ、殘存スル所ノ收租權ハ債權ナラサル可ラス。當初債權タリシモノカ一方ニ土地ノ實權ヲ失フト共ニ其性質ヲ變ス可キ理由アランヤ。

(二) 後年ニ及ヒテハ (↑又今日ノ状態ニ於テハ) 小租戸納租ノ義務ヲ履行セサル場合ニ大租戸ニ救濟ノ方法ヲ與ヘントセハ、勢小租戸ノ財産ニ對シテ强制執行ヲ許スノ外ナク、大租戸ハ直ニ小租戸ノ管業セル土地又ハ其收穫ニ就キ辨濟ヲ受クルコト能ハサリキ。是其物權ニ非ルコトヲ證シテ餘アリ。〈臺南地方ニ於テハ後ニ述フルカ如ク封底ト稱シ大租不納ノ爲ニ大租附帶ノ田園ノ收穫物ヲ差押フルコト後年ニ至ルマテ行ハレタリト云フト雖モ、是大租戸小租戸間ノ特約ノ結果ニシテ、官モ亦正供徴收ノ必要上之ヲ許容シタルニ過キス、大租權本來ノ效力ニアラサルナリ〉

(三) 物權ハ直接ニ物ヲ支配スルノ權利ナリ。故ニ物ト直接ノ關係ヲ有セサル物權アルコト能ハス。然ルニ大租權ハ毫モ物ト直接ノ關係アルコト無シ。則知ル可シ其物權タル能ハサルヲ。(以下略) (『臺灣私法』三一

一―三二二頁＝『第一回報告書』一四七―一四八頁）

まず全体を通底する主題は、「大租戸」の「權利」が「時勢ノ變遷ト共ニ」変化した、というものである。これは『臺灣私法』に至りその冒頭に新たに記述を追加（〈　〉内）する形でヨリ前面に打ち出されている。この発想を含むテキストは『調査一斑』から『第一回報告書』を経て『臺灣私法』に流れ込んでおり、この発想自体が『調査一斑』の時期から一貫して存在していることがわかる。この発想は一体どこから得られたものなのであろうか。

次に「大租權」という言葉の定義の問題を見てみたい。始めの段落だけを見てもそこに「大租權」という言葉の明確な定義は登場しない。そこでは「大租權」以外にも、「土地ニ對スル完全ナル支配權」や「一種ノ收益權」、「土地ニ對スル實權」や「土地ノ業主權」といった表現が次々と提示されている。これらの表現の間の関係はどのようなものであるのか。また「大租權」というものの内容は何なのであろうか。

これを求めて次の（二）に移ると、「大租戸カ其土地ニ對スル實權ト土地ヲ給出シ當時ノ佃戸ヨリ年々一定ノ租穀ヲ受クルノ權利トハ明ニ區別セラレタリ。」という言明に出会う。何らかの二つの要素を区別している様子が見て取れるが、翻って始めの段落の「大租權ハ其初ニ於テハ土地ニ對スル完全ナル支配權ニシテ物權的性質ヲ有シタルヤ明ナレトモ、後年ニ於ケル大租權ハ小租戸ニ對スル一種ノ收益權ニ外ナラス。」（そこでは傍線で示したとおり同じ「大租權」なる語が用いられていることに留意）との言明と整合的に理解しようとすると、途端に事態は混乱する。「大租權」とは一体「土地ニ對スル實權」なのか、それとも「年々一定ノ租穀ヲ受クルノ權利」なのか？――「時勢ノ變遷ト共ニ」変化する「權利」の内容に関わる記述がここに於いて錯綜しているのである。

そしてその話題もそこそこに、この後に続く省略部分では執拗なまでに「大租」が「物權」であるか「債權」であるかが検討される。これほどまでに「物權」か「債權」かという問題に執着するに至った要因は何であろうか。[7]

ひとまず以上から「「時勢ノ變遷ト共ニ」変化する」という主題、「權利」の内容に関わる諸表現の相互関係、さらに「物権か債権か」という主題が、この「大租權ノ性質」部分に於ける大きな論点として存在することが確認できる。以下ではまず「「時勢ノ變遷ト共ニ」変化する「權利」」という主題がどのような記述によって構成されているのかを求めて、「大租權ノ性質」部分に前置されている部分の記述を検討してゆくことにしたい。

第三款　「時勢ノ變遷」の構成

第一項　「大租小租ノ起元」

「當初」から「後年」への「權利」の「變遷」という主題の発想の出所は何処に求められるのであろうか。『調査一斑』以来の記述を継承するもう一つの柱である「大租小租ノ起元」部分では、この発想を導く為に「大租小租」の沿革、即ち「過去」が導入されている(8)。

この部分の元の記述である『第一回報告書』では「大租小租」の起源につき、

支那本國ノ舊慣ニ在ルモノ、如シ。福建ノ舊慣ニ田皮田骨ノ制アリ…(中略)…畧今日ノ大租小租ノ關係ニ等シ…(中略)…歐洲人ハ之ヲ稱シ上有權下有權 Obereigenthum, Untereigenthum ト云フ（一三三頁）

とし、さらに台湾の開墾過程に言及し、

移民中資力アル者ハ或ハ官府ニ請願シテ墾區ヲ受ケ、或ハ蓄人ト協商シテ埔地ヲ得、以テ開墾ノ端緒ヲ開ケリ…(中略)…(筆者補：しかし、開墾に関する）資本ト勞力トハ到底箇人ノ堪フ可キ所ニ非ス…(中略)…盛ニ力墾者ヲ招集シ、地區ヲ分割シテ之ニ交配シ…(中略)…約スルニ開墾成功ノ後ハ其地區ノ管業權ヲ力墾者ニ移附シ、力墾者ハ其代償トシテ永遠一定ノ租額ヲ納付スヘキコトヲ以テセリ…(中略)…是卽後來新謂大租ナルモノ、根源ニシテ、起業者ヲ墾首又ハ業戸ト稱シ、力墾者ヲ墾戸又ハ佃戸ト呼フニ至ル（一三四－一三五頁）

ものとしている。

そこでは続けて以下のような記述によって「當初」から「後年」にかけて変化があったことが導かれる。即ち、

當時ニ於テハ墾首ハ實ニ地主ニシテ佃戸ハ小作人タリシコト以上述フルカ如シ。然レトモ後來墾首ハ變シテ大租戸トナリ、小租戸ニ對シ徴租ノ權ヲ有スルニ過キス、當時ノ佃戸ハ變シテ小租戸ト爲リ、土地ノ實權ヲ管掌シ、業主ト爲ルニ至ルノ氣運ハ已ニ此時ニ胚胎セリ。舊記ヲ案スルニ、當時ノ墾首タルモノハ皆有數ノ紳民ニシテ、万頃ノ田ヲ有シ、數百ノ佃人ヲ招キ、外ハ防蕃ノ備ヲ爲シ、内ハ開拓ノ事ニ従ヒ、警察ノ權ヲ握リ、納租ノ務ヲ果ス等、隠然トシテ小諸侯ヲ爲セリ。名ハ一地區ノ主ニシテ小作料ヲ收ムルモノナレトモ、實ハ小邦國ノ君ニシテ租税ヲ徴スルニ異ナラス。従テ業主ノ權ハ漸ク土地ト直接ノ關係ヲ失ヒ、佃戸ニ對スルノ權利ト爲ルト共ニ、佃戸ハ始終其ノ土地ノ耕作ニ従事セルカ故ニ、漸ク土地ノ實權ヲ掌握シ自ラ其地主タルノ形ヲ爲スニ至ルハ自然ノ勢（以下略）（『第一回報告書』一三五―一三六頁＝『調査一斑』六三頁）

とされる箇所である。「舊記ヲ案スル」ことによって導かれた内容が何処までかは判然とせず、またその「舊記」自体が何であるかという典拠は『第一回報告書』では明示されないが、『臺灣私法』に至り『第一回報告書』にはなかった史料が本文中に追加される。以下の『諸羅縣誌』の記述である。

若夫新舊之田園、則業主給牛種于佃丁而墾者十之六七也、其自墾者三四已耳、乃久之、佃丁自居于墾主、逋租欠税、業易一佃、則群呼而起、將來必有久佃成業主之弊、爭訟日熾、案牘日煩、此漸之不可長者也、久佃丁、以田園典過下手名、田底轉相授受、有同賣買、或己易主、而佃仍虎居、將來必有一田三主之弊

これは当初『大租取調書附屬參考書』（一八七頁）に収録されていたものが、『臺灣私法』（二七二頁）に於いて採

用されたものである。特に「將來必有久佃成業主之弊」という記述は、「大租戶」の「權利」内容の変遷という主題を抽出するに格好のものといえるかもしれない。しかし『大租取調書』を作成した土地調査局の手になる論文「臺灣の大租」（臺灣協會會報七六―七九・一九〇五）ではこの史料につき、

当初開墾地の業主權は大租戶に歸屬し、小租戶は小作權者たりしに拘らす、年を經るの久しき小租戶は遂に業主たるの實權を行ひ、自由に其地を典賣するに至れる者なるか如く起《ママ》述せりと雖…（中略）…鍾渲（筆者註：この史料の作者）は一に其形式に拘り事實の眞相を穿鑿することを爲さすして此言を發したる者と認むるの外なかるへし…（中略）…開墾地の業主權は成墾の當初より小租戶に歸屬し大租戶に歸屬したるものにあらさるや明なりとす（七七・二八―二九頁）

としてこれを退けている。また「當初」から「後年」へと変化する「權利」という発想はこの史料の引用以前に既に登場する。

この発想に繋がる、しかも調査当初（乃至それ以前）から登場する史料として可能性のあるものとしては、劉銘傳による清賦、即ち一連の地租改革がある。『調査一斑』はこの改革について、

光緒十四年（明治二十一年）劉銘傳全島ノ清丈ヲ行ヒ、一般ニ權利ノ所在ヲ確定スルト共ニ、茲ニ見ル所アリ、田ニ就テ賦ヲ問フノ方針ヲ定メ、諭告ヲ發シテ小租戶ヲ以テ田園ノ業主ト公認シ、同時ニ大租戶ノ正供義務ヲ免除シ、大租ノ内十分ノ四ヲ控除シ、之ヲ小租戶ノ所得ニ歸シ、之ニ負ハシムルニ正供納付ノ義務ヲ以テシタリ（六五頁）

と記述している。

劉銘傳の改革への着目は非常に早く、臨時臺灣舊慣調査會に先行する諸報告書に既に言及が見られる。(9)この清賦

事業が一つの（当事者にとって自明の）範型として機能したのであろうか。しかしながら『調査一斑』に於いて既に、

劉銘傳ノ諭告ニ因リテ田園ノ業主權初メテ大租戸ヨリ小租戸ニ移リタリトスルハ非ナリ。劉銘傳ノ諭告ハ已ニ事實上實權小租戸ニ移リタルヲ以テ、特ニ法律ノ明文ヲ以テ之ヲ確認セルニ過サルモノト云フ可シ（六五頁）

とされている。劉銘傳の改革は「當初」から「後年」へという発想を導く淵源というよりは、むしろそれを支える傍証として機能しているのである。

即ち『調査一斑』が説く如き「當初」から「後年」への「權利」の変化という主題は、その発想の出所がついに明示されないまま設定されているのである。一方これと同じテキストを継承する『第一回報告書』「大租ノ沿革」の箇所では『調査一斑』の該当箇所で論拠とされていた史料第一―七（同書六五―七四頁所収）が一部流用されており、それらは『臺灣私法』へも継承されているが、これらの個々の史料もこの主題を帰納するものではない。

以上分析した「大租小租ノ起元」の記述は『臺灣私法』に継承されてその記述の柱の一つとなっているが、継承に当たりこれを挟み込む形で『第二回報告書』より「清國開墾成例」、「清賦事業」の部分のテキストがほぼ無修正で附加され、「大租小租ノ起元」の記述を支えている。

第二項　「大租ノ性質」

次に『臺灣私法』の「第三目大租小租ノ性質」部分の分析に移る。本節第二款で見た「大租權ノ性質」部分は、この第三目の内の「第一則大租ノ性質」に含まれるものであり、その部分に先行して「大租權ノ内容」、「大租權ノ得喪移轉」と題する記述が存在している。この二者についても『調査一斑』以来の記述を継承する箇所が存在する

が、それはかなり小さな比重へと圧縮されるか、もしくは変更されているかの何れかの状況にある。即ち、記述の枠組みとしては『調査一斑』以来のものを継承しながら、記述については『第二回報告書』のそれを考慮しているのである。前項に於いて明示されなかった「當初」から「後年」への「權利」の変化という主題の淵源するところに関し、これらの記述はそれを明示するのであろうか。

「大租權ノ内容」――『臺灣私法』のこの部分は（一）清國ニ於ケル墾戸佃戸ノ關係、（二）臺灣ニ於ケル墾戸佃戸ノ關係、（三）給墾契約、（四）大租權ノ内容の四部分に分かれ、『第一回報告書』の記述は全体の分量一五頁半のうちわずか二頁のみを占める（四）にまとめられ、しかも大幅に加筆されている。この（四）の記述は『第一回報告書』では「第三節大租小租ノ性質　第一款大租ノ性質」の冒頭部分であったものである。一方で（四）以外の（一）から（三）の記述では、基本的には『第二回報告書』の記述が継承されており、本来冒頭の記述であった（四）に対しヨリ多くの情報を附加する機能を担っている。従って（一）から（三）の記述に於ける問題の立て方は或る程度『第一回報告書』に由来する記述（四）の設定する路線に沿った形になっていると見ることができる。（四）の記述が本来位置していた『第一回報告書』の概当箇所は、「大租ノ沿革」の記述（これは『臺灣私法』では「大租小租ノ起元」へと継承された部分）を受けて、

大租權ノ法律上ノ性質ハ其起原ト今日トニ於テハ大差アリ。其當初ニ於テハ大租戸ハ（一）官府又ハ蕃人ヨリ直接土地開墾權ヲ得タルモノニシテ（二）佃戸ヨリ年々其收穫ノ一部ヲ徴收スルノ權ヲ有シ（三）官府ニ對シテ正供ノ義務ヲ負擔シ且佃戸ノ爲ニ責ニ任シ…（中略）…然レトモ大租戸ハ今日ハ土地ニ對シテハ何等ノ權利ナシ（一）小租戸ハ大租戸ノ承諾ナクシテ自由ニ其權利ヲ讓渡シ、又ハ佃人ヲ招クコトヲ得（二）第三者カ土地ヲ毀損シ、若クハ小租戸カ其土地ノ性質ヲ變スルモ、大租戸ハ何等ノ請求權ヲ有セス…（中略）…（三）又何等ノ理由アルモ全ク小租戸ヲ其田園ヨリ驅逐スルコトヲ得ス（一四四―一四五頁）[10]

と述べている。「當初」から「後年」へという主題が説かれるが、これは「大租ノ沿革」に於いて既に論証したものとされる。

次に（四）に先行する記述を順に見てゆくと（（一）は「大租小租」の起源につき「支那本國ノ舊慣ニ在ルモノ、如シ」とした記述を受けたものと思われる為措くとして）、（二）の記述に於いては「大租」の地域差がひとまず措かれた上で「當初ニ於ケル墾戸ノ權利」が確定され[11]（論拠：『臺灣私法附録參考書』「田園ノ業主權」部分所収史料29～36（資料3―1参照））、それにより「當初墾戸カ取得シタル權利ハ、又未墾地ヲ開墾シテ將來其業主タルヲ得ヘキ權利ニシテ、同時ニ國課ヲ納付スヘキ義務ヲ附帯セリ」（二九三頁）であったとの見解が帰納される。

（三）給墾契約（「墾戸」と「佃人」の間の契約）では、その中核的記述である「給墾契約ノ内容」に於いて「佃戸ノ墾耕權」、「佃戸ノ納租義務」、「附帯ノ約款」の三つが扱われる。『臺灣私法』に於けるこの第一の部分では「墾戸ノ一切ノ權利、則未墾地ノ業主權ヲ佃戸ニ移轉シタルモノニアラス」（二九五―二九六頁）と宣言された上で『第二回報告書』の記述が継承されているが、この『第二回報告書』に由来する記述部分は、「給墾契約」に一般に含まれる「佃戸ハ未墾地ヲ占有開墾シ永遠ニ耕作収益ヲ爲シヲ得ルコト」という条項につき、「（一）是唯耕作權ノ許與ニ過キサルカ或ハ墾戸カ未墾地ニ對シテ有スル一切ノ權利ヲ移轉スルコトヲ約シタルモノニアラサルカ（二）次ニ耕作權ノ許與ナリトセハ其耕作權ハ果シテ永遠ナルモノナリシヤ否ヤ疑ナキ能ハス」（『第二回報告書』九〇頁）との問題を立てた上での検討内容として示されたものであった。記述に先立ってこのような問題の立て方がなされていたということは記述を読むに当たり一つの鍵を提供するが、この部分は『臺灣私法』では省略されている。

さてそこで「墾戸ノ一切ノ權利、則未墾地ノ業主權ヲ佃戸ニ移轉シタルモノニアラス」との理由として挙げられるのは主として以下の五点である（史料番号については資料3―1参照）。

① 一切の「權利」の移転であれば行われるべき絶賣（売り切り）契の作成・錢糧（公課）納付義務の佃人への移転・墾戸の権原を証する執照の佃人への交付がないこと

② 墾戸が換佃別耕の「權利」を有すること（論拠：史料38～40）
③ 佃の字義が中世以降他人の土地を耕作する行為又はその人を意味すること
④ 納租義務履行不能の際には退佃すること（論拠：史料44ノ1）
⑤ 「此時代」の墾戸の「權利」の処分には土地其物を処分する形式を採ること（論拠：史料58ノ1、2）

続く「佃戸ノ納租義務」部分では契約文書の検討から「臺灣ニ於テハ租ハ特定ノ佃戸ノ負擔スル債務ニアラスシテ、永耕權ノ行ハル、土地ノ負擔タルモノト認ムルカ如シ」（二九七頁）との見解が導かれ、「租權ハ直ニ其土地ヨリ辨濟ヲ受クルヲ得ヘキ意義ニ於テ土地ノ負擔タルモノニアラス、永耕權ト不可分ニ土地ニ追從附帯スルノ意」（二九八頁）であるとされる。さらに「附帯ノ約款」部分では、佃戸が「租穀ヲ滯納スルトキ」や「非行アルトキ」に「墾戸ハ土地ヲ回收シ他人ニ開墾セシメ又ハ耕作セシムルコト」、「佃戸カ耕作權ヲ他人ニ讓渡スルニハ墾戸ノ承諾ヲ要スルコト」などについて述べられている（以上三〇〇―三〇一頁）。

特徴的なのはこの『臺灣私法』の「佃戸ノ納租義務」、「附帯ノ約款」両部分の論述に於いて、論拠として『臺灣私法附録參考書』収録の史料は直接指示されず、契約文書に現れる代表的な文言からの分析という形が採られることである。「大租小租」を扱う他の記述箇所に於いては史料が明示されるのが通常であり、何故に史料の参照が指示されず、しかも論拠となる史料が『臺灣私法附録參考書』に収録されないのかは判然としない。ただ、ここで言及される文言の幾つかは『大租取調書附屬參考書』上巻の「漢大租」の項に列挙される契約文書の中に見つけることができる[12]。

第三項　「大租權ノ得喪移轉」

続いて「大租權ノ得喪移轉」の検討に移る。「大租權ノ得喪移轉」と題された記述は『第一回報告書』に於いても見ることができるが、『臺灣私法』に於けるそれは『第二回報告書』の記述を基本としながら大幅な変更を加えたものである。即ちこの部分に関しては『第一回報告書』と『臺灣私法』の間にテキストの直接の継承関係は認められない。

まず「移轉」に関しては、「墾戸カ土地ノ實權ヲ有セシ時代」、「後年大租權カ單純ナル大租收受ノ權利ト爲リタル後」ともに処分することが可能であったとする（「當初」の例：史料58ノ1、2、「後年」の例：史料59ノ1〜63（ともに資料3―1参照））。その上で契約文書に関し「當初」の「土地其物ヲ處分スルノ形式」から「後年」は「大租ノ石數及大租附帯ノ田園ノ坐落ヲ示スト雖モ甲數四至境界ヲ記載セサルモノ多シ」となったものとしている（以上三〇六―三〇七頁）。

この点に関連して『第一回報告書』は契字の作成につき、

而シテ此等大租ノ處分字ヲ見ルニ小租ノ權利ヲ處分シタル場合トハ大ニ其形式ヲ異ニスルモノアリ、則大租ニ付テハ年々收得ス可キ租谷ヲ明示スルヲ勉ムト雖トモ、土地ノ四至境界ノ如キハ之ヲ省畧スルモノ多シ、之ニ反シ小租ニ係ルトキハ必ス其土地其物ノ明示ヲ勉ムルモノトス、之ニ依リテ見ルモ小租ノ處分ハ土地其物ノ處分ト認メ、大租ノ處分ハ單ニ收租權ノ處分ニシテ土地ニ對スル權利ノ處分ニ非スト認メタルコト明ナリトス（一四七頁）

と述べ、史料21〜28（資料3―2参照）を論拠として指示していた。この記述は『調査一斑』から『第一回報告書』への移行の際に追加されたものでありながら、『臺灣私法』では史料とともに削除されている。本文の論点は『第二回報告書』でも触れている箇所があるが、削除された史料は使用されていない。

『臺灣私法』の「移轉」部分は『第二回報告書』の記述を踏まえつつ、「權利」の「變遷」をヨリ前面に押し出す記述を挟み込みながら展開するのに対し、右の『第一回報告書』の記述はそのような「變遷」に関して述べるところが少ない。「當初」から「後年」へという「變遷」を展開する為に『第一回報告書』の記述及び史料は適当でないと判断されたのであろうか。残念ながらこれ以上の手掛かりはテキストに含まれない。

次に「消滅」に関しては、「當初」に於いて「退佃」、「換佃」という事象が見られることを指摘（論拠：史料42、48～54（資料3－1参照））するのに対し、「後年」では「小租戸ニ於テ大租權ヲ消滅セシムル目的ヲ以テ大租ヲ賣得シ若クハ貸銀ノ元利ニ充當スヘキコトヲ約シ其他大租權ヲ質取シタル事例少カラス」（論拠：史料55～57（資料3－1参照））としている（三二〇頁）。

第四項　史料と行論の関係

さて、以上の「當初」から「後年」へという構成は、引用された各史料から導き出されたものなのであろうか。「當初」から「後年」への移行は概ねいつごろであったと考えているのか、この問題を史料から判定するとすればどうなるか。

「大租權ノ得喪移轉」部分に於いて「當初」及び「後年」の論拠としてそれぞれ言及された史料を時代順に並べてみると（次頁図参照）、「當初」に於いて引かれた史料（Ⅳ＋Ⅶ）が雍正一三（一七三五）年から道光二九（一八四九）年に、「後年」として引かれた史料（Ⅴ＋Ⅷ）が嘉慶五（一八〇〇）年から明治三四（＝光緒二七＝一九〇一）年に分布し、その間約五〇年にわたり重複することとなる。

これに「大租ノ性質」部分で検討した史料を加えると、「給墾契約ノ内容」の記述のうち、「佃戸ノ納租義務」、「附帯ノ約款」部分に於いて「當初」の契約内容を示す為に代表的な文言として史料が明示されない形で言及された契約文書（Ⅲ）はやや早期に分布するようでもあるが、同じく「給墾契約ノ内容」に含まれる「佃戸ノ墾耕權」部分の記述の論拠として引用された史料（Ⅱ）はかなり長期にわたり分布することがわかる。また「大租權ノ内容（二）臺灣ニ於ケル墾戸佃戸ノ關係」に於いて「當初ニ於ケル墾戸ノ權利」を論証する為に引用された史料（Ⅰ）も康熙四七（一七〇八）年から光緒二〇（一八九四）年に分布する結果となり、また契字の作成を巡って『第一回

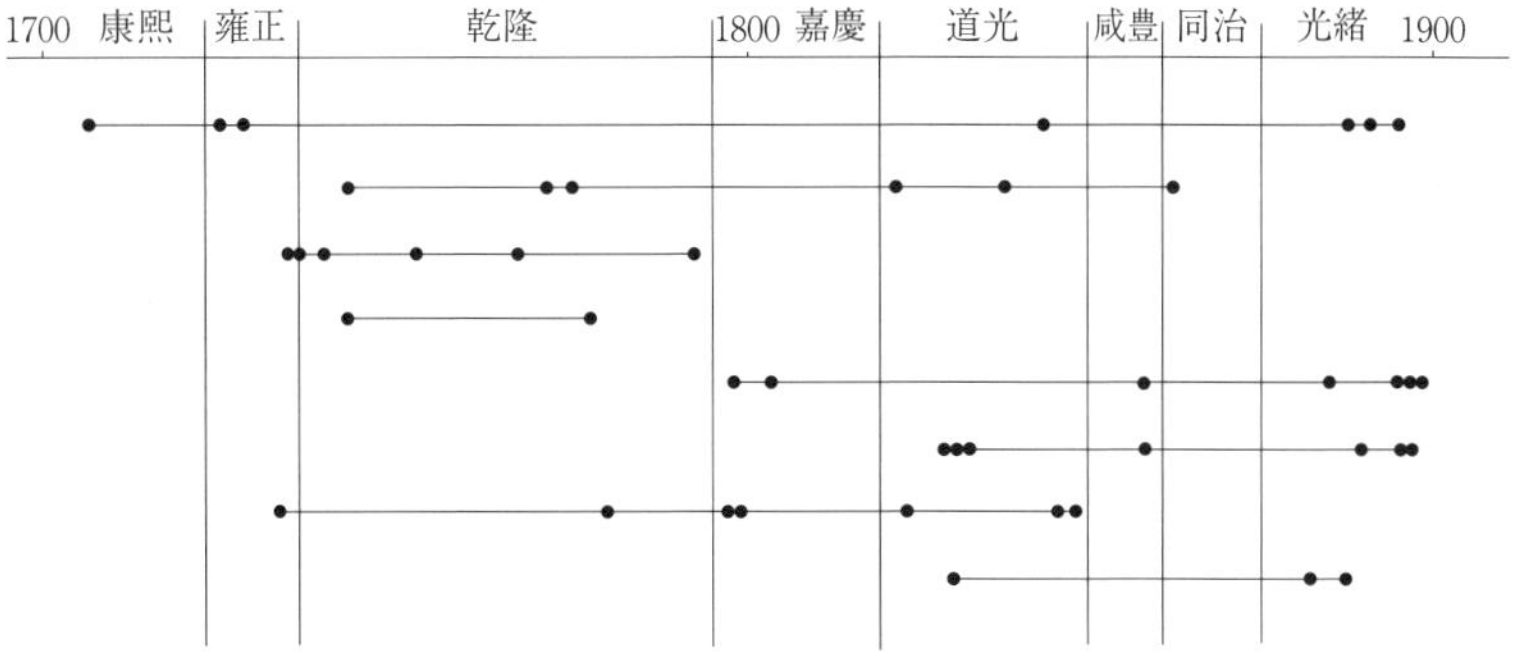

Ⅰ：「墾戸」が当初有する「權利」の論拠（史料29～36）
Ⅱ：給墾契約に於ける論拠（史料38～40、44ノ1、58ノ1、2）
Ⅲ：代表的文言によるとの形での論拠（『大租取調書附屬參考書』所収）
Ⅳ：「移轉」に於ける「當初」の論拠（史料58ノ1、2）
Ⅴ：「移轉」に於ける「後年」の論拠（史料59ノ1～63）
Ⅵ：『第一回報告書』から削除された部分の論拠（『第一回報告書』史料21～28）
Ⅶ：「消滅」に於ける「當初」の論拠（史料42、48～54）
Ⅷ：「消滅」に於ける「後年」の論拠（史料55～57）

論拠として引用される契約文書の編年

報告書』から削除された八件の史料（Ⅵ）は道光一一（一八三一）年から明治三〇（一八九七）年にわたって分布することとなる。以上の結果からは、「當初」から「後年」へという主題を、史料の厳密な時系列に沿った帰納によって導かれたものとするのは無理があるように見受けられる。

　また「當初」と「後年」についてはそれが例えば「一七世紀頃には一般的にAだったものが一九世紀にはBになった」という理解ではなく、「或る土地を巡る契約関係に於いて（契約締結時が一七世紀であろうと一九世紀であろうと関係なく）契約締結時にはAであったものが、契約締結時から一定の時間を経過することによってBになった」とする解釈も或いは可能かもしれない。しかしながら『臺灣私法』の当該記述は同一の土地（乃至は或る家族）について一定期間追跡調査を行った上で書かれたものではなく、またその或る土地について代々作成された契約文書を一定期間分収集・分析した上で書かれたものでもない。よってこの可能性もテキストからは考えにくいといえる。

　以上の分析からは、『調査一斑』から継承されるテキストが展開する「變遷」の主題が、恰も既定路線であるかの如く『臺灣私法』までの記述の柱となり、それ以外の部分、特に『第二回報告書』からテキストを継承する形で附加された記述に於いても、この主題を諸史料から帰納するという形ではなく、「變遷」という主題に沿った問題の立て方が行われていると推定することができる。即ち、「變遷」という路線が敷かれた上で検討がなされているのであり、史料の検討の結果「變遷」という主題が抽出されたものではないことが判明するのである。

第四款　岡松参太郎「大租權の法律上の性質」を読む

次に岡松参太郎「大租權の法律上の性質」（臺灣慣習記事一―一、三・一九〇一）を見てゆくこととしたい。これは『臺灣私法』以外に岡松が台湾に関して言及した数少ない論文の一つであり[13]、先に見たように『第一回報告書』ではこの論文を参照するよう指示されていたものである。この論文では「大租」が「物權」であるか「債權」であるかといった『臺灣私法』内での議論、特に先に本節第二款で検討した「大租權ノ性質」部分に於いて展開される議論とほぼ同様の主張が提示されており、『臺灣私法』と密接な関係に立つことが窺える。

またこの部分には福島正夫が『臺灣私法』の特徴として言及した外国法の概念が登場する[14]。うちReallastについては、『臺灣私法』以外にも、特に「物權」と「債權」の別を巡る当時の日本での幾つかの論文にも登場する為、ドイツでの議論に遡って岡松の引用のあり方を検討し、関連する日本の法学者達の議論も参照しつつ分析を進めることにしたい。

第一項　論文の構成及び内容

この論文は大きく「大租權の沿革」、「物權の性質」、「他の權利との比較」の三部分から成る。論文の方針について岡松は、ローマ法に基づかない「臺灣の法律」をローマ法に基づいて説明することには問題があるとしながらも、内国法即ち日本法がローマ法を根本とし、人民もそれを「法律思想の根拠」としているが故にその説明方法を採るという論法によって自らの方法を説明している(15)。

論文ではまず「大租權」の性質として「土地に對する實權を包含せず」、「小租戸に對する收益權なり」、「其權利主體及義務主體の變更に依りて影響を受けず」との三点が措定され、この内容自体は論文を通じて争われない。この前提に立ち、その後の記述は「大租權」が「物権」ではないこと、それが特殊な「債権」であること、の立証に費やされている。

第一の部分、「大租權の沿革」では、

此當時大租戸が留保せる實權の内容は、之を包括するに、結局或原因に依りて佃戸の權利終止するときは、再び土地に對する一切の實權大租戸に復歸するの點に存し、恰も英法に所謂 Reversion 佛法に所謂 Nue-propriete《ママ》 に類す。故に此時代に於ても大租戸が留保せる土地に對する實權（筆者註：これが「一種の物權なりしもの」とされる）と土地の給出に因り佃戸より年々一定の租穀を受くるの權利（筆者註：これが「佃戸に對する債權」とされる）とは明に區別ありしなり（一―一、七頁）

とする。またこれらの状況は、

余輩英法に於て同様なる場合を見る Freehold owner が其土地を Lease に附し一定の地代を得るの權利を取得せる後其留保せる實權則 Remainder を他人に與ゆるときは以前の所有者は其借地年期間地代を受くるの債權を有するに過ぎず（一―一、八頁）

として英国の例が引き合いに出されている。

次の「物權の性質」からは、「大租權」が「物権」でないことが論じられる。即ち「物権」である以上は「物と無關係なる物權あること能はず」、質權や抵当権ですら「其物との關係間接なるが爲めに屢之に物權的性格を非認するの學者あり…(中略)…況んや大租權をや」とされる(一—一、九頁)。また「侵害なき以前に請求權を生ずる物權あること能はず」、「又請求權のみを以て内容とする物權あること能はず」として「大租權」はこれも満たさないとする(一—一、一〇頁)。さらに「物權なるが故に第三者に對抗し得可きにして第三者に對抗し得べきが故に物權なりと云はゞ…(中略)…是二重の誤謬に陥るものなり」(一—一、一一頁)とし、第三者に対抗できるという要素は、第三者に対抗できなくても「物権」とされるもの、また「債権」でも第三者に対抗できるものがあることから、「物権」か「債権」かを判断する材料にならないとする。[16]

さらに論は「他の權利との比較」に移り、日本国内には対応する「物権」がないとした上で「類を外國法に求めんか。英法に認むる Rent-charge 及び獨法に認むる Reallast は最も大租權に近き權利なる可し」とする。ただしこれらは前者が「若義務者定期金の支拂を怠るときは權利者は土地を留置するの權利(Distress)を有し、又或場合には自占有し收益することを得るの點に於て」、後者は「權利者が土地に對する權利を有し定期金の怠滞あるときは其土地に就き辨濟を受け得べきが故に」、「大租權」と異なるとしている(以上一—一、一三頁)。

以上の論述を経て、「大租權は物權に非ず、而して物權に非れば債權たることを知るを許可し」との論決に至る。ただ「債權」ではあるが、「其效力の絶對的なること」、「其存在の永久的なること」の二点に於て特殊なものであるとしている(以上一—三、一頁)。

議論は「債権」の性質に移り、一般的に「債権」は「内部的效力」(即ち「債權者は債務者に對し債權の内容を主張することを得」ること)と「外部的效力」(即ち「債權者は第三者に對し債權の成立を主張することを得」ること)の二種類の効力を持ち、前者は相対的、後者は絶対的な効力であるとした上で、「大租權」は本来相対的な(つまり債務者に対してしか主張できない)「内部的效力」を、絶対的な(つまり第三者に対して主張できる)効力として備えており、一般的な「債権」とはいえないが、例外的に絶対的効力を有する「債権」もあるが故に、「大租権」を「債権」とすることができるとする（以上一―三、二―五頁）。

また「永久性」についてはこれも例外的にそのような「債権」がない訳ではないとして、「債権」であることを否定するものではないとしている。「大租権」の特徴として挙げられた二点とも、一般的な「債権」ではないが例外的な「債権」に当たるものとしてそれが「債権」であることが認められている（以上一―三、一一―一三頁）。

第三項　Reallast

以下では福島正夫が『臺灣私法』の特徴としての「比較法」に言及する際に例示したReallastについて見ておきたい。Reallastは日本語では通常「物的負担」、「物上負担」等と訳されるようであるが[17]、この制度は日本民法に継承されなかった為か日本では他の制度に比べて研究が少なく、またドイツ民法に於いても条文はわずかに八条のみ（一一〇五―一一一二条）の規定しかない。岡松参太郎はこのReallastについて、

Reallastに付ても凡んど同様にして、権利者は土地の随時の所有者より定期金を受くるの権利を有し、頗る大租権に類似すと雖も、然かも土地を以て其の義務の擔保と爲す。従て此権利の性質に關しては、或は之を債権とし、或いは之を物権とし、或は本質は物権にして時々の給付は債権なりとし、其他種々なる見解ありと雖も（Stobbe-Sehmaum.（筆者註：Lehmannの誤りか）Deut. Priv. R. II E 138（筆者註：§138の誤りか）參照）、要するに権利者が土地に對する権利を有し、定期金の怠滞あるときは其の土地に就き辨濟を受け得べきが故に、又大租権と同一視するを得ず（一一、一三頁）

として、引用しながらもそれを退けており、一見重要でないもののように思われる。しかしReallastは「物権」と「債権」の別や永小作権を論じるに当たって、当時の日本の論文に於いてしばしば言及された概念であり、そこに考察の手掛かりを得ることができる。以下では岡松の作業を位置付ける為に、岡松が引用するドイツの原典に於

けるReallastを巡る議論の内容を確認し、同時期の日本で行われた議論に於いてReallastがどのように扱われ、またそのことが当時の議論のなかでどのような位置を占めるのかということを確認しておくことにしたい。

岡松が参照するStobbe, *Handbuch des Deutchen Privatrechts*は一八九七年の第三版の§138, Juristische Natur der Reallastenと題される部分と見られる。ただこの部分は一八八三年の第二版では§101にあり、両者の間では見解が大幅に修正されている。[18] 第三版は学説検討部分に於いて旧来の学説がReallastを「債権」(Forderungsrechte)とし、抵当権(Hypothek)との関連で説明を行うのに対し、それでは当該土地の売却に当たってReallastの義務が新買主に移ることが説明できないとした後、新たに一段落を挿入してReallastの本質をobligatio in rem scriptaとHypothekの結合関係にあるとする説を導入している。ただその説でもReallastの行使が直接土地にかかってゆく(特に元の持ち主が放棄したところの、その土地にかかってゆく)ことをうまく説明できないとしている。[19] また第三版は第二版の結論に於いてReallastが「債権」的性質を持つとした部分、特にその性質を無記名證券(Inhaberpapieren)に比した部分を引用し、これもその性質を正しく捉えたものではないとする。[20]

以上の変更点は第二版・第三版の校合作業から導かれるものであり、岡松がこの変更について知悉していたかどうかは不明である。岡松がReallastについて述べているのは先の引用箇所のみであり、それ以上の敷衍は論文中に於いてこれを見出せず、第二版から第三版への議論の展開について岡松が何らかの反応を示している箇所も論文中には見出せない。テキスト上では岡松がそれに言及しつつも退けたということが示されるのみである。

第三項 「物権」と「債権」

Stobbe第三版の議論ではobligatio in rem scriptaという概念が導入されているが、その概念については周知のものとするのか、第三版の当該部分に於いてこれを定義した箇所は見当たらない。[21] 恐らくはReallast付きの土地の売買によってもReallastが消滅することはなく、また逆にいえばReallastの権利を持つ人間は、新たな買主に向って従来どおりReallastに当たる給付を求めることができる、という状況を説明する為に、債務者が具体的に特定されない「債権」（即ち債務者はAであるという形で個人が特定されるのではなく、誰かは確定していないがこの物の所有者の地位に立つ人間、という形で債務者が未定のまま成立する「債権」）という概念を導くべく機能している用語と思われる。

一方でこのobligatio in rem scriptaなる概念は、戸水寛人『物權と債權』（有斐閣書房・一九〇〇）にも言及がある。この戸水の論考は岡松参太郎の論文とほぼ同時期の刊行であり、Reallastについて Stobbe 第二版 §101 を引用して論証を行っていること[22]でも注目される。そこではReallast及びobligatio in rem scriptaの概念が「物権」と「債権」の別を巡る議論と関わるものとして登場している。

戸水はこの論文に於いて、「物権」と「債権」の分類につき大陸法系よりも英国法が優れていると指摘し[23]、ローマ法に於ける分類の変遷の経緯[24]から、

歐洲大陸人カ、古ヨリ羅馬法ノ精神ノミナラス其規則ヲモ採用シナカラ、法律思想ノ進歩ヲ度外ニ措キテ、in rem ヲ嚴格ニ對物トシテ解釋シ、物權ヲ物ノ上ニ有スルノ權利ト解釋スルハ甚タ非ナリ、斯ノ如キ解釋ヲ爲スハ法律學ノ進歩ヲ害スルノミナラス、又之ヲ退歩セシムルノ傾向ナキニ非ス（一九頁）

と述べ、また、

dingliche und persönliche Rechte ノ外ニ尚ホ absolute und relative Rechte ヲ説キ、actiones in rem ノ外ニ尚ホ actiones in rem scriptae ヲ説ケリ（Windscheid's Pandekten I §§ 38-45）、所謂absolute Rechte 則チ絶對的權利ナルモノハ其實物權ニシテ、所謂relative Rechte 則チ相對的權利ナルモノハ其實ハ債權ナリ、然ルニ Windscheid ハ物權債權ヲ誤解シタルカ爲メ其外ニ尚ホ絶對的權利ト相對的權利トヲ説カサル可カラサルニ至

リシナリ、actiones in rem 則チ對物訴訟ノ外ニ尚ホ actiones in rem scriptae ナルモノヲ説クニ至リテハ其議論ハ殆ト支離滅裂ト云フノ外無シ（一九―二〇頁）

としている。(25)

この「物権」・「債権」の別という問題を巡って富井政章「物權の本質」（法律新聞二四三、二四四・一九〇四）はまず「之を要するに權利なるものは總べて對人關係である」とした上で、

物權とは或る物に付て一定の利益を収むる絶對權を謂ふ…（中略）…此定義に依れば物權は一般の權利に同じく人に對する權利である、人に對すると云ふ中に於て特定の義務者なき場合に於ける一般の人に對する權利である。（二四四、四頁）

とする。ただこの説は富井自身、

唯斯く定義するときは今日初めより駁撃し來つた對物關係と云ふ説を執る多數學者の定義と同じ様な定義になつて仕舞ふ、即ち物權と云ふ者は人に對する權利でない、一般の人に對抗し得ると云ふことは唯其效果に過ぎないと云ふ誤解を生ずる虞れがある、且債務者以外の者が債權を害することを得ざるは純然たる絶對權と稱すべきものでないことは先程述べた通りである、夫故に私は矢張絶對權と云ふことを物權の定義中に顯はす方が少くも誤解の生することを豫防して至當であると考へます。（二四四、四頁）

と述べるように、非常に誤解されやすい側面を持つものであった。

「物権」・「債権」の別を巡る議論のなかで、またそれとの関係で「債権者債務者未定の債権」というものをどう扱うか、という問題を巡って議論が展開しているこの脈絡と、岡松の「大租権の法律上の性質」はどのような関係

に立つのであろうか。岡松はこの点につき「大租權の如き第三者に對抗するを得る債權を以て債權者債務者の未定なる債權と混同す可らず」（一―三、九頁）としてその直接の連係を切る方向での記述をまず置いている。

その後「債權者債務者たるの資格を或事情（殊に物の所有占有）に附着せしめ其事情の生じたる者は債權者債務者と爲る、然かも臨時其債權者又は債務者の交換することを認む」という例としてActio in rem scriptaを挙げ（obligatio in rem scriptaの語は直接登場しない）、「此種の場合は第三者に對抗し得可き債權は甚だ相類似す…（中略）…余も亦一時此説を保持せり（舊慣制度調査一斑一〇八頁）」とするが、すぐにそれを否定する。曰く「然れども此説は精密ならざるが如し。何者大租權を以て義務者の資格か小租地の占有に依り定まる債權なりとするときは是亦純然たる債權に過ぎず毫も其效力の第三者に對抗し得可きものとなるを見ず」とのことである（以上一―三、一〇頁）。

そうなると岡松の結論としては「大租」は「物権」ではなく、かといって「純然たる債権」でもなく、「第三者に対抗できる債権」である、ということになる。岡松に依れば、「債権者債務者未定の債権」は「純然たる債権」であるが故に「第三者に対抗できる債権」ではない、ということになる。

第四項　「大租權ノ性質」へ

ここで以上の展開を持つ岡松参太郎「大租權の法律上の性質」が省略されていた『臺灣私法』の本文、冒頭で見た「大租權ノ性質」に再び戻ることにする。この岡松論文が省略されていた箇所の後には「然ルニ以上ノ見解ハ廣ク人ノ容ル、所ト爲ラス」（三一三頁）との文が接がれ、さらなる展開がそれ以下の記述に示されている。

そこでは『大租取調書』が「大租」を「土地ニ對シテ直接ノ關係ヲ有スル一種ノ收益權ニシテ、第三者ニ對抗スルコトヲ得ヘキ效力ヲ有スル…（中略）…土地ニ對スル物權」（二六頁）としたことに対し、「從來ノ大租權ハ毫モ土地ニ對シテ直接ノ關係ヲ有セス。又第三者ニ對抗スルノ力ナシ。」（三一三頁）とする。「第三者ニ對抗スルノ力ナシ」とはどういうことか。論文「大租權の法律上の性質」では「債權者債務者未定の債權」を退けてまで「第三者に対抗することを得る債権」と構成したのではなかったか。

ここでの『臺灣私法』の説明はこうである。「物權タルニハ權利者以外ノ何人ニモ對抗スルヲ得ルノ力ナカル可ラス。然ルニ大租權ニハ唯随時ノ小租戸ニ對抗スルヲ得ルニ過キスシテ其以外ノ者ニ對抗スルノ力ナシ。如斯キハ決シテ第三者ニ對抗スルヲ得ルト云フモノニ非ルナリ。」（三一三頁）ここでいう「第三者」は「随時ノ小租戸」ではなくまさに「權利者以外ノ何人ニモ」という意味での「第三者」である。

さてでは論文「大租權の法律上の性質」に於ける「第三者」とは何であったか。再度確認すると、「大租權なるものは特定人間に於て其效力あるに限らず。何人と雖も其占有を得たる者は何人たるを問はず小租地の占有者に對し大租權の内容を主張することを得。則大租權は之を第三者に對抗することを得。大租權に絶對的效力ありと云ふは此意義なり」（一―三、二頁）との解説を見ることができる。即ち、「小租地の占有者」は或る特定の人物のみその地位を得ることができるのではなく、その地位に万人が入ってくる可能性（例えば売買などにより新たに別人が「小租地の占有者」の地位に立つ）があり、その新たに入ってきた人物に対し「權利」の内容を主張することができる、という意味に於いて「第三者に対抗できる」との表現が用いられているものと解せられる。

以上に見た岡松の議論を振り返って整理するならばどのようになるか。まずReallastを巡ってはその参照元であるStobbeの著書に於いて議論の変遷が見られた。岡松は「様々な見解あり」と一応この議論状況に反応しつつも、「要するに權利者が土地に對する權利を有し、定期金の怠滞あるときは其の土地に就き辨濟を受け得べきが故に、又大租權と同一視するを得ず」（一―一、一三頁）として採用しなかった。Stobbeの著書に於いて検討されている諸説についてはこれ以上の検討は行われていない。

またその議論の変遷の中で重要な概念として登場するobligatio in rem scriptaについては戸水寛人が言及し、これらの問題点が最終的に繋がってゆく「物権」・「債権」の別を巡る議論についても戸水や富井政章が言及している。一方岡松は Actio in rem scripta への言及という形でこれに反応してはいるものの、さらに「物権」と「債権」の別という問題と obligatio in rem scripta との関係に関しては何も述べていない。また Reversion, Remainder, Rent-charge 等英国法由来の概念を多く参照する一方で、戸水や富井の如く英国法に於ける権利の分類について述べている箇所はない。

一方で岡松の「「物権」である以上は云々」といった行論や、「物權なるが故に○○にして○○が故に物權なりと言はゞ是二重の誤謬」といった論の運びに見るように、彼のここでの議論は、或る条件から「物権」か「債権」かを判定するのではなく、「物権であること」と「債権であること」の区別から出発しており、また特に土地と直接の関係を有するか否か、という問題に関しては『臺灣私法』本文に於いても神経質なまでの論及を見ることができる。Reallast は引き合いに出されつつも退けられたものであるが、それが退けられる際にも言及されたのが「土地との直接の関係」であったのである。

以上の論に於いて重点は既に「大租」が「物権」か「債権」かという問題に移っており、「大租」の内容が何であるかという問題は後景に退き、それ自体について争われることはない。「當初」から「後年」への「變遷」という主題、それが如何にして生起したか、それは史料から導き出せるのか、といった問題は最早論じられず、その「變遷」は既に確定した前提として、「變遷」前後の「權利」の分類、その種類の確定へと向っているのである。

第五項　岡松参太郎の物権法制構想

この時期、岡松参太郎は「物権」・「債権」を巡る問題に関して何を考慮していたのか。これを窺うことのできる論文が二つ存在する。一つ目は「日本民法の缺點を論じて臺灣立法に對する希望に及ぶ」（臺灣慣習記事五―三・一九〇五、後に「臺灣立法に對する希望」（臺灣協會會報八二・一九〇五）として転載）である。[26] そこでは岡松の強烈なドイツ法志向が展開されている。

「物権」の設定及び移転に関して岡松は「我民法が依然其百年前の佛法に依りたるは遺憾の次第なり」とした上で民法一七七、一七八条に関し「不動産の物權の得喪變更には登記を爲し、又動産に關する物權の讓渡には引渡を爲さゞれば第三者に對抗するを得ずとあり、我法典の文例の解釋に依れば、第三者に對抗することを得ずと云へば、第三者よりは對抗するを得ることになり居れり」[27]（以上一八頁）とし、「畢竟第三者に效力なしと書くべきものを、第三者に對抗するを得ずと書きたる爲め斯る結果を生じたるものにして、佛法の誤解に出でたるものなり」（一九頁）とし、その規定自体が「獨法の如く、一刀兩斷、引渡又は登記ある迄は權利移轉せずとするに比し、幾何の利益ありやと問はゞ…（中略）…實に何等の利益もあることなきを發見せん」（二〇頁）とする。続けて彼は「日本民法は恰も獨法の如く義務を生ずる契約と物權を移轉する意思表示とを區別し百七十六條は其物權契約に付て規定したり、[28]然るに我法典の條文中には一も物權契約の締結要件、效力等に關したる規定なきは甚だ妙なり」（二〇―二一頁）とする。

岡松は二つ目の「物権契約論」（法学協会雑誌二六―一、二・一九〇八）[29]に於いてもドイツ法への志向を表明している。そこでは、

今日ニ於テハ物權契約ト登記トノ關係、其雙方ノ效力及登記申請ノ條件等ニ付テハ異論アルヲ免レスト雖トモ原則トシテ法律行爲ニ因ル不動産物權ノ變動ハ登記主義ニ因ル可ク佛法ノ主義ノ非ナルコトハ天下ノ定論ニシテ…（中略）…佛法ノ學者モ亦理論トシテ皆其然ルヲ認メ…（中略）…之ニ反スル者モ只從來ノ法制ニ非常ノ變更ヲ加フルノ非ナルト又登記簿ノ制度ノ大改革（卽從來ノ人ニ因ル編制法ヲ土地ニ因ル編制法ニ變改スルコト）困難ナルトヲ以テ理由トスルニ過キス（二六―二、一三頁）

と述べられており、ドイツ法の物権契約論を以て「天下ノ定論」と断言するまでの強烈なドイツ物権契約論への志向を見て取ることができる。物権契約論を採る場合に必要となる登記制度については「（一）登記ヲ强制シ（二）

事實ト登記ヲ一致セシメ（三）登記ニ公信力ヲ附シ」、「登記ニ因リ始メテ其變動ヲ生スルモノトスルノ主義（Eintragungsprincip）ヲ採ル」べきであると述べている（二六―二、一二頁）。

台湾に於ける登記制度[30]に関して岡松は「登記法一斑」（法政新誌八―六〜一一・一九〇四）を用意し、トルレンス制度[31]に関する解説を置いており、臨時臺灣舊慣調査會も『土地登記トルレンス氏制度』（同会・一九一〇）を刊行していたが、同制度は最終的には旧慣調査の後に臨時臺灣舊慣調査會が作成した「舊慣立法」の草案である『臺灣不動産物權總則令第一草案』（一九一三）に於いて採用困難として放棄されている。[32]ドイツ型の物権契約論との兼ね合いから、ドイツ型の公信力を附与された形での登記制度が志向されたことによるものと見られるが、同草案では「物権」に関しドイツ法、フランス法の二つの主義を解説した後重ねてドイツ法への志向が語られ、起草された条文の末尾にも悉くドイツ民法の条文の参照が指示されている。[33]

さらにこの草案の議事録[34]に於いては「既ニ臺灣ハ十年來獨法主義ニ據リ來レリ」との発言がなされ、また岡松自身も「本案ハ臺灣現行ノ登記法ヲ敷衍シタルニ過キス決シテ新シキ主義ヲ採用シタルモノニ非ス」と述べており、ドイツ法への「志向」ではなく、ドイツ法由来の制度自体が既に台湾に存在したと受け取れる立場が言明されるに至っている。以上の立場は、「舊慣立法」をいわばまとめる形で作成された「臺灣民事令」の立法理由にも繰り返されている。[35]

以上に見た論文は全て『臺灣私法』成立過程と同時期に発表されている。岡松が「大租」を論じる傍ら、以上のような物権契約論をも一方で念頭に置いていることは、関係する問題を考慮する際に一つの示唆を与える。

第二節　「地基」関係部分のテキスト分析

第一款　テキストの構成

本節では「地基」を巡る議論を扱う。「地基」に関するテキストは『調査一斑』から『臺灣私法』に至る四種の報告書全てに登場するが、「地基」部分を扱ったテキスト群相互の間には、はっきりとしたテキストの継承関係を認めにくいまでに変更・追加・削除が行われている。『臺灣私法』の記述を見ると、その前半が『第二回報告書』、後半が『第一回報告書』からの引用のように見受けられ、実際記述が継承されている箇所を幾つも指摘できるけれども、実際には大幅な変更を伴っている箇所が大半である（資料4参照）。

直接の継承関係が認められるのは『調査一斑』と『第一回報告書』の間である。この二つのテキストには一方で殆ど共通する章立てを見ることができるが、他方その間には大幅な頁数の増加をも認めることができる。特に「第三節地基租關係ノ性質」以下では論旨自体の大幅な変更を伴う記述の変更・追加が行われている。これに対し『第二回報告書』と『臺灣私法』の間では、『臺灣私法』に於いて『第二回報告書』の前半からの引用が認められるものの、その記述には大幅な追加が認められ、その枠組みが『臺灣私法』に継承されているとするのは無理があるといえる。

また『臺灣私法』に収録される史料は主に『第一回報告書』に収録されていたものから採用された史料と新規に追加採用された史料であって、後者の量は前者を上回っている。一方で『第二回報告書』からの史料の採用は認められない（資料5—1、2、3参照）。

以下では記述の都合上、『調査一斑』から『第一回報告書』への論旨変更に密接な関係を有すると思われる基隆土地紛争事件を先に紹介し、その論争に於いて提出された論点を整理した上で、それが論旨変更に実際に関係を有するか否か、またその変更がその後『臺灣私法』に至るまでにどのように継承されてゆくのか、について考察を行うことにしたい。

第二款　基隆土地紛争事件

基隆土地紛争事件とは如何なる事件であろうか。江丙坤『台湾地租改正の研究』（東京大学出版会・一九七四）はこれを以下のように描く。

基隆における業主権紛争の特徴を一言でいえば、「地基主」である日本人と、「厝主」[36]である現地人との、建物敷地の権利争奪である。基隆は、いわば日本から台湾へ出入りする関門であり、日本領有当初から多くの日本人が移住し、土地資本家は争って市街地の建物敷地を買占め、暴利を得ようとした。…（中略）…しかし日本人は土地買占めを急ぎすぎたため、大きな過ちを犯した。それは台湾各地に存在する「地基主」―「厝主」という特殊な権利関係の中で、「厝主」が土地の実権者であることを見すごした点である。それゆえ基隆における市街地紛争は、土地調査開始以前からはじまった。（二〇八―二〇九頁）

彼はこの事件につき二、三の新聞記事を紹介しつつ簡単な素描を試みているが、実は基隆土地紛争事件は『臺灣日日新報』、『臺灣民報』、『臺北日報』などの主要新聞各社が現地に人員を派遣し調査を行い、各社各様の論を展開するという大論争を巻き起こした事件なのである[37]。

最大の問題は、土地を買い占めた日本人が実際に買ってきたものは何であったか、即ちそれは単に「地基租」を徴収するだけの「権利」であったのか、それとも実際に土地を「使用・収益・処分」できる「實權」であったのか、であった。それは「地基主」―「厝主」の関係に於いて、「實權」がどちらに存するか、即ち「厝主」が有しており「地基主」は収租のみを行える（給地基と表現される）のか、「地基主」が有しており「厝主」はそれを賃借しているだけ（税地基と表現される）なのか、という論争の形をとって現れることになった。

論争の問題点は、当初政府側が前節で見た「大租戸」と「小租戸」の間の関係——即ち「時勢ノ変遷ト共ニ」、「大租戸」から「小租戸」へと「土地ニ對スル實權」が移転したという構成——を「地基主」と「厝主」の間の関係に応用し、当初「地基主」が有していた「土地ニ對スル實權」は既に「厝主」に移っており、「地基主」はただ収租の「權利」のみを有する、と構成したことにあった。この構成を採れば、日本人資本家（「大地主派」と表現される）が「地基主」から買ってきた「權利」は単なる「收租權」に過ぎず、「土地ニ對スル實權」ではなかったことになってしまう訳であり、他方この「地基主」と「厝主」の間の関係を単なる賃貸借と構成すれば、買ってきた「權利」は「土地ニ對スル實權」となる訳である。「地基主」の立場を買ってきた「大地主派」は当然後者の構成を採って争った訳であるが、各紙は単に「大地主派」を擁護する為だけにこの論陣を張ったという訳ではない。そこには、「舊慣」を如何に認識するかを巡っての対立が含まれていたのである。

台湾総督府側の初期の認識は、「地基主」—「厝主」の関係を「大租戸」—「小租戸」の関係と並行的なものと理解し、所謂「土地ニ對スル實權」は「厝主」に移っていると構成するものであった。この理解に大きく影響したと考えられるのが「家屋建築廢罷地料及地所明渡請求事件」（覆審法院民事部明治三三年七月二五日判決）である。[38] 事件は台北に於ける土地を巡り「地基主山田海三」[39] と「厝主」の間に起きたもので、山田側が当該関係を「賃貸借」と構成したのに対し、「厝主」側は「先代カ百年前ニ於テ買受ケ爾來自己ノ業トシテ子孫ニ傳承シ來タリタルモノ」として争ったものである。

法院はまず当該関係が賃貸借に因るものか地上権に因るものかの審議が必要であるとし、賃貸借、地上権であればそれぞれ当然有するべきとされる条件を挙げ、それが本件でいうところの「地基」を巡る関係には認められないということから、それは賃貸借でも地上権の設定でもないとした。[40] その上で法院は「厝主ト地基主ノ法律關係カ全然之ト相異スルノハ、要スルニ厝主ノ權利ハ地基主ノ權利ヨリ單ニ其支分セラレタル一部ノ下級ノ權利ヲ有スルモノニアラズシテ、各々宅地ニ關シ箇々特立シタル權能ヲ有スルニ職由スルモノタルヲ認識シ得ベシ」と述べつつも、「地基主ハ田園ニ付キ大租戸ガ大租權ヲ有スルト同一ノ位地ニ立チ、厝主ハ其名稱ノ如何ニ均ハラズ實質ニ於テ正ニ小租戸ト同ク宅地ニ關シ無制限ノ掌管權ヲ有スルニ至リタルモノナリト斷定スルニ躊躇セザル所ナリ」との結論を導き、両者の関係を賃貸借であるとした第一審判決を変更する判断を下している[41]。

この判例が唯一の根拠ではないのであろうが、『調査一斑』の結論は「厝主權ナルモノハ全ク厝地ニ對スル實權ニシテ田園ニ於ケル小租權ト同一ナル性質ヲ有ス」（一八六頁）とするものであった。この見解、即ち「地基」の関係は「大租」と同様に考えることができるものであり、所謂「土地ニ對スル實權」は全て「厝主」に移ってしまっている関係、つまりは「給地基」の関係である、とする見解を以て基隆の土地問題に臨んだ台湾総督府当局は、その関係が賃貸借であると構成する側から激しく攻撃されることになる。この論争が当時台湾に於いて発行されていた複数の新聞紙上をかりて激烈に展開されることになる。

問題自体は明治三二年より各紙上に登場するが、以下ではこの事件を巡る論争の中でも中核を占める、明治三五年上半期の『臺灣日日新報』、『臺北日報』、『臺灣民報』の三紙[42]間の論争、なかでも最も詳細に論点を提示して土地調査委員會の非を唱えた「基隆業主權の爭議」（臺灣民報・明治三五年二月二六日―三月一三日、一三回連載）を取り上げて詳しく見てゆくことにしたい[43]。後に述べるようにこの記事は、『調査一斑』から『第一回報告書』への論旨変更に決定的な影響を与えたものと推測される最も重要な記事だからである。

「基隆業主權の爭議」の行論では、まずは議論の前提となる道具立てにつき基本的に論争の相手方である『調査一斑』の立場を採用し、次にその前提で立論した場合の矛盾点即ち『調査一斑』の立論への反証を積み上げ、さらに『調査一斑』の記述そのものを逐一具体的に引用してそれに対して駁撃を加えるという構成が採られている。以下その行論を確認しておく。

議論の道具立てについてはまず『調査一斑』が引用され、「一に契字に重きを置き、次に實際の慣行、判決例、土人の証言《但し爲にする土人の証言は採用の限にあらず是れ支那政府時代に於けるが如く爲にする所ある土人は利の爲に良心を賣るを常とすればなり》縣志、廳志に考核せざるべからず」、特に「土地に關する權利の第一の證據は契字」として契字（契約文書）を最重視する姿勢が示される[44]。

次いで基本概念となる給出・贌出・税出（それぞれ給地基・贌地基・税地基関係を設定する行為とされる）についての定義をこれまた『調査一斑』に依って確認する。第一に給出を「他人に業主權を移轉し、自己の爲に租權を設定することを云ひ、第一に讓渡と異り第二に貸借と異なる」とした上で、「此定義は誤りたりと云ふ可らざれども不十分なり[45]」とし、最終的には「給地基とは原銷銀を受納し地基單を發し他人に業主權を移轉し自己の爲に租權を設定するものなり」との定義を行う。

第二に贌出につき「業主權は移轉せず、單に小作權即ち收益使用を移轉し、業主權は贌出の當人に留保して被贌出人は賃借するに過ぎざるべし。此贌出は田畝にて行はる、而も同様の慣習は等しく宅地に於ても行はるゝを否定すべからず…（中略）…即ち宅地の場合に於ては税出と名けて、等しく賃借の行はるゝを見るものあり」とする。

第三に税出につき「即税地基是也…（中略）…税出とは其正當の意義に於ては賃貸也」とし、「以て見るべし、當局の調査は宅地に於て賃貸借を行はるゝことを認めたるを、加之、税出は特に有償なる以上は贌出よりも一層明確に賃貸借を認めるものなり」と述べた上で最終的な定義を「自己の土地の使用收益を與ふるものにして、土地を税出せる場合には前權利者と税出を受けたるものゝ間には賃借の關係を生ずるに過ぎずして、よしんば此關係が負擔付なりとするも業主權は移轉せず、單に收益使用を移轉し業主權は税出の當人に留保して、被出税人は賃借するに過ぎざる可し」とする。

以上を前提にして記事は「當局の査定なる「基隆は悉皆給地基なる」てふ判定を否定すべきことを發見」するとし、以下詳細な当局への「反証」を掲げる。そこでの「反証」は実に多岐にわたり、列挙するだけでも、基隆の給地基制を証言した本人の祖先が税地基と判定される契字を有すること、土地台帳の記載、賃租の上下する事実、大修繕を税地基主（＝「地主」）が負担した例、法院の判決例[46]、家屋焼失の場合に「地主」に処分権が存在すること、税地基売買の契字は売主即ち「地主」に「業主權」があることを示していること、鋤頭工なる賃借上の有益費を賠償する事実が存在すること、などの要素が反証として積み上げられている。その上で記事は「基隆地方に税地基制（賃貸借）の存するありて、地方調査局が基隆全地方を以て給地基制と全稱肯定せしの謂はれなきを反証せり」としている。

以上を踏まえて同記事は「大租戸」と「小租戸」の間の関係を「地基主」と「厝主」の間に応用したことの非を唱え、「世の論者、當局者たると私人たるとを問はず、臺灣の田園地に於て大租小租の別あるを看取すると共に、宅地に於て同様の推斷を用ひ、地皮地骨[47]の別を定め、而して家主に地皮權ありとなし、且地皮權は完全なる物權を有するものとして業主權あるを主張せんとする者あり、甚しきは福建に於ける田皮田骨、大苗小苗の制度を活剝し來りて、特殊なる地方に當て嵌めんとし、而も一方に於ける臺灣一般の習慣として存する給地基及税地基制あるを忘却せんとせり、先入主となりて、以て權利の移動を推斷し同時に矛盾を意とせざるは、臆斷妄論を極めたるものと云はざる可らず」と断じている。

記事はその後も『調査一斑』の記述を引用し、細部にわたって検討・反駁を加えている。攻撃された箇所は『調査一斑』の頁数・行数が明示された箇所だけでも一三箇所[48]に上っている。

以上の後に発表された地天[49]「基隆紛争地問題の査明」（臺灣日日新報・明治三五年四月九日―五月一〇日）では紛争の次第として「内地人の多くは臺灣の土地に關する權利には地皮地骨權の二様あるを知らず又大租權小租權の別あるを覺らず」とし、また「地方調査委員會の査定は土地調査局の調査と全然其方針を一にし而して舊慣調査一斑の意見に依據せることは爭ふべからざる事實なり」とし、土地調査委員會が『調査一斑』の見解に基いて調査したことの証拠として同局の伺指令「基隆市街宅地業主權ニ關スル件」を引く[50]。

次に当局の立場を「地基主が自己の土地を他人に交付して家屋を建設せしめたるは其業主權を移轉したるものにして、地基主權は只一種の債權たるに過ぎずとの基礎」に立つものとし、所謂大地主派即ち日本人資本家の立場を「基隆の厝地は税地基制卽ち建物敷地賃借制にして業主權移轉の給地基制にあらず、故に厝地を他人に交付して家屋を建設せしめたる地基主は依然業主權者にして厝主は賃借者なりとの論據」を採るものとして整理し、紛争の形態を詳細に紹介する。

それらを総括して論者は大地主派・当局双方とも誤りであるとし、「大租戸」—「小租戸」関係と「地基主」—「厝主」関係が異なることを述べる。即ち「業主權なるものは蕃租大租等の負擔あるにせよ土地の最上實權なることは異論なき所なれども…(中略)…又大租戸は昔時の地主なりしかど時代の變遷に伴ふて是れ亦實權を失し、所謂虚有權若くは裸体の所有權を握るにあらずして全く根本の支配權を奪はれ、昔時の小作人たりし小租戸は業主となり、最上の實權を有するに至れることは一點疑を挾むの餘地なし、只宅地にありて地基主と家屋又は敷地の賃借人との間に介在する厝主なるものが小租戸と等しく昔時は賃借人たりしにせよ、今日に於ては厝地の實權を掌握し業主の地位に進めるや否やは大に疑を存して之を見ざるべからず」との見解を示している。

厝主に関しては「厝主と厝地との關係は或は業主權の場合あり或は賃借權の場合あり或は他の物權の場合あらんも計られず」とし、「劉銘傳は徴收上の便宜を謀り納税義務を小租戸に移したるものにして、此制度の改革未了の地は依然大租戸納税義務を負擔することなれば、納税義務の有無は以て業主權の有無を定むるに足らず、如何なる地方如何なる場合に於ても小租戸と稱するものは業主權者にして決して除外なし、是歴史的の結果にして厝主の厝地に對して有する權利と同視すべきにあらず」、また「土地の使用權が永く他人の手に移り遂に處分權までも他人に歸したるが如き觀あるときに於ては、實際其土地は賣買されたるものなるや、又は貸借されたるものなるや、將た當初の契約如何に拘はらず所有權の既に他人に移轉せるものなるや、に就て往々爭議を引起すを免かれず」としている。

第三款　事件と記述の相互関係

以上の論争の後に発刊された『第一回報告書』は『調査一斑』からその記述を大幅に変更している。まず「土地調査事業ノ開始セラルル、ヤ其初メテ着手セルハ臺北附近ニシテ、而シテ此地方ニ於ケル地基關係ハ其成立甚タ古ク、且多クハ口約ニ係ルヲ以テ、其後ノ沿革的理由ニ依リ現在ニ於テハ土地ノ實權ハ厝主ニ歸スルモノ多數ニ居ル、之ヨリシテ從來地基ヲ論スル者此状態ヲ以テ地基關係ノ本則トシ、之ヲ一般ニ及ホシ厝主即業主ノ説ヲ立ツルモノ少ナカラス、臺灣舊慣制度調查一斑ニ於テモ亦此説ヲ唱道セリ、然レトモ前ニ述タルカ如ク、地基關係ニハ決シテ一定ノ習慣アルニ非ス、各種ノ事情ヲ見テ其性質ヲ定ム可キモノナルカ故ニ、臺北附近ノ實例ヲ以テ全般ニ及ホスノ誤レルノミナラス、凡ソ地基ニ關シ一貫ノ説ヲ立テントスルハ即チ誤謬ニシテ、各場合ニ付キ其性質ヲ定ム可キモノニ係ル」として、台北の慣習を基隆に応用することの非を認める記述を置いている。(51)「地基主權ノ内容」(二九八頁)の部分で「地基租權ノ内容ハ頗ル大租ニ類似ス」とした書き出しも削除し内容を大幅に改めるなど、この方針転換は全体にわたっている。

さらに、「基隆業主權の争議」によって攻撃された『調査一斑』の箇所は、『第一回報告書』の当該箇所に於いて悉く何らかの追加説明が附されるか、変更・削除が行われている。(52)攻撃された箇所と、『調査一斑』から『第一回報告書』の記述に対して変更・削除・追加が図られた点がほぼ一致すること、最終的な結論が「基隆業主權の争議」の論旨にほぼ沿ったものであることから、この記述の変更と基隆土地紛争事件との間には関係があるものと推定することができる。「大租」と同様に「地基」を理解しようとする『調査一斑』の発想は、基隆土地紛争事件の経験を通じてここで完全に放棄されたと推定することができるのである。

さて、では新しい方針をどのように設定するべきか。この問題に関し『第一回報告書』はまず「地基」の沿革に関し「厝主カ厝地ニ對スル權利ハ當初ノ設定行爲ノ如何ニ係ラス、設定後ノ沿革的理由ニ因リ之ヲ取得シタルモノ少カラス。故ニ常ニ各地基ノ沿革上ノ事情ニ注目スルヲ要ス」（三〇一頁）と注意を促した上で、「厝主カ土地ノ實權ヲ有スト爲スニハ、其地基設定ノ時日古ルク又現實ニ於テ厝主カ其土地ニ對スル實權ヲ行使スルノ事實アルヲ要ス。土地ノ價格日ニ昇騰シタル現今ニ於テハ最早凡テノ場合ニ此理論ヲ應用スルヲ得ス」（三〇四頁）としている。

そしてその判断基準としての「契字」の約款については「厝主カ厝地ノ權利ヲ有スルヤ否ヤハ其設定契字ノ内容ニ關スルコト少カラス」とし、「屢述タルカ如ク契字ノ表題ハ必シモ其法律行爲ノ性質ヲ定ムルノ證據ト爲スヲ得ス」（以上三〇四頁）、「一ニ其内容ノ如何ヲ見テ之ヲ判定ス可シ」（三〇五頁）との注意を掲げた上で、大幅に史料を追加し、土地の「實權」が厝主に移転したかどうかを判断する契約文言を掲げている。中には「臺灣ニ於テハ永爲己業ノ四字ハ輕々ニ之ヲ使用スル習アル」（三〇五頁）などの注意も見ることができる。

最終的な判断基準は「先ツ設定ノ契字アルモノハ契字ニ付キ觀察ヲ下シ、賣字ナルニ於テハ通常厝地ノ實權厝主ニ移轉セルモノト認ム可ク、反之給字若クハ贌字等ナルニ於テハ厝地ノ實權ノ移轉ナキヲ本則トシ、只其内容上土地ノ實權ヲ移轉スルモノト認ム可キ約款アルカ、又ハ昔日ノ給出ニ係リ沿革上權利状態ニ變更ヲ生シ、現實ニ厝主ニ於テ土地ノ實權ヲ行使スルノ事實アルカ、又ハ其地方ノ慣行ニシテ常ニ厝主ヲ以テ業主ナリト看做シ、而シテ當事者此慣行ニ從フノ意思アリト認ム可キ事情アルカ、或ハ又此以外ニ於テ特別ナル事情存シ實權ノ厝主ニ存スルモノト認ム可キ場合ニ限リ、厝主ハ厝地ノ實權ヲ有スルモノト爲ス可シ」（三〇八―三〇九頁）の記述に示されている。

以上の議論は、「地基」を巡る記述以外の部分へも影響を与えている。「地基」を巡る議論とも関係を持つと見られる記述は、『臺灣私法』「總論　第四節不動産權ノ得喪　第二款不動産權得喪ノ原因」の箇所及びそれに繋がるテキストにも現れている。

『調査一斑』ではこの三者をそれぞれ「給出トハ今日ニ於テハ臺灣法律ノ術語ヲ爲シ特別ナル意義ヲ有ス。卽他人ニ業主權ヲ移轉シ自己ノ爲ニ租權ヲ設定スルコトヲ云フ。故ニ第一ニ讓渡ト異ナリ第二ニ賃借ト異ル」、「贌出トハ其正當ノ意義ニ於テハ自己ノ土地ノ小作權ヲ與ユルコトヲ云フ。故ニ土地ヲ贌出セル場合ニハ前權利者ト贌出ヲ受ケタル者トノ間ニハ賃借ノ關係生スルニ過キストス」、「税出（又ハ出税）トハ其正當ノ意義ニ於テハ賃借ナリ」とし、一方で三者が混用されることについても言及していた（以上二八―二九頁）。

給出について『第一回報告書』は「他人ニ業主權ヲ移轉シ自己ノ爲メニ租權ヲ留保スル法律行爲ナリト云フニ歸着シ、此方針ヲ以テ業主權ノ所在ヲ査定シタルモノ多シ…（中略）…然トモ今臺灣ニ於ケル舊慣ニ從ヒ給出ノ意義ヲ定メントセハ、未タ遽ニ以上ノ如ク簡單ニ論斷シ得サルモノアリ」（七九頁）と記述し『臺灣私法』もこれを基本的に継承した（一六六頁）が、土地調査事業との関係について述べた部分を削除し[53]、また「卽チ給出トハ元來ハ凡ント賃借ト云フト大差ナシトス」（八一頁）との説明を（一六七頁一二行「推知シ得可シ」の後に於いて）削除している。次いでその沿革について述べた後、「給出ハ賣買ト同シク權利ノ移轉ナリト雖モ、新權利者舊權利者ニ代ハリ權利ノ全體ヲ擧ケテ之ヲ新權利者ニ移轉スルモノニ非ス」（一六七頁一四―一五行）、「給出ハ元來其土地ニ對スル業主權ヲ附與スルモノニ非ス」（一六八頁五行）との解説を行っている。また『臺灣私法』は『第一回報告書』の記述からかなりの省略を行っている[54]。

贌出に関して『第一回報告書』は「土地ノ業主カ他人ヲ招キ自己ノ土地ヲ耕作セシメ、又ハ其他ノ作業ヲ營マシムルコトヲ云フ」（八三頁）としており、これは『臺灣私法』にも継承されているが、『第一回報告書』が贌出を「小作權ヲ與フルコト」であり「純然タル土地ノ貸借關係」とした箇所を『臺灣私法』ではそれは「互ニ權利ヲ取得シ義務ヲ負擔」する関係であるとして直接的な表現を避け[55]、また占有に関しての言及を削除している[56]。

「給出」、「贌出」を巡る以上の記述には、一方で史料から何とか一義的な定義を導き出そうとする動きと、そう簡単には整理できない現状からそれを躊躇する動きの間で議論が揺れ動いている様相を見ることができる。

第四款　舊慣立法に於ける「地基」

『調査一斑』から『第一回報告書』への一大変更はそれでもそのまま『臺灣私法』に継承された訳ではなかった。『臺灣私法』は『第二回報告書』「第一款總説」部分から「厝主ノ意義」、「厝地ノ範圍」、「厝地ノ賦課」[57]の一部を継承し（四六九―四七四頁）、その後に「厝地ノ法律關係」と題する部分（四七四―四七八頁）を新設してその中で体系の整理を行っている。

即ちまず「厝地ノ法律關係」を「地基關係ヲ附帯セサル厝地」と「地基關係ヲ附帯セル厝地」に分け、前者を「自己ノ管業ニ屬スル土地ヲ厝地ト爲セル場合」とし、「自己カ元來管業權ヲ有スル田園土地其他ノ土地又ハ一部ヲ塡築シテ厝地ト爲セル場合」及び「厝地ト爲スノ目的ヲ以テ他人ノ管業ニ屬スル土地ヲ買斷シ全然其管業權ノ移轉ヲ受ケタル場合」の二種があり南部及び中部台湾に多いとする。その性格は「其厝地ノ管業者ハ田園ノ小租戸ト地位ヲ同フシ、近時ニ至リテハ全然其厝地ニ對スル實權ヲ掌握スルモノ」として「大租」を引き合いに出した説明が置かれている（以上四七四―四七五頁）。

後者「地基關係ヲ附帯セル厝地」はさらに「地基租ハ大租ノ性質ヲ有シ厝地ニ對スル業主權ハ厝主ニ歸屬セルモノ」、「厝地ニ對スル業主權ハ地基主ニ殘存スルモ厝主ハ厝地ニ對シ地上權ニ等シキ物權的使用權ヲ取得セルモノ」、「厝地ノ債權的賃貸借ニ止マルモノ」の三者に分類され（四七五―四七八頁）、そして後二者に関する記述は新設の「贌權」の部（「第三款贌地基」）に編入されている。

以上の分類から判断すると、基隆土地紛争事件に於いて『臺灣民報』側が主張したような所謂賃貸借の如きもの、即ち「地基主」側が「業主權」を持つと構成できるものについてはこれを「贌地基」の款に譲るという作業が行われており、「地基」として残るものは、『調査一斑』が採ったような所謂「大租」の関係と並行的に理解できるもの、即ち「實權」が既に「厝主」に移ってしまったような場合を扱うということになる。そうなると、「大租權」

と同様に理解できるものが「地基」の章で扱われることになり、かつそれは「大租」同様「厝主」が「業主權」を既に有するものとなる。ここに至り、「租權」として挙げられた「大租權」、「地基租權」は処分されたことになり、「業主權」が残るという構成が完成することになる。(58)

以上の操作を経た「地基」は最終的にどのような位置付けを与えられたのか、これを旧慣調査の後に臨時臺灣舊慣調査會が作成した「舊慣立法」の草案に見てみることにしたい。草案作成当時に於いては「大租」は既に整理・消滅済(59)との立場が採られた為、「大租」に関する法案は作成されなかったが、「地基」に関しては草案が作成されており、『臺灣不動産權舊慣法要目』（一九一二）及び『臺灣佃、永佃、地基假案』（一九一二）双方にその規定を見ることができる。(60)

『臺灣不動産權舊慣法要目』には「第六章地基權」として全一一条の草案が置かれており、その末尾には対応する『臺灣私法』の記述の頁数が指示されている。この頁数が指示する箇所は、「厝地ノ業主權」部分（四六九―五二五頁）ではなく実は「贌地基」部分（六一五―六五一頁）である。従ってこの草案に於ける「地基權」は『臺灣私法』の段階で新たに一款を設けた「贌地基」についての草案であることがわかる。所謂「地基租ハ大租ノ性質ヲ有シ厝地ニ對スル業主權ハ厝主ニ歸屬セルモノ」としたものは既に「業主權」として処理するとの方針のようであり、ここでの草案は「地基權」との名称を持つもののその内容は「贌地基」即ち「地基主」が「土地ニ對スル實權」を持つ場合のものとなっている。

この草案は『臺灣佃、永佃、地基假案』に於いてさらに変更を蒙る。そこでは各条文の末尾に日本民法の地上権（第二六五―二六九条）及び永小作権（第二七〇―二七九条）からの条文が引かれている。『臺灣私法』が「贌地基」の款を設けるに当たり「厝地ニ對スル業主權ハ地基主ニ殘存スルモ厝主ハ厝地ニ對シ地上權ニ等シキ物權的使用權ヲ取得セルモノ」（四七六頁）とした箇所と符合するものかとも思われる。また「舊法」と表示される『臺灣不動産權舊慣法要目』の条文は概ね継承されているように見える(61)が、典拠となる『臺灣私法』の記述の頁数を示す数字は削除されている。明示的な『臺灣私法』との連絡は一旦切られた訳である。

以上の『臺灣佃、永佃、地基假案』は大正二（一九一三）年八月、臨時臺灣舊慣調査會法案審査會第四回會議に提出された。議事録はわずか四頁強のものである。(62) 席上岡松参太郎は「地基權」との名称につき「前ニ厝主權トセシモソウスレハ家以外ニハ通用セサルニヨリ研究ノ末地基權トナシタリ此外ニハ考案ノ余地ナシ」と説明している。(63) 会議では幾つかの動議が提出されたが、いずれも少数として否決されている。また「舊慣ナキニ付定メタリ」と発言している条文（第六条）も存在したが、それについての議論も行われていない。「舊慣立法」と称される第三部の草案であるが、本書で検討したような「大租」、「地基」は既に消滅したとされるか、もしくは「業主權」へ吸収されるという形で処理され、草案では既に考慮する必要のないものとされた如くである。「地基」の最終的な位置付けは以上のようなものであった。(64)

註

（1）なお官租に関し余英三『臺南各衙門官租起源沿革款類舊慣調査全冊』（明治三六年二月調査、臨時臺灣舊慣調査會罫紙、臺灣大學法學院圖書館蔵）なる冊子の存在を指摘しておく。これは『臺灣舊慣調査事業報告』所収の部員報告書一覧に掲載されていないが、『臺灣私法』成立過程での中間的な報告書の一つと考えられる。

（2）『臺灣私法』は「臺灣ノ土地ニ對スル業主權ノ變遷ハ則所謂租權ノ變遷ニ外ナラス」とした後「臺灣ニ於ケル租權中最重要ナルモノヲ大租小租トス」とし、「官租學租其他種々ナル名目ヲ有スル租權アリト雖モ…（中略）…其法律上ノ性質ニ至リテハ大租又ハ小租ノ範圍ヲ出テサルモノトス」と述べ、また「大租カ番社又ハ番丁ニ屬スルトキハ之ヲ番租又ハ番大租ト云」と述べている（以上二四六―二四七頁）。

（3）テキストの追加や『第二回報告書』からのテキストの継承（二七三頁二―一二行）、その他細かな修正は存在する。例えば『第一回報告書』「大租ノ沿革」の冒頭（一三二頁一五行―一三三頁四行）は『臺灣私法』では「總説」部分に吸収されており、また最後に少しく触れた（一三七頁一一行以下）清賦事業に関しては『臺灣私法』では「第三則清賦事業」に詳しく述べられることとなった為削除されたものと見ることができる。また蕃地に関する記述（一三四頁二―九行）は蕃人関係ということで削られたものと見られる。

(4) 第二目のその他の部分、即ち「第一則清國開墾成例」及び「第三則清賦事業」(第三則では最後に「清賦ニ關スル各種事情ヲ考察スルニ足ルヘキ書類ハ參考書中ニ收載セリ」とのみ説明があり参考史料が新たに一三件追加されている)はほぼ全て『第二回報告書』の該当部分をそのまま継承したテキストであり、「第四則業主ノ確定」は清賦事業に関する若干の要約を置いた後『第二回報告書』を引用し、その後土地調査の過程を簡略に述べている。第三目「第一則大租ノ性質」は題名の通り大租の性質を規定する記述を有する部分であるが、「大租權ノ性質」以外の部分は「大租權ノ内容」が概ね『第二回報告書』の「大租權ノ内容」の記述を継承しつつ(『第二回報告書』九二―九三頁あたりの記述が項目ごとに分割されて当該箇所に挿入されている(三〇〇―三〇一頁)箇所など一目で判定しづらい場所もあるが、概ね継承されている)、テキストの追加を行い最後に『第一回報告書』の記述を引用したものであり、「大租權ノ得喪移轉」は『第二回報告書』を引きながらも大幅なテキストの追加・変更が行われたものである。「大租ノ收納」、「大租ノ賣買價格」の部分は『第二回報告書』の記述にその後得られた多くの情報を付け加えて書かれた部分である。

(5) 例えば『第一回報告書』の21~32、『第二回報告書』の23ノ1~26の参考史料が『臺灣私法』に継承されていないことが見て取れる。

(6) またさらに蕃租に関する記述が続いていた。蕃租は大租の一応用型としての位置付けが採られていたことから削除されたと見ることができ、本書も直接の分析対象とはしないことからしばらく措く。

(7) この問題に関しては、『臺灣私法』の「臺灣現時ノ法律」部分に民事商事及刑事ニ關スル律令施行規則第一条が「土地ニ關スル權利ニ付テハ當分ノ内民法第二編物權ノ規定ニ依ラス舊慣ニ依ル」と規定したことに関し「所謂土地ニ關スル權利トハ土地ニ關スル物權ニ限ルヤ否ヤ是殊ニ土地ノ賃借(佃)ニ付實用ヲ生ス」(五二頁)と述べられていることが目に付く。即ち「物權」か「債權」かによって律令の適用が異なるということが一つの実務上の理由となる可能性があるということである。しかしこれについては『臺灣私法』自ら「臺灣ノ舊慣ニ基ク土地ニ關スル權利ハ其性質物權タルト債權タルトヲ問ハス凡テ臺灣ニ於テ取得設定スルコトヲ許スノ主旨タリ」(五三頁)としていることから、それが理由であるとは考えにくい。

(8) 現在では『臺灣私法』と独立に清賦改革以前の「大租戸」の地位の変容についての研究が行われている。陳秋坤『清代台灣土著地權――官僚、漢佃與岸裡社人的土地變遷 一七〇〇―一八九五』(中央研究院近代史研究所・一九九四)、黄富三「清代臺灣的土地問題」(食貨月刊復刊四―三・一九七四)、同「清代臺灣之移民的耕地取得問題及其對土著的影響」(同一一―一、二・一九八一)、施添福「清代竹塹地區的土牛溝和區域發展」(臺灣風物四〇―四・一九九〇)、同「清代臺灣〝番黎不諳耕作〟的縁由:以竹塹地區爲例」(中央研究院民族學研究所集刊六九・一九九〇)、柯志明『番頭家:清代臺灣族群政治與熟番地權』(中央研究院社會學研究所・二〇〇一)等参照。

(9) 既に吉井友兄『吉井主税官臺灣財務視察復命書』(大蔵省印刷局・一八九六)にその言及があり、また臺灣事務局編『臺灣事情一斑』(同局・一八九八)に「谷信近氏ノ調査」に依るという形での解説も見られる。また臺灣總督府民政部財務局税務課『臺灣税務史』(臺灣日日新報社・一九一八)は「其ノ成果ハ本邦ノ領臺後明治三十七年土地調査完成地租改正ニ至ルマテ我政府ノ踏襲シタルモノナリ」(上巻、五五頁)としている。これら清賦を巡る研究は最終的には土地調査局による『清賦一斑』によって一つの区切りを見ることになる。

(10) この三つの特徴に加えて、実は四つ目として「尚契字ニ徴スレハ墾首ト佃戸ノ契約ハ明ニ賃貸ニシテ」との記述が存した(『第一回報告書』一四四頁)が、これは『臺灣私法』へのテキスト継承に当たり「又給墾契約ニ因リ佃戸ノ取得シタル權利ハ頗強大ナルモノナリシト雖モ其契約ハ尚小作契約ニシテ從テ佃戸ノ權利ハ性質上永遠ノモノナレトモ」(三〇三頁)と変更されている。『第一回報告書』の記述は常にそのまま継承されている訳ではない。

(11) 地域差については「大租權ハ既ニ述ヘタルカ如ク臺灣ノ南部ト北部ニ依リ多少其發生原因ヲ異ニシタリト雖モ、其法律上ノ性質ニ至リテハ殆ト相同シ」(二八九頁)とされ、「大租權ハ主トシテ其初土地ノ開墾ニ當リ墾戸カ佃人ヲ招徠シ其土地ヲ墾耕セシメタルニ始リ此關係漸ク變化シテ大租權ト爲リタルモノナルヲ以テ、今大租權ノ内容ヲ知ラントセハ勢遡リテ當初ニ於ケル墾戸ノ權利ヲ研究スルノ必要アリ」(二八九頁)との方針が述べられている。

(12) 例えば「佃戸ノ納租義務」に於いて言及されるものは『大租取調書附屬參考書』六二、六六頁、「附帯ノ約款」のうち租穀滞納に関し言及されるものが同五二、五五頁、耕作権譲渡に墾戸の承認を要することに関し言及されるものは同五〇、五一頁に見つけることができる。同書「漢大租」の部分には一一三件(雍正期五件、乾隆期三七件、嘉慶期二一件、道光期二三件、咸豊期二件、同治期六件、光緒期一七件、明治期二件)の契約文書が史料として収録されている。『臺灣私法附録參考書』には他にも『大租取調書附屬參考書』から引用された史料が掲載されているが、この部分に関しては収録がなく、註釈などでの指示もない。

(13) 岡松の著書『刑法ノ私法觀』(有斐閣書房・一九〇二)には「我刑法改正案ハ近世法律ニ一新機軸ヲ出シ人ノ賣買ヲ認メタリ。蓋是將來臺灣ニ適用セル可キコトヲ慮リタルモノナル可シ」(八六—八七頁)と皮肉めいた論調の中で台湾の例を引き合いに出している箇所や、台湾の貨幣について言及している(二〇四—二〇五頁)箇所が見受けられるが、本格的な記述とはいえない。

(14) 福島正夫「岡松参太郎博士の台湾旧慣調査と華北農村慣行調査における末弘厳太郎博士」(東洋文化二五・一九五八)三五頁に於いて、『臺灣私法』の特徴として「比較法の方法が随所にとられていることが顕著に示される。これは、岡松博士がヨゼフ・コーラーの教えをうけ、西欧諸国の法制に該博な知識をもっていたからである。一二の例をあげるならば、台湾に特有な大租権の性格について英国の rentcharge、またはドイツ法の Reallast に酷似するものといい(第一巻上三一一頁)、また「祭祀公業」について、合有関係（Rechtsgemeinschaft zur Gesamtenhand）とする説明をしている（第一巻下四〇四頁）。」（三五頁）と言及されている。

（15）論文では「一國　法の法理觀念は必ずしも他國の法理觀念を説明するに足るものに非ず。抑物權債權の區別は羅馬法の創設に係り、其法律組織の根基を爲すと雖も、然かも亦必ずしも羅馬法に基かざる法律に發達せる權利も此標準に從ひ區別し得可きに非ず。…（中略）…然らば今又羅馬法を基礎とせざる我臺灣の法律を説明せんとし、大租權の物權に屬す可きや否やを定めんとするは、或は其根本を誤るなきやの疑なきに非ず。只我内國法は既に羅馬法理を採用して其法律組織の根本とし、人民も亦羅馬法の觀念を以て其法律思想の根據と爲すに於ては、我臺灣法律の説明に當りても勢ひ此法理に依りて其制度觀念を説明せんとするは免る丶能はざる所にして、又敢て之を排斥する能はざるの理由存す。」（一一、五―六頁）と述べられている。一方で先に見た「大租權ノ性質」部分に於いても「第一ニ租權ヲ以テ支那法ニ基ク特殊ノ財産權ナリト云フハ是既ニ説明ヲ拋棄スルモノタリ、蓋大租權ハ支那法ニ基ク一種ノ權利タルハ爭ナキ所ニシテ、唯我國法上ノ權利ノ分類ニ依ラハ何ニ屬ス可キヤニ付キ爭アルモノナレハナリ」（三二三―三二四頁）との説明が行われている。この立場は、『臺灣私法』に引用されなかった『第二回報告書』「大租權ノ性質」の前半に「故ニ若之ヲ以テ臺灣慣習上ノ一種ノ如此キ内容ヲ有スル權利ナリトシテ其性質ヲ説明シ得タリトセハ即已ム。然レトモ若シ更ニ進ンテ羅馬法ニ基ク我國法ノ理論ニ從ヒ其性質ヲ定メントセハ、單ニ臺灣慣習上ノ一種ノ權利ナリト云フヲ以テ足レリトセス。」（一〇一―一〇二頁）と詳述されている。

（16）前者の例としてPubliciana actio, Hand wahre Hand の權利、Equirable《マ》 awnetship《マ》が例示され、後者の例として親屬權、版權、著作權、特許權が例示されている。

（17）堀義臣『獨逸民法概説』（三省堂・一九二九）は「物上負担」とし、於保不二雄『現代外国法叢書3　独逸民法〔Ⅲ〕物權法』（有斐閣・一九六二（再版））、山田晟『ドイツ物権法概説』（弘文堂・一九四九）は「物的負担」と訳し、山田はその性質を「物的負擔とは權利者に対し、土地から回歸的給付（Wiederkehrende Leistungen）を支拂うべき方法において土地に加えた私法上の負擔である（一一〇五條）。…（中略）…給付は不作爲を目的としえず、この點で役權と異なる。また、給付は回歸的給付（二回以上にわたって繰返される給付）たることを要し、一回限りの給付（たとえば家の建築、取毀し）は物的負擔の内容とはなりえない。しかし、回歸的給付なる以上、給付の不定期に繰返されると（例えば家の修繕）、定期的に繰返されると（例えば定期金の支拂）はこれを問はない。給付は土地から支拂うものであり、したがって給付が現物なるときは土地からこれを取得し、現物が存在しないときは、土地を換價して現物の価格を取得し得る。給付が賦役等の行爲なるときは、土地の換價代金で代執行をなしうる。給付が金錢なるときは、土地を換價してこれを取得しうる。したがって、物的負擔は換價權の一種であって、それ自身義務を内容とするものではない。」（八三―八四頁）とする。

（18）第三版はその表紙に“Neu bearbeitet von H. O. Lehmann”との表記がある。また第二版の結論を否定する箇所でその論を

Stobbe という固有名詞で指し示していることから、この箇所は Lehmann による改訂ではないかと推定される。

(19) Stobbe, *Handbuch des Deutchen Privatrechts*, 3 Aufl. Bd. 2, Berlin, W. Herz, 1897, S. 50. なお脚註ではそれぞれ Kohler, *Pfandrechtliche Forschungen*, Jena, G. Fischer, 1882, Eccius, *Preussisches Privatrechts*（版は明示されない）, Unterholzner, *Die Lehre von der Verjährung durch fortgesetzen Besitz*（版は明示されない）を引用している。Kohler の著作が引用されているのが目を引くが、Kohler の著作のみが典拠となっている訳ではない。なお Kohler が「物権」を実体権（Substanzrecht）と価値権（Wertrecht）に区別し、Reallast を後者の一つとして論じたことにつき松井宏興『抵当制度の基礎理論――近代的抵当権論批判――』（法律文化社・一九九七）九九－一〇四頁参照。

(20) Stobbe, *Handbuch des Deutchen Privatrechts*, 3 Aufl. Bd. 2, Berlin, W. Herz, 1897, S. 54. おそらくそこでは Reallast の回帰的給付の内容が金銭ではなく具体的な用益等の行為として設定される場合が想定されているものと思われ、Reallast 自体が相当多様な形で設定されていることが窺える。

(21) 登場箇所で引用される Kohler, Pfandrechtliche Forschungen, Jena, G. Fischer, 1882 に於いては、この問題につき Actio in rem scripta, Actio quod metus causa への言及の後、Rudolph Sohn, "Ueber Natur und Geschichte der modernen Hypothek", in: *Zeitschrift für das Privat- und Öffentliche Recht der Gegenwart*, Fünfter Band, 1878 が引用される。なお Gustav Westen, *Die actiones in rem scriptae im römischen Recht und die dinglich radicierten Obligationen im Bürgerlichen Gesetzbuch für das Deutsche Reich*, Barmen, W. Wandt, 1897 ではローマに於ける Actio in rem scripta として Actio quod metus causa の分析、Actio in rem scripta に関連する他のローマ法上の訴権についての分析が行われた上で、ドイツ民法に於ける「物権」的要素を持つ「債権」の分析が行われる。そこでは Reallast についての言及も見られ、当時 Reallast や Hypothek を論じる際、特に「物権」と「債権」の別に関して言及されるものとして、Actio quod metus causa から導かれる Actio in rem scripta なる概念が論点として言及されるものであったようである。この Actio in rem scripta に対応する表現として Obligatio in rem scripta なる表現が採られているものの如くである。Actio quod metus causa について原田慶吉『ローマ法』（有斐閣・一九四九（初版）、一九九六（二七版））は「法務官 Octavius は前七〇年以前に強迫故の訴権（actio (quod) metus causa）を創定した。四倍額の請求を目的とする罰金訴権、専決訴権である。本訴権はユ帝時代には強迫者以外の利得者に對しても提起することを得る。物に書かれた訴権（actio in rem scripta）の稱ある所以である。」（二三三頁）と述べており、またゲオルグ・クリンゲンベルグ（Georg Klingenberg）著・瀧澤栄治訳『ローマ債権法講義』（大学教育出版・二〇〇一）は「第三者に対しても提起することができるので、強迫故の訴権は対物的に書かれた訴権（actio in rem scripta）と称されている。」（三四一頁）とする。

なお Gustav Westen のこの著作は東京大学法学部図書館台湾文庫に含まれる。同文庫はもと臨時臺灣舊慣調査會の収集による洋書を母体とし、同会解散後台湾総督府の所有となり、関東大震災の復興支援として東京大学法学部に寄贈されたものである。詳細は拙稿「東京大学法学部図書館の漢籍、及び台湾関係資料について」（東洋法制史研究会通信一四・二〇〇五）参照。

(22) 戸水は Stobbe 第二版に登場する "dingliche Forderungsrechte" との語を引用し「獨逸ノ Reallasten 則チ物的負擔ノ如キモノハ、之ヲ債權中ニ列セント欲スルカ、將タ之ヲ物權中ニ列セント欲スルカ、之ヲ純然タル債權中ニ列ス可ラサルコト論ヲ待タス（Heusler, deutsches Privatrecht II s. 220 unten; Stobbe, deutsches Privatrecht II § 101）然ラハ之ヲ物權中ニ列セント欲スルカ、此權利ヲ行使スルニハ相手ノ積極ノ行爲ヲ要スルヲ以テ、論者ノ云ヘル如キ意義ニ於ケル物權中ニ列ス可ラサルニ非スヤ（Gerber, deutsches Privatrecht 16 te Aufl. s. 275; Stobbe, deutsches Privatrecht II § 101）獨逸人中其分類ニ究シテ Reallasten ヲ dingliche Forderungsrechte 則チ對物的債權ト稱スルモノアリ（Stobbe, deutsches Privatrecht II §101）名稱モ此ニ至テ滑稽ヲ極ムルニ非スヤ」（一二三―一二四頁、綴りは原文ママ）と述べている。なお戸水が言及する "dingliche Forderungsrechte" の語は Stobbe 自身の論ではない。

(23) 戸水は「物ノ上ニ有スル權利ト特別ノ人ニ對スルノ權利トヲ對立セシムルハ、猶ホ表紙ノ赤キ書籍ト丈ノ高キ書籍トヲ對立セシムルカ如シ」（一七頁）である大陸法系の分類よりも、「一ノ種類ハ他ノ種類ヲ排除ス。世間ニ對スルノ權利ハ之ヲ right in rem 則チ對世權則チ物權ト稱シ、特別ノ人ニ對スルノ權利ハ之ヲ right in personam 則チ對人權則チ債權ト稱ス、然ラハ則チ權利ヲ分類シテ斯ル意義ノ物權ト債權トニ區別スルハ分類法ニ合シ論理ニ合スルモノナリ、故ニ曰ク物權ニ關シテ英國人ノ解釋ハ論理ニ合シ大陸人ノ解釋ハ論理ニ反ス」（一八―一九頁）として、英国法の分類が優れているとしている。

(24) 戸水は「昔時羅馬人カ始メテ in rem ナル語ヲ用ヒシニ當テヤ in rem ハ嚴格ニ對物的ノ意義ヲ有セリ。蓋シ此ノ時ニ當テ actio in rem トハ主トシテ rei vindicatio 則チ物件取戻ノ訴訟ノ謂ナレハナリ。然レトモ時ヲ經ルニ從ヒ in rem ノ意義ハ漸々ニ廣闊ト爲リ終ニ此語ハ對世的則チ世間一般ニ對ストノ意義ヲ得ツ、アルニ至リシナリ」（一三頁）とし、「羅馬ニ於テハ actio in rem 及ヒ actio in personam ナル文字有リシモソハ訴訟ノ類別ニシテ、未タ嘗テ權利ヲ物權ト債權トニ分類ス可シト言ヒタルモノアルヲ聞カス」（一四頁）としている。

(25) 池田宏「物權ノ本質ヲ論ス」（京都法学会雑誌二―八・一九〇七）はこれに対し「論者ハ actio in rem scriptae ヲ無視（例之戸水博士 s.10-11 s.20 Feulrbach civilest. Versuche s. 247 fg.）スト雖モ是法源（§31 J. 4.6 I. 4 § 32 p. 44. 4.）ヲ抹殺スルモノニシテ無稽亦極マレリ（Ref. Gustav Westen die actiones in rem scriptae in röm. in B. G. B. fur das deut. Reichn 97 Windscheid I § 45 註6 Dernburg I 129 註8 Pfluger 氏曰ク法學隆盛時代ノ大家ノ記録カ完全ニ傳來セサルカ爲メニ actio in rem ト act. in rem scriptae トノ區別シタル證左ヲ缺クト（第七九巻 S. 414）誠ニ遺憾ニ堪ヘス）」（一三頁、綴りは原文ママ）としている。なお池田の略年譜及著作年表が池田宏『池田宏都市論集』（池田宏遺稿集刊行會・一九四〇）にまとめられている。彼は日本に於ける都市計画法の先駆者であり、後藤新平のもとで関東大震災後の東京市の建設に尽力したことで知られる。この「物權ノ本質ヲ論ス」は彼の初の論文である。

(26) この論文で岡松参太郎は時効、「物権」の設定及び移転、地役権、地上権、永小作権、先取特権、抵当権とほぼ物権編の全範囲に及びその問題点を指摘し、債権編に関しては間接訴権にのみ言及して親族、相続法はこれを省略している。最後にコモンローとインド立法の関係について言及しているが、論文の中では英国の例は一切検討されていない。なお春山明哲「法学博士・岡松参太郎と台湾――「台湾ノ制度ニ関スル意見書解題」――」(台湾近現代史研究六・一九八八)二〇六―二〇七頁、呉豪人「ドイツ人種学的法学と『臺灣私法』の成立」(比較法史学会編『複雑系としてのイエ Historia Juris 比較法史研究――思想・制度・社会8』(未來社・一九九九)所収)一五九頁がこの論文に言及するが、その具体的な内容の検討は全くなされない。

(27) 何故「文例の解釋に依れば」以上のように「なり居れり」なのか、について岡松はその著『註釋民法理由 物權編』(有斐閣・一八九九(九版)、一八九七(初版))の一七七条の解説に於いて、

「對抗スルコトヲ得ス」―故ニ本法ハ登記ヲ以テ公示方法トス〔獨法系ノ如ク之ヲ以テ權利ノ得喪移轉ノ要件ト爲サス獨一草八二八、八六八等同二草七九四、八三八等〕而シテ第三者ヨリ當事者ニ對抗スルヲ妨ケス〔故ニ當事者ハ第三者ニ物權ノ得喪變更ヲ對抗シ之ニ不利益ヲ被ラシムル能ハサルナリ。〕三 例 甲、乙ヨリ土地ヲ買受ケ之ヲ登記セス乙之ヲ奇貨トシ其土地ヲ丙ニ對シテ抵當ニ供シ丙ハ其抵當權ヲ登記ス甲ハ乙ニ所有權ナク從テ丙ノ抵當權ノ無效ヲ主張スルヲ得ス〔當事者ヨリ第三者ニ對抗ス〕。甲、乙ヨリ地上權ヲ得タレトモ之ヲ登記セス而シテ之ヲ丙ニ讓渡ス丙ハ乙カ地上權ヲ有セサルコトヲ主張スルニ對シ丙ハ乙ニ對シ甲乙間ニ地上權ノ設定アリタルコトヲ主張スルコトヲ得〔第三者ヨリ當事者ニ對抗ス〕」。(一六―一七頁)

と述べており、また岡松参太郎『註釋民法理由 物權編』の校閲を行った富井政章は『民法原論』第二巻物權上(有斐閣・一九〇六)に於いて以下のように述べている。

先ツ立法ノ趣旨ハ登記又ハ引渡ヲ以テ第三者ニ對スル物權移動ノ要件トシ其手續ヲ了ヘサル間ハ之ニ對シテ全ク其效力ナキモノトスルニ非サルコト疑ヲ存セス蓋斯ノ如クナルトキハ物權ト債權トノ分界確立セスシテ物權ノ性質ニ反スルコト甚シケレハナリ法文ニ「其效ナシ」ト言ハサルヲ以テモ右ノ如キ見解ヲ下スヘキニ非サルコトヲ知ルヘシ故ニ其結果ノ一トシテ當事者ヨリ第三者ニ對シテハ物權ノ移動アリシコトヲ主張スル權利ナキニ拘ハラス第三者ヨリハ之ヲ主張スルコトヲ妨ケス(五九頁)

(28) 実際に民法を起草した穂積陳重は法典調査会に於いて民法一七六条がドイツ流の物権契約論を日本に導入したものかどうか

については明言していない。「第十四回法典調査會議事速記録（明治二十七年五月二十二日）」（法務大臣官房司法法制調査部監修『法典調査會民法議事速記録一（日本近代立法資料叢書1）』（商事法務研究会・一九八三）所収）五七九―五八〇頁参照。

(29)　これは先に発表された「我國法上ニ於ケル物權契約」（法学志林五七・一九〇四）に「物權契約ニ關スル法制」（羅馬法、各國法制ノ沿革、現今諸國ノ法制の三部分より成る）の部分を追加したものである。

(30)　臺灣土地登記規則の制定過程を整理したものに宮畑加奈子『日治前期台湾不動産登記制度之研究――以台湾土地登記規則為主軸――（日治時代前期に於ける台湾不動産登記制度の研究――台湾土地登記規則を主軸として――）』（國立臺灣大學碩士（修士）論文・一九九八、原典には中国語文・日本語文双方を収録）がある。同「台湾法制史におけるパラダイムシフトの点描――土地登記制度の変遷を主軸として――」（地域文化研究（地域文化学会）六・二〇〇二）は同修士論文を基礎としつつも紙幅の都合からか情報量が極端に削減されている。

(31)　トルレンス制度については岡松の「登記法一斑」に解説がある。またヨリ詳しくは成田博「米国における不動産物権変動と証書登録制度」（東北大学法学四六―二、三・一九八二）、及び同論考四六―二、八五頁の註2に掲げられる参考文献を参照。特に Blair C. Shick, Irving H. Plotkin, *Torrens in the United States : a legal and economic history and analysis of American land registration systems*, Lexington, Lexington Books, 1978 が "In Hawaii, the interest was in clarifying native titles based on legal precepts and customs that differ from American law." とする記述を成田が引用している箇所は非常に興味深いが、同書では特に註釈は附されていない。なお岡松には「假登記」（法政時論四―一、二・一九〇三）なる論文（翻訳）もある。またトルレンス制度は抵当証券制度とも関連を有する。特にフランス植民地でのトルレンス制度と不動産の証券化の問題を論じたものに柏塚辰夫「仏蘭西に於ける不動産証券化」（大阪商科大学経済時報三―二、六、七、一〇、一一、四―二・一九三二―三三）がある。また日本に於ける抵当証券史につきさしあたり今村与一「抵当証券法の史的考察」（東京都立大学法学会雑誌二三―二、二四―一・一九八二―八三）を参照。

(32)　『臺灣不動産物權總則令第一草案』（一九一三）は同じく舊慣立法時に作成された草案『不動産物權總則案』（一九一二）に手を加えたものである。そこでは「登記ノ方法効力等ニ關シテハ其主義必シモ一致セス其主ナルモノ三アリ獨法主義佛法主義及「トルレンス」主義是ナリ「トルレンス」主義ハ北米諸州濠太利亞ニ行ハル（本會飜譯土地登記トルレンス氏制度參照）此主義ハ不動産上ノ權利状態ヲ簡明ニシ其長所ナキニアラサルモ之ヲ採用スルノ國ノ特別ノ事情ノ下ニ發達セルモノナルカ故ニ直ニ之ヲ採用スルヲ得サルノミナラス其實行モ亦困難ナリトス」（四頁）と述べられている。また『臺灣親族相續令臺灣民事令ニ關スル立法理由概要』（臨時臺灣舊慣調査會・［刊年不明］）に於いても同趣旨の解説が見られる（二二頁）。

(33)　ドイツ法を志向する言明としてそこでは「我民法ハ獨乙主義ニ依リタルモノナリヤ又ハ佛法主義ヲ採リタルモノナリヤハ法典ノ規定（第百七十六條）必シモ明白ナラサルカ故ニ多少疑義ナキニアラス從テ同條ノ解釋ニ關シ我國ノ學説モ亦岐ル然レト

モ一般ニ物權契約ヲ認ムルニ傾ク本案ハ獨法主義ニ從ヒ不動産物權設定移轉ニ關シ物權契約ヲ認メタリ是レ上述スル所ニ依リテ明々ナルカ如ク理論上當ヲ得タルノミナラス實際取引上ノ便宜ニ於テモ適當ナリト認メタルニ由ル」（四頁）とされている。またドイツ民法の不動産物権総則（第八七三―九〇一条）にある条文については、「獨民法第八百八十一條ハ順位ノ留保ヲ規定スト雖モ實際ニ於テハ其適用少カルヘキヲ以テ本案ハ之ヲ襲用セス」（二二頁）としている他はその殆どが参照として挙げられており、この草案自体ドイツ民法物権総則をそのまま導入するものといって良いと思われる。

（34）『臨時臺灣舊慣調査會法案審査會第四回會議議事録』（一九一三年八月二六日―九月四日開催・［刊年不明］）四〇―四一頁参照。この草案に関する議事録は全体でも一〇頁程しかない短いものであるが、以下のやりとりが収録されている。議長は内田嘉吉、発言は早川彌三郎、岡松参太郎、石坂音四郎、渡邊啓太である。

早川委員　不動産登記ニ付テハ日本民法ヲ準用スルコトノ修正案ヲ提出ス

其理由ハ本案ハ物權ノ移轉ニ合意ト登記トヲ要件トシタルカ臺灣ノ土人ニハ合意シタ上ハ移轉シタルモノトスル内地法ノ方適當ナリ若シ紛爭ヲ防ク爲メトカ税法トノ關係ノ爲メトカ云フ點ヨリ强制登記ヲ採ルトスレハ夫等ノコトハ他ノ取締法ヲ設クレハ可ナリ總則トシテ此規定ヲ設クルハ現時ノ時勢ニ副ハス

石坂起草委員　獨逸主義ハ公信力アル點ニ於テ佛法ニ勝ル公信力ナキモノハ決シテ取引ノ安全ヲ保ツモノニ非ス日本カ佛法主義ヲ採リシハ土地調査ノ出來テ居ラサリシカ爲メナリ臺灣テハ既ニ立派ニ土地調査カ出來テ居ルヲ以テ何ヲ苦ンテ不完全ナル法制ヲ採ルノ要アランヤ

岡松委員　本案ハ臺灣現行ノ登記法ヲ敷衍シタルニ過キス決シテ新シキ主義ヲ採用シタルモノニ非ス

渡邊委員　原案賛成

其理由ハ獨佛ノ主義利害相半ストモ既ニ臺灣ハ十年來獨法主義ニ據リ來レリ今日遽カニ内地法ニ據ルノ要ナシ

議長　早川委員ノ説ハ一條ヲ修正スルノカ全部ヲ改正スルノカ

早川委員　大體ニ於テ本案ヲ改正スルノ意見ナリ

議長　早川委員ノ動議ニ付テハ贊成者ナキニ付消滅ス

（35）『臺灣親族相續令臺灣民事令ニ關スル立法理由概要』（臨時臺灣舊慣調査會・［刊年不明］）中の「本島人間ノ民事ニ關シ特別ノ立法ヲ要スル理由」に「（一）物權契約ヲ認ム」、「（二）登記ヲ以テ不動産物權ノ設定及ヒ移轉ノ要件ト爲ス」の見出しのもとに詳述されている（一七―二五頁）。

（36）「厝」はここでは台湾語に由来するものとして用いられる字であり、「家屋」を意味する。「厝屋」は家屋、「厝地」とは宅地乃至家屋の建築敷地の意味である。「地基主」とは建物を建てる敷地の主、「厝主」はその上に立つ建物の主である。「厝」は

「サク」、「ソ」、「セキ」、「ジャク」などと読むが、「厝主」の日本語読みについては当時統一されていなかったようで、新聞記事では「そしゅ」、「せきしゅ」の両方の振り仮名を確認できる。

(37)　主要な記事に以下のようなものがある。「基隆土地問題の眞相」（臺灣日日新報・明治三三年六月一〇―二八日）、「地基に關する新判決例」（同・同三三年八月五―七日）、「基隆大地主の運動」（同・同三五年二月二〇日）、「基隆大地主の聯合運動（再記）」（同・同二一日）、「基隆土地問題」（臺北日報・同二月二二日―三月八日）、「基隆業主權の爭議」（臺灣民報・同二月二六日―三月一三日）、「基隆紛爭地問題」（臺灣日日新報・同二月二七日―三月九日）、「基隆紛爭地問題の查明」（同・同四月九日―五月一〇日）、「高等土地調査に付〈基隆紛爭地に關する〉」（臺灣民報・同一一月二一―二二日）、「高等土地調査審議の結果奈何〈申告期限に就て〉」（同・同一一月二三―二五日）、「高等土地調査に就て」（同・同二五日）、「基隆紛爭地に對する高等土地調査委員會の採決」（同・同二七日）、「基隆紛爭地問題〈高等土地調査委員會の審査方法を難す〉」（同・同一二月五―一一日）、「紛爭地事件の落着」（臺灣日日新報・同七日）、「紛議決定後の各地主」（同・同九日）、「紛爭地事件の裁決書」（同・同一〇日）、「紛爭地採決に對する運動」（同・同一一日）、「基隆厝主派の告訴に就て」（同・同三六年一月三〇日）、「基隆厝主派の運動に就て」（同・同二月一日）、「基隆厝主派の告訴に就て」（同・同四日）、「基隆土地紛爭事件厝主派の運動」（臺灣民報・同六日）、「基隆厝主派の告訴一部不起訴となる」（臺灣日日新報・同二四日）、「基隆厝主告訴の不起訴」（同・同三月二〇日）、「基隆大地主の動靜」（同・同二八日）、「基隆地主派の訴訟」（同・同四月一九日）、「基隆大地主の意向」（同・同五月一―二日）、「土地調査委員會裁定の效力を論ず」（臺灣民報・同一二―一三日）、「基隆大地主申請の調停（一部不調となる）」（臺灣日日新報・同三一日）、「土地查定の不完全」（臺灣民報・同八月二日）。

(38)　この判決は臺灣日日新報（明治三三年八月五日）、臺灣慣習記事一―三・一九〇一、また『臺灣土地調査法規提要』（臨時臺灣土地調査局・一九〇一）と多くの媒体に登場する判決であり、他の判例に比しても重要視されたものであることがわかる。

(39)　ここでいう山田海三と同一人物であるかは不明だが、安斎源一郎編『臺灣人物寫眞帖』（臺灣週報社・一九〇一）には「山田海三君」との項目の下に「君は弘化三年十月鹿兒島に生る、明治十二年百四十七國立銀行を鹿兒島に發起し、取締兼支配人に擧けらる、又商事商業の會社を創立するもの三、又商業會議所を起し之れか會頭となり、縣會副議長に推され、鹿兒島市會の開設によりて其議長に選擧さる、其他公共事業に盡瘁せられたる枚擧に遑まあらすといふ、明治二十八年六月五日基隆に上陸す、又今日迄君か此土にありて旋施したる所のもの多し、君人となり豪宕不羈敢て人に讓らす」との解説が置かれている。

(40)　判決は「本件ヲ賃貸借ナリトセバ…（中略）…賃貸借契約ニ於テ認メラル、所ノ普通一般ノ事例ニ從ハザルベカラズ、然ルニ…（中略）…毫モ斯ル事例ノ二者ノ間ニ存スルコトナクシテ、長年月ノ間厝主ニ於テ唯ダ一定ノ地基銀ヲ地基主ニ對シテ支拂ヲ爲スベキノ負擔アルノミニシテ、宅地ノ使用收益及ビ處分ヲ爲スニ際シ厝主ハ毫モ地基主ノ意見ニ因リ左右セラル、コトナク、自由ニ之等ノ權能ヲ行使スルノ狀態ニ在ルヲ以テ、到底當事者ノ□係ハ賃貸借ニ因ルモノナリト論斷スルヲ得ザルナリ、然バ則チ厝主ヲ以テ地上權者トシ地基主ヲ以テ地主ナリト假定センカ…（中略）…本件厝主ト地基主ノ法律關係ハ亦タ前掲地上權設定ノ結果ニ因ル諸多ノ現象ト大ニ其趣ヲ異ニスル點アルヲ認ム」（臺灣慣習記事一―三・一九〇一、三三―三四頁）とする。

(41) この事件の発端となる契約文書は史料として『調査一斑』に収録されており、その行論と関係を有するものであったことがわかる。『調査一斑』の中では「然レトモ地基主ハ自由ニ其地基權ヲ處分スルコトヲ得、之カ爲ニ厝主ノ承諾ヲ要セス而シテ其處分ハ近時ニ至リテハ又通常契字ヲ以テ之ヲ爲ス、則地基租權ヲ賣買贈與シ又ハ相續ニ因リ移轉スルコトヲ得」（二〇〇頁）との解説の論拠として引かれており、「本契字ハ覆審法院ニ於ケル事件ノ原因タルモノナリ」とのみ解説が附されていた。この史料は『臨時臺灣舊慣調査會第一部調査第一回報告書附錄參考書』（一九〇三、以下『第一回報告書附錄參考書』と省略）にも継承されたが、そこでは「是亦地基其モノ、賣買ノ如ク見ユルモ其實地基租收受ノ權利ヲ賣買シタルモノニシテ、本契ニ付テハ爭訴ノ上覆審法院ノ判決ヲ經タルモノトス。蓋買主ハ土地其モノ、賣買ナリト觀想セシニ、本契目的土地ノ上ニハ厝主ノ在ルアリテ土地ノ實權ハ厝主ニ於テ握有シ、地基主ノ處分シ得ルモノハ單ニ地基租權ノミナリシナリ。是全ク錯誤ニ基キタルモノナリト雖トモ、然カモ契字ノ題名ニハ單ニ杜賣盡根契トアルノミニシテ賣買ニ係ル物體ヲ示スノ點ニ於テ欠乏スル所アリ、且「前去掌管依收地基税金」ト記シアレハ買主ハ單ニ地基税金ヲ收納シ得ルニ止マルノ意ヲ見ル可ク、従テ買主モ亦疎漏ノ責ヲ免レサルモノナリ」（二四四頁）との解説が加えられている。

(42) 『臺灣日日新報』はその幹部が多く台湾総督府関係の協会等に関与し、また主要企業とも密接な関係を持つなど、台湾総督府及び政財界と非常に関係の強い、いわば「御用新聞」ともいうべき位置を占める新聞であり、台湾史研究の基礎資料の一つということができる。『臺北日報』は『臺灣週報』から改題したもので、この時期は夕刊紙であるが、しばしば台湾総督府を批判する論調を採っている。『臺灣民報』は中でも最も批判的な立場を採った新聞であり、たびたび発刊停止処分を受けている。植民地時期台湾で発行されたその他の新聞については伊東敦子「資料紹介　戦前台湾で発行されていた日本語新聞」（アジア資料通報三八―四・二〇〇〇）参照。

(43) 『臺灣私法』の記述とヨリ直接的な関係を有するのが『臺灣民報』の記事である為詳細な紹介は控えるが、『臺北日報』所載の「基隆土地問題」（明治三五年二月二二日―三月八日）は夕刊紙ながら一四回にわたる連載でこの問題を扱い、最終回に問題点を以下の一〇項目の要旨としてまとめている。

一　基隆には税地基の關係多くして、即ち土地貸借の習慣なること

二　税地基は地基料の關係と異なりて、其の地代を随時に増減するを得ること

三　基隆の土地賣買には、埔地賣買といふ、埔地は即ち地主權なき土地を稱するものにして、基隆の土地は、大部分地皮權の賣買にあらざること

四　假りに業主權、地皮權といふ、岡松博士の意見、并びに土地査定者の方針に從ふとするも、此權利が消滅することなしとは、不條理にして、現に臺北其他の習慣には、數十年間の斷絶せる事故、事情に因りて、地皮權は消滅して、地基權者に復歸するの習慣なりしこと
五　當局者は土地申告期限を濫用し、期限以後に呈出せる無效の申告書を受理し、認容したること
六　當局者の採用せる土地證據は、極めて薄弱、或は不正のものなること
七　當局者は、査定の主文、理由、證據等を一も關係者に示さず、專壓の甚しきこと
八　土地調査局の一部官吏と、狡獪なる土人、内地人等の間に、幾多秘密なる聯絡を取りつゝあること
九　不正者が提出せる證據は、一枚の執照にして一枚五十錢づゝにて賣買されしものなること
十　舊慣調査の無能力と、岡松博士の臆斷と、土地調査局の曖昧とが、民人の利害を無視すること

(44)　これに関し「基隆紛爭地問題」(臺灣日日新報・明治三五年二月二七日―三月九日)が土地調査局の問題として「舊慣」の認定方法に触れ、「業主權の所在を認むるは一に舊慣によるを原則とすれども…(中略)…尚解決するに足らざれば更に條理によらざるべからず、又我民法の精神に參酌せざるべからず、將た各國中の事例にも稽へざるべからず」とする箇所が注目される。

(45)　「外に二條件を有するを必要とす」とし、「原銷銀(筆者註:『調査一斑』では「現銷銀トハ厝主カ地基ノ給出ヲ受ケタル代償トシテ地基主ニ對シ地基引渡ノ際ニ一時ニ辨濟ス可キ金額ヲ云フ」(一七六頁)と定義されている)を得ること及び地基單を發すること」を挙げて、法院もこれらを判例に於いて認めているとする。

(46)　記事はその判例を「基隆地主派西澤某より基隆土人家主派の家屋建築差止の判決例是也」とするも『臺灣慣習記事』などには掲載されていない。行論ではそれが「(一)基隆に税地基制の存在を認め(二)税地基給出者(賃貸人)に保存行爲の權あるを認め(三)處分の權あるを認め(四)賃借の權限は火災の場合に滿限するを認め(五)地主は賃貸人たる業主權者として賃借人たる家主の權限の上に立つものなるを認めたる」ものとし、「明らかに地方調査局の全稱肯定たる給地基制を破棄し併せて税地基制を認めて業主權の存するを判定し得可し」としている。

(47)　『臺灣私法』の大租に関する記述に於いては、『第一回報告書』で一田二主の状態を表す言葉として列挙された「田皮田骨、田面田根、又ハ大苗小苗、地皮地骨等ト稱ス」の中から「地皮地骨」の語が削除されている。また「臺灣ニ於テモ早ク此種ノ慣習行ハレ咸豐三年(嘉永六年西暦一八五三年)三月臺灣府ハ田皮田骨等ノ名目ヲ革除セリト雖トモ遂ニ此慣習ヲ撲滅スルコト能ハス時勢ノ必要ハ法令ノ及フ所ニ非ス大租小租ノ變名ヲ以テ此制ヲ確定スルニ至レリ」(一三三頁一〇―一二行)との記述が削除されている箇所がある。直接の引用はないものの、これは臺灣慣習記事二―八・一九〇二所収の「舊慣研究會筆記」に「問　本島に於て土地に地皮地骨なる名稱ありや　答　地皮地骨の名は日本領臺後創めて用ひ來りたるものにして、其以前

には斯る名稱を用ひたることなし」とする問答を想起させる。こうした諮問記録が有力な論拠として用いられた可能性もあったかと推測される。なおその問答はさらに以下のように続く（傍線筆者）。

問　地皮地骨の名の因りて起りたる理由如何

答　本島に在ては古來土地の上に有する權利名義數多ありて《大租、小租、地基等の類》甚だ錯雜せり然るに日本領臺後本島人が母國人に土地を賣渡したる場合に於て、買得者は尚ほ永久に地基租又は大租等を徵收せらる、所以を能く會得せざりし爲め、後に至り紛爭頻りに起り相互の煩累言ふべからざるものあるを以て、本島人は土地に關する權利關係をして母國人に了解し易からしめんが爲め、茲に地皮、地骨の名を假用したるものなり

…（中略）…

問　其名稱の最も多く使用せらる、は何れの地なりや

答　炭鑛を出す場所と基隆地方なりとす、是れ基隆は土人と内地人との間に土地の賣買盛んに行はる、を以てなり

問　地皮、地骨の起原は對岸福建省にありて、此處より本島へ漸次傳播したるものなりと聞く、果して然りや

答　問旨の如き沿革あるものにあらず、亦傳聞せしこともなし、已に賣契等にも杜賣盡根の文字を用ふるに依りて觀るも皮又は骨と区別するの當らざるを知るに足れり、蓋し皮骨の名稱が福建省に基因すとは恐く無稽の謬説ならん

法院内で行われたこのような舊慣研究會での諮問記録は『臺灣慣習記事』誌上に掲載され、論拠として引用されることがある。ただしこうした聞き取り調査の内容を疑う声は当時から既に挙がっている。「慣例調查難」（臺灣民報・明治三六年五月一七日）には、「かの法院部内有志の慣習諮問會の如き、其前に當り各自が諮問案を受取るや、先づ相會して自家に不利益ならざるよう陳述すべしとの打合せを爲すことさへありとは、予が往々聞き及ぶ事實である」との言明がある。

(48)　頁数や行数を挙げて言及されるのは一八三頁（二箇所）、一八六頁、一八八頁三行、二〇五頁、二〇五頁一一行、一八六頁、二〇五頁、一八三頁一三行、一八四頁八行、一八五頁一三行、一八四頁一一行及び一〇五頁一六行（記事言及順）である。ただし最後の一〇五頁一六行は「論者は、税出基の場合に、無期限なるを以て全き厝主權ありとなし税地基主に地主權なきを認むと雖も（百八十四頁十二項及百五頁十六行）是れ一は家屋建設を以て立契約束□主眼となすを忘却せるものなり」との箇所で言及されているが、『調査一斑』の当該一〇五頁一六行には関連の記述は見られない。

(49)　作者「地天」はおそらく木村地天こと木村泰治であると考えられる。木村は内藤湖南の推挙で臺灣日日新報社に入り、第一号から執筆、外交主任、編集長として活躍した。明治四一年同社退社後は臺灣土地建物会社支配人となった。彼の経歴については橋本白水『臺灣統治と其功勞者』（南國出版協會・一九三〇）の列伝部分を参照。

(50)　同伺指令は『臺灣土地調查法規提要』（臨時臺灣土地調查局・一九〇一）二四六頁に所収される以下のようなものである。

舊慣上當基隆市街地基主及ヒ家屋建築者ノ權限左ノ如シ
　地基主ノ権限
一　他人ヲシテ自己所有ノ海埔其他ノ地所ニ家屋ヲ建設セシムルト同時ニ地基主ハ將來其地所ヲ賣買スルヲ得ス即所有者タル權利消滅ス
一　海埔其他ノ地所所有者ハ他人ヲシテ其地所ニ家屋ヲ建設セシムルト同時ニ家屋建築者ヨリ永遠年々若干ノ地基金ヲ收得スルノ權利ヲ有ス即地所所有權變シテ地基金收得權トナル
一　地基主ハ家屋建築者ニ對シ双方合意ノ契約ニナルノ外永遠地基金ヲ增減スルヲ得ス
一　地基主ハ地基金收得ノ權利ヲ賣買讓渡スルコトヲ得
一　家屋建築者其家屋並ニ地所ヲ賣買スルモ地基主ハ之ニ容喙スルコトヲ得ス
一　家屋建築者其家屋並ニ地所ヲ他人ニ賣渡シタル場合ニ於テハ地基主ノ有スル地基金收得ノ權利ハ第三者卽買得者ニ向テ效力ヲ有ス
　家屋建築者ノ權限
一　家屋建築者ハ前ノ地所所有主ニ向テ永遠毎年若干ノ地基金ヲ納ムルノ義務アリ
一　家屋建築者ハ舊慣上他人ノ地所ニ家屋ヲ建設スルト同時ニ將來家屋ニ附帯シテ其地ノ所有權ヲ有シ随意ニ之ヲ賣買スルコトヲ得卽當地ノ習慣上家屋ヲ賣買セハ自ラ其地所モ亦之ニ附帯スルモノナリト云フ
一　家屋建築者ハ其家屋破壊若クハ燒失等ノ場合ニ於テ其敷地ヲ他ニ賣買スルコトヲ得
右ノ事實ニ依リ家屋建築者ヲ以テ業主トシ調査致シ可然哉

この伺に対し「伺ノ通」との指令が出されている。土地調査委員會が地天の記事通り『調査一斑』に全て依拠したかは別途臨時臺灣土地調査局檔案、高等土地調査委員會檔案による検証を必要とするが、本書のここでの関心は『調査一斑』と『臺灣民報』紙の関係である為、しばらく措くことにする。

(51)『調査一斑』は「第五節地方的差異」なる記述を置き、「以上說述スル處ハ主トシテ臺北附近及基隆ノ市街ニ於ケル地基ニ關スル慣習ヲ掲載シタルモノナリ。而シテ斯ル習慣ハ全臺ニ行ル、ヤ否ヤ今之ヲ詳知スルニ由ナシト雖モ宜蘭ニ於ケル慣習ハ少シク之ニ異ルモノアルカ如ク」（二〇九頁）との留保を置いて宜蘭での慣習を紹介していたが、台北と基隆の関係については明確な差異を認めていなかった。一方宜蘭との差異については『第一回報告書』では「厝主カ厝地ニ對スル實權ヲ有スルヤ否ヤハ第一ニ地方ニ依リ異ル、臺北附近ニ於テハ厝主ハ通常無制限ニ厝地ヲ使用收益處分スル權利ヲ有ス…（中略）…反之宜蘭地方ニ於テハ厝主ハ厝地ノ上ニ厝屋ヲ所有シ得ル權利ヲ有スルニ止リ、決シテ之ヲ他ノ目的ニ使用スルヲ得ス…（中略）…厝主カ厝地ノ上ニ使用收益處分ノ權利ヲ有スルヤ否ヤハ各地方ニ於テ同一ナラス、全臺ヲ一貫シタル慣習ナキモノト謂フ可シ」（三〇〇—三〇一頁）として記述を拡大発展させている。地基に関する宜蘭と台北の差異については土地調査局も早くから察知していたようである。このことにつき「宜蘭地方地基業主權の所在」（臺灣日日新報・明治三三年一〇月三一日—一一月二日）参照。これは木梨良三郎の調査復命書（臺灣總督府臨時臺灣土地調査局公文類纂四二二二—九三　舊慣調査ニ對スル復命）を活字化したもので、当局はこれと佐藤謙太郎の復命書（同四二二二—九六　宜蘭地方建物敷地ニ關スル舊慣調査復命、後に同「臺灣舊慣一斑」（臺灣慣習記事一—二・一九〇一）として活字化）を受け、宜蘭に於ける地基関係を賃貸借として処理するよう指示している（同四二二二—九四　建物敷地業主權ニ關シ宜蘭支局長へ訓令）。

(52) 検証すると以下の如くである。

① 「厝主ハ厝地ノ占有ヲ有ス」（『調査一斑』一八三頁）への非難、「而るに第一論者の所謂占有とは我民法上に云ふ所の占有權を有するものと認むと雖も、臺灣人に於て我民法上の觀念ある筈なし、卽占有とは臺灣語に於ける管掌の意義にして厝所在時限内の掌管事實なること論を俟たず。何となれば占有は字義上管掌を指すものなるのみならず、人權（筆者註：ここでは対人權即ち債權の意）上の約束より生れ來り由來物權として先天的に存在するにあらざればなり、人權より生れ出でたる占有は、人權の上に生息せざる可らず。而して本島に於る法律行爲は契字則ち人權上の約束に成立つ《臺灣舊慣記事第二巻第一號判官の慣習問答筆記に依る》者なればなり其人權上の約束として占有の事實たること爭ふ可らず、此場合に於て厝主權の論者は永遠の占有を全稱肯定すと雖ども、以て之れが税出基の場合存せることを否定し得ず」には、「是如何ナル場合ニモ必ス厝主ノ有スル權利ニシテ、厝主カ厝地ト爲スノ目的ヲ以テ土地ノ給出若クハ出賣ヲ受ケタル結果ト云フ可ク、從テ贌出又ハ税出等ニ於ケル厝主カ單ニ土地ノ賃借權ヲ有シ地基主ニ代リ代理占有ヲ爲スモノト異ル所タリ」（『第一回報告書』二九九頁）との説明が加えられている。

② 「論者は全島を觀察して通有の習慣と認めたるか、悉皆の契字を披讀して通有の習慣と認めたるか」とされた「厝主ハ厝地ヲ自由ニ使用收益スルコトヲ得」に関わる記述（『調査一斑』一八三、一八六頁）はそれ自体が削除され大幅に変更されている。

③ 「或は否定するが如く肯定するが如く殆んどトリトメなき謎言」、「蓋し厝主に絶對的の業主權あるを全稱肯定せんとするが爲に生ずる滅裂の究辯」とされた『調査一斑』一八八頁三行、二〇五頁の記述、「之ヲ厝主ニ問フニ、地基ハ單ニ贌出ヲ受ケタルニ過キスト云ヒ、又契字ニモ税過贌出等ノ文字アルヨリ、或ハ一般ニ或ハ贌字ヲ作リタル場合ハ悉ク皆賃借關係ニシテ、厝主ハ借地權ヲ有スルニ過キストスルノ説ハ誤レリ。多クノ場合ニ厝主ノ言語、契字ノ文字ハ、其法律上ノ意義ヲ知ラス漫然之ヲ用ユルニ過キサルモノニシテ、之ニ依リテ其法律行爲ノ性質ヲ表明スルモノトスル得ス」（一八八頁）、及び「已ニ述タルカ如ク税出贌出ハ賃借ノ義ニシテ、給出ト異リ業主權ノ移轉ナキヲ本則トスルヲ以テ、此等ノ文字アレハ則眞ノ地基租關係ノ發生セルニ非ス、單ニ借地權成立シ、地料ノ支拂ノ擔保トシテ磧地銀ヲ容レタルモノ、如ク考ヘラル。現ニ或論者ハ、此等ノ契字

ヲ根據トシ少クトモ此等ノ契字ヲ作成セル場合ニハ業主權ハ地基主ニ存シ、厝主ハ借地權ヲ有スルニ過キスト爲スモノアリ。勿論或場合ニハ實ニ如斯ク解セサルヲ得サル場合アリト雖モ、之ヲ一般ニ及ホスハ正當ニ非ス」（二〇五頁）は削除されている。

④「論者は『多くの場合に於て厝主の言語は法律上の意義を知らず』とか又は『法律思想の不完全』（二百五頁十二行）とかに原因を歸して、贌出及税出の地主派の權利を否認せんとすと雖も、是甚しき我田引水論也」とされた「法律思想の不完全」との表現は削除されている。

⑤「餘りに該博に過ぎて、而して臺灣の法律思想を買被ぶりたるもの」とされた「歐米各國ニ於テハ之ニ反シ家屋ト土地トハ同一躰ヲ爲スモノトシ…（中略）…臺灣ノ慣習ハ則又此見解ニ從フモノニシテ土地ト家屋トハ同一躰ヲ成スモノト見ルモノタリ」（一八六頁）との箇所については、「臺灣ニ於テハ家屋ヲ以テ土地ノ從物ト爲サス、却テ敷地ヲ以テ家屋ノ從物ナリト見タリ」（三〇二頁）との見解を追加している。

⑥「是れ抑も税出基の場合に於て宅地として土地を賃借せしむるが故也」とされた「從來ノ慣習ニ徵スルニ厝主權ノ取得ニハ必ス家屋ノ建設ヲ以テ條件トス」（一八四頁）の記述に対しては、その直前に「如斯シテ取得シタル厝主權ハ或ハ厝地ニ對スル實權ナルコトアリ或ハ單ニ家屋建設ノ目的ノ爲ニ其土地ヲ使用スルノ權利ニ過キサルコトアリ」（三一〇―三一一頁）と追加されている。

⑦「地基ノ厝主權ハ永遠繼續ス可キモノニシテ之ヲ契字ニ徵スルニ皆「永遠爲已業」トアリ眞ニ厝主權ノ發生セル場合ニシテ之ニ期限ヲ附シタルノ例アルヲ見ス…（中略）…要之厝主權ハ一旦其成立セル以上ハ永久ニ持續ス可キ性質ヲ有シ土地ノ滅失、没收等ノ場合ヲ除クノ外ハ如何ナル事由アルモ消滅スルコトナシ」（一八四頁）とした記述は、基本的にその「永遠繼續」を認めつつも、「厝主ノ行爲又ハ事變ニ因リ其家屋ヲ取拂ヒ若クハ變形滅失スルトキハ厝主ハ厝地ニ對スル權利ヲ喪失スルヤ否ヤハ場合ニ依リ異ル」（三一一頁）としてヨリ詳細な記述に置き換えられている。

⑧「論者も契字中地主が厝主の家屋建築に制限を置くことを認めたり（百八十三頁十三行）而も之れ且無制限てふ全稱肯定の論斷に牽強せんとするに至りては其無法に驚くの外なし」とされた部分は、「往々…（中略）…制限スルモノアリ」から「稀ナリトセス」（二九九頁）に改めている。

⑨「厝主權なるもの、轉賣若くは典賣することなき事實、則ち厝主權を留保し家屋のみを處分する權なきことは論者も認むる所也（百八十五頁十三行）論者は之に依て家屋と土地の同一体なるを主張せんとす」とする箇所は削除されている。

（53）「殊ニ土地調查事業ノ創始セラル、ヤ、總テノ土地ニ對スル業主ヲ明確ニスルノ必要アルヨリシテ」及び「臺灣現時ノ狀態ニ則リ土地ノ業主ヲ查定セントスルニ當リテハ、後ニ云フカ如ク此方針ハ必シモ誤レリト云フ可ラス」（ともに七九頁）とした箇所が削除されている。また給出を「臺灣ニ於ケル法律上ノ術語」とした箇所は「舊慣上ノ用語」に変更している。

(54) 削除されたのは以下の二つの部分である。

従テ場合ニ依リ給出者承給者ノ何ヲ以テ業主ト認ム可キヤ、又承給者ノ有スル權利ノ範圍ニ付キ疑ヲ生スルハ免ル能ハサル所ナリ、而シテ古昔ノ給出ニ係ルモノ（是田園ノ給出ニ多シ）ニ付キテハ專ラ現時ノ實情ニ着眼スヘク、反之稍近時ノ給出ニ係ルモノ殊ニ地基ニ在リテハ事實ニ依リ承給者カ現實ニ如何ナル權利ヲ有スルカヲ定ムルコト往々困難ニシテ、従テ專ラ當初ノ契字ノ文辭ニ依ラサル可ラス、是基隆地方ノ如キ契字ナキ地基ノ給出ニ關シ紛議ヲ生スル所以ナリ（八二頁。『臺灣私法』一六八頁一一行目「有スルモノトス」の後に於いて削除）

給出ノ性質ハ以上述フルカ如シ、從テ一刀兩斷給出ヲ以テ直ニ土地ノ業主權ヲ移轉スル法律行爲ナリト説クハ、一方ニ於テハ土地給出者ハ給出後ト雖トモ必シモ全ク土地ノ總轄支配權ヲ喪失スルモノニ非ストスル土人ノ觀念ニ反シ、又他方ニ於テハ現ニ給出契字中ニ於テ往々業主權ノ移轉ト相容レサル諸種ノ約款アルノ事實ニ悖ルモノト云ハサル可ラス、然レトモ亦之ト共ニ土地調査局カ給出ノ契字アレハ業主權ノ移轉アルヲ原則トシテ査定シタルヲ以テ必シモ誤ナリト云フ可ラス、蓋以上述フル所ハ給出ナルモノ、本來ノ性質ニ過キス、從テ往時ノ給出ニ係ルモノハ其當時ニ於テハ業主權ヲ移轉スルノ主旨ニ非サリシコト明ナリト雖トモ、然カモ歳月ヲ經ルニ從ヒ當時ノ佃戸ハ益勢力ヲ得終ニ土地ノ實權ヲ握ルニ至リ、劉銘傳ノ清賦ニ當リ終ニ之ヲ業主ト認メタルコト後ニ示スカ如クナルカ故ニ、結局當時ノ給出ヲ受ケタル多數ノ者ハ今日ニ於テハ業主權ヲ取得スルノ事實アレハナリ、換言スレハ給出ハ業主權ヲ移轉スルノ行爲ナリト云フハ非ナリト雖トモ、昔時給出ヲ受ケタル者殊ニ田園ノ承給者ハ今日ニ於テハ業主ナリト云フヲ正當トスルナリ、是又田園ニ付キテハ土地調査局ノ査定ノ方針ニ對シ異議ノ聲ヲ聞カス、獨リ地基ニ關シ異議ノ聲囂々タル所以ナリトス（八二―八三頁。『臺灣私法』一六八頁一四行と一五行の間に於いて削除）

(55) 『第一回報告書』に「贌字ノ意義大略右ノ如シ。從テ贌出トハ其正當ノ意義ニ於テハ土地ノ小作權ヲ與フルコトヲ謂フ。故ニ出贌者ト承贌者トノ間ニハ純然タル土地ノ賃借關係ヲ生スルニ過キス、勿論出贌者ハ多クハ毎年小作料ヲ受クルノ權利ヲ取得シ、即租權ヲ有スト雖トモ」（八三―八四頁）とあった箇所を「臺灣ニ於テ土地ヲ贌出スルトキハ、出贌者ト承贌者トハ互ニ權利ヲ取得シ義務ヲ負擔ス。即チ出贌者ハ多クハ毎年一定セル贌價卽賃料ヲ受クルノ權利ヲ取得シ、承贌者ハ契約ノ目的ニ從ヒ土地ヲ使用スル權利ヲ取得ス而シテ」（一六九頁一二―一四行）と改めている。

(56) 『臺灣私法』一六九頁最終行「本來ノ觀念トス」の後に本来は『第一回報告書』に於いて「換言スレハ承贌者ノ占有ハ本來ニ於テハ出贌者ノ代理占有タルニ過サルナリ」（八四頁）とあったものが省略されている。この問題につき木梨良三郎「地基の無期限契約に於ける給出税出の觀念」（臺灣慣習記事二―九～一一・一九〇二）は「給出＝業主權の移轉」、「税出＝賃貸借」との考え方を「決して斯の如き簡明なる論理の上に立つものに非ざるなり」（二一九、三頁）とし、「事實問題に際會せば往々給出にして税出の如く税出にして給出の如く觀察され得るもの少なからざる」とした上で、「給字の意義は…（中略）…土地の占有を移轉する迄にして、業主權の所在を決するの根據と爲すに足ざるものとす」（二一一〇、一三頁）、「給字の本來の意義は授と同一なるを以て、不動産の場合に於ては其の占有を移轉すれば足れり。其所有權將た他物權の作用に依るやは給字の關知せざる所なりとす」（二一一〇、一〇頁）としている。「給出」、「税出」といった行為から「業主權」がどちらにあるか、という方向へ流れてゆく議論に対し異を唱え、それは単に「占有」を移轉するのみであるとしている。

『臺灣私法』に於いては他にも先行する報告書に於いて用いられていた「占有」の語を丁寧に消去している箇所が見受けられる。例えば「大租小租ノ起元」の箇所に於いて『第一回報告書』が「當時墾首カ佃戸ニ與ヘタル權利ハ小作權ノ性質ヲ有スルニ拘ラス一種ノ永小作權ニシテ占有ハ佃戸ニ移轉セルモノ、如シ從テ實際ニ於テハ今日内地ノ永小作權若クハ羅馬法ノEmphyteusis ノ如ク充分物權的要素ヲ包含セルヤ明ナリ」（一三六頁。傍線筆者）とした部分の一つ目の傍線部を削除し、次の傍線部を「物權的效力ヲ有セルモノタリ」との表現に変更している（二七一頁一〇―一二行）。また「占有セル埔地」との表現からも「占有」の文字を削除している（二六九頁一二行）。さらにここでは「業主ノ權」を「其ノ有スル權利」（二七一頁八行）、「業主權」を「業主タル地位」（二七四頁八行）とそれぞれ「權」の字を外した表現へ置き換えている。また「大租ノ性質」のうち「給墾契約」部分では、『第二回報告書』が「現今ノ法理ヨリ墾佃兩戸ノ權利ヲ觀察スレハ墾戸ハ所有者ニシテ土地ニ對スル完全ナル支配權ヲ有シ佃戸ハ一種ノ小作人タリ然レトモ其小作權ハ其效力頗ル强大ナルモノニシテ啻ニ永遠ニ其土地ヲ占有、使用、收益スルヲ得ルノミナラス墾戸ノ承諾ヲ得又ハ承諾ナクシテ其權利ヲ他人ニ典賣スルコトヲ得」（九四頁。傍線筆者）とした部分につき傍線部を削除し、文中の「典賣」の語を「處分」と書き換えている（三〇二頁）。これらの「占有」の語が削除されている部分が「當初」の「大租」について述べている箇所であることも示唆的である。ただ「當初」の「大租」について述べた部分全てについてこの削除が行われている訳ではない。

なお「占有」という語の削除については、岡松参太郎がその著『註釋民法理由　物權編』（有斐閣・一八九九（九版））に於いて「所有權ノ主要ナル作用」と「所有權ノ要素」の別に言及していることが注目される。そこでは、

> 所有權ハ自由ニ物ヲ使用シ收益シ處分スルノ權利ナリト（普國國法第一編第八章第九條第一〇條第一一條）。是レ近世ニ於ケル多數ノ立法例及學說カ唱フル所トス。蓋シ此定義ニ付テハ二個ノ大誤謬アリ。（1）此定義ハ所有權ヨリ生スル效果ト所有權其モノトヲ混同シ、結果ヲ以テ原因ヲ說明セントスルモノアルコト是ナリ。即チ所謂使用收益處分ノ三者ハ所有權ノ作用ニシテ、所有權ノ體ニ非ラサレハナリ（ウイントシヤイト第一巻第一六七章註第二號）。（2）此定義ニ因リ物ノ使用收益處分ハ所有權ノ支分權ナリトシ、所有權ハ此三者ヲ以テ其成立要素トスルモノアリ（佛國法典普國國法ホアソー

ナト）。是レ法理上甚シキ誤謬ニ坐スルモノト謂ハサルヘカラス。何トナレハ右三權ヲ以テ所有權成立要素トセハ、其一要素ヲ欠クトキハ直ニ所有權ノ消滅ヲ惹起スヘキモノト論決セサルヘカラス。然ルニ所有者ハ所有物ヲ他人ニ賃貸シ之ニ使用權ヲ與フルモ、亦其物ニ關シ收益權ヲ許可スルモ、所有者ハ決シテ所有權ヲ失フモノニ非ラス。是レ其論決ノ誤謬タルコトヲ證スルニ餘アリ（ウイントシイ《ママ》ト第一巻第五一九頁參照）。（一三四―一三五頁）

とあり、「所有權」であれば「使用收益處分」という作用を持つけれども、逆に「使用收益處分」があればそこに「所有權」がある、乃至どれかが欠けているが為にそこに「所有權」がない、とする立論は成り立たないということに注意を喚起している。続けてこれら「使用收益處分」に加えて占有について、以下のように述べている。

以上四箇ノ權利ハ即チ所有權ノ主要ナル作用ニ屬シ所有權ヨリ生スル結果ナリ故ニ之ヲ以テ所有權ノ要素ト混同スヘカラス蓋シ所有權ノ體ハ即チ總轄的支配關係ニシテ右ノ權利ハ其用タレハナリ（ウイントシヤイト第一巻第五一八頁テルンフルヒ第一巻第四四〇頁）（一三八頁）

（57）継承に当たり四七二頁一六行に於いて「果シテ然ルニ於テハ支那法律上宅地モ亦租稅ヲ負擔スヘキモノニシテ上述ノ説明ト撞着スルニ似タリ仍ヲ之ヲ支那湖北人李少丞ニ質スルニ」とした情報の出所に関する箇所を削除し、また最後に「厝地ニ關スル慣習ニ付キテモ臺灣ノ北部ト南部トニ依リ多少ノ差異ナキ能ハス」として地方的差異に関して述べた記述を削除している。

（58）『臺灣私法附録參考書』の「地基」該当部分に収録された史料の解説の変化について説明しておくと、同書の関係史料のうち51、55に当たるものはそれぞれ『第一回報告書附録參考書』の18、21であるが、これらは、『第一回報告書』ではともに「給字中左ノ如キ條件ヲ約スルモノニ在リテハ土地ノ實權承給者ニ移轉セリト認ムルヲ得ス」（三〇七頁）という例として挙げられたもの（史料18～27）であり、「厝主」が「業主權」を有する例（史料11～17）と対比されたものであった。これが『臺灣私法』では「使用ノ制限」の例とされ、業主權がどちらに存するかの判定基準として言及されるものではなくなっている。おそらくはそれにあわせて業主權の所在に関する記述を削ったものと思われる。即ち、「第五一　地基ノ給出ニ際シ或約款ヲ付シアル例」（『臺灣私法附録參考書』五〇四頁）では、『第一回報告書附録參考書』に於いて「（四）及（五）ニ於ケル約款ハ土地ノ業主權ハ尚地基主ノ手ニ存在スルコトヲ疑ハシムルモノタリ、然レトモ地基主ハ已ニ現銷銀ヲ受取リ且厝主ヲシテ瓦厝ヲ建造セシメ而カモ其年限ヲ定メアラサル點ヨリ見ルトキハ、未タ必スシモ（四）（五）ノ約款ノミニ重ヲ措キ業主權ハ尚地基主ニ在リトハ謂ヒ得サルカ如シ」（二三二頁）とあった解説が削除されている。また「第五五　厝屋毀懐スルモ厝主之ヲ修築スルノ資力無ク且地基租ヲ拖欠シタルヲ以テ別人ニ給出シタル例」（『臺灣私法附録參考書』五〇七頁）は、もともとの「地基ノ業主權ハ移轉セサルモノト認ム可キ給墾批」との題名を変更して再掲したものであるが、『第一回報告書附録參考書』が「且地基主ヲ以テ尚業主ト爲シアル等ニシテ厝地ノ業主權ハ尚地基主ニ在ルモノト云フ可キカ如シ」（一二三頁）とした解説を削除している。ここでは全く同じ文書でありながら題名を変更し、傍点を削除し、判断を削除するなどの処理が行われている。

(59)　一九〇三年大租權確定ニ關スル件（律令第九号）、一九〇四年大租權整理ニ關スル件（律令第九号）により処分されたものである。この状況につき『臺灣銀行署志』（臺灣銀行總務部調査課・一九一三）第十四款大租權補償公債ノ処理は「大租權ハ本島土地制度ノ一瑕瑾ニシテ、既ニ清國政府時代ニ於テモ屢次之カ整理ヲ試ミタリシモ、遂ニ成功セスシテ止ミタリ。總督府ニ於テハ夙ニ之カ整理ヲ企圖シ、明治三十七年五月律令第六号ヲ公布シテ全島ノ大租權ヲ廢滅セシメ、之ニ對シテ補償金ヲ交付セリ。該補償金ハ臺灣事業公債法ニ依リ發行セル公債證書ヲ以テシ、端数ハ現金ヲ以テ交付セリ。而シテ其ノ交付高ハ、公債額面四百八萬四百八拾五円、此ノ價額參百六拾七萬貳千四百參拾六円餘、現金拾萬七千四拾貳円餘、合計參百七拾七萬九千四百七拾九円餘ニシテ、本行カ取扱ヲ爲セリ。抑モ大租權公債ハ本島人ノ祖先傳來ノ大租權ニ對スル政府ノ代償ナルヲ以テ、大租權ト等シク永久ニ之ヲ保存セシメ、以テ子孫ニ傳ヘシムルハ必要ニシテ、總督府ニ於テハ此ノ點ニ就キ頗ル苦心セラレタリ。依ルニ内地人中奸譎ノ輩ハ、本島人ノ無智ナルヲ奇貨トシ、頗ル憂フヘキ現象ヲ呈セリ。仍テ本行ハ或ハ殆ト内地ト同様ノ價格ヲ以テ之ヲ買入レ、或ハ同公債ヲ擔保ニ低利ノ貸出ヲ爲シ、以テ公債所有者ノ爲ニ種々ノ便利ヲ圖レリ。斯ノ如クシテ本行ノ買入レタル大租權補償公債ハ、明治三十八年ヨリ仝四十二年六月末日迄ニ、合計殆ト貳百九十萬円ニ上レリ。總督府カ大租權買收ノ爲下附セル公債ノ總額ハ合計四百八萬餘円ナルヲ以テ、之ニ對シ本行ノ買入高ハ七割餘ニ當レリ。該公債發行ノ當時、該公債ヲ資本トシ彰化、嘉義兩銀行ノ設立セラレ、又基隆及宜蘭ニ産業組合ノ設立セラレタルハ、即チ該公債ノ内地ニ飛散セサリシ結果ナリトス。（三二丁）」と伝えており、公債の発行を担当した台湾銀行の頭取柳生一義もこの記述に先立つ演説に於いて同様の内容を述べている（『明治四十一年二月十日柳生頭取演説要領』（［刊年不明］、京都大学経済学部図書館蔵（請求記号ＸＶ-Ⅲ-３・Ｙ））一四頁）。

(60)　『臺灣舊慣調査事業報告』に依れば両草案は同時期（ともに明治四五年八月）に発表されたもののようであるが、両者を比較すると、後者は前者に対し改訂を施したものであることが判明する。また前者では第五七条から第六七条の全一一条であるのに対し、後者では全一五条と拡大されている。

(61)　「舊法」のうち第五九、六〇、六二、六三条が明示的に参照されているが、第六三条については大幅な変更を伴う。条文がほぼそのまま受け継がれているのは第五九、六〇条及び明示されない第六一条（新第三条）、第六五条（新第一五条）である。

(62)　『臨時臺灣舊慣調査會法案審査會第四回會議議事録』（一九一三年八月二六日―九月四日開催・［刊年不明］）六四―六九頁。

(63)　会議では「地基權」の名称を「地上權」とすべきこと、「地基權」に竹木を入れること、第一四条の削除、第六条「特約」の下に「又は慣習」と挿入することなどの動議が提出されたが、何れも少数として否決されている。なお旧第六三条「消滅ス」が新第一三条に於いて「消滅セス」とされたことには誰も異議を挟んでいない。単なる誤植の可能性もあるが、ドイツ民法一〇一六条を参照しているところから見ても「消滅セス」との表記は誤植ではないようである。ドイツ民法一〇一六条は“Das Erbbau- recht erkischt nicht dadurch, dass das Bauwerk untergeht.”（地上権は工作物の滅失に因りて消滅せず）と規定する。

(64) その後の台湾に於いて以上の流れと関連する調査を二点指摘しておく。一つは宅地租調査事業である。これは大正三年四月一三日勅令五八号により開始されたもので、後にこの調査と関係する地租等則修正事業とともに進められ、それぞれ『臺灣宅地租調査事業成績報告書』（報告書一冊及び同附属表二冊、臺灣總督府民政部財務局・一九一六）、『臺灣地租等則修正事業成績報告書』（臺灣總督府財務局・一九二〇）の報告書が残されている。この調査は旧来非課税であった宅地（即ち「地基」）への課税を行う為の調査であり、最終的には『地租調査事業成績報告書』（臺灣總督府財務局・一九三六）に終結している。

また「贌權」即ち「佃」、「永佃」、「贌地基」の三つは、最終的には台湾総督府殖産局による農業基本調査（大正九―一〇年）を経て「小作」という表現へと切り替えられてゆくようである。この調査のうち「小作」に関するもののみを編集した『各州小作慣行調査』（臺灣總督府殖産局・一九二六）では「小作」契約の表現形態として「贌耕」、「佃」を挙げているが、両者が如何なる関係に立つかについては述べていない。その後この殖産局調査を踏まえて書かれた『臺灣小作事情』（臺灣總督府殖産局・一九二五）では、『臺灣私法』での調査を「舊慣」、殖産局での調査を「現行慣行」として区別し、両者を併記する形を採っている。また『臺灣ニ於ケル小作慣行』（農林省臺北米穀事業所・一九三四）では「舊慣司法ニ著レタル小作關係」として「贌權」即ち「贌佃」、「贌地基」、「贌地」の三者を挙げている。殖産局ではこの農業基本調査の後『各州小作慣行概要』（臺灣總督府殖産局農務課・一九二七）、『小作慣行改善奨勵要項案』（臺灣總督府殖産局・一九二七）、『小作慣行改善團體ニ關スル概況』（同・一九二七）、『小作事情改善事業成績概要』（同・一九二七）、『臺灣ニ於ケル小作問題ニ關スル資料』（同・一九三〇）、『臺灣ニ於ケル小作慣行』（同・一九三一―四一）など「小作」問題に関する史料を多く編集しているが、「小作」と「贌權」との関係は改めて問われることはなかったようである。なお『臺灣私法』前に既に右の意味での「贌地基」を解説するものとして山本留蔵「本島の小作制度」（臺灣時報一・一九〇九）がある。

第三章　「業主權」の成立、その台湾社会との相互影響

第一節　土地を巡る社会的背景

第一款　租税・金融制度と土地に対する「權利」

「大租權」を処理すべきであるという意見は台湾領有後かなり早い段階から主張されていた。江丙坤『台湾地租改正の研究』（東京大学出版会・一九七四）が「台湾地租改正必要論の発端」として紹介する吉井友兄(1)『吉井主税官臺灣財務視察復命書』（大蔵省印刷局・一八九六）は以下のように説く。

次ニ本島從來ノ大小租戸制ハ早晩之ヲ廢止セサルヘカラス。新領土ニ經營上舊慣故例ノ重セサルヘカラサルモノアルハ勿論ナリト雖モ、斯ノ如ク複雜煩累ナル舊慣ノ如キハ毫モ之ヲ廢スルノ不可ナルヲ見サルナリ。現今ノ情態ニ於テハ同一ノ田園ニ對シ所有者恰モ二人アルカ如クニシテ、其ノ制單ニ複雜ニシテ紛爭生シ易シト云フノミナラス、收益モ二人ニ分配サル、故ニ、其ノ負擔ハ地租ノ外ニ尚ホ一種ノ租税アルカ如キ觀ヲ呈シ居ルヲ以テ、現時ノ儘ニテ急ニ其ノ地租率ヲ增加スルハ頗ル困難ナルヘク、從來本島地租ノ割合ニ重課セラレサリシ所以ノ主タル原因モ、蓋シ此ノ重複ノ負擔ヲ顧慮シタルニ在ルナルヘシ。故ニ早晩一般ノ再丈量ヲ施シ地

租率ヲ増進スル時ハ、是非同時ニ大租戸ナルモノヲ廢シ、其ノ制度ヲ簡潔ニセサルヘカラス。而シテ之ヲ廢スル方法ハ、我政府カ廢藩置縣ノ際祿制ヲ處分セシ方法ニ倣ヒ公債證書ヲ發行シ、相當ノ割合ヲ以テ之ヲ大租戸ニ下附シ、以テ彼等ノ大租權ヲ全廢スルヲ最モ穏當ニシテ最モ適宜ノ策ナリト信ス。斯ノ如クニシテ公債證書ノ利子ニ一ヲ失フトモ、爲メニ忌憚ナク増加シタル地租ニ二ヲ得ルニ於テハ、財政上ノ變動ヲ及ホスコト少クシテ、國庫永遠ノ利益此ヨリ擧カランコト疑ヲ容レサルナリ。而シテ今其ノ大租戸ノ收ムル承糧總高ノ確算ヲ得ルニ由ナキヲ以テ精細ノ計算ヲ立ルニ躊躇スレトモ、彼此ノ事實ヲ參酌綜合シテ之カ概算ヲ試ミルニ、五分利付公債證書凡ソ千六百萬圓ヲ發行スレハ其ノ目的ヲ達スルニ充分ナルモノ、如シ。（二九八―三〇〇頁）

ここでの吉井の関心の中心は租税徴収にあり、その為に「複雑煩累ナル舊慣」の整理が提唱されている。その際に廃藩置県の際の秩禄処分が先例として踏まえられていることは注目されてよい。また吉井はこの引用箇所に先立ち、清代台湾の租税徴収に関し劉銘傳の改革（即ち納税分を大租戸から小租戸に移し、小租戸から納税させることとした改革）を紹介した上でそれが実際の姿とかけ離れていることに言及し、清朝は「要スルニ官ハ租額ニ滿ツルタケノ金穀ヲ得ルコトヲ唯一ノ目的トシ、納人ノ如何等ハ全ク關係者間ノ契約ニ放任シ去リタルモノニシテ、其ノ不規律一驚ヲ喫スルニ堪ヘタリ」（二九三頁）とし、租税制度のあり方としては採用し得ないものとして描いている。清朝の租税のあり方について一八九六年段階で既にこの認識を有していることは大変に興味深い。

ではその地租を如何に処理するのか、という問題については「本島ノ地租ハ概シテ低キニ過クルノ観アリト雖モ、地積ノ廣狹、等級ノ區別等往々平準ヲ得サルモノアリテ爲メニ偏輕偏重ノ弊ヲ免レサルモノノ如シ、故ニ今後人民ノ負擔ヲシテ公平ニ歸セシメ、且ツ其ノ賦租ノ定率ヲ改ムルトキハ、國庫ノ歳入ヲ増加スヘキコト更ニ疑ヲ容レス」（二一五―二一六頁）とし、さらに加えて「實際ハ錢糧即チ地租ノ外ニ、承糧トシテ大租戸ニ概シテ高額ノ納租ヲ爲シ、又執照費ヲ始メ地方官吏ノ私擅ニ出テタル不正ノ聚斂モ亦少カラサリシ」（二一六頁）云々といった中間搾取を税収に回すことによって増収が図れるとし、しかもその増収は人々の目に増税と映ることはないとする。その理由は「實際人民ノ負擔ハ、冥々裏ニ重課サレ居タルノ状況ナリシ、故ニ今之ヲ改正シテ、其ノ租額ヲ大ニ進ムルトモ割合ニハ痛苦ヲ感セサルヘシ」（一一六頁）とされている。

早くも明治二九（一八九六）年に右の路線が提示されているが、土地に関する「權利者」の確定と納税制度の確立は、同年制定の台湾地租規則下に於ける地租徴収経験からも当局者がその必要を痛感させられたものであった。土地調査を指揮した中村是公は以下のように回想する。

此規則（筆者註：台湾地租規則）は御承知の通り、所謂法三章で地租は舊慣に依て徴收す、逋脱した者は五倍の罰金、之は何日から行ふ、只是丈なのであります。…（中略）…即ち納税區域を相當の範圍に定めまして、…（中略）…納税の資格ある者は其期日内にちゃんと金を持って來い、而も金丈では往かない、舊政府時代の最近の受領證を添へて來なければ取らない、斯ういふのであります。…（中略）…その結果は如何でありましたら、う、實に大當りなのでありまして、…（中略）…（筆者補：現地の人々は）我先きにと納税を争ったのであります、…（中略）…つまり税金を納めて、日本政府の領收證を頂戴すれば土地を取上げられる氣遣ひもなからう、所有が確實になるといふ觀念から、此の如く先を争ふて納めたのでありませう。（『臺灣土地調査事業概要』（臨時臺灣土地調査局・一九〇五）三六—三九頁）

正確な土地台帳のない中で如何にして地租を徴収するか、という状況下での苦肉の策にせよ、このような状況は長続きして良いものではなかった。中村は、

誰が幾ら納める、彼が幾ら納めるといふことを聞いて、（筆者補：仮の台帳に）人々の納額と氏名を書付けたのでありますから、土地と地租との關係は一切分らないので、從って賣り買ひ致しましても、地租の分割が出

來ず、水害に罹っても免除に困るといふ有様で、到底永く此帳簿で地租を整理するといふことは出來ない譯なのであります…（中略）…それで異動地整理の問題が續いて直ちに起るのでありますが、業主權それ自体が已に不明でありまするからして、迚もきてうめんに是等の整理を致しますといふことは出來難ひので、是が今回土地調査をせねばならぬといふ一つの原因（同四一―四二頁）

となったとしている。以上の如く、土地と地租の関係を明確にした上で、中間搾取を排除し安定した税収を得るという目的から、土地に関し様々な「權利」が錯綜する状況の整理が求められていたことが見て取れる。また一方で土地に関する金融を得る上からもその整理の必要は認識されていた。中村は、

又業主權が分らない、土地の慣習が分らないと云ふことも調査を必要とするといふ重なる原因なので、土地の制度が明でない、權利者が不確であるといふ所からして、土地は不確實だ、土地に手を著けるといふことは危險であるといふので…（中略）…土地が何時までも斯ういふ風に不融通物であるといふことは、本島の進歩改善を圖るといふことゝ一致しないのであります、勸業銀行の資金を此處に呼ばれましたときに、權利催告に關する律令の發布になりましたのも、つまり其當時の有様では迚も土地に金を出すといふ譯には往かぬといふからなので（以下略）（同四二―四三頁）

としている。文中言及される律令は日本勸業銀行ノ貸付ヲ爲ス土地ニ關スル件（一九〇三）である。日本勧業銀行はこの年、『臺灣視察要録』（日本勸業銀行・一九〇三）なる報告書をまとめている。これは一九〇二年、「土地ニ關スル權利ノ保護方法不完全ナル臺灣ニ於テ、如何ナル方法ヲ以テセバ日本勸業銀行ハ安心シテ土地ヲ擔保ニ貸付スルコトヲ得ベキヤ」（第二冊、二五頁）との観点から行員を台湾視察に派遣し、調査を行わせたものである。

その中で日本勧業銀行は「所謂土地ノ業主權卽負擔付所有權ヲ擔保トナスヲ以テ最モ當ヲ得タルモノ」（同二二

頁）とし、その担保方法のうち「胎」なる慣習について独自の解釈を施し（この解釈は契約文書から帰納されたものとの形を採る）、「内地ノ抵當權ト殆ンド同性質ノモノ」（同三七頁）と構成して担保方法に採用する。さらに自らの貸付に対する担保（即ち「胎」）が第一順位の「抵当」であることの確認が困難なことが問題であるとし、それにつき「少クトモ（一）業主權者ノ正確ナルコトヲ知ルコト（二）其土地ニツキ他ノ權利者ノアルヤ否ヤヲ知ルコトノ難事ハ是非除カザルベカラズ。之ヲ除クノ方法ハ次ノ如キ律令（岡松三《ママ》太郎氏ノ立案）ヲ總督府ヨリ發セシメ、之ニ依ラバ可ナラン乎」（同三八頁）として、土地に関する「権利」の催告を台湾総督府が代行するという内容を含む先の律令の素案を載せている。

即ちそこでは「業主権」とそれにまつわる「権利」を確実に把握し、日本勧業銀行の貸付に対する担保を第一抵当とすることが求められており、またその状況を創出する為の律令策定に岡松参太郎が参画しているのである。金融という方面からも、土地を巡る錯綜した「権利」関係の整理は既に旧慣調査の開始期から求められていたことがわかる。

第二款　中山成太郎の構想

さて、「大租」を初めとする錯雑とした土地関係の整理・及び金融体系の創出ということに関して、台湾総督府はどのような計画でそれに向おうとしたのか。実際に台湾総督府に在籍した官僚がこれについてまとまった論述を残している例は多くはない。ここでは、その問題に関し数少ない記述を残している初期の台湾総督府官僚中山成太郎の論から一つの型を抽出してみることにしたい。

彼の残した文献と思われるかなり早い時期のものが「土地整理一班」（臺灣日日新報・明治三二年八月二七日―九月一〇日）である。(2)「土地に關する權利の狀態」、「土地の占有權及管理權に關する整理」、「土地の物權的負擔に關する整理方法」、「共有權整理の方法」、「土地整理機關」、「土地整理案及び其執行力」の六章からなるこの記事では、プロイセンに於けるシュタイン・ハルデンベルク改革の経緯[3]、即ち封建的諸負担の廃止とその銀行債務への転換による私的土地所有の創出に繋がるとされる経緯につき、具体的にプロイセンの諸法例を引用しながら、その償却の方法、執行機関、及び査定内容の執行力確保についてまで踏み込んだ詳細な紹介を行っており[4]、台湾での土地調査を髣髴させるまでの内容が示されている。

ここで注目されるのは、当該記事が「此等農民が有する管理權なるものは或は土地の慣習に依り或は特別なる約束に基き種々なる状形に發達せり、其一は殆んど完全なる所有權にして、只其眞正の所有權と異なるは一定の課役を負擔することとなり、其二は確固たる永小作權の形状に發達したるものにして、之を形容すれば農民は土地に付て事實上の所有權を有し、彼の大なる土地の占有者は表面上の所有權を有するやの觀あるものあり、其三は其管理權は宛然一種の廣義なる使用權にして、其權利は何時にても取戻し得べき性質を有するに拘はらず、實際は其農民の生涯之を管理せしむるのみならず、其死後に至るも子孫に管理せしむるの事實を有するもの等なり」とし、土地の上に重層する「權利」の有様に関する記述を有していることである。

ドイツに於けるこのような土地「保有」形態に関し、中山はその講義録『民法物權 第一―六章』（和仏法律学校・一九〇三）に於いて「分割セラレタル所有權」として「上部ノ所有權（ヲベルアイゲントウム）」、「下部ノ所有權（ウンテルアイゲントウム）」の成立に言及し、「此觀念ハ獨逸固有法ノ觀念ノ下ニ行ハルルモノニシテ、我民法ノ如ク所有權ノ觀念トシテハ羅馬法ノ觀念ヲ採用シタルモノノ下ニ此分類ヲ採用スルコトヲ得スシテ、此場合ハ先ニ掲ケタル裸體ノ所有權ノ一種ニ屬スルモノトス」としている（以上一三七―一三九頁）。また「地上權ノ性質」に於いてはオーストリア民法がこの上下所有権の区別を有し、地上権が所謂間接所有権（下部所有権）を有するとしていることにつき、「是レ羅馬法註釋學派ノ主唱スル所ニシテ近世ニ至ルマテ行ハレタル學説ナルモ、所謂所有權ヲ分割スルノ觀念ハ羅馬法及ヒ近世ノ法理ニ於ケル所有權ノ觀念ト容レサルモノナリ、之ヲ以テ「チボート」カ先ツ此點ヲ攻擊シタルヨリ以來此説ハ學説トシテ殆ト其勢力ヲ失ヘリ」（二一四頁）としている。

中山がシュタイン・ハルデンベルク改革の詳細な経過をどの文献から知り得たものか出典は明示されていない[5]けれども、文中引用される「チボート」即ち Thibaut の著作を通してこうした発想に触れた可能性はあろうし、また Thibaut の著作に依らずとも上下所有権の問題に接近することは可能であったものと思われる。

中山に於いてこのような錯雑を極める土地の状態は放置されて良いと認識されている訳ではなく、「此の如く土地の關係を永く繼續せしむるは土地の權利状態をして頗る不明ならしむるのみならず、延て土地の經濟上の發達を妨害すること少なしとせず。是を以て今世紀の始に當て經濟上及行政上の必要は遂に政府を促して土地整理の斷行を爲さしむるに至れり」（「土地整理一斑」）とされ、プロイセンの発展という流れの上にシュタイン・ハルデンベルク改革が位置付けられ、土地整理は経済・行政上必要なものとして認識されているのである。

また中山は『韓國ニ於ケル土地ニ關スル權利一斑』（不動産法調査會・一九〇六）に於いて、土地の「權利」を定める法制として、土地の上に数種の「權利」が並存する「并立主義」（＝「獨逸古有法」）と一個の総括的支配権に収斂する「統一主義」（＝「羅馬法」）の二つがあるとした上で、後者の体系への移行に価値を見出している。[6]

さらに中山は、プロイセンでの土地改革の過程に止まらず、その内国植民の過程に於ける不動産金融体系の創出についても詳細な追跡調査を行っている。彼の著書『不動産信用論』（不動産法調査會・一九〇六）では各国に於ける土地信用機関の沿革が詳細に紹介され、土地抵当銀行の得失についての詳しい分析のみならず、土地開発に於ける土地改良的信用の重要性、その信用創出の手段としての動産質・抵当（主に倉庫証券）[7]の紹介に加え、「ロッドヘルトス」[8]氏の定期物上負担論、さらにドイツに於ける抵当権立法の経緯についての詳細な情報が提供されている。[9]そして同書の末尾に於いては土地抵当銀行の抵当債券発行の原資としての富籤論にまで説き及んでいる。特に、封建的諸負担の一として一旦廃止された Reallast の形式をとって金銭定期金を支払う Rentengut（先に挙げた定期物上負担）に言及していることは注目される。

中山が膠州湾を媒介にしてドイツに興味を持っていたことは既に指摘したとおりであるが、『不動産信用論』が扱ったプロイセンの内国植民に関しては東郷實『獨逸内國植民論』（拓務局報二一・拓務局・一九一一）や高岡熊雄『普魯西内國殖民制度』（臺灣日日新報社・一九〇六）といった文献も見ることができ、これらは新渡戸稲造に代表される札幌農学校―ドイツ留学という要素と関係を持つものと推定することも可能かもしれない[10]。

またこうした不動産金融創出に対応すると思われる施策を「舊慣立法」に見て取ることもできる。臨時臺灣舊慣調査會では『不動産信用論』でも言及された抵当証券制度につき、Arthur Lamazure, *Das System der Obligations foncières und der Pfandbriefe in Frankreich, Deutschland, Österreich und nach den Bestimmungen des schweiz. Zivilgesetzbuch*, Bern, Stämpfli, 1909 を『佛獨墺國ニ於ケル抵當證券制度　并瑞西民法ニ依ル同制度』（一九一一）として和訳している。

さらに『家産法梗概』（一九一二）に於いては、アメリカに於けるHomestead Actにつきその梗概を「家産制ノ本來ノ趣旨ハ家族（Family）ヲ維持スルニ存ス、即チ家長ノ債務ノ爲メ財産全部ヲ失ヒ一家離散スルニ至ルノ悲運ヲ救ハンカ爲メ、豫メ家長ヲシテ一定ノ範圍ヲ限リ家産（Homestead）ナルモノヲ設定セシメ、此財産ニ對シテハ債權者ヲシテ強制執行ヲ爲スコトヲ得サラシムルニ在リ」とし、それが「欧州大陸諸國ノ注目ヲ惹キ模倣移植セラレントスル」（以上二頁）様を瑞・墺・獨・伊・佛・ルーマニア・セルビアの例につき考察している。またこれに基づき全一三条に上る『臺灣公業令別案（家産主義）』（一九一二）[11]の起草を行っている。そこには金融による農家経営の破綻を想定し、その防止策を予め講じる形での、いわば裏から不動産金融制度を支えるものとしての制度設計を見ることができ、これらはいずれも不動産金融体系の創出及びその保持に関わるものと見ることができよう。

以上のように、土地に関する錯雑した関係の整理、さらにはそれを超えて土地改良・拓殖の為の農業金融の創出という水準にまでかなり詳細な情報をもとにした見取り図が描かれていたことが判明した。このような状況の中で、『臺灣私法』は如何なる対応を採ったのか、それを以下に見ていくこととする。

第二節　「租權」と「業主權」のあいだ

第一款　「所有」のあり方を巡って

租税制度、不動産金融の確立といった方向性から、土地に関する錯綜した「權利」関係の整理が求められていたこと、それへの方策として一つにはプロイセンを模範とするあり方、さらにはその先に「ローマ型」の体系が視野に入れられていることは先に見たとおりである。完全な「ローマ型」にまで移行するかどうかは別としても、少なくとも何らかの形で土地を巡る関係を整理することは最低限求められていたとすることができよう。「地基」を巡る分析（第二章）で見たように、『調査一斑』から『臺灣私法』への一連の報告書での議論は、土地調査に於いて多大な影響力を持ち、こうした状況と無関係でいることはできなかった。というよりもむしろこのような状況に対し一定の指針を与えることすら期待されていた[12]とすることができる。

さて、ではこのような土地に関する「權利」を巡って、如何なる理論が用意されたのであろうか。『調査一斑』は「土地ニ關スル權利ノ種類」と題された部分に於いて「總説」、「業主權」の二款を併設し、「總説」冒頭に於いて「臺灣ニ於ケル土地ニ關スル權利ハ種々アリト雖モ租權ヲ以テ最モ主要ナルモノトス」（二二頁）と宣言している。即ち一方ではまず「租穀を取る權利」を中心とした構成を行っているのである。その構成は『臺灣私法』にまで受け継がれる上の図に示されている。そうしておいて、もう一方では「業主權」の款を置き、「臺灣ノ法理ニ從ヘハ土

大租権（或ハ蕃租）		小　租	佃　人	田　園
水　租				
蕃　租	大　租	小　租	佃　人	田　園
	水　租			
大　租（或ハ蕃租）		地基租	厝　主	厝　地
蕃　租	大　租	地基租	厝　主	厝　地

各報告書に示される「租」の体系

地ノ所有權ハ主權者ニ存シ、私人ハ決シテ土地ニ關シテ完全ナル所有權ヲ有スルコトヲ得ス。而シテ此權利ノ最モ強大ナルモノヲ業主權ト云フ。[13]業主ナル文字ハ從來支那臺灣ノ法律語トシテ使用セラル、處ニシテ、土地ノ持主ノ義ナリトス。換言スレハ土地ニ對シ實權ヲ有スル者ノ義ナリ。」とした上で、「臺灣ノ法理ヲ離レ其實際現象ヲ今日ノ法學ニ照セハ此權利ヲ以テ所有權ト看做スニ毫モ不都合ナキコト」（以上二五頁）であるとの見解を提示している。

「所有權ト看做スニ毫モ不都合ナキ」というのであるから、議論としてはすぐさま「所有権」に移行するということで良い、ということなのであろうか。しかしながら次の『第一回報告書』で示された見解は、「所有權ト看做ス」というものではなかった。そこに現れたのは、そう単純には割り切れない現状を述べるものであった。曰く、

臺灣ニ於ケル業主ノ意義ヲ考フルニ、蓋業トハ頗ル英國法ノEstateノ觀念ニ類似シ、必シモ權利ノ物體タル土地其物ヲ指スニ限ラス、一定ニ歸屬スル土地ニ關スル權利ノ全體ヲ指シ、恰モ英國法ニ於テ所有者ノ質取主、賃借人ノEstateアルカ如ク、臺灣ニ於テモ大租戸、小租戸、典主等ノ業アリ、各其業ノ主タルモノナリトスルノ觀念ナル可シ。如斯ク論スルトキハ、所謂業主ナルモノハ、決シテ之ヲ土地ニ關スル最强ノ權利ヲ有スル者、即所有權ニ比ス可キ者ニ限ラス、汎ク土地ニ關スル權利ヲ有スル者ヲ包含セサル可ラス。而シテ是恐クハ支那及臺灣ニ於ケル從來業主ナル文字ニ附シタル意義ナル可シ。從テ今日臺灣ニ於テ業主ト云フ文字ヲ以テ土地ノ實權ヲ握リ其主宰者タル者ヲ指スニ用ユルハ、舊來ノ用法ニ從ヒタルモノト云フ可ラス。（七六頁）

即ちここでは、『調査一斑』の言明とは全く逆に、「業主」は「土地ニ關スル最强ノ權利ヲ有スル者、即所有權ニ比ス可キ者」ではなく、「汎ク土地ニ關スル權利ヲ有スル者」であるとの認識が示されているのである。

しかし続く言明で示される処理は、「業主」の意味内容を転換させるものであった。『第一回報告書』に、

此ヲ以テ將來或ハ適當ノ名稱ヲ以テ之ニ代フルコト可ナラサルニ非スト雖トモ、然カモ數年來之ヲ使用シ來リ、土人モ亦今ヤ其稱呼ニ慣ル、ニ當リテハ、强ヒテ之ヲ改ムルノ要ナルコト勿ル可ク、只之ト共ニ今日所謂業主以外ノ者ヲ指シテ業主ト云フノ慣習ヲ廢止セシム可キニ止ル（七六頁）

とある処理がそれである。即ち、本来「汎ク土地ニ關スル權利ヲ有スル者」を意味する「業主」を「土地ニ關スル最强ノ權利ヲ有スル者、即所有權ニ比ス可キ者」の意味に用いるのは「舊來ノ用法」に合わない為、何か適当な名称で置き換えるべきかもしれないけれども、「業主」の語は当事者が慣れ親しんでいるものであるから、当座これを採用して、逆に「土地ニ關スル最强ノ權利ヲ有スル者、即所有權ニ比ス可キ者」の意味に外れた用法を廃止してゆく、ということである。ここでは「業主」の語を「土地ニ關スル最强ノ權利ヲ有スル者、即所有權ニ比ス可キ者」の意味に用いることは「舊來ノ用法」に合わないということが明認されているのである。

しかも「汎ク土地ニ關スル權利ヲ有スル者」が並立するあり方は、先の引用部分に先立っても明確に述べられていた。即ち、

於此乎一業不能兩主トノ原則ハ、同一土地ノ上ニ二箇以上ノ業主カ存在シ能ハサルコトヲ言ヒタルモノニ非スシテ、只一業カ兩主ノ中何レニ屬スルカ不明ナル能ハサルコト、換言スレハ業アレハ必ス一定ノ主ナカル可ラサルコトヲ云ヒタルモノニシテ、單ニ徵税上ノ便宜ヲ計リタルモノト解釈スヘキナリ（七五―七六頁）

とある部分である。そこでは「一業不能兩主」は租税上の便宜であり、複数の「業主」が並立することを妨げるものではない、という見解が示されている。

以上からは、一方でまず「土地ニ關スル最强ノ權利ヲ有スル者、即所有權ニ比ス可キ者」を「業主」とする見解が見受けられ、最早「所有權ト看做スニ毫モ不都合ナキ」ものとする「所有権」への志向を見て取ることができる

が、他方「汎ク土地ニ關スル權利ヲ有スル者ヲ包含」して「業主」とする見解（一つの土地に各業主が並立する見解）へも明確な反応を示している様を見て取ることができる。旧慣調査に於いて「汎ク土地ニ關スル權利ヲ有スル者ヲ包含」して「業主」という言葉が使われる状況も同時に認識されていることは注目すべきものである。

実は、各人がそれぞれの「何か」（『第一回報告書』ではこれが「權利」や「業」といった言葉で表現されている）を持って土地に関わるという主題は、『第一回報告書』に至って初めて認識されたものではない。『調査一斑』が出版される以前に既にそのような前提に立って「大租」を捉えていると見られるものが幾つか存在するのである。例えば、澤村繁太郎『臺灣制度考』（臺灣總督府民政局・一八九六）は「大租戸小租戸佃戸ノ關係」と題する部分に於いて「大租小租」を「株」と捉えている。[14] そこでは大租―小租の関係が上下の関係、乃至は「權利」の支分といった構成で捉えられるのではなく、収穫米をどのように「分配」するかを決定する「株」との構成で捉えられているのである。また松本龜太郎「臺灣大租權の性質」（臺灣協會會報五・一八九九）[15]に於いても、収穫の内幾らかを納める「納租」という関係を中心とした記述が採られている。[16] こうした記述が主に専門の法学教育を受けていない人材によって書かれていることは興味深いものがある。また「地基」の分析（第二章）で見た「家屋建築廢罷地料及地所明渡請求事件」（覆審法院民事部明治三三年七月二五日判決）は「厝主ト地基主ノ法律關係カ全然之ト相異スルノハ、要スルニ厝主ノ權利ハ地基主ノ權利ヨリ單ニ其支分セラレタル一部ノ下級ノ權利ヲ有スルモノニアラズシテ、各々宅地ニ關シ箇々特立シタル權能ヲ有スルニ職由スルモノタルヲ認識シ得ベシ」としており、「地基」に関してではあるが「業主」についてそれを「單ニ其支分セラレタル一部ノ下級ノ權利」ではなく「各々宅地ニ關シ箇々特立シタル權能」であると構成していたのであった。

次に木梨良三郎[17]「地基の無期限契約に於ける給出税出の觀念」（臺灣慣習記事二―九～一一・一九〇二、以下「木梨論文」）を検討してみることとしたい。この論文に於いて「業」の字義の変遷を扱った部分は、多く『第一回報告書』にそのまま採り入れられるなど『第一回報告書』と強い関係を有する論文であり、『調査一斑』から『第一回報告書』への転換をもたらしたと思われる要素が散見されるからである。

各人がそれぞれの「權利」乃至「業」を持って土地に関与する有様は木梨論文にも登場する。『第一回報告書』に転用された「業主權」の沿革の解説に引き続いて木梨は、

又例證廿一廿三（筆者註：皇朝通典よりの引用）中の《招民耕種之無主荒田官給印票永爲己業》及《無主荒地官爲招墾給照爲業》に依れば、業なる文字は耕作を施し收穫を爲すべき土地の意味に用ひたるが如く、本島に於ても狹義の業は確定せる人格の掌管に係り果實を收穫するに適せる狀況に在る土地を意味し、其幾分理會物に類似せる點有るより同一の空間を充塞せる土地の實體と區別し、（一）土地の實體は即國土の成分として當然國家の主權者に歸屬すべきものとし（二）業主は自己の掌管に係れる業に對しては使用收益處分の權能を有するも是れたゞ業に對する權能に止まり、業の根基即ち地體は國土の一部分なれば、決して業主權の目的と爲すを得ず。即ち土地を離れて業は存在するを得ざるも、業を離れて土地は存在するを得と解釋し居るもの、如し（二—一〇、八—九頁）

と述べている。「狭義の業は確定せる人格の掌管に係り果實を收穫するに適せる狀況に在る土地を意味」し、その上で「同一の空間を充塞せる土地の實體と區別」するということになれば、「業」は土地についてその「果實を収穫する」ことを指す事になる。即ち、収益の「掌管」と構成されることとなる。(18) 木梨はさらに、

但だ巡撫劉銘傳の諭告を以て小租戸を以て業主と公認し、小租戸をして納賦せしむるに至りし以來は、田園に對する業主の觀念は機械的に小租戸に移植せられたりと雖、大租戸が發給する租穀の領單等には今尚ほ業主の名を以てし、小租戸も亦平然として爭ふ者無きを見れば、大租戸を業主と爲せる從來の觀念も亦未だ消滅に歸せりと云ふべからず。否、反て「大租戸也是業主小租戸也是業主」等の言語は屢々予輩の耳朶に觸る、所な

り。(二一一〇、一一三頁)

と述べている。ここにも各人がそれぞれの「何か」を持って土地に関わるという主題が展開されているのを見ることができる。[19]

以上、『調査一斑』から『臺灣私法』に繋がってゆく調査以前に、各人が各人の「権利」乃至「業」を保有するという認識のあり方に明確に言及する史料を見てきたが、では『調査一斑』以降の報告書はこれに対しどのような反応を示したのであろうか。

上記の如き「保有」のあり方に対応したものと見られるのは『調査一斑』に於ける「租權」の体系、つまり或る土地について各人が各様に「租」という収益を「保有」するあり方である。この捉え方と、各人の「收租」を上下の関係に立つものとする捉え方乃至或る強大な「権利」とその支分とする捉え方は、当初から既に認識されていたものであろう。『調査一斑』に於いて「租權」と「業主權」が併置されているのはそのことと関係するものと捉えることが可能である。

ではその独立した二者――「業主權」と「租權」――の間に如何なる関係を設定しようとするのか。ここで再び『臺灣私法』「大租權ノ性質」の冒頭の記述を思い出してみたい。そこには『第一回報告書』に由来する記述、

其初大租戸カ土地ノ實權ヲ握リタル時代ニ於テ［ハ大租戸タルノ位置ハ一ノ物權ヲ爲シタルヤ疑ナシ。然レトモ此時代ニ於テ］モ大租戸カ其土地ニ對スル實權ト土地ヲ給出シ當時ノ佃戸ヨリ年々一定ノ租穀ヲ受クルノ權利トハ明ニ區別セラレタリ。土地ニ對スル實權ハ固ヨリ物權ナリト雖モ、收租ノ權ハ契約ノ結果トシテ生セル債權ナリトス。(『臺灣私法』三二一頁。［ ］内は『第一回報告書』より削除された部分)

があった。「土地ニ對スル實權」(=「所有権」?)と「年々一定ノ租穀ヲ受クルノ權利」(=「租權」)は区別される

という。であれば、「土地ニ關スル最强ノ權利ヲ有スル者、即所有權ニ比ス可キ者」を「業主」として「所有權」という概念に限りなく近いものを想定すれば、理論上「租權」の問題はせいぜい契約に基づいて設定された問題であり「所有権」とは関係のないもの、と構成できる可能性が生じる。即ち「大租」の問題に関していえば、「土地ニ對スル實權」は年月の経過と共に「大租戸」から「小租戸」に移ったが、「年々一定ノ租穀ヲ受クルノ權利」はそれとは別の話としてそのまま「大租戸」に残った、と構成することが可能となる訳である。実際にそのような記述を「大租權ノ性質」に見ることができる。即ち、先の引用に続けて現れる、

土地ニ對スル實權ハ固ヨリ物權ナリト雖モ、收租ノ權ハ契約ノ結果トシテ生セル債權ナリトス。…（中略）…然ルニ時勢ノ變遷ト共ニ大租戸ハ其土地ニ對スル實權ヲ失ヒタルカ故ニ、殘存スル所ノ收租權ハ債權ナラサル可ラス。當初債權タリシモノカ一方ニ土地ノ實權ヲ失フト共ニ其性質ヲ變ス可キ理由アランヤ。（三一一頁）

である。この捉え方には「租權」と（「土地ニ關スル最强ノ權利ヲ有スル者、即所有權ニ比ス可キ者」に繋がってゆく、「所有権」に限りなく近い意味での）「業主權」を切り離して考える思考が窺えるといえよう。

しかしながら『臺灣私法』はこの二つを全く相互に独立した別物と考える結論を採ってはいない。「大租權ノ得喪移轉」の部分に於いて「後年大租權カ單純ナル大租收受ノ權利ト爲リタル後ニ於テモ」（三〇七頁）という文章を置き、また「大租權ノ性質」の冒頭にある「大租權ハ其初ニ於テハ土地ニ對スル完全ナル支配權ニシテ物權的性質ヲ有シタルヤ明ナレトモ、後年ニ於ケル大租權ハ小租戸ニ對スル一種ノ收益權ニ外ナラス。」（三一一頁。傍線筆者）との言明に於いては、「當初」、「後年」ともに「大租權」という同じ語を用いている。

つまり、『臺灣私法』は最終的にはこの二者を切り離してしまうという選択を採らなかった。切り離して考えることはたやすく、現にその方向に向う記述を有するにも関わらず、逆に「租權」というあり方と（「土地ニ關スル最强ノ權利ヲ有スル者、即所有權ニ比ス可キ者」に繋がってゆく、「所有権」に限りなく近い意味での）「業主權」

という有り方の間の連絡を志向する記述を同時に残している。つまりそれは、凡そ「所有」一般という問題を考える際に「租權」という要素を無視することを躊躇させるような、それとの関係を何らかの形で説明することが求められるような、緊張関係の設定を余儀なくされるような状況がそこにはあった、ということを示す一つの表徴と捉えることができるのではないか。[20]即ち、『臺灣私法』の作者は「租權」が凡そ「所有」一般の問題に関わると考えている[21]（考えていると明確にはいえないとしてもその問題と何らかの形で向き合うことを強いられている）ものと推定することができるのではなかろうか。

第二款　「租權」と「業主權」の連絡

以上の『臺灣私法』の分析結果が示す内容、それは凡そ「所有」のあり方というものについての思考を迫る諸問題が、様々な要素とともに噴出している様相、として捉え得るのではなかろうか。

土地に対して人々が持つ錯雜した関係をできるだけ整理したいという要請が、税制、金融、土地取引などといった要因から当時の植民地経営上切実なものとして提出されていたことは認めてよいだろう。以上のような状況と緊張関係を設定せざるを得なかった『臺灣私法』が行ったことは何であったか。

「所有権」を中心とする体系への志向を示す動きも存在したこと、また「土地ニ關スル最强ノ權利ヲ有スル者、即所有權ニ比ス可キ者」という形で「所有権」に限りなく近いものを想定する立場が先行報告書の中に存在することは既に確認できたが、それを植民地に導入したからといってそれが旧来の体系とどういう関係に立つのかが説明されるのでなければ、旧来の体系はそのまま残存して新しい体系と交わらないということになると考えられたのではないか。では、当事者達はその旧来の体系をどのように認識していたのか。

そこに共通する主題は「各人が各人の「何か」を持って土地に関与する」というものであった。この「何か」についての表現は「汎ク土地ニ關スル權利ヲ有スル者」や「業」等多少の差異があり、またこのあり方に対応すると見られる「租權」にそもそも当初何故注目したかが不明であることなどの問題は存在するが、「各人が各人の「何か」を持って土地に関与する」という主題に対し反応を示している様相はそこに見て取ることができる。

そうなるとそこでの課題は、各人が各様の「業」を持って土地に関係するという「所有」のあり方と、(「所有権」を中心とした「ローマ型」の土地「所有」のあり方を見据えた)「所有権」に限りなく近い形での「所有」のあり方を、どのように関係付け処理するかという問題になる。この二つのあり方に対しては、前者に一定の顧慮を払いつつも後者への解消を志向するという路線が様々な方面からの要請としてあった。しかし一方で新たに設定される体系は、「租權」的なあり方が「所有」の一つのあり方として認められる以上それとの関連が説明されなければ説得力を欠くことも認識されていたのではなかろうか。

しかもそれは旧来の体系を全て吸収するものでなくてはならない。もし旧来の体系が残るならば、せっかく創出した新しい体系に基づく「權利」に、あらぬ方向から土地に直接かかってくる者が現れてしまう。「大租」というものを或る種の「所有」のあり方と認めつつ、しかもそれと一定の連絡を保ちつつ(連絡しない別個のものとすると、いつでもその体系が復活する)、一方でそれを解消し、かつその体系には旧来の「租權」的なあり方からの「侵入」を排除するという非常に困難な課題に直面し、それを解決する理論が『臺灣私法』に求められていたのではないか。

構成が難解なものとなったのは、「大租權」という用語の定義が明確にはなされなかったことが一つの要因であった[22]。議論過程に於いては次頁図Aのように「大租戸」が「租權」と「土地ニ對スル實權」を個別に持ち、そのうち片方が「小租戸」に移転したとする構成と、Bのように、その二者を区別するのではなく、「大租戸」の持つ「權利」全体としての「大租權」が変化したものとする構成の両方が見られた。Aを意識しつつBの構成を採る原因は旧来の「所有」のあり方との兼ね合いで理解できるのではないか。

そこでは旧来の「所有」のあり方を前提とし、そこで「大租戸」が持っていたもの全体を(旧来の「所有」全体

A：「租權」と「實權」を分離する考え方

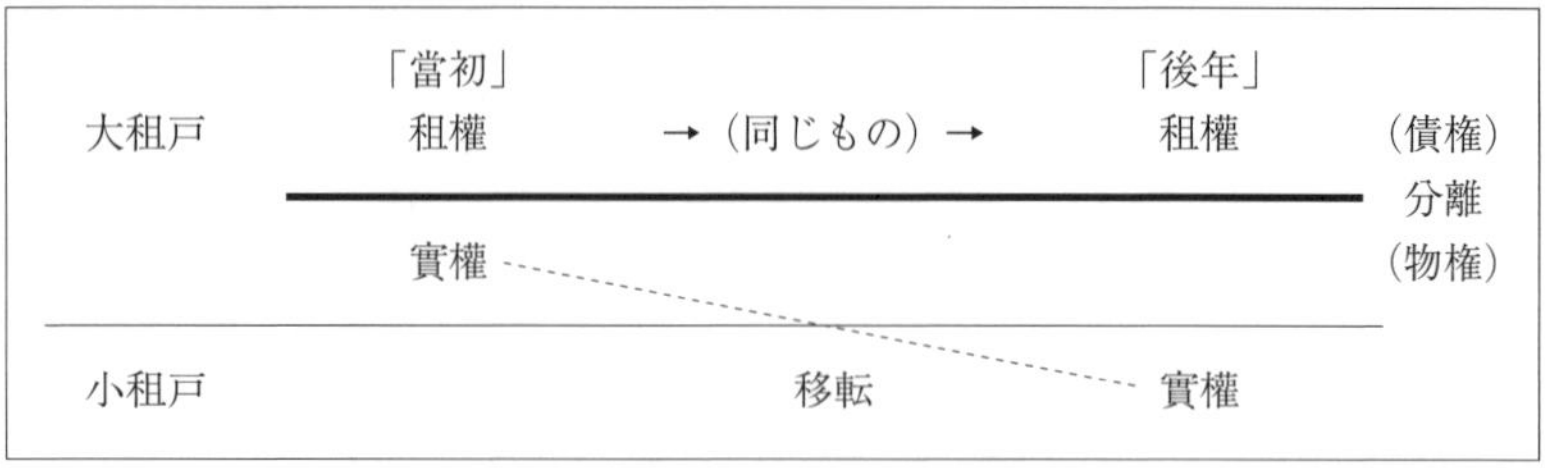

B：「大租權」を「「大租戸」の持つ權利」と構成する考え方

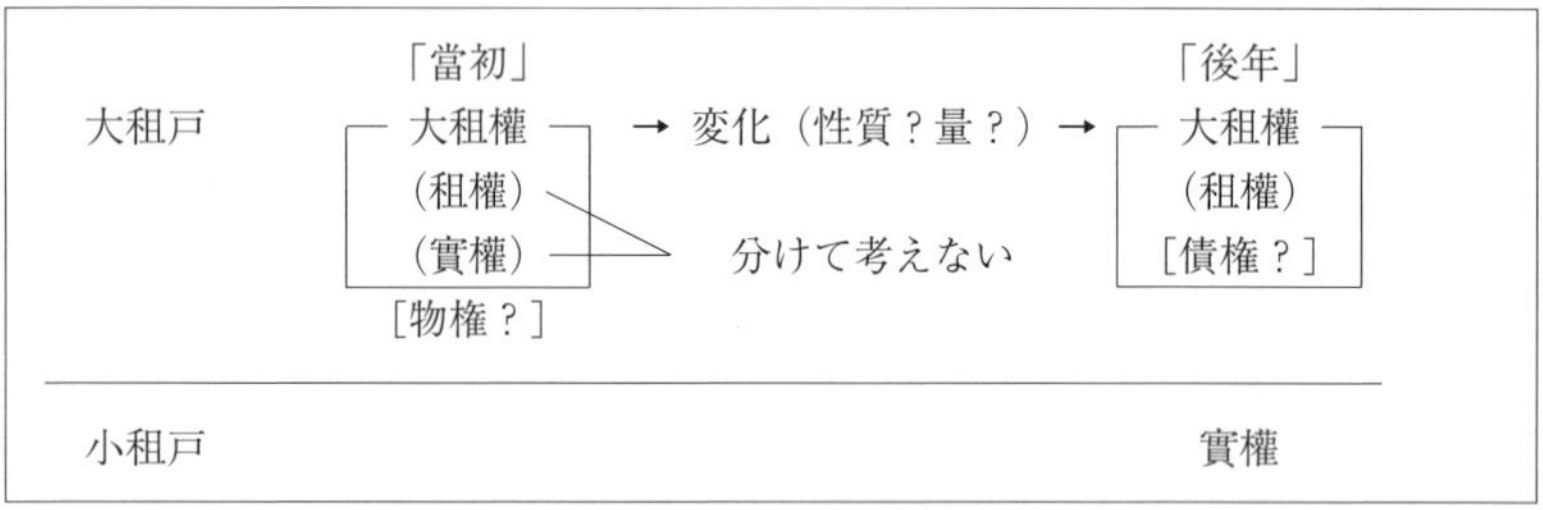

「大租權」を巡る考え方

をいわば囲い込む形で）「大租權」としておいて、その全体が変容し、最終的には土地に関与できない性質のものとなったという構成を採ることによって、「大租戸」の「所有」を消滅させることが目的とされているのではなかろうか。Ａの構成を採ることによって「當初」に「大租戸」が有していたもの（＝「所有」）のうちの一つとして「租權」があったと構成すると、（それは「當初」に於いても「債権」契約から生じたものであったと構成しても）何らかの形で旧来の体系に於ける「所有」として立ち現れてくる、そのことへの警戒とも推定できよう。「當初」から「後年」へと「土地ニ對スル實權」が移転するという構成が、論拠となる史料を明示しない形で設定された（いわば「大租權」の「縮小」）ことは、予め設定されたこれらの路線に沿った措置であったと見ることも不可能ではないかもしれない。

これに関連すると思われるのが「小租戸」に関する記述である。即ち「當初」から「後年」へという構成を推し進めてゆくと、今度は「小租戸」

と「現耕佃人」の間に「大租戸」と「小租戸」の間に生起したものと同様の関係が発生することにはならないか、という問題が生じる。即ち「歳月ノ經過ト共ニ」、「現耕佃人」に「土地ニ對スル實權」が移ってしまうことは、理論上十分想定し得るものである。『臺灣私法』の記述では「小租戸」の持つ「權利」を認定するに当たり、

小租トハ素ト大租ニ對スルノ名ニシテ、而シテ小租戸ハ通常其田園ヲ現耕佃人ニ賃貸シ、小租ヲ收ムルノ慣習ナルヨリ此名ヲ生スルニ至リシモノナレトモ、小租權ノ內容ヲ以テ小租收受ノ權能ニ在リトシ、之ニ據リテ其性質ヲ定メントスルハ誤ニシテ、其權利ノ眞ノ內容ハ小租收受ノ權利ヲ作ルコトヲ得ルノ原因ヲ爲ス權能ニ在リ。小租收受ノ如キハ其權利ニ基キ締結シタル佃契約ノ結果ニ過キス。（『臺灣私法』三三四頁＝『第一回報告書』一五四頁）

と述べていた。「權利」と「權能」の語[23]がやや錯綜している感もあるが、ここで意識されていることは、「小租戸」に認めた「土地ニ對スル實權」がさらに「現耕佃人」へと移行してしまうという理論上の可能性を切る為に、「租權」と「實權」を分離しない形での「所有」を念頭に置くということであったと見ることができるように思われる。[24]

さて、そのようにして創出した新しい体系に基づく「權利」は、それに対する「舊慣」側による侵入から保護されなければならない。新たに創出したにも関わらず次の瞬間「舊慣」側から土地に対する手が伸びてきたのでは意味がない訳である。岡松参太郎が論文「大租權の法律上の性質」を費やして「大租」の「物権性」を否定したこと、また Reallast を「權利者が土地に對する權利を有し定期金の怠滞あるときは其土地に就き辨濟を受け得べきが故に」、「大租」になぞらえることができないとしたこと、また『臺灣私法』の段階で「大租權」が土地との直接の関係を有しないという点が強調されたことは、こうした土地にかかってくると予想される要素を逐一全て排除する方向性を示すものであったとすることができるのではなかろうか。

「大租」の解説の為に登場させた「物権」と「債権」の別にまつわる難解な論法は、「租権」的な「所有」のあり方を認めつつそれを解消し、しかもそこで創出された「権利」を「租権」の体系に依る攻撃から守るという困難な理論的処理を委ねられた『臺灣私法』が、その処理に当たり用意したかなり大掛かりな仕掛けであった、ということがいえるのではないだろうか。それはただ単に西洋法の概念を用いて「舊慣」を説明することではなく、また西洋法の体系を無理に適用することでもなかったのではなかろうか。

第三款　租税と「所有」の交錯

「租権」的なあり方に何らかの反応を求められる一方で、何らかの形で土地に関する「権利者」を確定することが租税徴収や金融の確立といった方面からの要請としてあったことは既に見たとおりであった。

所謂「土地ニ對スル實權」が「大租戸」から「小租戸」に移ったという構成を支えるものは何であるか、について先のテキスト分析に於いては、「當初」、「後年」それぞれの時期に於ける「大租戸」、「小租戸」の持つ「権利」につき契約文書からの構成に依っていることが見られたが、それは契約文書の代表的な文言に依るという形での論述であり、またその変化の時期を契約文書から編年的に帰納している訳でもない、ということが見られた。そしてさらに「當初」、「後年」という構成を支える根拠を求めていくと、『諸羅縣志』などの「舊記」に行き着き、さらには劉銘傳の改革に遡るというところまでは確認できた。

劉銘傳の清賦改革、即ち租税改革と（「土地ニ對スル實權」を持つという意味での）「業主」の確定が如何なる関係に立つかについては、相反する見解を見ることができる。『第一回報告書』では「於此乎一業不能兩主トノ原則ハ、同一土地ノ上ニ二箇以上ノ業主カ存在シ能ハサルコトヲ言ヒタルモノニ非スシテ、只一業カ兩主ノ中何レニ屬スルカ不明ナル能ハサルコト、換言スレハ業アレハ必ス一定ノ主ナカル可ラサルコトヲ云ヒタルモノニシテ、單ニ徵税上ノ便宜ヲ計リタルモノト解釈スヘキナリ」（七五－七六頁）とされており、納税する人間が誰かという問題と

（「土地ニ對スル實權」を持つという意味での）「業主」の問題が別のものであるという見解が示されていた。また「地基」の分析（第二章）で見た地天「基隆紛争地問題の査明」（臺灣日日新報・明治三五年四月九日―五月一〇日）に於いても「劉銘傳は徴収上の便宜を謀り納税義務を小租戸に移したるもの」とした認識が示されていた。[25]

しかしながらこれに対し『臺灣私法』は「全島ノ丈量ヲ行ヒ權利ノ所在ヲ確定スルト同時ニ…（中略）…大租戸ノ納税義務ヲ免シ、小租戸ヲシテ領單承糧セシメ、依テ以テ小租戸ヲ田園ノ業主ト公認セルモノトス。是嘉義知縣羅建祥ノ建議中ニモ、小租戸ヲシテ正供ヲ負擔セシメ、之ヲ業主ト認ムヘキコトヲ論シ、又劉銘傳ノ諭告中ニモ、清丈後須發三聯票、一歸清丈總局、一存本縣、一歸業主收執トアルニ依リ之ヲ知ルヘシ。」（二八六―二八七頁）と述べている。論拠として挙がっている「羅建祥ノ建議」（『清賦一斑』一三頁以下に収録）を見ると、確かに「小租戸ヲシテ正供ヲ負擔セシメ」ることは主張されているが、「之ヲ業主ト認ムヘキコト」については明確な言明を見出し難い。にも関わらず「業主ト公認セル」、「之ヲ業主ト認ム」との言明が重ねられている。しかも引用箇所での「業主」の語は「土地ニ對スル實權」を有するものとしての「業主」として用いられているのである。

この二つの要素を重ねて考えている記述が『臺灣私法』の「丈單ノ目的ハ…（中略）…徴税上納税義務者ヲ確定スルヲ以テ主タル目的ト爲セシコト勿論ナリト雖モ、又之ト共ニ清丈當時ニ於ケル業主權ノ所在ヲ確認スルニ在リタリ」（二一五頁）とする記述である。これは『第一回報告書』に既に登場するものであるが、既にその設定時に於いて直ちに「必シモ一概ニ總テノ地方ニ通シテ然リト爲スコトヲ得ス」（二一六頁）との留保が附されてもいた。『臺灣私法』は劉銘傳の改革を（一方でそれが徴税上の便宜と知りつつも、「所有權者」に限りなく近い意味での）「業主」を認定した先例と位置付けてこれに依る形でその記述を進めようとしているのであろうか。そうであれば劉銘傳の改革時にまさに「業主」を認定する役割を果たしたとされる「丈單」の性格がそれに符合するものであるかどうかという点が問題となってくる。「丈單」がまさに「業主」を認定する強い効力を有していれば辻褄が合う訳であるが、実は「丈單」が「所有權者」的な意味合いでの「業主」の確定に資するとの立場は『臺灣私法』

ではそれ以前の記述よりもむしろ後退させられている。「所有権」へと一直線に突き進むといった単線的な流れはそこにはないことが見て取れる。

「丈單」を扱った『臺灣私法』「不動産權ノ保護」部分の記述を見るならば、『第一回報告書』の記述から「從來ノ契據ニ比シ最モ確實ナル効力ヲ有スルモノトス」（一二〇―一二一頁）、「（筆者補：そのような）事例アルヨリ見ルモ是亦一般丈單ノ目的ハ業主權ノ所在ヲ確認スルニ在リタルコト疑ヲ容レサル所ナリ」（一二一頁）との箇所が削除されているのがわかる。[26] 即ち「最モ確實」で「業主權ノ所在ヲ確認スル」ものとしての「丈單」の位置付けが変化しているのである。また「執照」の項では『第一回報告書』が「何トナレハ已ニ丈量ヲ施シタル土地ニ付テハ大抵丈單ヲ下付シタルヲ以テ執照ハ已ニ廢紙ニ歸シタルコト多ケレハナリ」（一二四頁）とした箇所が削除（『臺灣私法』二一九頁八行）されている。劉銘傳の改革を「業主」を認定したものと構成するには、「丈單」の現状はあまりに力不足であったのだろう。

　最終的に『臺灣私法』は、劉銘傳の清賦事業によって「小租戶」が納税するように改革が行われたことを「既ニ實際上業主ト爲リ了セル小租戶ノ地位ヲ公認セル」（二八八頁）ものとし、「大租戶」から「小租戶」へ「土地ニ對スル實權」が移行するという構成は、劉銘傳の改革を待たずとも進行していたとする記述を置いている。

　以上からは、劉銘傳の改革を（「土地ニ關スル最强ノ權利ヲ有スル者、即所有權ニ比ス可キ者」としての）「業主」を認定した先例として読み込もうとする立場と、それは単に徴税の便宜によるものであって、各人が各人の「業」を持つというあり方と矛盾するものではないとする立場の両方が現れていることが見て取れる。政策的には前者が好ましかったのかもしれないが、さりとて後者も完全に記述から姿を消している訳ではない。後退しつつもその有様を認識していたことを示す記述があるということには十分に注意しなければならない。

　さて、「租税」を巡ってはさらに「公的負擔」たる「課」と「私的負擔」たる「租」の問題を扱う箇所がある。この問題は「租權」的構成と「業主權」的構成の関係にも大きく関与するものと考えられるが、『臺灣私法』は如何なる反応を示しているのか。

『臺灣私法』は一方に於いては「租」と「課」を区別して「私的負擔ハ多クノ場合ニ於テ租又ハ税ト稱シ…(中略)…公的負擔ハ賦又ハ課ト稱シ或ハ之ヲ正供錢糧ト稱シ…(中略)…課ト租トハ公私ノ別アルコトヲ明ニスルモノト云フヘシ」(一〇四―一〇五頁)としている。

ただ一方で、「大租」にその双方の要素が含まれていることを指摘する見解も示されていた。『大租取調書』は「大租權設定ノ目的ハ大租戸ヲシテ一ハ以テ投資ニ對スル收利ヲ得セシメ一ハ以テ小租戸ニ屬スル土地ノ公課ヲ負擔セシムルニ在ルモノト認ムルヲ穩當ナリトス」(一三頁)として、「大租」の要素として「公課」、「投資の回収」があることを指摘していた。

「大租戸」が負っていた役割に関しても、『調査一斑』に先んじてかなり早い時期から「清政府ハ先ツ渡臺者ニ對シ嚴重ノ制限及ヒ取締ヲ爲スト共ニ業戸（即墾戸）ヲシテ其招徠シタル佃人ノ身上ニ關シ保安警察ノ責任ヲ負ハシメ…(中略)…且ツ地租ハ總テ大租戸ヨリ上納セシムルノ制ヲ採レリ」(『臺北縣下農家經濟調査書』(臺灣總督府民政部殖産課(山田伸吾調査)・一八九九)四七頁)とする指摘を見ることができる。

こうした社会経済上の「大租」の認識に加え、所謂「私的負擔」たる「大租」と「公的負擔」たる「課」を並行的に捉える記述も見ることができる。『臺灣私法』は「要スルニ租權關係ハ恰モ地租ヲ賦課スルカ如キ觀念ヲ以テ小作人ノ負擔スル賃料ヲ土地ニ賦課シタルモノニシテ、土地ニ就テ辨濟ヲ受クルト云フカ如キ觀念ヨリ出タルモノニアラス。換言スレハ墾戸佃戸間ノ債權關係ヲ確保スルノ觀念ヨリ出テタルニアラサルモノトス。思フニ支那ニ於テ井田ノ制弛廢シ土地ハ富豪ノ私業ト爲リ、而シテ富豪ハ單ニ土地ノ私權ヲ獲得シタルノミナラス、統治者ノ權力ヲ分取シ、其佃戸ニ臨ムヤ隱然トシテ諸侯ノ如キモノアリ。此過渡ノ際ニ當リ此等ノ兼併者ハ、昔時封建時代ニ於ケル土地ノ公法上ノ公課ト私法上ノ賃料トヲ混一シタル觀念ヲ繼受シ、其佃戸ヨリ徴收スル租穀ハ恰モ地租ノ如ク看做スニ至リタルモノナルヘシ」(二九八―二九九頁)としている。

また先に見た木梨論文も「當時業主卽ち墾主が墾地を分發して佃人に給出したるの状態は宛も支那の領主（封建に在っては天子及諸侯郡県に在っては皇帝）が荒地を人民に給授し以て永業と爲さしめたると同一の觀念を有したるや明らかなり」（二一一〇、一一頁）、また「公法的淵源を有せる業主權の取得者が仍ほ土地の所有者を以て國家の主權者なりと觀想し居るが如く大租戸則ち從前の業主が墾地を給出するに當りても小租戸は其承給せる墾地の上に永遠爲己業の權利を獲得せしに拘はらず仍ほ大租戸を以て業主と觀想し居ること亦故無きにあらざるなり」（二一一〇、一三頁）と述べていたが、『臺灣私法』にはこれ以上の展開は示されてはいない。

第三節　「業主權」と「所有権」

さて、注目されるもう一つの問題は、『臺灣私法』に至る報告書が「所有権」という言葉に対して一定の警戒を見せることである。

一方では例えば既に見た日本勧業銀行の報告書や中山成太郎の著書など「所有権」という言葉が直接登場しているものもあり、現に『調査一斑』では「所有權ト看做スニ毫モ不都合ナキ」（二五頁）といった言明も見られた。『第一回報告書』に於いても「其實質ニ於テハ今日法學上ニ所謂所有權ナルモノト殆ト區別ナシ」（七二頁）との言明が見られるものの、最終的に「所有権」と見なすという決断は下されていない。「土地ニ關スル最強ノ權利ヲ有スル者、即所有權ニ比ス可キ者」という形で「所有権」を意識した言及が行われる一方で、もう一つの「所有」のあり方、「汎ク土地ニ關スル權利ヲ有スル者」が並立する様への言及も見られたのであった。

「所有権」という用語を用いることを躊躇させる問題は何であったか。『第一回報告書』は律令による「業主」用語の採用という要素を挙げて以下のように述べる。

如斯ク臺灣ニハ土地ノ所有權ナルモノナク、而シテ土地ニ關スル權利者ハ概シテ之ヲ業主ト稱ス。臺灣我ニ歸シテヨリ、徴税其他ノ爲一定ノ土地ノ權利者ヲ確定スルノ必要ヨリシテ、亦業主ナル觀念ヲ採用シ、土地ニ對スル實權者ヲ業主ト稱スルコト、シ（明治三十一年律令第十四號臺灣土地調査規則第一條）コレヨリシテ今日ニ於テハ臺灣ニ於テ業主權ト云ヘハ所有權ト云フト殆ント同一義ヲ有スルコト、ナレリ（六八頁）

しかしながら記述の中心はこの引用部分の前に説かれている「王土思想」の問題にあった。「所有」を巡る問題の一つとして、また「業主権」という語を創出せざるを得なくなった一つの原因には所謂「主権」と「所有権」の関係を巡る問題がある。

『調査一斑』に「支那ノ法理ハ英國ニ等シク普天之下莫非王土ヲ以テ根本ノ主義トス。公法私法ヲ混同スル法理ニ在リテハ領地主權ト私法上ノ所有權トヲ同一視スルハ怪シムニ足ラス。實ニ支那ノ法理ハ封建法ノ法理タルナリ。」（二四―二五頁）と述べられているのがそれである。ここでの「普天之下莫非王土」[27]の語に代表される「王土思想」（天下のあらゆる土地は皇帝のものであるとする思想）は、慣習調査が行われていた時期、オスマントルコ[28]、韓国に於ける例[29]などにも同様の発想が散発的に現れているのを見ることができる。

『調査一斑』は特別な前置きもなくこの「王土思想」に触れているが、漠然と皇帝の絶対的支配を示すのは格別、これと近代法にいう「所有権」の問題を繋げて論じるという（即ちこの『詩経』に由来する字句が土地制度を語る際に考慮に入れられなければならないとする）考え方はいつの時点から始まったものかを判定することは難しい[30]。

領土主権が広い意味で凡そ「所有」一般の議論に包含される、という捉え方は日本の法学に於いて皆無であった訳ではない。例えば美濃部達吉「領土權ノ法律上ノ性質ヲ論ス」（法学協会雑誌二九―一一～四・一九一一）は「領土權カ一種ノ物權テアッテ此ノ點ニ於テハ所有權ト類似ノ性質ヲ有ッテ居ル權利テアルトスルノ思想ハ、今日ニ於テモ國際法學者ノ間ニハ尚一般ノ通説テアルト云ッテ可イ」（二一九―二一、二二〇頁）として Carl Friedrich Wilhelm von

Gerber, Paul Laband を引用している。

これに関しては立作太郎が即座に「國際法ト國内法トノ異ナレル法規關係ヲ混同シ一ノ權利ヲ以テ國際法上ノ方面ト國内法上ノ方面トヲ有スルト爲セルコト」、「博士ノ物權タル領土權カ…（中略）…領土内ニ在ル總テノ人ニ對シテ命令強制ヲ爲スノ權能ヲモ含ムトスル見解カ物權ノ本質ニ反スルコト」につき疑惑ありと指摘し[31]、その後の二人の論争[32]はこの問題から離れていくが、国際法が民法とどう切り結ぶのか、国際法に於いて用いられるローマ法の概念にまで遡って検討するきっかけが（不発に終わったものの）そこにあったとすることができるかもしれない[33]。

さて、各報告書の以上の記述からは、「所有権」に対し「王土思想」による一定の留保がつく為に「業主權」なる用語が設定された、という一つの理由が読み取れる。しかしながら、それ以外の理由も見ることができる。以下に『調査一斑』から『第一回報告書』への推敲の跡を見てみよう（――（↑）は（ ）内から傍線部への変更、〈 〉内は追加、［ ］は削除された箇所を示す）。

以上記述スル所ニ依リテ觀レハ、臺灣ニ於テハ土地ニ關シテ所有權ナルモノヲ認メス。（↑於ケル土地ニ關スル權利中今日ノ法學上所謂所有權ニ該當スヘキ者ナシ。）後ニ示スカ如ク田園ニ關シテハ小租戸、厝地ニ關シテハ〈場合ニヨリ〉厝主〈若クハ地基主〉ハ實ニ基地（↑其土地）ニ對スル實權ヲ有シ〈之ヲ占有、收益、處分スルコトヲ得。宛然所有者タルノ觀アリ。勿論〉此等ノ權利者ト雖トモ［亦負擔アリ］、或ハ大租ヲ負擔シ、或ハ地基租ヲ負擔シ未タ［以テ土地ニ關スル］完全無缺ノ權利ニ非ス（↑權利ヲ有スルト認ムヘカラス）〈ト雖モ所有權モ亦時ニ地役ヲ負擔シ地上權ヲ負擔スルコト無キニ非ス、從テ此等ノ權利モ亦之ヲ以テ〉［若之ヲ今日ノ法學ニ照サハ］一種ノ負擔付所有權ト認ムルヲ至當トスルカ如シ（↑見ルヲ最モ適當トセンカ）［要之臺灣ノ法律ハ土地ノ完全ナル所有權ヲ認メサルナリ、而シテ尚一歩ヲ進メテ論スルトキハ、其茲ニ至レル所以ハ、獨リ小租戸又ハ厝主カ或一定ノ負擔ヲ有スルカ爲ニ完全ナル所有權ヲ認メサルノミニ非ス。法理上土地

ニ關スル完全ナル所有權ヲ認メサルノ主義ナルカ如シ」。(『調査一斑』二四頁＝『第一回報告書』六七―六八頁)

以上では、「負擔付所有權」が「完全無缺ノ權利」ではないということが問題とされている。これに対してはすぐさま「所有權」と雖も様々の要素を負担することがあるとの記述が補充されているが、「完全無缺」ではないという共通の要素に反応を示し、その状況下で「實權」なる語が機能していることが見て取れる。

「土地ニ對スル實權」乃至は「實權」という言葉が登場する背景については『第二回報告書』が王土思想との関連に於いて、

　茲ニ土地ニ對スル實權ト稱スル所以ハ、理想ト事實トヲ區別スルノ趣意ニシテ、例ヘハ理想上土地ノ根本的權利ハ君主ニ在リトスルモ、是唯理想ニ過キスシテ、實權ハ人民ニ存スルコトアルヲ以テナリ。(四六〇頁、この部分は『臺灣私法』へ継承される際には削除されている)

と述べている。王土思想により「完全無缺」である「所有權」の何某かが制限されたものを表すと同時に、先の記述と併せて考えるならば、或る負担が附されているが故に「完全無缺」ではないという状況をも含んで「實權」という用語が用いられているという可能性が存在する。

次に、「土地ニ對スル實權」という用語と「土地ニ關スル最强ノ權利ヲ有スル者」との関係を見ておきたい。後者は「即所有權ニ比ス可キ者」とされているものである。

『臺灣私法』に於いてEstateが引かれている部分の直後では、大清律例戸律典買田宅・盜賣田宅條が引かれ「土地ニ對スル最大ノ實權ヲ有スル者ヲ業主ト云フノ意ヲ見ルヘシ」(一三三頁)とされているが、ここで引かれる律は『第一回報告書』に於いても既に登場しており、そこでは全く同じ律を論拠に「是皆業主ヲ以テ財產ノ持主ト爲シタルモノナリ」(七四頁)という異なった記述が導かれていたのであった。ここに於いて各人がそれぞれの業を持って土地に関わるというあり方は意識されながらも、「所有権」を意識した「土地ニ對スル最大ノ實權」という表現が（同じ史料を典拠としながら）導かれていることになる。

また先に引用した、『第一回報告書』が律令により「業主」の語が採用された経緯を述べた箇所を継承するに当たって『臺灣私法』は、「從來行ハレタル業主ナル觀念ヲ採用シ上地ニ對スル〈最大ノ〉實權者ヲ業主ト稱シ〈其權利ヲ業主權ト稱スルニ至レリ〉」（一二三四頁）と〈 〉内の表現を追加している。特に後者のさりげない追加は「業主」と「權利」の問題に関わる、見過ごせない問題を孕む。

「業主」から「業主權」という「權利」を導き出す記述として『第二回報告書』には、

土地ヲ業ト云フハ經營セラレタル土地ト云フニアラスシテ土地ニ對スル經營ノ義ナリ。之ヲ法律的ニ云フトキハ權利アル土地ノ義ニアラスシテ土地ニ對スル權利ノ義ナリ。田ト云フトキハ他人田、田主等ノ如ノ熟スルニアラスンハ權利關係ヲ表示スルヲ得サレトモ、業ト云フトキハ其中自ラ權利關係ヲ包含ス。第一回報告書ニ業ヲ以テ英法ノ estate ノ觀念ニ比シタルハ即チ此點ヲ視タルモノトス。元來支那法ニ於テハ權利ナル語ナク、物ニ對スル無形ナル法律上ノ支配力ヲ表示スル適當ノ語ナキカ故ニ、單純ナル自然ノ有様ニ於ケル物體ト其物ニ對スル權利ヲ區別シテ表示スル能ハサルカ如ク考ヘラル、ト雖トモ、而カモ業又ハ財産ト云フトキハ略此物ニ對スル支配力又ハ支配力ノ總體ヲ意味シ得ルモノニシテ、權利關係ナキ自然ノ物體ヲ指ストハ自ラ差別アリ。要之支那法ニハ權利ト云フカ如キ適切ノ言語文字ナカリシカ爲メ遂ニ業ト云フカ如キ文字ヲ以テ此觀念ヲ表示スルニ至レルモノトス。故ニ業字ハ直ニ不動産自體ヲ指稱スルカ如ク解セラル、モ觀念上ハ不動産ニ對スル支配力其ノモノヲ指稱スルモノタリ（四五九頁。なおこの記述は『臺灣私法』に継承されていない）

という記述が見られる。

以上検討した「業主權」を巡る推敲の過程を示す記述は、『第一回報告書』や『第二回報告書』には登場しながら最終的には『臺灣私法』に継承されなかった為、「業主」乃至「業主権」という用語を巡る議論が非常に見えにくくなっている。意図的に削除したものかどうかは不明であるが、このような「業主「権」」の措定に向わせたものはやはり「大租」の整理によって或る程度旧来の体系は整理されたという当事者たちの感覚であったのだろうか。以下に見る『臺灣土地慣行一斑』の記述（特に「最早」の一言）はその意味で示唆的である。

本島ニ於ケル業主ハ、其意義ニ於テ已ニ不動産ノ持主ヲ表ハシ、且ツ實際ニ於テモ業主ハ土地ニ對シ使用収益處分ノ権利ヲ有スルモノナレハ最早今日ハ業主ヲ以テ不動産上ノ所有權者トシテ觀察スヘキノ時代ニ到着シタルモノトス（第三編、四頁）

第四節　英国法由来の概念と「舊慣」の体系

さて、牧野英一が「博士の講義が英佛獨の各文献を公平に取扱って居られるといふことは、私共の間に特別に尊敬と欽慕との標的となった」[34]と評する岡松参太郎がかなり強いドイツ志向を持つ事は第二章に於いて見たが、その一方で英国法に由来する用語も多く『臺灣私法』や関連の文献に登場している。[35] Reversion 及び Rent-charge[36] などがこれである。岡松が論文「大租權の法律上の性質」（臺灣慣習記事一―一、三・一九〇二）に於いて「大租」につき「恰も英法に所謂 Reversion…（中略）…に類す」（一―一、七頁）とし、「余輩英法に於て同様なる場合を見る Freehold owner が其土地を Lease に附し一定の地代を得るの權利を取得せる後其留保せる實權則 Remainder を他人に與ゆるときは以前の所有者は其借地年期間地代を受くるの債權を有するに過ぎず」（一―一、八頁）との解説を加えていたのは既に見たところであるが、概念の引用は以上の簡単な言及に止まり、それ以上の展開がなく議論の手掛かりを得られない。

結論からいえばこれら英国法由来の概念は、『調査一斑』から『臺灣私法』にまで登場しつつも、それらが互いに連係して土地「保有」のあり方を総合的に構成し説明するまでには至らなかったものである。『臺灣私法』の作者達は最終的にはこれら英国法由来の概念を中心的に用いて記述を組み立てるという方針を採らなかったけれども、しかしながらそれについて何をどこまで検討した上で採らなかったのか、それを検証しておかないことには『臺灣私法』が採った選択の意味を考えることはできないと思われる。以下、それら英国法由来の概念の扱いについて考えてみることにしたい。

第一款 「胎」を巡る処理

英国法由来の概念のうち、「胎」という慣習に関連して引き合いに出されたDeposit of title-deedsという概念については一定の議論が行われたことを見ることができる。以下これを検討してみることにしたい。

「胎」という慣習は（それが何であるかを解説すること自体問題を孕むけれども、敢えて簡略化して述べるとすれば[37]）、或る土地を有している者が金融を欲する際、当該土地に関する契約文書を相手方に交付して金銭を受け取る行為を指す。金銭を返却すればその契約文書は返却されるのであるが、この行為自体につき、『第一回報告書』と『第二回報告書』の間ではその評価を巡って大きな修正が施されている。即ち『第一回報告書』が「古羅馬法ノPignusニ似テ非ナルモノニシテ、全ク英國法ニ於ケルTitledeedノDepositト其思想及性質ヲ同フスルモノナリ。蓋英國法ニ於テモ不動産權ノ處分ニハ、必ス上手契ノ添附ヲ要スルヨリシテ、全ク同一ナル擔保方法ノ發達セルモノト云フ可シ。」（三七五—三七六頁）としたものを、『第二回報告書』は「第一回報告書カ當時行ハレタル普通ノ見解ニ從ヒ、胎ヲ以テ或意味ニ於テ擔保ノ物權タルノ性質アルモノトシ、或ハ胎ヲ以テ字據ノ質ナリト爲シ、進ンテ之ヲ古羅馬法ノPignus又ハ英國法ノDeposit of title-deeds等ニ比較シタルハ研究ノ疎漏ニ基キタルモノニシテ、其眞相ヲ得タルモノニアラス」（五九〇頁）としている。一体この変更の裏には何があったのであろうか。

『第一回報告書』と『第二回報告書』の間の争点は、「胎」を担保と構成するか否か、であった。『第二回報告書』は最終的に「胎借本來ノ意義ハ…（中略）…金錢ノ貸借關係以外ニ債權者ニ一種ノ信憑ヲ附與スルノ關係タルヲ以テ、該信憑ハ債權者ニ取リテハ勿論一種ノ擔保ト爲ルコト勿論ニシテ…（中略）…然レトモ此擔保關係ハ、其發達未タ之カ爲ニ一定ノ法規ヲ立テ又一定ノ慣習ヲ成スノ域ニ至ラス」（五六七―五六八頁）とし、担保と見られる要素はあるものの、それは「一定ノ慣習ヲ成スノ域」に達していないものとする。従ってそれは「辨濟期ニ至リ債務ヲ辨濟セサルトキハ…（中略）…直ニ胎ノ目的タル不動産ヲ賣却シ、若クハ不動産ニ關スル字據ヲ處分シ、以テ辨濟ニ充當シ得ルモノト爲サス」（五六八頁）ということになる。「胎」に担保的要素を認めようとする『第一回報告書』とは異なり、「胎」を純粋に金銭の貸借と構成しようとしている訳である。

しかし、確かに『第一回報告書』は冒頭「胎トハ債權ノ擔保トシテ不動産ニ關スル契字ヲ交付シ以テ其不動産ノ引當ト爲スヲ本則トス」（三六六頁）としていたが、それが担保であると構成することに何らの躊躇を示さなかった訳ではない。「元來胎ナルモノハ…（中略）…或物ニ對スル字據ヲ占有スルニ因リ其物ノ持主カ其物ヲ處分スルノ權利ヲ封鎖スルカ爲ニ初メテ擔保タルノ實アルモノ」（三六九頁）とし、「其債務ノ辨濟ヲ爲ス迄債權者ヲシテ不動産又ハ不動産ニ關スル字據ノ占有ヲ許容スル法律關係ニ過キス…（中略）…故ニ抵當トハ全ク其性質ヲ異ニシ、其直接ノ内容ヨリ云ハ、物又ハ權利ニ對シテハ何等ノ權利ヲ取得スルコトナク、又全ク擔保タル性質ヲ欠如ス」（三七五頁）とすら言明しているのである。

『第一回報告書』刊行から『第二回報告書』刊行の間には、「胎」に関連して二つの律令が発布されている。先に言及した日本勸業銀行ノ貸付ヲ爲ス土地ニ關スル件（一九〇三）及び臺灣土地登記規則（一九〇五）である。特に後者第二条は「登記シタル典權又ハ胎權ヲ有スル者ハ債務ノ擔保ニ供セラレタル土地ニ付他ノ債權者ニ先チ自己ノ債權ノ辨濟ヲ受クルコトヲ得」と規定し、登記した「胎權」について競売法、不動産登記法の抵当権に関する部分を準用する（第二条後段、第五条）など抵当権としての構成を行うものであった。

「胎」を抵当権として構成する方向性は、先に見た日本勧業銀行の調査『臺灣視察要録』（日本勧業銀行・一九〇三）に於いて既に打ち出されていた。そこでは「胎」の有する効力として一旦は「辨濟期日ニ至リ債務者ガ債務ヲ履行セザル場合ニハ原則トシテ胎主ハ何等ノ權利ヲ有セザルガ如シ。卽胎主ハ其不動産ヲ占有若クハ賣却シテ辨濟ニ宛ツルガ如キ權利ナシ」（第二冊、二九頁）と述べながらも、それについては「頗ル疑問」があるとしていた。

その疑問に関しては、「胎契ニ其不動産ノ所在、境界、地積ヲ正確ニ明記」（同三〇頁）することや「胎契ニハ不動産其物ノ記載ヲ主トシテ上手契・丈單等ハ單ニ其不動産ノタメニ添付スルガ如キ體裁」（同三一頁）を採ること（この二点は契約文書の解釈から導いている）、「胎主ヲシテ其土地ヲ處分スルニ必要ナル材料（筆者註：即ち上手契や丈單）ヲ占有セシムルハ…（中略）…胎主ヲシテ必要ノ際ニ（辨濟ヲ怠リタリシトキ等）其土地ヲ處分スル權能ヲ得セシムルガタメナリト解スルモ亦妨ナキ」（同三一頁）ことによって、「胎ハ不動産ニ對シ直接ノ權利ヲ有シ、優先權（物權）ヲ有スルト解スルヲ以テ穩當ナリ」（同三〇頁）としている。また債務不履行に関する救済についても、「土地處分權アルコトハ舊慣上又推定スルコトヲ得ベキ」（同三五頁）としている。

日本勧業銀行はさらに「第一順位ノ擔保權タルヲ確ムル」方法として「權利」の催告を台湾総督府に求め（即ち土地に関する「權利」を一定期間を区切って台湾総督府に届出をさせ、期間内に届出のなかった「權利」は日本勧業銀行に対し主張できないものとすること）、「法院ニ訴ヘズシテ直ニ其擔保タル土地ニ對スル強制執行ヲ（筆者註：しかも「債務者ノ全財産ニツキ」）爲シ得ル方法」を確保する為に特別律令の作成を求めるが（以上、同三七―三八頁）、それが認められることとなる。これに関しては『第二回報告書』が「此場合ニ於ケル胎主ハ胎ノ物體ノ上ニ一種ノ物權ヲ有スルモノニシテ、實質上胎ヲ變シテ我國法上ノ抵當權ト爲シタルモノトス、而シテ如斯效力ハ決シテ胎カ舊慣上有スルモノニ非スシテ、全ク新ナル立法ニ依リ舊慣ヲ變シタルモノ」（五八六頁）としている。

特別律令の発布という形で追加された要素は確かに「全ク新ナル立法ニ依リ舊慣ヲ變シタルモノ」かもしれないが、それ以前に「胎」を「抵当権」と構成したことは既に「實質上胎ヲ變シテ我國法上ノ抵當權ト爲シタルモノ」

といえよう。しかもそれは日本勧業銀行が（「胎」を抵当権と構成したいという意向はあったかもしれないが）少なくとも形としては「舊慣」から帰納したものとして導き出した結論であった。

日本勧業銀行の貸付を台湾に導入するに当たって抵当権制度を何らかの形で導入することは必要であったであろうし、また一九〇五年に成立した日本内地での工場抵当法は、台湾にとってもその導入が早期から視野に入れられたことが知られる。(38) また岡松参太郎はその論文「日本民法の缺點を論じて臺灣立法に對する希望に及ぶ」（臺灣慣習記事五―三・一九〇五）の中で抵当権について述べ、「近世法は此場合に所謂抵當の定位主義なるものを執り、第二抵當權者は何時迄も第二番にして、而して第一抵當權者が辨濟を得れば、所有者が其第一抵當權を取得し、再び他に此第一抵當權を賣ることを得ること、せり」とし、「日本民法が之れに依らざりしは惜むべきこと」（以上二四頁）としている。(39) 一般的に抵当権制度の成立へという路線が志向されていたことは認めてよいとして、では『第二回報告書』が「胎」を純粋な貸借と構成することをどのように位置付ければよいのであろうか。これをこれまでの脈絡から推定すれば以下のようになろう。

臺灣土地登記規則により、登記された「胎」についてはこれを抵当権と見なす方向性が採られ、また同規則第十三条が「此規則施行前ニ設定シタル典權、胎權及贌耕權ハ此ノ規則施行ノ日ヨリ一箇年内ニ此ノ規則ニ依リ登記ヲ爲スニアラサレハ第三者ニ對抗スルコトヲ得ス」としていることから見て、登記されたものについてはそれを抵当権として扱うとして、(40) 残りの登記されない「胎」の扱いが理論的には問題となる。

「胎」は一度は担保と構成されながら後に単なる金銭貸借と構成されていた。日本勧業銀行は契約文書を史料として用いて（即ち「舊慣」からの帰納という形で）「胎」の内容を「担保」とし、特別律令での補強を経て抵当権に近い「權利」としての「胎權」を構成したのであったが、それが完成するとその後『臺灣私法』では同様に「舊慣」からの帰納という形で「胎」の性格は「担保」から「単なる金銭貸借」へと変化させられていた。

もし「舊慣」に於ける「胎」が担保的要素を持つとすれば、これまた新たな体系の外から当該土地にかかってくる者が現れる可能性が生じる。それを防止する為に、「舊慣」から帰納する形でそれを「担保」ではない、と構成する必要があったのではないか。このように所謂外から土地にかかってくる要素に対して警戒を示していることは、「胎」を巡る議論に於いても見ることができるといえるのではないか。「大租」の処理と同様、「舊慣」として土地にかかってくるものをなるべく排除する、この志向が『第二回報告書』の方向転換をもたらしているのではないかと思われる。

第二款 「契尾」と「登記」

「契尾」について『調査一斑』は「契尾トハ一種ノ公証ナリ。臺灣ノ舊制度ニ於テハ、土地ノ典賣アリタルトキハ必ス其契字ヲ提出シ、魚鱗册ニ典賣ノ事實ノ登録ヲ受クルト同時ニ、典契字又ハ賣契字ニ奥印ヲ受クルコトヲ要スルモノトシ、各此手續ヲ怠ルトキハ大清律ハ其価格ノ二分ノ一ヲ没取スル可キ制裁ヲ附ス。之ヲ契尾ト云ヒ而シテ契尾ノ下附ヲ受クルニハ必ス新舊權利者同行シテ之ヲ請求シ且契税ト稱スル手數料ヲ納付スルコトヲ要ス」（五二―五三頁）と述べている。

同書が「臺灣本邦ニ入ルノ後モ尚契尾ノ制ハ之ヲ存シ、且明治三十年三月律令第四號ヲ以テ特ニ契税規則ヲ發布シ」（五四頁）とする如く、初期の台湾総督府は「契税」を徴収し「契尾」を下付していた[41]。台湾総督府がこの律令発布当初に於いて、「契尾」は明確に登記制度であるとの積極的位置付けのもとにこれを実施したものか、それともただ旧制に沿い租税収入の一環としてこれを位置付けたものかは現在のところよく分からないが、『調査一斑』自身「契尾ノ効力ニ至リテハ、必スシモ絶對的ノ効力ヲ有スルニ非ス。契尾ナキモ法律行爲ハ常ニ有効ニシテ、又登記ノ如キ公示的効力ヲ有セス。契尾ナキモ第三者ニ對シテ權利ノ得喪移轉ヲ對抗スルコトヲ得。」（五四頁）と述べており、登記制度としての機能を十全には果たしていないものと認識していたようである[42]。

こうした「契尾」の性格を巡っては、明治三二年の臺灣不動産登記規則の制定に伴いそれが登記であるのか単なる徴税であるのかが問題として浮上することになった。当時の報道の一つ「契税規則と不動産登記規則」（臺灣民報・明治三三年一二月九日）は「抑も契尾なるものは清政府時代の契尾に起因せしものにして、同政府の契尾を用ひしは結局業主権の移動を確めしものなるが、今日の契尾なるもの、精神は如何。権利の移動を認定したるの證憑なるか、將た單に納税に對する領收證の如性質のものなるか」とし、「契税を徴し契尾を下付する所以のものは結局權利の移動を認むるの法に外ならざるべし。若し契尾にして果して斯の如きものとせば、不動産登記規則は其の必要を見ざるや論を俟ず」としていた。可能性としては旧来の「契尾」の制度を登記制度の一種として機能させるという政策的選択肢もあった訳であり、実際にそれが登記であるとする認識も存在していたことが見受けられる。

以上の「契尾」の位置付けに関係し、或る程度の影響力を持ったと思われる史料が問答記録「舊慣問答録　財産門」(43)である。この問答は所謂「業主権」に関する興味深い論点を提示するものであり、また旧慣調査乃至台湾総督府の人員が何を問題としていたのかを窺う好個の史料でもある。

この問答全体は、甲が乙と丙に対し土地の二重売買をする場合を想定し、その際に誰が「権利者」となるかについて、「現手契」（上手契（当該土地が売り手のもとに至った来歴を示す過去の売買の連鎖に於ける各段階での契約書）のうち、直近の売買に関する契約書）、「賣契」、「掌管」（この問答の末尾では「占有」に当たるもの、と現地人によって回答されている）、「契尾」、「悪意」といった要素を挙げてそれらの優劣につき諮問したものである。問答ではまず土地家屋の売買の場合には必ず「字據」（即ち契約文書。「契字」とも称される）を要するか否かが執拗に確認される。売買に関して必ず立契されるとの確認を得た上でそれと引渡しの関係につき諮問が行われ、議論の結果証書作成の時を持って引渡し済となることが確認される。

その後諮問は甲が乙と丙に対し様々な条件のもと二重売買をするという想定で行われる。問答の内容をまとめると以下の如くである。

① 乙が「現手契」を有さず、丙が「現手契」を有する場合は、丙の勝利。

② 乙に「現手契」はないが「掌管」しており、丙に「現手契」あるも「掌管」ない場合は、賣契に「現手契」添付不能の批明があるかどうかの確認が必要。
③ 乙が「現手契」添付不能の批明ある「賣契」を有し、丙が単なる「賣契」に加え「現手契」、「掌管」を有する場合は丙の勝利。
④ 乙が同上の批明ある「賣契」を有し「掌管」している一方、丙は「賣契」及び「現手契」を有し、佃人が丙に納租している場合は、通常佃人に通知する為このような事態は想定できない。
⑤ 乙は「契尾」を有しないが「現手契」を有し、丙は「契尾」を有するが「現手契」を有しない（双方「掌管」していない）場合は丙の勝利。
⑥ 乙は「契尾」なく「掌管」あり、丙に「契尾」あるも「掌管」ない場合は乙の勝利。
⑦ 乙は「賣契」を有するも「現手契」、「契尾」なく、一方丙は「賣契」、「現手契」、「契尾」ともに有するが悪意の場合は、乙の故障申込みあれば丙への売買は無効、丙が善意と言い張る事ができれば有効。
⑧ 中人が乙の売買の不完全を知って甲と共謀した場合は無効。
⑨ 丙が最初善意で「掌管」していたが後に事情を知ったという事態は、通常佃人への通知などから知らない間に「掌管」するという事態はあり得ないので想定できない。

（以上の問答の後、現地語で「占有」に当たる語は何かとの問いに「掌管」との回答が示されている）

以上の問答は『調査一斑』の認識「契尾ナキモ第三者ニ對シテ權利ノ得喪移轉ヲ對抗スルコトヲ得」（五四頁）を裏付ける形となっており、また問答への回答から「現手契」や「掌管」の有無の方がヨリ重要視されているという状況が判明する形となっていた。旧来に於いても「現手契」や「掌管」に負けてしまう「契尾」は、登記制度として機能させることがかなり難しいものと当局者の目には映ったのかもしれない。

契税制度と登記制度が両立し互いの位置付けが不明確なままの状況については非難もあったが(44)、最終的には判例に於いても「契尾」は公証の性質を有しないことが判示され[45]、これを登記制度として機能させるという選択肢は消滅していったようである。

しかし一方で、或る土地が自己の手元に至るまでに重ねられてきた売買等の取引に関する契約文書の連鎖を以て、自己がその土地に関し「権利」を持つということを証するというあり方が台湾に於いて存在すること、またそれが英国に於けるそれと類似していることには『第一回報告書』が言及していた。そこでは、

土地ニ關スル權利ヲ移轉スルニ當リテハ、之カ證據ト爲ル可キモノハ契字ノ外アル可ラサルヲ以テ、啻ニ其移轉ヲ目的トスル契字ヲ作ルヲ以テ足レリトセス、必ス其由來スル所ヲ證明スルニ足ル可キ以前ノ契字モ亦共ニ之ヲ移轉スルノ慣習ヲ生セルコト、恰モ英國法ノ不動産權移轉ノ場合ト異ラス（八七頁）

とされている[46]。従って或いは、英米法に於ける deed を中心とする土地取引の仕組み[47]、deed の文面それ自体の表面的な書式の類似、deed の連鎖による権原の証明[48]などの発想へと延びる可能性がそこにはあったのかもしれない。しかしながら先に見たようにドイツ型の物権制度を志向した岡松参太郎はトルレンス制度の不採用を宣言しており、またその論文でトルレンス制度以外の英米法系の登記制度について述べることをしていない。旧来の制度それ自体の曖昧さの上に岡松によるドイツ型の土地法制への志向という条件が重なり、英国法に由来する概念で台湾の土地に関する制度を説明するという方針は、結局のところ十全に展開されなかったということが見て取れるのではないだろうか。また当座援用された日本法との整合性という問題もこれに影響を与えたのかもしれない。

『調査一斑』は「土地ニ關スル權利ノ種類」に於いて「抑法律發達ノ未タ完全セサル邦國、殊ニ封建的制度ノ行ハル、邦國ニ於テハ、土地ニ關スル權利頗ル重複、錯雜セルヲ常態トス。臺灣ノ状態モ亦即之ニ屬シ、一土地ニ關シ租權ト稱スル數種ノ收益的財産權相重畳スルヲ見、頗日耳曼法及英國法ニ於ケル不動産法ニ似タルモノアリ。」（一二一頁）と述べていた。『臺灣私法』にまでその姿を残している英国法由来の概念は、互いに連携して台湾の土地

を巡る「舊慣」を全てそれら英国法由来の概念で説明し尽くす、というところにまでは達しなかったけれども、逆に『臺灣私法』にまで消去されずに残っているという点は、土地を目の前にしてやはり英国法由来の概念を借りて説明したくなるような状況がそこにはあった、ということを示すものとして捉えられるといえよう[49]。

ただ『臺灣私法』に於ける英国法由来の概念への言及はどれも簡単な参考程度に止まっており、そもそも英国法由来の概念で全て台湾の状況を説明しようとしたかどうかもテキストからだけではよく分からない。しかしながらそこに僅かでも考察した痕跡があるということには十分注意が払われるべきであると考える。一方で英国法由来の概念は現在の我々にとっても中国の土地を巡って思考する際、一見非常に魅力的な比較対象として立ち現れることは間違いない。だからと言ってそれらを無媒介に比較することや両者を同一視してしまうことには注意しなければならないが、その上で『臺灣私法』が意識しながらもそれを採らなかった選択肢として英国法を考えることの意義は十分に強調されてよいと思われる[50]。「土地ニ關スル權利頗ル重複、錯雜セルヲ常態トス」という状況を考える際に挙げられているゲルマン法との関連とともに、今後も検討が重ねられるべき問題であると思われる。

註

(1) 吉井友兄の経歴については古林龜治郎編『實業家人名辭典』(東京實業通信社・一九一一)ヨ一頁参照。

(2) この新聞記事の性格については冒頭「中山法學士より豫て教を乞ひたる獨逸國に於ける土地整理に關せるもの、一斑を掲げて讀者の參考に供せん」と述べられているが、実は中山成太郎以外にも「中山法学士」に該当する可能性がある人物がいる。それは「アルゼリーの状況及制度」(臺灣協會會報三・一八九八)を著した中山孝一である。なお同姓同名で後に台湾各地の法院で検察官を歴任する中山孝一という人間がもう一人居る(京都帝国大学卒。履歴は勝田一編『帝国大学出身名鑑』(校友調査會・一九三二)ナ五三頁参照)ようであるが、彼は「アルゼリーの状況及制度」論文が発表された当時未だ一〇歳にも満たない年齢であるため、同論文の筆者は東京帝国大学(仏法)卒の中山孝一であろうと思われる。いずれにせよ『臺灣日日新報』のこの記事はドイツ法に関する詳細な知識がなければ書けないものであり、中山成太郎の意見である可能性が高いと思われる為、本書では中山成太郎の著作として論を進める。

（3）同改革の経緯に関してはさしあたり山田晟『近代土地所有権の成立過程』（有信堂・一九五八、特に第一章第三節以下）及び藤瀬浩司『近代ドイツ農業の形成』（御茶の水書房・一九六七、特に第二章第二部）を参照。

（4）そこで引用されるプロイセンの法令には内容から見て日付を誤ったと思われるものも存在する。例えばこの一連の改革の集大成である一八五〇年三月二日の Gesetz, betreffend die Ablösung der Reallasten und die Regulierung der gutsherrlichen und bäuerlichen Verhältnisse（封建負担の償却と領主農民関係の調整に関する法律）と見られるものは四月二日と記されている。ただ、この一連の改革に於ける重要法令、例えば一八二一年六月七日の Ordnung wegen Ablösung der Dienst, Natural- und Geldleistung von Grundstücken, welche eigentümlich, zur Erbzins- und Erbpachtsrecht besessen werden（償却規制令）、一八一一年九月一四日の Edikt zur Beförderung der Landeskultur（農業促進に関する勅令）などは全て詳細に紹介されており、シュタイン・ハルデンベルク改革全体が追跡されているとしてよい。後の台湾での土地調査を髣髴させるが、この構想が直接台湾総督府により参照されたものかどうかについての確証はない。

（5）中山の著書には出典が明記されることが少なく、表記されても原語での表記がない為に同定は困難を極める。例えば『韓國ニ於ケル土地ニ關スル權利一班』（不動産法調査會・一九〇六）に於いて中山は、韓国の「併作」なる慣習を「タイルバウ」に準え、「ヂユツエル」、「エヘブルク」、「ロッシエル」との学者の名前を挙げて検討している。それぞれ Teilbau, Dietzel, Eheberg, Roscher のことであろうと推定される。韓国の慣習調査を考える上でも、ドイツ由来の概念の検討が一つの方法として採り得るものであり、また必要となることであろう。

（6）同書には「羅馬法ノ西欧ニ輸入セラルルヤ羅馬法學ハ漸次ニ其勢力ヲ占メ、近世ニ於テハ統一主義ハ殆ント并立主義ヲ壓服セルノ観アリ。蓋シ統一主義ノ思想ハ近世ニ於テ最モ發達セル國民自由ノ觀念ニ適合シ、加之ニ國民ノ勉強心ヲ奨勵シ、且土地開發ヲ隆盛ナラシムルニ於テ、寧ロ專握ノ思想ハ共握ノ思想ヨリ他ノ干渉妨害ヲ受クルコト少クシテ、自然的進歩ニ有益ナルモノアルニ依ルヘシ。彼ノ并立主義ノ如キハ、往々土地ノ上ニ種々ナル權利ヲ混立發生セシムルノ傾アリ。之カ爲メ此系統ノモノニ在リテハ、土地開發又ハ土地ノ上ニ事業ヲ起サントスルニハ、數多ノ權利者ト交渉及約諾ヲ要スル等ノ煩累アルヲ常トス。故ニ并立主義ノモノニアリテハ、自然ノ必要ニ迫マラレ、漸ク土地ノ整理ヲ行ヒ力メテ統一主義ニ改制セリ」（一八―一九頁）との記述がある。

（7）岡松参太郎は一九〇〇年から一九〇四年頃にかけて盛んに倉庫証券に関する論文を発表している。これが不動産金融との関係から執筆されたものかどうかは分からないが、九本に上る論文数は岡松の作品群の中でも一つの特徴ある部門をなす。

（8）原語での表記がない為に人物の同定が非常に困難であるが、Carl Rodbertus - Jagetzow のことではないかと推測される。

（9）中山は明治三一年五月に台湾総督府参事官兼事務官となり、明治三四年六月に文部省参事官へ転任している。ここで取り上げたような韓国不動産法調査會刊行の諸書籍に現れた構想を台湾総督府在勤時に既に有していたかどうかは一つの問題ではあるが、朝鮮転出後も台湾とは或る程度の交渉を有したようである。例えば先に挙げた『韓國ニ於ケル土地ニ關スル權利一斑』(不動産法調査會・一九〇六)の大蔵省文庫所蔵本の表紙には、東京大学法学部図書館台湾文庫の書籍にも共通して見られる「岡松」の認印があり、岡松参太郎旧蔵のものではないかと推測される。

(10) 札幌農学校と台湾総督府の関係については金子文夫「東郷実の年譜と著作」(台湾近現代史研究一・一九七八)参照。

(11) これは「臺灣祭祀公業令」の起草段階で別途起草されたものである。「臺灣祭祀公業令」の起草過程に関しては後藤武秀「臨時台湾旧慣調査会における「台湾祭祀公業令」の起草」(東洋大学アジア・アフリカ文化研究所研究年報三三・一九九九)参照。同論文註24が「家産法主義に基づく法案が実際に起草されたかどうかは定かではない」と述べるその「実際に起草された」ものがこの『臺灣公業令別案(家産主義)』であると思われる。

(12) 「基隆土地問題」(臺北日報・明治三五年三月五日)には「岡松博士の意見に於て、随喜渇仰の涙を垂れ、唯々諾々盲従する處の、土地調査局官吏、上は後藤新平君より下は荒木常盤の如きものに至るまで、將た舊慣調査の會員に至るまで、考一考せよ」云々とある。台湾総督府の姿勢を攻撃する論調の為激越な言い回しが見られるが、当局と岡松参太郎の間に攻撃対象として認識し得るだけの関係が認められていたことは見て取れる。

(13) 「業主」の語は旧慣調査に至って初めて用いられたものではなかった。既に明治三一年臺灣土地調査規則第一条に「土地臺帳及地圖ヲ調整スル爲業主ヲシテ各自其地盤ヲ丈量ス」との用法が見られ、またかなり早い段階で公文書での「所有」の語の使用が「業主」に揃えられたとする報道もある。「土地所有等の術語に關する内訓」(臺灣日日新報・明治三一年九月八日)には「本島土地に關する權利の關係未た成文を以て明定せられさる今日に於て、公文上漫りに所有者又は所有權等の文字を使用するは、將來制法の如何によりて其施行上に障碍を來すことあるべしとの趣意にて、今回總督府は今後渾て舊慣に基つき業主又は業主權等の如き他恰當せる文字を使用し、務めて累を他日に生ぜしめさることに注意すべしとの旨を地方官に内訓したる由」との報道がある。その採用の際に「業主」の語の内容についてどのような考慮がなされたものかについての報道はない。

(14) 全文は以下の通りである。

例へハ茲ニ姓王ナル者アリテ第一着ニ資ヲ投シ原野ヲ開墾シタリ、其後姓楊ナル者アリ此田地ヲ讓リ受ケント欲スルトキハ、王ハ悉ク之ヲ現金ニテ賣リ渡スコトヲ諾セス、現金ニテハ若干ト定メ、田地ノ價ノ幾分ヲ正金ニテ受取リ、別ニ條約ヲ立テ毎年此田地ヨリ穀若干ツヽヲ永遠ニ收ムルノ方便ヲ取ルコトアランニ、此穀ヲ名ケテ大租ト云ヒ、權利者ヲ大租戸ト名ク、所謂用益權(ユースフルート)者ニ類スルモノナリ。而シテ楊ハ即チ小租戸ナリ。然ルニ實際田地ヲ耕作スル者ハ王ニモアラス楊ニモアラス、別ニ佃戸ト名クルモノアリテ小作請負ノ任ニ當ル。佃戸ハ恰モ差配人同様ニシテ、小租ヲ楊ニ納メ大租ヲ王ニ納メ、又タ楊ニ代テ租税上納等ノ世話ヲ爲シ頗ル周旋ノ勞ヲ取ル。茲ニ於テ大租小租佃戸ノ名義區別明白ナリ。然レトモ王ニシテ田地ヲ賣ルコトヲナサス永遠自己ニテ所有スルトキハ、大租ト小租ノ株ハ依然自身ノ手ニ在リ。又楊ニ賣渡シタル後困窮ニ陥リ大租ノ株ヲ楊ニ賣渡スコトアリトスレハ、其時ハ楊一人ニテ大小兩株ヲ所有スル譯トナル。株ノ賣買ハ自由ニシテ何人ニ賣ルモ妨ケナシ。楊ニ賣ラス他人ニ賣ルモ可ナリ。又決シテ一方ノ租戸ニ相談ヲ要セス、後ニテ通知シ置キテヨシ。自家ノ娘ノ嫁入リノトキ娘ニ田地ヲ附ケ先方ヘ田地ヲ贈ル等ノ習慣ハ我内地ト異ナラス。今收穫米ヲ如何ナル割合ニテ三者カ分配スル歟ヲ按スルニ、例ヘハ早稲（第一期收米）二百石ヲ獲モノトセハ、一百石ハ佃戸ノ手ニ收メ小作人ニ小分シ自身ニモ相當ノ利得ヲナス。又小租戸ハ九十四石ヲ收メ、大租戸ハ六石ヲ收ム。劉銘傳ノ臺灣ニ來ルマテハ大租戸十石ヲ收メ小租戸九十石ヲ收ムル割合ニテ租税ハ大租戸ノ負擔ナリシカ、實際大租戸ハ貧窮ノ状態アルニヨリ劉銘傳ハ光緒十五年ヨリ今日ノ制ニ改革シ、租税ハ小租戸ノ負擔スルコトニ改メタリ。而シテ晩稲ハ悉皆佃戸ノ專有ニ歸スル規約ナリ。此ノ慣例ハ淡水縣外港ノ田地ニ多ク行ハル、分配法ナレトモ、内港ノ田地ニ在テハ然ラス、早稲晩稲ノ両收穫高ヲ折半シテ一半ヲ佃戸ニ與ヘ、一半ヲ小租戸ニ於テ收メ、其内ヨリ大租ト租税ヲ納ムルノ舊慣ナリ。内港外港ノ區別ハ後章ニ詳カナリ。又タ晩稲ハ早稲ニ比シ收穫少ナシ、其比例ハ七ト十トノ如シ。小租戸ハ自由ニ佃戸ヲ換ユルコトヲ得ヘシ。佃戸ハ收穀百石ニ付百圓ノ抵當金ヲ租家ニ預ケ置ク。斯ハ無利息□リ。某田ハ毎年收穀若干ト大凡確定シ置キ多少ノ豐凶ハ租家ニ影響ヲ及ホサス。年豐ナレハ佃戸小作人ノ幸福ナリ。（二二一―二二六頁）

澤村本人の経歴は詳らかでないが、彼の著書『対岸事情』（中川藤四郎・一八九八）の奥書には滋賀県犬上郡彦根町外馬場町十番屋敷士族とある。主に翻訳官として初期の台湾総督府で活躍したものと思われる。

(15)「舊慣調査會（下）」（臺灣民報・明治三四年一二月五日）が「曾て三十二年度の議會に於て督府が二十年計畫を立つるや、大租權買收の議あり、此大租の買收は確に二十年計畫財源の重なる者なりき、後藤民政は必至となつて之を議會に主張せり、此時松濤園主人松本龜太郎は水野猷《ママ》の手先となり、躍氣となつて反對せり、松本龜の主張は學友會通譯連の調査を基本として頗ふる詳細に渉り、後藤民政の主張する資料は杜撰孟浪にして以て此に對抗するに足らず、甚しきは大藏省の説明と後藤民政の答辯との間に支吾を見るの滑稽あり、後藤民政、茲に憤りを發し、急電を臺灣に發して大租權の質問を試みること櫛齒を引くが如く、頗ぶる狼狽周章の態を極め、今尚當時の情態は總督の口頭よりしてさへ數々發言せらる、程なり、是に依て後藤民政は遂に議會に敗して、大租の買收を遂げず、以て長へに二十年計畫の財源を失ふに及べり」と報道する内容はほぼこの論文に含まれているのではないかと推定される。ただこの論文自体については「大租戸權買收問題」（臺灣日日新報・明治三二年二月二五日）が「大租戸權買收の事は曩に松本龜太郎氏が臺灣協會に於て出鱈目の演説を爲せる以來漸く世人の注意を牽き」と評している。松本龜太郎については大園市蔵『台湾人物誌』（谷澤書店・一九一六）一三三頁参照。

(16)　そこでは大租につき「最初撫墾の許可を得たるものに向て、其土地の開墾を爲さんとする者が一甲（凡そ八反何畝）に付籾三石五石又は十石を納めんとの契約をなすもの之を大租と云ふ、此納額の等差は其邊の水利の便又は耕作の便利地味の良否或は生蕃の來襲に對する安不安等に依て其の納額に等差を附するものとす」とし、小租につき「開墾したる土地は自己の田地となりしも、餘りに區域が廣き故又之を他の小作者に作らせ、其小作者が一個の田地に付年々二十石とか三十石を納むるの契約を爲すもの之を小租と云ふ」と述べた上で、「即ち大租戸とは此の撫墾の許可を得たる人を言ひ、小租戸とは大租戸より耕作の約束を爲して、自己の力にて開墾したるものを言ふ、此他に佃戸、業戸の二種あり（一）佃戸とは此小租戸に向て年々三十石又は四十石の納租を爲して、小作を爲す所の小作人を言ふ（二）業戸　業戸とは其土地に家屋を作らんとする者が小租戸に納むる所の借地料なり、故に實際の勞役者は小作人にして、自ら田畑の耕作を爲し、其小作人より所謂小租戸即ち地主たるべき者に約束の小作料を與へ又其地主たるべき者は大租戸に對して初め契約したる丈の五石又は十石の籾を與ふるの順序と成る」としている（以上三〇―三一頁）。

(17)　『臺灣舊慣調査事業報告』に依れば木梨は「北部臺灣ニ於ケル官租取調書」、「土地ニ關スル舊慣報告書類」、「地基ニ關スル税出ノ概念」、「基隆市街ニ於ケル地基舊慣調査書」（山本留蔵と連名）、「地基ニ關スル舊慣資料」、「地基ニ關スル舊慣取調書寫」、「業主ニ非ル場合ノ厝主ノ權利義務」、「舊清政府公文彙集」、「臺灣土地開墾ノ沿革」の調査書類を提出しており、「地基」関係の調査の中心にいたものと考えられる。今日この部員調査書の存在は知られていない。浅古弘氏の御教示に依れば、早稲田大学岡松参太郎文書にもこれらは収蔵されていないとのことである。木梨は慶應元（一八六五）年生れの大分県出身、明治二九年台北縣通訳生、同三〇年宜蘭廳通訳などを経て同三一年より台湾総督府事務嘱託、同三二年より臨時臺灣土地調査局屬、同三四年に依願退職、同五月臨時臺灣舊慣調査會嘱託、同一二月より明治四一年一月まで補助委員。同年一月文武高等試験委員より清語に関する台湾総督府翻訳官高等官七等の資格ありと認定、同四月より八月まで再び補助委員。同四二年七月高等官七等（以上、国立公文書館任免裁可書（明治四十一年・任免巻二・木梨良三郎外一名任免ノ件、明治四十二年・任免巻十七・台湾総督府翻訳官木梨良三郎同上ノ件）、臺灣總督府公文類纂（四三七二―一六　元屬木梨良三郎退官賜金給與）など参照）。

(18)　この考え方の延長乃至反映とも受け取れる捉え方を杉本吉五郎『關東洲土地舊慣提要』（關東都督府臨時土地調査部・一九一八）に見ることができる。即ち、「業は土地及其の經營の義なり、特定地に對する其の經營的關係の公認保護せられたるもの之を稱して業權と謂ふ、而して業主とは所謂業權の主の意にして即ち業權者を指稱するに在り、邦語に土地所有權を有する者を土地所有者と謂ふに相類す、臺灣に於ては業權を指して業主權と謂ふ、然とも字義に依りて之を解すれば恰も土地所有權を土地所有者權と云ふに相等し、煩長たるを免れすとす、典、租、押の權利を典權、租權、押權と稱するに對し寧ろ之を業權と稱するの簡潔にして對稱の便なるに如かさるへし、然とも業主權の稱は現に既に成語爲り卽ち之れに從ふ」（一四〇―一四一頁）。

(19) ただし木梨自身全く「所有権」という語を用いない訳ではない。木梨は同論文で「業主権とは、自己の管掌せる土地の上に使用収益處分の權能を有し、抄封若くは充公等の場合の外は決して其權利を剥奪せらる、ことなき一種の強力なる永代借地權なりとす、是れ皆公法上の領土權と私法上の所有權とを混一せる先天的錯誤の觀念にして、之を近世の法理に照らせば絶然たる所有權と見るを當れりとす」（二―九、五―六頁）とし、また「本島人民は國家の主權者を以て土地の所有權者と認め、業主權なるものは主權者の土地の上に設定せられたる他物權なりと解釋し…（中略）…給出する場合の如きは、數多の虚有權相重るの奇觀を呈すと雖、人民の觀念より云へば敢て恠むに足らざるもの、如し、何となれば彼等は地租番租大租地基租を以て借地料の如く觀察し居ればなり」（二―一一、八頁）とも述べている。

(20) 魏家弘『台灣土地所有權概念的形成經過――從業到所有權』（國立臺灣大學碩士（修士）論文・一九九六）は「業」―「所有権」相互の関係についての踏み込んだ考察を欠いたまま植民地時期台湾の土地制度の変化に対し「業から所有権へ」の標語を与えている。また諸処に引用される『臺灣私法』の所論も、先行報告書に全く言及せず、『臺灣私法』が緊張関係を設定しつつも採用しなかった幾つもの要素を見落としているのが遺憾である。

(21) ここで明治初期の日本に於ける「所有」という問題についての石井紫郎「西洋近代的所有権概念継受の一齣――明治憲法第二七条成立過程を中心として――」（季刊日本思想史一・一九七六）の議論を想起することが有益である。

(22) 敢えて用語を不明確なままにしておくことを意図的に選択したとすれば、『臺灣私法』の作者の相当にしたたかな計算がそこに組み込まれていることになるが、そのことを積極的に示すテキスト上の手掛かりは現在のところ見られない。

(23) ここでいう「権能」の語が何を意味するのかは明確ではない。岡松参太郎は「大租權の法律上の性質」（臺灣慣習記事一―一、三・一九〇一）に於いて「權能」及び「請求權」の語につき、それぞれ Befugniss（權利者自ら行爲し得るの權利）、Anspruch（權利者が他人に行爲を求むることを得るの權利）としている。典拠として挙げられる“Sehuranu, Rechts-begriffu. Rechtssystem S 48 Fg”（綴りは原文ママ）は Lehmann, *Rechtsbegriff und Rechtssystem* であり、これは Stobbe, *Handbuch des Deutschen Privatrechts*, Zweiter Band, Dritte Auflage, Neu bearbeitet von H. O. Lehmann, Berlin, W. Hertz, 1893-1900 の I. Grundlegung 部分のみを出版したものであるが、そこでは岡松の説明と同趣旨の内容が述べられている。

(24) なおこの問題との関連で興味深いのが「小作」という語を巡っての『臺灣私法』に至る動向である。『臺灣私法』「第一編不動産　第二章不動産權　第三節贌權」の部分、及びそれにテキスト上の関連を有して先行する『調査一斑』「第一編土地　第四章佃」、『第一回報告書』「第一編財産　第六章佃」、『第二回報告書』「第一編不動産　第三章不動産權　第六節贌税權」部分では、「佃」、「贌耕」について日本語である「小作」という用語が用いられ、解説が行われている。『調査一斑』は「佃」につき、「他人（小租戸）ノ管業スル田園ノ小作ヲ云フ」（一六一頁）とし、その性質を「全ク耕作ノ目的ヲ以テスル土地ノ賃借ニシテ佃人ノ有スル權利ハ契約ニ基キ小租戸則チ業主ニ對スル債權タルニ過キス」（一六七頁）とするが、一方で「蓋小租戸ト雖ドモ其起元ニ遡レハ大租戸ヨリ佃權ヲ得タルニ過キス」（一六一頁）との言明も行っている。では大租戸—小租戸間の関係も「債權タルニ過キス」とするのかというとそうではなく、直ちに「此時代ノ佃ハ名ハ佃ナレドモ實ハ其初ヨリ佃人ニ於テ土地ノ占有ヲ有シ且之ニ對スル強大ナル權利ヲ有セシモノニシテ今日ノ所謂小作ヲ以テ論ス可ラス」（同頁）としている。この部分はそのまま『第一回報告書』へも継承されているが、やはり不適当と思われたのか、この「蓋小租戸ト雖ドモ」の部分は『臺灣私法』では採用されていない。かわりに『第二回報告書』のテキストが採用されているが、その「墾戸ト佃戸トノ關係ヲ生シ而シテ當初ハ墾戸ヲ以テ土地ノ業主ト爲シタルモ其後佃戸ハ漸次土地ノ實權ヲ得…（中略）…茲ニ墾戸ノ下ニ更ニ現耕佃人ヲ生スルニ至リ如今ノ小作ノ意義ニ於ケル佃關係ヲ發生シタルモノトス」（五九八頁。傍線筆者）との記述を、『臺灣私法』はその継承に当たって傍線部につき『調査一斑』の「名ハ佃ナレドモ」の一文とほぼ同文のものに置き換え、本書の分析で見た大租戸—小租戸関係の処理にヨリ近い形での記述へと修正している（五七六—五七七頁）。

しかしここに「佃」のうち永遠の期間を約したものをどう扱うかという問題が発生する。『臺灣私法』は『第二回報告書』にならう形で「永佃」の項を設けてこれを論じているが、そこでは「臺灣ニ於テ同一土地ニ對シ大租戸小租戸ノ關係アリシモノハ其當初ニ遡レハ皆永佃ノ關係ニシテ而シテ小租戸ハ土地其モノニ對シ有力ナル權力ヲ取得シ大租戸ニ變更ヲ生スルモ小租戸ノ地位ニハ何等影響ヲ受ケサルノ慣習ヲ馴致セリ」（六〇六頁）との記述が置かれている。大租戸—小租戸—現耕佃人の間の関係が全て「佃」に還元される可能性を導く記述であり、大租戸—小租戸関係についての処理と衝突してしまう可能性も感じられるのだが、『臺灣私法』はそれについては語っていない。『第一回報告書』が「永佃」の性質として「通常ノ佃ニ比シ大ニ土地ニ對シ直接且現實ノ權利ヲ有スルヲ見ルハ勿論」（二八二頁）と述べることとともに、或る種の「ほころび」の如き記述が存在していることは大変に興味深い。

なお『臺灣私法』と同時期に発表されている邱振成「桃園、新竹、苗栗三廳管下小作制度調査」（臺灣農事報二四、二五、三〇—三五・一九〇八—〇九）に於いても「佃」、「贌耕」について「小作」の語が用いられており、大租戸—小租戸関係に於いて右と同様の問題が存在している。この論文には『調査一斑』の記述を流用したと見られる部分が散見され（第二章・第三章など）、そのことは今日の著作権法的観念から見れば不適切かもしれないが、却ってこの時期各報告書がどのように利用されたかの一端を窺うことができる。

また、この「小作」という表現が『臺灣私法』後に於いてどのように用いられてゆくかについては前章末尾の註釈に述べた通りである。

(25) 森田成満『清代土地所有権法研究』（勁草書房サービスセンター・一九八四、後に増補の上、同『清代中国土地法研究』（森田成満・二〇〇八）として刊行）に対する寺田浩明書評（法制史研究三五・一九八五）が提示した税糧賦課と所有権認定との関係という問題に関する視角が早くも『第一回報告書』に於いて現れているのをここに見ることができる。両者が提示する

「税糧賦課と所有権認定とは必ずしも重なってはいない」、「税糧諸制度が現實の所有秩序を反映していない」、「國家としてはその場その場で誰かが…（中略）…經營し納糧していさえすればそれで十分」とする視角について先の『吉井主税官臺灣財務視察復命書』（大蔵省印刷局・一八九六）や『臺灣私法』に繋がる議論過程に於いて（結論としては採用されていないものの、一方に於いて）既に反応が示されていることは大変に興味深い。

(26) それぞれ『臺灣私法』二五一頁五行目「下付シタルモノニシテ」の後、二一六頁三行目の「防キタリ」の後に本来は続いて記述されていたものである。

(27) 『詩経』小雅・谷風之什・北山に「溥天之下、莫非王土。率土之濱、莫非王臣」とあるもので、古来あらゆる土地が皇帝のものであるとの意を示す句として文学作品などにも多く引用され、日本に於いてもよく知られている。但しもともとの詩ではさらに「大夫不均、我従事獨賢」（大夫均しからず、我のみ事に従ひて獨り賢《いた》づく）と続く。詩序は「幽王を刺るなり」とする。即ち「その本来の意味は、このように国が広く人が多いのに、なぜ自分だけかくも不公平に使役せられ、このように王事に苦しむのかという心持ちである。」（以上石川忠久『新釈漢文大系　詩経』中巻（明治書院・一九九七）三九一頁）。
　なお、『春秋左氏伝』昭公七年には「天子経略、諸侯正封、古之制也、封略之内、何非君土、食土之毛、誰非君臣、故詩曰、普天之下、莫非王土、率土之濱、莫非王土」との記述があり、所謂「王土思想」の論拠として『詩経』が引かれている（鎌田正『新釈漢文大系　春秋左氏伝』三巻（明治書院・一九七一―八一）一三二〇頁）。また「溥天」ではなく「普天」に作っている（『孟子』萬章章句上も「普天」に作る（内野熊一郎『新釈漢文大系　孟子』（明治書院・一九六二）三二八頁））。

(28) 市島直治『ボスイニン・ヘルツェゴヴィナ國拓殖視察復命書』（臺灣總督府民政部殖産局・一九〇七）はオーストリア政府によるボスニア・ヘルツェゴビナでの土地調査について「本業ハ「バルカン」半島ニ通有ナル土地所有ノ不明不確（土耳其政府ノ時代ニハ僅ニ土地ノ一部ニ地券ヲ付與セルノミ）ヲ調査整理シテ、完全ナル所有權ヲ確定附與シタルモノニシテ、同土拓殖ノ基礎ヲ爲セル一大事業ナリシコト固ヨリ明ナリ」（三一頁）と述べた上で、同地での土地保有のあり方につき「土耳其政府ハ回教「コーラン」（經典）ノ「土地ハ神ノ有ナリ神ハ唯土耳其皇帝ニ繼承セシム」トノ精神ニ依リ土地ノ私有ハ認メス、只功勞ニ依リ邸宅園圃ヲ下賜セラレタルモノハ「ムルク」ト稱シ、完全ナル私有權ヲ認メラレ、其他私有ノ形式アルハ、實ハ國有地ノ使用權ヲ永代許可セラレタルノミ、之ヲ「ミリエー」ト稱シ完全ナル私有權トハ區別セリ、然レトモ新政府ハ、土地台帳ニ於テ此等ノ成立ヲ調査參酌シテ土地所有權ヲ確認セリ」（九二頁）と述べている（コーランにそのような一節があるかどうかは不明）。同書は台湾総督府技師であった市島が、主に林業視察の為明治三六年三月から明治三九年三月まで行った欧州視察の報告書である。

(29) 韓国での慣習調査の要領を示した不動産法調査會『調査事項説明書』（同会・一九〇六）に於いては、「韓國ノ現状ハ如何ナル状態ニ在ルカ、已ニ人民ニ土地所有權ヲ認ムルニ至レルヤ否ヤ、是レ韓國ノ土地ニ關スル權利ヲ明カニスルニ當リ、先ツ調

査ヲ要スルモノナリ、而シテ韓國ノ現状ハ、已ニ土地所有權ヲ認メタリトセハ、果シテ何レノ時代ヨリ之ヲ公認スルニ至リシカ、其點ニ付キ亦明確ナル調査ヲ希望ス」（一一二頁）と述べられている。これについては調査を行った梅謙次郎が講演会に於いて「私自身及び職員の調査した所に據れば、韓國では所有權を認めて居る、…（中略）…尠くも李朝の初め頃から認めたものであらうとは異口同音に答ふる所でありました」（梅謙次郎「韓國の法律制度に就て」（東京經濟雜誌一五一二、一五一四・一九〇九）一五一二、七〇一頁）と述べている。韓国に於ける慣習調査の過程で領土主権と所有権の問題に反応が示されたか否かは現在のところよく分からない。『韓國ニ於ケル土地ニ關スル權利一斑』（不動産法調査會・一九〇六）には韓人委員の所見として「盖我國土地之制는自夫開國以來로凡國內土地를統稱國土라하야國有官有帝室有를除한外는悉爲民有地하니其使用、收益、處分에關한事는聽民自由하니是謂土地所有權이라」（蓋し我国の土地制度は、開国以来より凡そ国内の土地は全て国土と称しており、国有・官有・帝室有を除く外は悉く民有地であるから、その使用・収益・処分に関することは民衆の自由に任せており、これを土地所有権と言うのである）と述べている箇所を紹介している（三三頁、（ ）内筆者により和訳を補充）。これがその論拠となったものかは確証がないが、中山成太郎は「李朝ニ於テハ業ニ已ニ人民ノ土地ノ所有ヲ認メタリトスルハ衆説ノ争ハサルトコロナルカ如シ」（二七頁）としている。

（30）英国人が早期に中国の土地制度を論じた中に先に述べた『詩経』の文言が引かれる例として G. Jamieson, "Tenure of Land in China and the Condition of the Rural Population", in: *Journal of the China Branch of the Royal Asiatic Society*, New Series, vol. 23, 1888 に収められている *Cycle* 誌所載の無名論文があるが、『詩経』が引用されるのみでそれ以上の敷衍はない。この論文は Royal Asiatic Society の企画による特集記事で、G. Jamieson による Introductory Paper, 各地でのアンケート調査結果、参考資料として Peter (Pierre) Hoang, *De Legali Dominio Practicoe Notiones* の英訳、*Cycle* 誌所載の無名論文、参加者の討議記録よりなる。このうち Introductory Paper は後に手を加えられ、英国人による早期の中国法研究として著名な彼の著書 G. Jamieson, *Chinese Family and Commercial Law*, Shanghai, Kelly and Walsh Limited, 1921 の Land Tenure and Taxation と題された章になる。アンケート調査は予め作成された問題につき各地の会員、宣教師達が回答したもので、直隷、山東、山西、貴州（貴陽）、甘粛（寧夏）、江西、江蘇（鎮江）、湖北、浙江、福建、広東、雲南からの短い回答が寄せられている。Charles Summer Lobingier（羅炳吉。一九一五年東呉大学設立後同大学ローマ法教授として赴任）、"A Bibliographical Introduction to the Study of Chinese Law", in: *Journal of the North- China Branch of the Royal Asiatic Society*, vol. 45, 1914 はこの調査につき "But these were made, partly at least, by laymen, and are, partly at least, economic." と評している。また Pierre Hoang の著作は後に増補されて *Notions techniques sur la propriété en Chine, avec un choix d'actes et de documents officiels*, Paris, Guilmoto, 1897 となり、後に臨時臺灣舊慣調査會に於いて『支那ニ於ケル所有權ノ專門的觀念 附證書及公文書』（同会・一九〇五）として和訳されている（訳者名は記されていない）。Pierre Hoang の著作は同会に於いて早期から注目されていたようであり、織田萬は『清國

行政法編述に關する講話』（東亞研究所第六調査委員會學術部委員會・一九四〇）の中で「支那人の宣教師で徐家匯のカトリックのインスティチウトで學び神父となった、ピエール・ホアンといふ人（この人には支那婚姻法の立派な著書がある。始めラテン語で書いて、後から佛語に譯したのであるが、私がそれを翻訳させて有斐閣から發行したのがある）の著した「メランジュ・シュル・ラドミニストラシオン・シノアーズ」といふ本があって、非常に助けになった。」（五頁）と述べている。文中言及される婚姻法の著書は *Le mariage chinois au point de vue légal*, Shanghai, Impr. de la Mission catholique, 1898, その和訳は『法律上ヨリ観タル支那ノ婚姻』（臨時臺灣舊慣調査會・一九〇七）であり、行政法の著書は *Mélanges sur l'administration*, Shanghai, Impr. de la Mission catholique, 1902 である。*Cycle* 誌所載の無名論文は作者を an English barrister として何故かその名を伏せており、原載の *Cycle* 誌というものも審らかではない。*The cycle*, Shanghai: C. do Rozario, Vol. 1, no. 1, 7th May 1870 かとも思われるが詳細は不明である。Royal Asiatic Society の歴史については C. F. Beckingham, "A History of the Royal Asiatic Society, 1823-1973", in: Stuart Simmonds and Simon Digby ed., *The Royal Asiatic Society, its history and treasures*, E. J. Brill/Leiden & London, 1979 を参照。

（31）立作太郎「國家併合ノ場合ニ於ケル領土權ト主權ノ關係ヲ論ジ兼テ美濃部博士ノ駁論ニ答フ」（法学協会雑誌二九―五・一九一一）三三―三四頁参照。

（32）本文に於いて言及した二論文に続けて美濃部達吉「再ビ領土權ノ性質ヲ論ジテ立博士ニ答フ」（法学協会雑誌二九―六・一九一一）、立作太郎「國内法ト國際法　附主權ト領土權（美濃部博士ニ答フ）」（同二九―七〜一〇・一九一一）、美濃部達吉「國際法ト國内法トノ關係ニ就テ（立博士ニ答フ）」（同二九―八・一九一一）、美濃部達吉「主權及領土權ノ觀念ニ就テ（立博士ニ答フ）」（同二九―一〇、一一・一九一一）に於いて論争が展開されている。

（33）さらにいえば、台湾出兵後の清国との交渉に於いて「貴國既以生番之地、謂爲在版圖内。然則何以迄今未曾開化番民。夫謂一國版圖之地、不得不由其主設官化導。不識貴國於該生番果施幾許政教乎。」との論拠を持ち出し、清朝の台湾（生番之地）領有を否定しようとしたことも、（それ以上敷衍され議論されることはなかったが）広く「所有」を考える手掛かりに成り得たものということもできるかもしれない。この明治七年の日清交渉の詳しい顛末については山下重一「明治七年日清北京交渉と井上毅」（梧陰文庫研究会編『井上毅とその周辺』（木鐸社・二〇〇〇）所収）、同「明治七年日清北京交渉とウェード公使」（国学院法学三七―一・一九九九）、石井孝『明治初期の日本と東アジア』（有隣堂・一九八二）など参照。

（34）牧野英一「故岡松博士の憶ひ出」（法学志林二四―二・一九二二）参照。

（35）初期にはアルジェリア統治への参照など多く名前が挙がっていたフランスの法制に由来する概念は何故か殆ど言及されていない。「典」に関しそれを Antichrèse に準えた箇所がある（『臺灣私法』六九二頁）のが数少ない例であろう。

（36）これらの概念については山中康雄『英米財産法の特質』（法律學体系）（日本評論新社・一九五四）や岡松が論文「大租權の

法律上の性質」（臺灣慣習記事一―一、三・一九〇一）で引用した William Douglas Edwards, *A Compendium of the Law and Property in Land and of Conveyancing relating to such property* 等を参照されたい。Edwards の著書は初版（一八八八）、第二版（一八九一）、第三版（一八九六）、第四版（一九〇四）、第五版（一九二一）と版を重ねているが、岡松の参照した版は明記されていない。また伊藤悌治述『不動産法講義』（英吉利法律学校講義録明治二一年）では「單純財産權ヨリ小ナル財産權ヲ與ヘテ、其財産權カ繼續スルトキハ、之ヲ稱シテ一部ノ財産權ト云フ、其他ノ殘部ハ、單純財産權ノ所有者カ所得スルモノニシテ、其殘部ノ利益ヲ稱シテ法爲ノ未來權（筆者註：Reversion）ト云フ。人爲未來權ナルモノハ、法爲未來權ト異ニシテ、法律ノ効用ニ依ルモノニアラス、所有主カ自ラ有スル未來權（即チ法爲ノ未來權）ヲ他ニ讓渡シタル時ハ、其讓受タル者ノ未來權ハ即チ人爲未來權（筆者註：Remainder）ナリ」（一三〇―一三一頁）とされている。この教科書は刊行年度から推して旧慣調査に於いて土地問題を扱った山本留蔵や安藤静らが読んでいた可能性があるが、彼らがこうした英米法由来の概念を用いて大租を解説したテキストは現在のところ残されていない。なお英吉利法律学校・東京法学院の講義録の検索に関しては「国立国会図書館所蔵　英吉利法律学校・東京法学校講義録目録」（中央大学百年史編集ニュース一・一九八二）が便利である。

(37) これに関連して例えば『清國行政法』の編纂に参加した東川徳治が編集した『增訂支那法制大辞典』（東川徳治・一九三三）は「胎」につき「臺灣ノ特殊慣習ノ一、債務者ガ債權者ニ對シ、義務履行ノ保障トシテ物件ヲ提供シ、金錢ヲ借ルコトヲ謂フ」とし、また「胎權」につき「債權ノ擔保トシテ、不動産ニ關スル契券ノ占有ヲ取得シ、又ハ動産不動産上或範圍ニ於テ權利ヲ取得スルモノ、要スルニ我内地法ノ抵當權ニ似テ非ナルモノ（臺灣私法第一巻）」（以上六三六頁）としている。この辞典自体が台湾旧慣調査の副産物であるが、それ故にこの解説は『臺灣私法』に於ける議論を踏まえずに鵜呑みにすることはできない。なおこの辞典は『中國法制大辞典』㈱燎原・一九七九）として復刻されている。

(38) 工場抵当法そのものは直接台湾に施行された訳ではないが、一九一〇年には臺灣製糖及纖維工場胎權規則として工場抵当制度が導入され、また一九二一年にはこれが臺灣工場胎權規則と改められ、製糖・纖維工業への限定が撤廃されることになる。詳細は『臺灣工場胎權設定案内』（[刊年不明]（一九一四年九月より後））参照。

(39) 『臺灣私法』が大租權と小租權の「混同」による消滅について述べた箇所（三一〇頁二―九行目）は、この問題と重ねて考えることもできるかもしれない。

(40) 後に「舊慣立法」の一環として作成された『胎權令草案理由』（一九一三）は「臺灣土地登記規則第二條…（中略）…ハ蓋シ舊慣ニ於ケル擔保制度ノ不備ヲ補ハントシタルモノナルヘシト雖モ、謂フ所ノ典權又ハ胎權ハ、我民法ノ認ムル不動産質權及ヒ抵當權ト其性質ヲ同クシ、舊慣上ノ典、又ハ胎ニ非サルカ如シ。本案モ亦舊慣ニ於ケル擔保制度ノ不備ヲ補フノ目的ヲ以テ、我民法ノ抵當權ト其性質ヲ同クスル胎權ヲ規定スルニ止メタリ」（三―四頁）と述べている。また「舊慣立法」の大成ともいえる『臺灣民事令』の中に「胎權」の規定を置くことについて『臺灣親族相續令臺灣民事令ニ關スル立法理由概要』（臨時臺灣舊慣調査會・[刊年不明]）は「舊慣ノ儘ニテハ債權ノ擔保トシテ其效力薄弱ナルノミナラス、債務者及ヒ第三者ヲ保護スルニ於テ頗ル不備ナルヲ免レス。故ニ本案ハ之ニ關シテ大體ニ我抵當權ニ關スル規定ヲ踏襲スルノ可ナルヲ信ス」（三三一―三四頁）と述べている。臺灣土地登記規則によって設定された「胎權」については、その扱いについてはほぼこのような路線で処理することへの共通理解が固まっていたようである。

(41) 日本政府による「契尾」の例は臺灣省文獻委員會編『草屯地區古文書專輯』（同会・一九九九）等の資料集に散見される。

(42) 一方『臺灣私法』「不動産權ノ保護」の「過割」の項に於いては「典賣孰レニ於テモ尚此手續ヲ要スルカノ感アリト雖トモ是畢竟古昔ノ遺物ト評スルノ外ナク其實際ニ於テハ典ニ付テハ臺灣ニ於テモ過割ノ手續ヲ爲サザリシコト明ナリ」（『第一回報告書』一三〇頁）との記述が「又實際ニ於テモ典ニ付過割ノ手續ヲ履行シタルモノ絶無ナルニ非ス故ニ法律上ニ於テハ典モ尚過割スヘキヲ本則ト爲シタルモノト云ハサルヲ得ス」（二二六頁）と差し替えられており、建前上はそれが遵守されたものとの構成が採られている。

(43) 臺灣慣習記事二―一・一九〇二所収。問答自体は明治三四年八月三一日に行われている。なお『臺灣慣習記事』にはこれ以外にも断続的に問答記録が掲載されており、鄭政誠『臨時臺灣舊慣調査會之研究』（國立臺灣師範大學歷史研究所博士論文・二〇〇二）四〇―四八頁掲載の一覧表の集計によれば『臺灣慣習記事』全体を通じて五七回分の諮問會記録が掲載されるに至っている。諮問内容は土地問題のみに止まらず家族法分野、商業・産業関係にまで及ぶものである。またこれらの問答記事は時に論拠として参照されることがあり、この問答自体も「地基」の分析（第二章）で見た『臺灣民報』の記事「基隆業主權の争議」（明治三五年二月二六日―三月一三日）に於いて、占有に関し「本島に於る法律行爲は契字則ち人權上の約束に成立つ《臺灣舊慣記事第二巻第一號判官の慣習問答記事に依る》者なればなり」とした箇所に論拠として引用されている。

(44) 「不動産登記と契尾」（臺灣日報・明治三五年三月一八―二四日）は「無責任なる当局者は契尾を以て一の徴税上の機關と爲すに止まり更に財産所有權の確定及移轉を決する用具となさず」と述べ、不動産登記税と契税の二重の負担が過重であること、台湾の現状に不動産登記制度を持ち込むのは「文明の制度文物を直譯的に移植したる過失」であるとする。

(45) 覆審法院民事第一部判決・明治三六年九月二八日判決（臺灣慣習記事五―一・一九〇五所収）に於いて「契尾ハ單ニ收税ノ目的ニ出タルニ過キスシテ賣買質入等ノ事實ニ關シ公証ノ性質ヲ有スルモノニアラス」との判断が下されている。

(46) 清代の土地「所有」の有様を「来歴」と「管業」から捉えようとする視点が、英米法由来の概念に仮託される形で既にここに語られていると見ることができるのではないか。これにつき寺田浩明「中国近世における自然の領有」（後藤明ほか執筆『シリーズ世界史への問い1　歴史における自然』（岩波書店・一九八九）所収）ほか同氏の諸論考を参照。

(47) 幾代通「英法における不動産取引法と登記制度」（法学協会雑誌六八―七、八・一九五一）など参照。

(48) 成田博「米国における不動産物権変動と証書登録制度」（東北大学法学四六―二、三・一九八二）参照。なお同論考がアメリカの例につき「究極的には不動産の権原は全て連邦または州のところに行き着く筈」（四六―二、九一頁）と述べるのは中国との対比に於いて非常に興味深い。

(49) 本節で見た限りでは、『第一回報告書』が相対的に英国法に近い捉え方を行っているように思われる。土地を巡る「舊慣」を扱う部分の章名について『臺灣私法』が「不動産權」とするのに対し、『第一回報告書』が「財産權」とするのも示唆的ではあるが、『第一回報告書』が英国法寄りの志向を明確かつ自覚的に有していたかは不明である。

(50) ゲルマン法由来の概念としては Reallast への言及のほか、「典」につき Grundschuld を引き合いに出している。しかし Gewere の語は何故か何れにも引用がない。

第四章　「典」を巡る議論過程のテキスト分析

第一節　テキストの構成及び予備的検討

第一款　テキストの構成

「典」に関するテキストについては、『第一回報告書』は先行する『調査一斑』の記述を土台とし、新情報や留保された部分の補充を逐一織り込む体裁を採り、全体的に『調査一斑』を拡大させた性格を有する。その中には山本留蔵「臺灣に於て不動産の流質と爲るべき場合」（臺灣慣習記事一―一一・一九〇一、以下「山本第一論文」と省略）、同「典より生ずる法律關係は果して之を條件付賣買と見るべきや」（臺灣慣習記事二―八、九・一九〇二、以下「山本第二論文」と省略）の見解の影響が見受けられる。

また『第二回報告書』は『第一回報告書』との重複を避ける方針で編まれた為『第一回報告書』との字句の引用関係はないが、山本留蔵「典主は債權的關係に於て原典價銀の辨濟請求權利を有するものに非す」（臺灣慣習記事四―九・一九〇四、以下「山本第三論文」と省略）の記述をほぼ一字一句引用する部分を含む。以上からは『臺灣私法』の形成に至る報告書群には『第一回報告書』、『第二回報告書』に至る二つの系統が存在することが看取できる。

これらを総合する『臺灣私法』「第一編不動産　第二章不動産權　第四節典權」の構成は以下のとおりである。

第一款　典ノ性質（六五一―六九二頁）

第一項　典ノ意義（六五一―六五二頁）

第二項　典ノ物體（六五二―六五九頁）

第三項　典ノ内容（六五九―六九〇頁）

第四項　典權ノ性質（六九〇頁―六九二頁）

第二款　典權ノ得喪移轉（六九三―七一〇頁）

第一項　典ノ成立（六九三―七〇一頁）

第二項　典ノ移轉（七〇一―七一〇頁）

その記述は勿論新たな書き起こし部分も含むものの、大部分は『第一回報告書』、『第二回報告書』の記述の継ぎ接ぎという形状を示し、中には山本第三論文も孫引きされる結果となっている。[1]ヨリ詳細に見るならば、第一款第一項のように新たに書き下ろされた部分、第一款第二項のように第一回・第二回の報告書をほぼ均等に引用する部分、第二款第一項のように『第一回報告書』が基本となっている部分など様々な記述方法が見られるが、最も頁数を割いて「典」の内容を解説した第一款第三項の実に八割が『第二回報告書』からの引用なのである。

記述全体を通した傾向を見るならば、特に異論の出なかった部分は原則『第一回報告書』の記載が基本とされ、新たに得られた史料はそれを採用する形でまとめられており、また『第一回報告書』と『第二回報告書』で見解が対立した部分や、『第二回報告書』でヨリ議論が深められた部分については『第二回報告書』の記述を採用し、それを加筆訂正する格好でのまとめが図られている。

『臺灣私法』成立過程で主に議論の対象とされた内容は殆どが第一款第三項、即ち「典」に関する記述のほぼ半分を占める「典ノ内容」部分に関するものである。同部分の八割について『第二回報告書』が採用されているという事実は大変に興味深い。

しかも、その中に山本のテキストそのものが継承されているという非常に興味深い構造を見ることができる。台湾旧慣調査全体の報告書『臺灣舊慣調査事業報告』によれば、担当者から各調査段階に於いて提出されていた中間報告書のうち、「典」に関するものの殆どが山本によって担われていたことが判明する。これら中間報告書から最終報告書への具体的な集約過程は同書のみからは依然不明であるが、山本が「典」を巡る議論の中心に位置した人物の一人であることは間違いない。(2) このことは、『臺灣私法』がひとり岡松参太郎のみの手に成るものではないことを教えるとともに、分析に当たり山本の主張に注目することが必要不可欠であることを提示する。(3) 本書では『臺灣私法』に繋がる各テキストと山本の主張の緊張関係について特にこれを注視していくこととしたい。

以上の関係については次頁の図にこれを示しておいたので適宜参照されたい。また「典」関係部分に於いて引用される史料の様相については資料6―1～3にまとめておいた。『臺灣私法』に於いて継承された『第一回報告書』、『第二回報告書』のテキストに附随する形で史料も継承される形となっているが、その全てが継承されている訳ではない。また『調査一斑』から『第一回報告書』へはテキストそのものの継承が見られるものの、史料については全く継承されていないという興味深い現象も存在する。

本章ではさらに第一―三章で扱った時代を超えて、『臺灣私法』刊行以後の史料へも分析を広げる。「典」についてのみ『臺灣私法』後をも視野に入れることについては、幾つかの理由が存在する。一つには、『臺灣私法』後に行われた諸慣習調査に於いて、「典」が継続して『臺灣私法』とテキスト上に於いても密接な関係を有しつつ議論されているということがある。まずは満鉄の調査報告である『滿洲舊慣調査報告書』のうち、台湾旧慣調査に参加した人員でもある宮内季子の手による後編第一巻『典ノ慣習』（大同印書館発行・一九一三（初版）、一九三六（三版）、以下『典ノ慣習』と省略）が『臺灣私法』補遺としての位置付けを自認する記述を有するものとして挙げられる。(4)

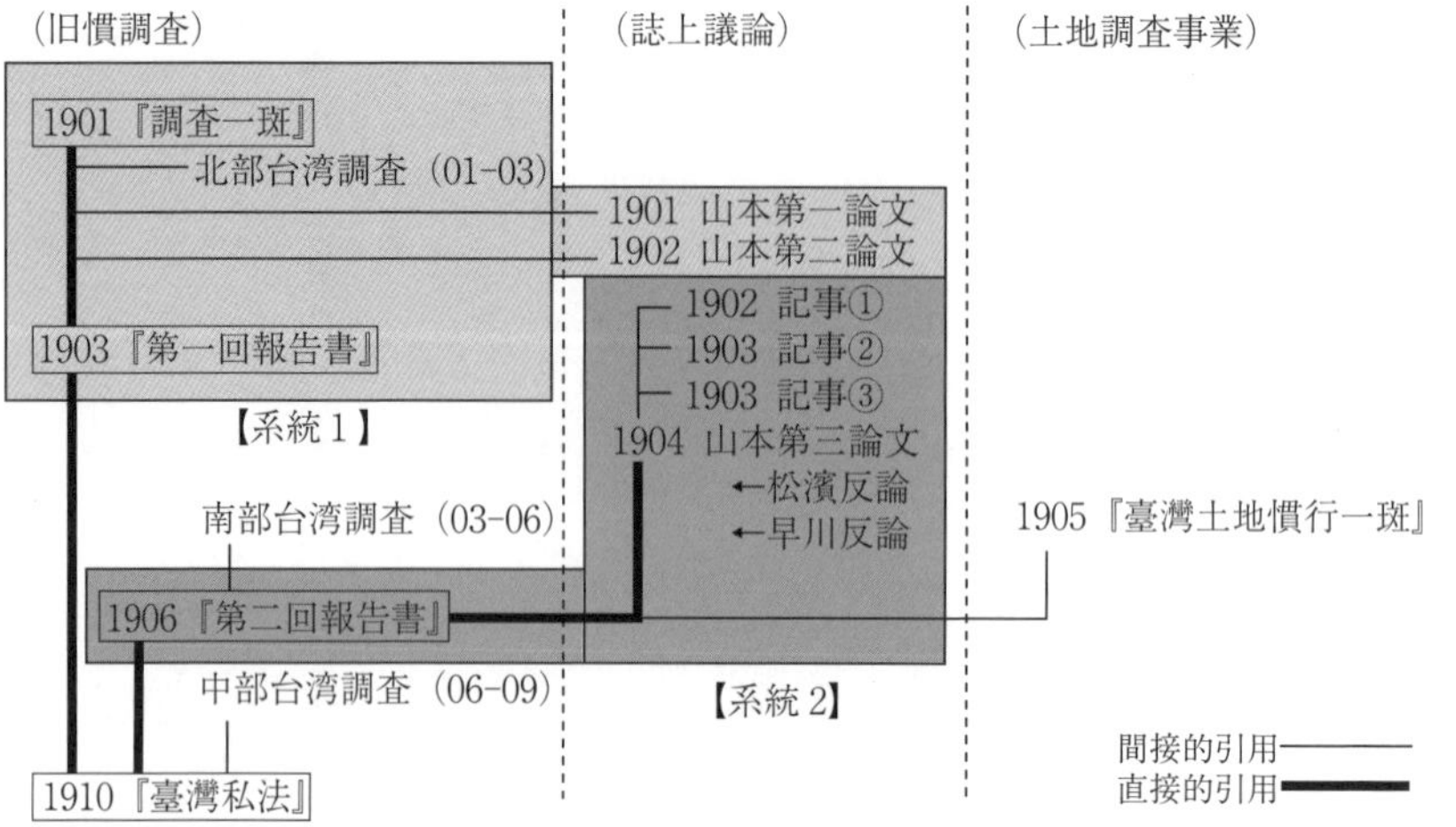

＊山本第一論文＝「臺灣に於て不動産の流質と爲るべき場合」（臺灣慣習記事1－11）
山本第二論文＝「典より生ずる法律關係は果して之を條件付賣買と見るべきや」（同2－8、9）
山本第三論文＝「典主は債權的關係に於て原典價銀の辨濟請求權利を有するものに非す」（同4－9）
記事①＝「舊慣諮問筆記《臺中地方に於ける舊慣》」（同3－4）
記事②＝小林里平「承典胎者の請求權の有無に就ての質問に答ふ」（同3－10）
記事③＝「第十一回臺南慣習研究會問答筆記」（同4－6）
松濱反論＝松濱逸史「山本氏の典價銀請求權論を讀む」（同4－10）
早川反論＝早川彌三郎「典の性質に就て」（同4－10）

『臺灣私法』「典」関係部分の成立過程

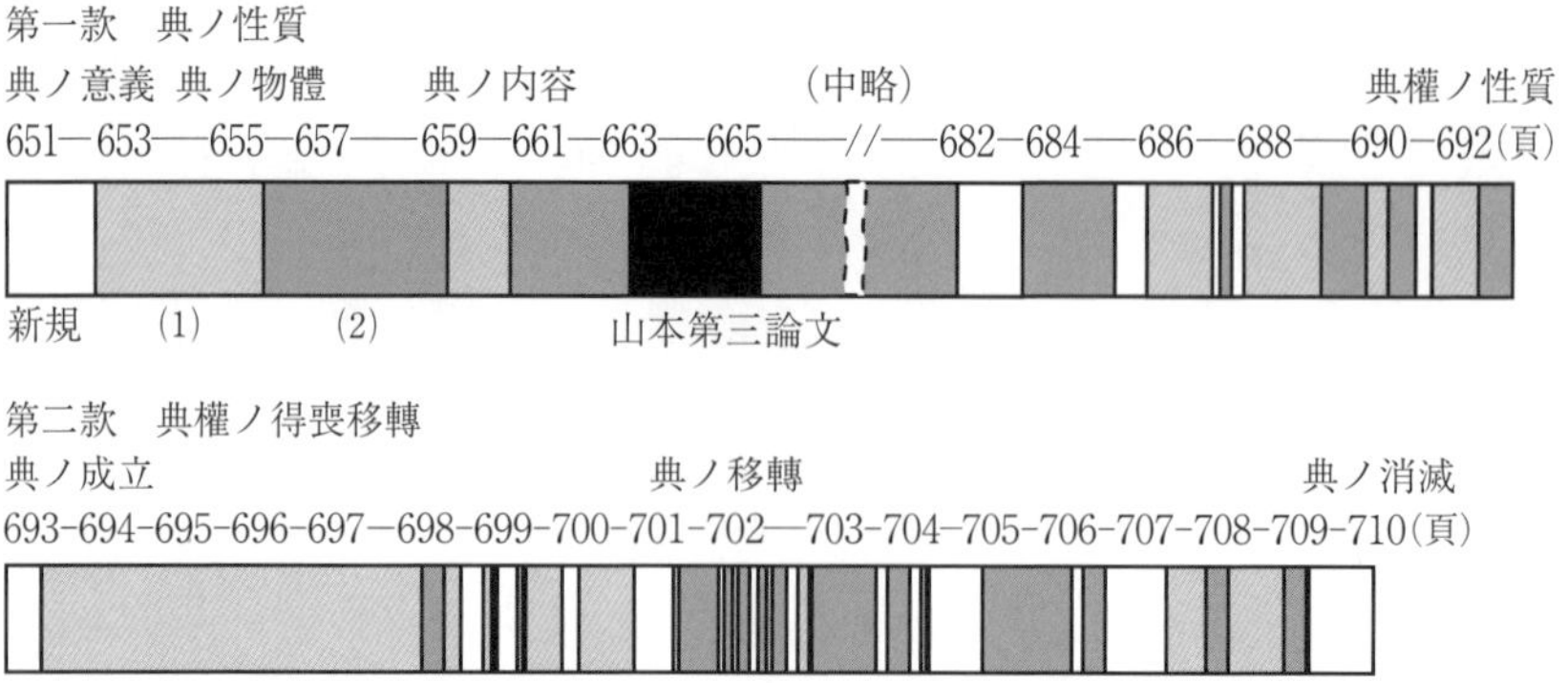

→新たな書き起こし部分（新規）と『第一回報告書』(1)、『第二回報告書』(2)の継ぎ接ぎ

『臺灣私法』「典」関係部分の構成

また『關東州土地舊慣一斑』（南滿洲鐵道株式會社總務部事務局調査課、關東都督府臨時土地調査部・一九一五）は關東州土地調査の手引きとして同様に台湾旧慣調査に参加した眇田熊右衛門らが手がけた文献であるが、これも詳細に字句を突き合わせるならば、同書の「典」部分の記述が『典ノ慣習』を適宜抜粋したものであることが判明する。[5]編集に際しては実地調査も一部行われたが、限られた期間（二か月）での編集、元同僚という人材の共通性からこのような事態になったものかと推測される。

続く『關東州土地舊慣提要』（關東都督府臨時土地調査部・一九一八）は『關東州土地舊慣一斑』がやや専門的で携帯にも不便との理由から関東庁が杉本吉五郎に命じて再度編集させたものであるが、これは彼自身の見解を多く含み、『關東州土地舊慣一斑』とは趣を異にする史料である。彼はその後川村宗嗣との論争や『滿蒙全書』（南滿洲鐵道株式會社庶務部調査課・一九二三）の編纂を通じて日本側の「典」理解の一つの軸を形成した人物であり、旧満洲国に至るまでその見解は影響を与えることとなっている。[6]

さて、ではどこまでの史料をひとまとまりのものとして扱うかということが最後に問題になるが、これに関しては一九二二年を一つの区切りとして捉えることとする。同年は関東州に於いては勅令第百七十八號附則により、台湾に於いては勅令第四百七號第六條により「業主權」は「所有權」、「典權」は「不動産質權」とみなすとの結論が下されることになり、法律上一応の決着を見ることになった年であり、日本の植民地支配にとって大きな意味を有するだけでなく、現にこの年を境に日本人達の議論も一段落を迎えるからである。

二つ目には、大変残念なことに、続・『臺灣私法』を自認する『滿洲舊慣調査報告書』が「業主權」の巻を計画しながらもこれを刊行することなくその調査を終了したという状況が存在する。[7]「典」については継続してテキスト上に於いても密接な関係性を示す議論過程が追えるのに対し、広く「所有」に関わる「業主權」の問題はこれを行えないというテキスト上の制約が存在する為である。

以上のテキスト上の条件から、本章の主要な分析対象は、『臺灣私法』に於ける「典」を巡る記述の中でも、議論の過程を最も鮮やかに追跡する事のできる「第四節典権　第一款典ノ性質」に絞ることとし、またそれとテキスト上密接な関連を有する議論について『臺灣私法』から時期的には聊か食み出す形で、関係テキストを分析対象に含めて論を進めることとしたい。

欲をいうならば、以上の問題の相手方としての同時代の中国（清末民国時期）側の動向を考察できることに越したことはない。近年中国近代法史[8]に関しては大陸・台湾両地域に於いて膨大な数の研究が発表されているが、本章が行う『臺灣私法』等へのテキスト批判に対応する精度で中国側の議論過程を窺うことは難しい。これは第一に史料の問題によるものである。法令に関しては同時代に多く刊行された法令集が現存するが、清朝末期の法典編纂、民国期の立法作業についての議事録など具体的な議論過程を示す一次史料はこれまでその存在が部分的にしか知られていない。判決についても要旨のみが判決録に収録されているものの、原本については大理院（最高法院）のものについて研究が開始された段階にあり[9]、下級審については不明の点が多い。同時期の中国側の裁判の実態や法曹人士の動向、一般人の動向もまさに今後研究されるべき問題として残されている。

このような状況にあって僅かな史料から「典」に関する「民国期像」を描くことは不可能であり、また適当でもないと判断する為、本章に於いてはそれら民国期中国の研究の一つの先決問題として存在する日本側の議論の分析に集中し、今後の民国法制史研究の展開に重要な関係を持つ要素を摘出して今後の研究の為の指針を得ることに努める。ただ一方で僅かであっても民国期の新たな史料を紹介することには一定の意義があると考える為、得られた史料のうち日本側の議論と関係すると思われるものについては可能な限り紹介することとしたい。

第二款　関係する条例・則例の予備的検討

以下では準備的作業として、関係する条例・則例についてそれらが如何なる構成を採るものかを整理する。当時の議論に於いては大清律例及び戸部則例がその重要な素材として採用されており、またそれらの解釈が相当な錯綜状況を示している為、分析に当たって一定の見通しを得、出発点を統一する事によりその混乱に巻き込まれることを予防する必要があると考えるからである。まず問題の中心となる律例・則例を掲げる。

大清律例戸律田宅典買田宅

条例第三（以下「条例第三」）

賣産立有絶賣文契、並未註有找貼字様者、概不准貼贖。如契未載絶賣字様、或註定年限回贖者、並聽回贖。若賣主無力回贖、許憑中公估、找貼一次、另立絶賣契紙。若買主不願找貼、聽其別賣、歸還原價。倘已經賣絶、契載確鑿、復行告找告贖、及執産動歸原先儘親鄰之説、借端掯勒、希圖短價、並典限未滿、而業主强贖者、俱照不應重律治罪。

条例第七（以下「三十年規定」）

嗣後民間置買産業、如係典契、務於契内註明回贖字様。如係賣契、亦於契内註明絶賣永不回贖字様。其自乾隆十八年定例以前、典賣契載不明之産、如在三十年以内、契無絶賣字様者、聽其照例分別找贖。若遠在三十年以外、契内雖無絶賣字様、但未註明回贖者、即以絶産論、概不許找贖。如有混行争告者、均照不應重律治罪。

戸部則例田賦置産投税第七項（以下「十年規定」）

凡置賣田房、不赴官納税請黏契尾者、即行治罪、並追契價一半入官仍令照例補納正税。州縣侵肥税銀、止於契紙鈐印、不黏給契尾者、嚴參治罪。如係活契典當田房、契載在十年以内者、概不納税。十年以後、原業無力回贖、聽典主執業轉典。其有於典契内多載年分者、査出治罪、仍追交税銀。若先典後買、按典買兩契銀兩實数科税。

これらの条文の性格については、寺田浩明氏がその成立過程に遡って解明を試みており、同論文に於いて各律例・則例の由来を検証した部分については本書も同意するものであるので、同氏の業績に依りつつこれを整理しておくこととしたい(10)。

それに依ると条例第三は「賣」に於ける「活」(取り消し得る状態)と「絶」(取り消し得ない状態)の区別の明確化を目指したもので、同規定は絶賣契であり找貼文言のないものについて回贖を禁止し、絶賣文言のないもの、回贖年限を定めるものについて回贖を許可し、次に回贖資金がない場合の手続について一回の找価による絶賣状態への移行(找絶)、別賣による典価の返還を許可しているものである。

次の三十年規定も「賣」の紛争防止を念頭に置いた規定である。条例第三の流れを受け、絶賣の制度的確立を狙い、活賣を整理対象としてその絶賣または「典」への分解を構想し、判断基準として乾隆一八(一七五三)年に起点を置いた上で三〇年という具体的な年限を設定し、三〇年前の時点よりも前のものを原則絶賣、近来三〇年の活契を回贖許可としたものである。また乾隆一八年以降については、活賣は絶賣または「典」の形に分化し最早存在しないとの立場を採るもののようである。

また十年規定は課税の文脈に於いて機能したもので、「典」を偽装し回贖を行わないことによって賣の実を挙げ節税をはかる事件が増加した為、契約期間一〇年以下の典契のみにつき免税を宣言したものである。

寺田氏はこれらの動向が「私契秩序を前提に税契過割を通じそれを追尾し契税と税糧を徴収する構造と、私契秩序の限界に對應し持ち込まれる紛爭の処理作業に對應する」ものであるとする(11)。逆に言えば、納税に問題なく紛争も引き起こさない状態で「典」が存在することに対して清朝政府は特にこれといった関心を持っていなかったということである。

またこれらの規定を注意深く観察するならば、何れもが純粋に「典」のみを対象とする規定ではないことに気がつく。規定は紛争を引き起こす活賣や既に当事者達が紛争状態にある「典賣不明の産」をその対象とするものである。その条文に於いて採られた施策は問題の解決に際して必要な限りの整理を行ったものであり、そうした大清律例や戸部則例の当該部分は、紛争への手当てとしての規定が相互に些少の抵触を含みつつも集積されたものであったのである。

勿論当時の中国人達も矛盾や抵触を放置拡大させて良いと考えていた訳ではないと思われる。現に定期的に行われる修訂作業の中で、整理の試みは一定程度行われていたのである。しかしそれは例の増加の速度に到底追いつけるものではなく、また律例自体がそこから大きく逸脱することは許されなかったもののその字義に厳密に拘束されるものでもなかったという、いわば目安としての性格を持ったことも、そうした作業と関係を持ったものと推測される。(12) こうした改定作業の性格については未だ不明の点が多く、今後の研究を待って議論すべきであるので、ここではさしあたり以上の整理を基調とし、本体の作業に移ることとしたい。

第二節　『第一回報告書』成立に至る過程

『調査一斑』は、「臺灣ニ於テ一般ニ行ハル、對物擔保ノ方法ニ二種アリ典及胎是ナリ典ハ本邦内地ニ於ケル質ト略相同シク物又ハ權利ノ占有ヲ債權者ニ移轉シテ以テ債權ノ擔保ト爲スモノ」（二一三頁）との認識より出発しつつ、後に「毫モ擔保タル性質ナシ」（二一六頁）としている。その理由は「若シ期限ニ至リ債務者辨濟セサル場合ニハ債權者ハ依然トシテ其物又ハ權利ノ占有、使用、收益ヲ繼續シ其物ヲ賣却スル等ノ方法ニ依リ其物ニ付辨濟ヲ受クルノ權能ナシ」（二一五頁）というものであった。しかし同時に「典」が留置的効力を有することを認める記述も存在し、やや混乱した状況から議論が出発している。

ここでまず初めに登場した素材は三十年規定であった。同書は三十年規定を「典ノ期限ハ三十年ヲ以テ最長期トシ若此期ヲ過クレハ典ノ受戻權ハ主タル債權ト共ニ直ニ消滅ニ歸スヘキモノ」（二一五頁）とする規定であると述べる一方で「此時效ヲ援用スル者極メテ稀ニシテ一ニ債務者ノ債務履行ヲ俟ツモノノ如シ」（二一五―二一六頁）としており、三十年規定を時効規定とする認識が看取できる。

続いて発表された山本第一論文に於いては、ヨリ突っ込んだ形で三十年規定の性質が論じられている。論旨は相当に複雑である為、まず彼の三十年規定に対する認識を先行して確認することにしたい。山本はまず同規定を以下のように分解する。

前段「嗣後民間置買産業、如係典契、務於契内註明回贖字様。如係賣契、亦於契内註明絶賣永不回贖字様」

α「其自乾隆十八年定例以前」

中段「典賣契載不明之産、如在三十年以内、契無絶賣字様者、聽其照例分別找贖。若遠在三十年以外、契内雖無絶賣字様、但未註明回贖者、即以絶産論、概不許找贖」

後段「如有混行爭告者、均照不應重律治罪」

ここで山本は、前段が紛争防止の為の施策、中段がそれを確保する為の制裁規定であるとし、ただそれだけでは法律の効力が既往に遡及しないという原則から定例以前の典賣契載不明之産を取り込むことができない為、αの一文、特に「其自」の二字を置いて定例以前の契に対しても中段の効力を及ぼしたものとしている。また彼が紹介する他の説、即ち三十年規定が乾隆一八年以前の締結に係る典賣契載不明之産のみに対するもので、出典時より三〇年の経過で回贖不能になるとする説（甲説）、乾隆一八年を起点とし、原則三〇年以内に出典のものは回贖許可、三〇年以上経過のものは回贖不可とする説（乙説）は以上の解釈によって退けられているのである。

山本はこの解釈に於いて特に「其自」の二字に拘わりを見せている。彼はもし甲説が正しければ「其自」の二字は削除される筈であり、乙説が正しければ「自雍正二年至乾隆十八年」と書く筈であるとする。しかし肝心の「其自」の二字の解釈については、書き下し文など彼自身の読解を示す記述は示されていない(13)。また「自雍正二年至乾隆十八年」についても、「そうなる筈」という以外の論拠、例えば「他の律文では皆「自…至…」と明記するにも関わらずこの箇所だけ異なる」等の記述はない。しかし彼は三十年規定が乾隆一八年以前以後に関わらず適用され、台湾に於いて流質となるのは出典後三〇年の経過と回贖文言の不在という条件が揃った場合であると結論付けている。

ここに於ける三十年規定の理解は本章第一節第二款のそれと大きく異なる。まず当初「典賣不明の産」について論じていたものが、いつの間にか「典」の話になっていることに気づく。これは山本自身の「典賣不明の産」の理解に起因すると考えられる。即ち彼は契據の形式如何に関わらず原取引自体の性質を巡って当事者が紛争状態にある不動産を「典賣不明の産」とするのではなく、「賣契にして絶賣の字様なきもの」と「典契にして回贖の字様なきもの」を「典賣不明の産」としている。その定義に従えば「典賣不明の産」は形式に於いて既に本来「典」・賣の何れかに属すものとなり、この「典契にして回贖の字様なきもの」を手掛かりとして、三十年規定は「典」を対象とするとの解釈を導いているのである。

さらに起算点は「乾隆十八年」から「契約成立時」と解釈され、時間の向きは「遡及して」三〇年ではなく、「経過する」三〇年と捉えられることによって、三〇年という数字が時効の年限として理解されているのである。

以上から三十年規定に対する山本の見解は、「典賣不明の産」（即ち「賣契にして絶賣の字様なきもの」と「典契にして回贖の字様なきもの」）につき、契約成立時から三〇年以内に在るもので「賣契にして絶賣の字様なきもの」が先例即ち条例第三に基づき処理され、三〇年以上経過した「賣契にして絶賣の字様なきもの」と「典契にして回贖の字様なきもの」が絶としての処理を受けるとするものと整理できる。

本章第一節第二款の整理からは、三十年規定は活賣という形式を整理し、絶を欲する場合は絶賣、活を欲する場合は「典」を利用すべくその整理を試みたものであったが、山本はそのような同条例の成立過程を検討の対象としていない。また条例第三の「註定年限回贖」を「典」と読む立場（これは彼により退けられたが）などを見るならば、活賣の存在が認識されていないのではないかとも推測される。逆に一方で注目すべきことは、回贖文言を有する「典」についてはその関係の永続可能性を否定していないことであり、実際に彼は「寧ろ三十年を以て斷と爲さず、之を換言すれば三十年の時效を認めざるもの多きに居る有様なり」（二三頁）との認識を示しているのである。

当時の台湾の覆審法院は以上のような山本の見解とは異なる判断を示している。明治三三（一九〇〇）年、同三四年の二つの判決[14]はそれぞれ「入典後三十年を經過せは當然流典と爲り典物たる田園と業主權は承典者に歸すとの慣習の存在なし」、「典期限經過後受戻を爲さざるときは流質と爲すへき慣習あることなし」とするのである。

中でも明治三五年の判例[15]は三十年規定を引き「賣契なりや將た典契なりや不分明なる場合に於ては三十年内外によりて之を區別し其以内に屬するものは特に絶賣の明文なきものは悉く之を典と看做して回贖を許し其以外に在るものは特に回贖の明文なきものに限り之を賣と看做し回贖を許ささるの注意にして該律例に由るも尚出典後單に三十年を經過せる事實により回贖を許さゝるの規定あることなし」と述べている。同時代の律文解釈の一例を見るとともに山本とは異なる解釈を採っている点が注目される。

続く山本第二論文に於いて彼は、「典」は債権担保（即ち質）か買戻特約付売買かという問題を提起し、一応の結論を前者とする。同論文は買戻特約付売買説の論拠を紹介し、逐一反論を加えた後自説である「典」＝質説を展開するという構成を採る。山本第一論文に加えて多くの史料が新たに引照されているのも特徴である。まず「典」＝買戻特約付売買説側がその理由とする論点は次の通りである。

a 「典」と賣に共通の術語が使用される。条例第三「賣産」や新竹碑文[16]「賣業」、三十年規定「置買」は「典」・賣双方を示す。また、「典」に際し「業」字が使用される。

b 律文に於いて「典」と賣の扱いは同一である。

c 典物の滅失[17]に関する「危険負担[18]」が典主側にある。

d 期限満了後出典者が弁済を行わない際は請求の道がなく、関係継続か転典のみ。強制別賣不可能。別賣後売却額が債権に不足しても出典者に請求できない。

以上から典主の地位は買主に近い。

山本は以上の論点に対し次のように述べ、まず「典」＝買戻特約付売買説を否定する。

対ａ　法律的観念の混雑及び術語の不十分に起因し、「典」・賣同一視によるものでない。不動産上の利益は全て業と称する為、権利の売買を示すものでない。

対ｂ　反論せず。雍正乾隆以降に担保としての観念が発達したものである。

対ｃ　救恤の意図に出たものか、または「典」の目的物件が債権に対する引当物でありこの物以外に責任を負わないとする思想に基づくものである。

対ｄ　裁判・執行制度の未発達。典価－収益間に予め均衡。転典による回収方法存在。賣価∧典価は希有の事例、「引当」の観念から危険負担と同様の処理である。

「典」でも占有、使用、収益は移転、業主の虚有権に考慮が払われなかったのみ。

次に続く本論で彼は、「典」が質であることの説明を試みている。その論拠は、次のとおりである。

Ⅰ　条例第九[19]から「典」は免税、新竹碑文からは免税と期間満了後受け戻しのないものについて賣契換立・納税義務が存するという差異が看取される。

Ⅱ　条例第三により典主は「典」の目的物件を売却してその弁済を強要すべき権利を附与されているが、実行例が少ない。

Ⅲ　律例鼇頭部分[20]の規定がそれを補充して、協議がまとまらない際に出典者による第三者への売却とその代価による典価の帰還を規定している。

Ⅳ　十年規定や律例鼇頭部分が一〇年という年限を区切っている。

Ⅴ　「典」が賣へと変じるに際し必ず一定の手続を要し、業主権は移転しない。

Ⅵ　動産の「典」は明らかに債権担保である。

しかしこれらの議論の後「此等の議論は結局餘り効益なき事柄に屬すべきなり、何となれば不動産典の如きは一たび其設定を爲すと同時に、典主は目的不動産に對し之を占有、使用、收益するものなれば、假令其關係を以て債權の擔保なりとするに於ても、不動産に對する實權は一時典主に移轉するに相違なければ、其實權移轉の状態を目して之を賣買の一種なりとするも決して無理からぬこと、謂ふべく…(中略)…之を要するに不動産に於ける典權の設定は、年限回贖なる條件を附帶したる一部權利の賣買たるに相違なく、而して他の一面に於ては、債權の擔保なる觀念が漸次發達し來りたるものと論斷し得べきなり」(二―九、一五頁)との主張がなされている。つまり「典」が売買か質か、その違いは何かという議論を起こす一方で、売買も質も同じようなものだというのである。ここに於いてともかくも山本自身、「典」に関し明確な結論を下し得る状態に達していないということは確認できよう。

しかしこの論文は後々まで影響する多くの論点を生み出した。即ち、条例第三の適用範囲の拡大、典主側の弁済請求・換価充当の権利の有無、「物上責任」と呼ばれる性質の有無、絶賣移行の際の賣契立契行為の評価の問題である。以下順に検討してみよう。

第一の問題は条例第三の射程の変更である。山本は「支那及臺灣に於ける典のみならず、所謂不動産質なるものは總て是占有、使用、收益の權利の解除條件付賣買に相違なきものなれば、此方面より觀察して、之に對し賣買關係に用ゆる文字を摘用するは術語の不充分なる支那社會に於ては有勝のこと」(二―八、二〇頁)であるとし、用語の共通(対a)という要素を媒介として、条例第三を「賣のみに対する条例」から「典にも適用可能な条例」とするのである。

山本第一論文に於いて条例第三は賣に対するものとの認識であったが、実は一方で新竹碑文の「賣業」が「典」・賣双方を指すとの認識が採られていた。山本第一論文では新竹碑文の「賣業」が「典」・賣双方を指すとしても条例第三の「賣産」は「典」を指すものでないとされたものが、山本第二論文では条例第三の「賣産」が初めから「典」・賣双方を指すものとされている。律例の術語に対する認識に大きな転換が加えられているのである。

第二の問題は、同条例が典主の弁済強要を認めたものとする認識（Ⅱ）である。山本は条例第三を引いて「賣主とは出典者をも指稱するものとするに於ては、若し受戻を爲さゞる時は、中人に頼り公價を定め、追增銀を取らしめ、典主をして完全に業主權を得せしむべき規定なれば、典の年限滿了後は目的物件を賣却して債權の辨濟に充當するものと謂ふべく、只中人の力に頼るべき規定なるを以て、若し出典者及び中人等に於て之を協諾せざるときは、官に訴告して其裁判を待つべきのみ、是明に典主たるものは典の目的物件を賣却して其辨濟を強要すべき權利を附與され居るもの」（二一九、一〇頁）との読解により、典価弁済請求権ありとの判断を下すに至っている。

同条例は確かに別賣の手続について規定を置くが、出典人・承典人のどちらが主体となって具体的な別賣手続を行うことができるのか、出典人が「強要」できるのか、について具体的に規定する箇所はない。しかし山本は典主に別賣と弁済の強要の権利ありとの認識を採るのである。

第三の問題は、「典」の目的物件は債権に対する引当物でありその双肩のみに於いて責任を負うとする事象の強調である。これは「物上責任」（或いは「物上性」、「物上負担」[21]）という言葉で表現されており、賣価＜典価の場合に於いて不足分の弁済を出典者に対し請求できないとする慣習と関連するものとして説明され、山本も反対論者も特に異論なく承認している（c・d、対c・対d[22]）。山本は典物の天災等による滅失の場合を規定した乾隆十二年例[23]を引き、この「物上責任」という思考が同例と通底するとしている。あまりにも自明である為かこの慣習の存在を示す具体的な史料は挙げられていないが、これは後に満洲での調査に於いて批判され、最後まで確証の取れない問題として残ることになったものである[24]。

第四の問題は找絶手続の存在を以て買戻特約付売買説を退ける論拠としている点（Ⅴ）である。山本は「或は找貼一次と云ひ、或は換立賣契と云へる等、典の關係が變じて賣買と爲るには、必一の形式を要するものにして、決して其儘にては典主に於て目的田房に對する業主權を獲得するものにあらず、…（中略）…典は年限回贖なる條件附賣買なりと看るに於ては、…（中略）…找貼一次又は換立買契の如きは全く無用の手續に歸し、…（中略）…典主は當初より完全業主権を獲得し居るものと謂ふべきなり」（二一九、一二一―一三頁）と論じ、找絶手続を議論する以前に、找絶手続の形式の存在そのものが、業主権が移転していない事実を示す憑証となるという見解を採っている。

これらの後にまとめられた『第一回報告書』は、先に述べた通り『調査一斑』の体裁を踏襲し、その記述を発展させる方向で編纂されており、基本的に前書同様「典」が担保であるとの認識から出発しつつそれを否定する形での記述が続く。「典」は「期限ニ至リ出典者債務ヲ辨濟セサルトキハ債權者ハ依然トシテ其物又ハ權利ノ占有、使用、收益ヲ繼續シ其物又ハ權利ヲ賣却スル等ノ方法ニ依リ其物ニ付キ辨濟ヲ受クルノ權能ナシ」（三四六頁）とされ、その根拠として条例第三、戸部則例（実は律例鼇頭部分）が引用され、同条により他人への売却による債務の弁済を請求する権利は存するものの、裁判制度の不備と第三者への転典という代替策の存在によりこの規定が実行されないとの説明が置かれている。また「典」によって業主権は移動しないこと、流質の禁止はないこと、回贖の明文なく三〇年経過したものが流質となることなど山本の見解と共通する記述が確認できるのである。

第三節　『臺灣私法』への過程

第一款　新資料の登場と山本第三論文

さて、『第一回報告書』の前後、『臺灣慣習記事』上に於いて「典」に関する三つの重要な記事が掲載された。以下順に転載する。

① 舊慣諮問筆記《臺中地方に於ける舊慣》（抜粋）（以下「記事①」[25]）

問　典胎の年限は双方随意に定むるものなりとのことなるが其れは大概一定したるものなきや

答　長短は一定せず、例へば親の代の典胎を子の代に至りて取戻すが如きことあり
問　其様に長期のものとせば、時として銀主に於て金子に差支ふること有之べし、其場合には銀主より復た他に轉典することを得べきや
答　其れは貴問の如く、猶幾回にても轉典し得るも、最初の貸金より増額することを得ず、尤も典に付ては三十年の期限あれば、滿期後は受戻し能はざるなり
問　然らば典に於ける期限後に於ては、銀主は完全に所有權の移りたることを主張し、其返還を拒み得べき效力ありや
答　其れは固より銀主の好意の有無に依るものなれば、返戻することを欲せざれば飽迄主張し得るなり
問　然らば銀主が所有權の移りたるを主張するに當り、典主は其れを不當なりとし、舊朝官衙に訴へたる場合には、官は其銀主の主張を正當と認めたるや
答　其れは大清律令に三十年の期限を定めあれば、無論銀主の主張を正當と認めたるなり

②　小林里平「承典胎者の請求權の有無に就ての質問に答ふ」（以下「記事②」）[26]

（要旨）戸部則例（筆者註：実は律例鼇頭部分）から、「典」に於ける債主の弁済請求権の存在は明らか。また『第一回報告書』がこの制度は実行されていないとした点につき中国人による以下の答弁を紹介する。

- 承典者は返金の請求権を有す。
- 実例の存否は分からないが請求権の存在には同意する。
- 中人に託しての弁済請求は随意。官への出訴を不可能とするのは「権利は有るが行使しない」ものを「権利自体存在しない」と速断したもの。

③ 第十一回臺南慣習研究會問答筆記（抜粋）（以下「記事③[27]」）

問 立典字二回贖年限を定めたるときは年限後幾年間を經過するも出典者に於て回贖することを得るや

答 何年と取極めあるものなれば期限内回贖すること能はざるも其後は何年間經ても回贖することを得

問 其場合に銀主より賣買證書に換立することを請求し又は他へ賣拂ふて其金を以て自己の債權額に充てしむることを得るや

答 典字を賣契に換立することを得、但し手切金を遣りて賣字に換ゆるの例なり、又其土地は銀主に於て必要なき故、他に賣って其金を返せと云ふことも出來得るなり

問 他に賣っても貸金に尚不足を生じたるときは、其不足額は請求することを得ず

答 銀主の了簡一つにて、銀主より典者に賣らするに當り、土地悪ければ貸金に不足を生ず、總て是等の場合は多く其土地惡しき故、不足を生ずるは常なり、其不足額は借主より返さゞる可からざるも、銀主に於て取らざること多し

以上の新資料を加えて書かれた山本第三論文は、『臺灣私法』成立過程に於いて最も物議を醸し、また後の報告書へも影響を与えた、まさに鍵となる論文であった。山本はここで典主は典価銀請求権を有せず、また典関係解除請求権も多く行使されないとの主張を行っている。この立論は山本第二論文の見解と対立するものであり、彼はそこで論拠とした各事象を、別の意味を有するものとして再解釈せざるを得なくなったのである。

山本第三論文ではまず山本第二論文とは逆に「典と賣が甚だしく隔離するものでない」とされる。即ち「典」に於いて債権関係の成立を認めるべきではないとされるのである。その理由は、

A 律文上回贖を除いて「典」と賣の扱いが同様であること。

B 雍正十三年諭示[28]は「典」を活契典業と表現し契税を免じていること。

「民間一時借貸銀錢」という記述からは幾分か債権と債権の担保を区別する傾向が認められるが、同規定は既に変遷して実行されていないこと。

C　十年規定による納税の実態は区々であるが、納入額には「典」・賣差異なきこと。

D　「危険負担」が典主にあり典価は「典」の目的物の双肩に於いてのみ負担すること。

E　蕃人―漢人間に於いて事実上の賣に「典」を用い、「典」・賣に差別なきこと。

受け戻しなきことが確定した場合は事実上売買と差異なきことである。また山本は、典価は目的物件に対し取得した権利の対価であり、貸し出しと見るのは後世の発展で債権関係の成立を認めるまでに成長していない、即ち「此發展は今日尚甚幼稚にして、此間又別に債權關係の成立を認むるまでには生長し居らず」（五頁）、という状態にあると主張するのである。

山本はその証拠として記事③を挙げ、もし当事者に債権と債権の担保の区別があれば、「明に銀主は不足額を請求し得る權利あるに相違なきも多くは之を拋棄し、又は勘辨を加ふるに過ぎず」（六頁）と答弁する筈であるとして、典主は典物の価格以外に於いて、出典者に対し債権を主張する権利がないとしている。

このように山本第三論文では、「典」に関して挙げられた各事象について山本第二論文と全く逆の説明が与えられている。即ち山本第二論文に於いて「典」・賣同一視を示すものでないと説明された事象が、山本第三論文では逆に「典」と賣の未分化を示す証拠として扱われているのである。例えば山本第二論文でAは用語の不十分に起因するものであり（対a）、Cは救恤の意図や「物上責任」という性質から説明可能であり、「典」＝賣との証拠にはならない（対c）と論じられたものが、山本第三論文では逆に「典」と賣が甚だしく隔離するものではないことを示す事象として説明されている。また「典」と賣の差別を示すとされた免税の規定（I）は既に効力を失ったものとの解釈により整理されている。以上から山本は、「典」と賣は未分化であり債権関係の成立がなく、従って債権を主張する権利はなく、原典価銀の弁済請求権は存在しないという理論上の結末を迎えることとなったのである。

山本はさらに進んで「典主は出典者に對し、原典價銀の辨濟を請求する權利を有せざること上述の如しと雖ども、而かも之を以て典主は出典者に對し、受戻を請求し、又は典關係を變じて賣得關係と爲し、若くは典の目的物を他に賣却して、該賣却代價に就き原典價銀の辨濟を受度ことを請求する權利なしとは速斷すべからず、換言すれば典主が出典者に對する原典價銀の辨濟請求權利と、典主が出典者に對する典關係解除請求權利とは自ら別途に屬し、典主は典限滿了後は、何時にても出典者に對し典關係の解除を請求し得べきものとす、蓋臺灣の實際より云ふときは、此權利も亦多くは行使せられずして、典主は自己の有する權利範圍内に於て之を轉典するか、若くは典限滿了以前と同樣の狀態に於て典關係を繼續するを常とす」（六頁）としている。

山本はその説明に於いて、「典」の期間の問題を持ち出している。まず当初の規定は回贖のみ規定を置き、「典」の期間に特に定めを置かなかった為「典」関係が永続化し、回贖権利の証明に困難を生じるなど関係の紛争が多発した。そこでその防止の為に「典」を一時の借貸にかかるものとし（雍正十三年諭示）、「典」の期限を一〇年とする規定が登場し（十年規定・新竹碑文）、ここに清朝側に「典」の年限の短縮を図る意向が表明されるに至ったとする。しかしながらそれらの規定のみでは期限後回贖がなければ結局「典」関係は存続し、期限を設定した意味がなくなる為、戸部則例に「典」関係の解除請求権利が認められたとする。

ここで「戸部則例」として挙げられているものは実は条例第三と律例鼇頭部分である為、その解釈は結局のところ条例第三の解釈となるが、山本は同条例が「典」関係の解除請求権利を認めるものであり原典価銀の弁済請求権利を認めるものでないことが重要であるとし、中公人に典物の価格を評価させるのは「典關係を解除し、之を絶賣と爲すに際し、出典者か受け取るべき所得の有無を公明にせんことを欲したるもの」（一〇頁）であるとする。従って彼は記事②の答弁を誤謬ではないかとし、新竹碑文について特に「催令取贖」の箇所を強調し、それが「典」関係の解除請求権利を認めるものであったとしている。

そして山本は最終的に、清朝に於いて「典」関係の解除請求権利を認めるという方向は存したけれども、十年規定が罰則を置くのに比べこれらの規定は厳格なものではなく、為にこの解除請求権利を行使する者が少なく、「典」関係を継続する例が増加したと結論づけている。

第二款　松濱・早川反論と『臺灣私法』

こうした彼の見解にはすぐさま反論が寄せられた。松濱逸史「山本氏の典價銀請求權論を讀む」（臺灣慣習記事四―一〇・一九〇四）と早川彌三郎「典の性質に就て」（臺灣慣習記事四―一〇・一九〇四）がそれである。前者は山本説を全面的に否定し、彼の挙げた論点に逐一反論を加えており、後者は担保説・買戻特約付売買説双方を批判の対象としている。

松濱は山本第三論文の論点に対し以下のように反駁し、何れも「典と賣が甚だしく隔離するものでないこと」を立証する力を持たないとする。

対A・B　律上の扱い・納税額の同一は「典」・賣同一を意味しない。

対C　「物上負担」からは直接に債権関係がないとまで言えずむしろ日本の質屋と借主の間の質契約に類似する。

対D　蕃漢間に於いて「典」を用い賣の実を挙げるのは当事者が初めからその意志で「典」を利用するからである。

対E　受け戻しなきことが確定した場合に事実上売買と差異なきに至るのはその確定の結果である。

さらに松濱は記事③に対する山本の断定に疑問を呈し、当該筆記の答弁は、むしろ典主は目的物の価格の範囲内に於いては債権を有するとの判断に至るものとする。

松濱は続けて、山本のいう原典価銀の弁済請求権利と「典」関係解除請求権利につき「受戻請求、賣買關係に變ぜんとの請求、典物を賣却し其代價を以て辨濟を受度しとの請求は皆解除請求にして、氏は此等を以て總て典主の権利と認むるものと見江たり、果して然らば右の内、典の目的物を他に賣却して其代價に付き、原典價銀の辨濟を請求するは、是卽債務辨濟の請求と云ふべきもの、即ち典主に債權ありと云ふべきものにあらざるか、又其受戻を請求すと云ふも、其實債務の辨濟を請求すと云ふと同一事柄を指して云ふにはあらざるか」（七頁）と反論する。

松濱は山本が扱う条例・則例にも分析を加え、条例第三は「典主に贖回請求權あることを規定したるにあらずして、主として出典者に便宜を與え、規定の範圍内に於て出典者の欲する所を行ふことを許容したるもの」（九頁）とし、律例鼇頭部分も同様であるとする。また新竹碑文の「催令取贖」文言は典主の解除請求権を認めているが、「贖回又は取贖なる語内には、必ず典價銀提供なる意義を含有する」（一〇頁）為、むしろ典価銀弁済請求権を明らかにする規定であるとしている。

最後に松濱は「余輩は未だ此點に付て確乎たる持説を有するにあらずと雖ども、典關係の變化より考ふるときは典主の債權は單に典物に依り擔保せられたる獨立の權利にあらずして、常に典物と密接の關係を保つものにして、内地に於ける質屋(29)の有する債權と略ぼ同性質のものなりと信ず」（一二頁）との立場を述べ、論文を終えている。

早川は双方に対し以下のように述べる。

対担保説

- 典物即ち担保物の消滅が債権の消滅を来す事実を説明できない。
- 「業主權なるものは所有權とは異にして支那法に於て領土主權と私法上の所有權とを混同したるの法制より出でたる權利」（一四頁）
- 「占有、使用及收益の權利は卽業主權にして典主は卽物に付き占有、使用及收益の權利を業主より取得するものとせば業主の權利は卽零なるにあらずや」（一五頁）

対買戻特約付売買説

- 典期＝買戻権行使の期限となり、典期を過ぎても永続する「典」の存在を説明できない。

早川自身は「典」が当初「單に業主の逼迫の状態を救濟するに止まり後日調金を得たる暁に於てこれを回贖すべし又之を賣戻すべしとの約束のほか何等の意思なかるべき」ものであったのが「別に消費貸借なる思想を以て一の契約を取結び同時に其辨濟を擔保するの方法として典關係を設定するに至」ったものであるとする（以上一八頁）。しかしそれは「買戻約款付賣買契約が貸借の擔保に利用せらる、に至りたりと云ふに過ぎずして…（中略）…賣買の觀念に因りて業主權の移轉あるものとしたる法律關係が擔保權なる觀念に因りて業主權を出典者の手に留存するものとするが如き著しき思想の變化を認めざる」（一九頁）としている。[30]

以上の後にまとめられた『第二回報告書』は概ね『第一回報告書』を踏襲するもののその認識は相当に変化している。同書はまず「典限滿ツルニ拘ラス出典者回贖ヲ爲ス能ハス、又ハ之ヲ爲スヲ欲セサルトキハ典主ハ依然トシテ其物又ハ權利ノ占有、使用、收益ヲ繼續スルヲ常態」（五二九頁）とし、この弊害から「典」関係を終了する方法として找絶、別賣の二方法が規定され、「典主ハ典限ニ至レハ此權能ヲ行使シ典ヲ終了シ得ルノミナラス、又法律上此方法ニ依リ典ヲ終了セシム可キ强制存シタルモノナリ、然レトモ事ノ實際ニ至リテハ此法律上ノ規定ハ必スシモ强行セラレス…（中略）…其實例ナキニアラサルモ極メテ少ク…（中略）…典主ニ於テ金錢ノ急需アルトキハ別ニ法律上認許サレタル轉典ノ方法ニ依リ之ニ應スルヲ常態トス」（五三〇頁）としている。

続く「典ト對人的債權トノ關係」（五三〇頁以下）と題された部分には先に指摘した山本第三論文の引き写しが見られるが、新しい主張も所々に盛り込まれている。例えば雍正十三年諭示についてはそれが単に契税に関する規定であるとし、「之ニ依リ直ニ法律上典ハ貸借ノ擔保ナルコトヲ認メ、從テ典價ノ返還ニ對スル債權勿ル可ラスト論スルハ後ニ述フルカ如ク早計ニ失スルモノタルノミナラス、又此規定ニ依リ典ト賣トノ區別ヲ認メタルモノナリトスルモ是唯契税ノ點ニ關シテ然ルノミ」（五三二頁）とし、また「蓋若典ハ之ト共ニ典價返還ノ請求權ヲ伴フモノトセハ後ニ述フルカ如ク法律カ別售ノ如キ權能ヲ認ムルノ理由ナク」（五三四頁）として山本第三論文の論調を補足する記述が見られる。

引用後同報告書は重要な二論点を説き起こす。即ち第一は典主が找絶・別賣の選択権を有し出典者の意志に反してそれを強要する権利を有するかという問題である。そこでは条例第三、戸部則例田賦旗民交産第四項[31]、新竹碑文について「典主ハ找ヲ爲サント欲セハ之ヲ强要スルコトヲ得、若典主找ヲ欲セサレハ卽別售ノ方法ニ依ルヲ得ルカ如シ」（五四二頁）とし、他方律例鼇頭部分は「出典者モ亦必シモ典主ノ找貼ノ請求ニ應スルノ義務ナク、之ヲ拒絶シテ別售ノ方法ニ依ルノ自由ヲ有スルモノ、如ク、其關係頗ル明瞭ナラス」（五四一—五四二頁）との解釈を示した上で「結局當事者找賣ニ付キ合意セサルトキハ別售ニ歸ス可キモノト認メサルヲ得サルカ如シ」（五四二頁）との結論に達している。

第二は別賣の具体的な手続を典主、出典者のどちらが行うかという問題である。これについては、条例第三は典主、律例鼇頭部分、新竹碑文は出典主が行うように読めるとしながらも、「蓋凡テノ場合ニ典主ハ唯其賣却代價ヲ收メ得ルニ過キスシテ、其代價原典價ニ不足ナルモ更ニ對人的請求權ニ依リ其不足額ヲ請求シ得可キニ非サルカ故ニ、何レニ解スルモ實際上大差ナシ」（五四二頁）として終わっている。

続いて記事②の記述を「若典主ニシテ眞ニ典價ノ請求權ヲ有ストセハ、原主ハ典物別賣ニ因リ得タル代價ヲ以テ典價ノ償還ニ宛ツ可シト爲スノ理ナク、典主ハ全ク典物ニ關係ナク、直接ニ出典者ニ對シ原典價ノ全部ノ返還ヲ請求スルヲ得可ク」（五四三頁）として退け、松濱論文が論拠とする雍正十三年諭示は契税のみに関する規定であるとして退け、進んで「若典ヲ以テ眞ノ貸借ナリトシ對人的債權アルモノトセハ、律例中必ス典主ハ典銀ノ辨濟ヲ强要スルヲ得ルノ明文ナカル可ラス」（五四四頁）と説くに至っている。また山本第二論文に於いて出された「典主は典関係の解除請求権を有する」との主張に対しては「典主ハ回贖ヲ强要スルヲ得ルノ趣旨ヲ認ムルヲ得ス、唯之ニ絶賣ヲ求メ又ハ別售シテ典價ヲ歸還スルノ方法ヲ認ムルノミ」（五四五頁）としているのである[32]。

最終的に『第二回報告書』は「此時代ニ至リテハ法律上ニ於テハ一種ノ擔保權タルノ性質ヲ有スルニ至リタリト雖トモ、而カモ又一方ヨリ云ヘハ是唯法律上如斯キ效力ヲ得タリト云フニ過キス、實際ニ於テハ此時代ニ至リテモ典ヲ以テ擔保ノ方法ナリト爲スト共ニ、尚之ヲ以テ他人ノ土地ヲ留置利用スルノ物上的權利ナリトスルノ觀念ヲ失ワス、換言セハ他人ノ土地ヲ承典スル者ハ、尚或意味ニ於テ之ヲ承買スルモノナリトノ思想ヲ絶タス」（五四六頁）と述べ、「支那法ニ於ケル典ハ今日尚變遷進化ノ中途ニ在ルモノトス」（五四七頁）とのまとめに至っている。

以上の論争の果てに成立した『臺灣私法』は既に指摘した通り『第一回報告書』及び『第二回報告書』の継ぎ接ぎであるが、実はその中で幾つかの重要な削除・変更が行われている。找絶・別賣に関する規定につき「規定ハ必スシモ强行セラレス」とあったのが「此規定ハ行ハレス」とされ、「今日ニ於テハ典主ハ典限滿了後ハ何時ニテモ出典者ニ対シ此二ツノ方法ニ依リ典關係ヲ終了セシメンコトヲ請求シ得ヘキモノトス」との記述が削除され記述が変化している。[33] また山本第三論文以来論争に影響を与えてきた記事③は全て削除されている。さらに業主權移転の有無と関係を有する記述が削除され、担保権の附従性に関係する記述に対してはその意義に微妙な変更が加えられている。[34]

第四節　『臺灣私法』後の過程

第一款　『典ノ慣習』と宮内季子の見解

『典ノ慣習』では、「典權」の定義と史料の整理という、過去等閑に附されてきた問題の整理がまず行われた。[35] 宮内は「典權」の語に対し「典ハ典主ヲシテ其典物ヲ使用收益セシムルヲ目的トスルモノナルカ故ニ典行爲ニ因リ發生スヘキ主タル効果ハ典物ノ使用收益權ナリ…（中略）…此權利ハ實ニ典ノ本体ト稱スヘク吾人ハ之ヲ名ケテ典權ト云フ卽チ一種ノ不動産使用收益權ナリ」（二八頁）との積極的な定義を与え、さらに過去の論争過程に於いて引用された律例・則例についてその適用対象を整理し、旗人間には戸部則例田賦置産投税第一項、[36] 旗民間には戸部則例田賦旗民交産第四項、民人間には十年規定、「典」・賣不明のものに対して三十年規定が適用されるものとの整理の上で性質の検討へと進んでいる。

以下では『臺灣私法』が残した問題についての分析が続けられる。まず宮内は典主が原主に対して何らの請求権を有しないとの主張を行う。即ち、「蓋シ回贖ハ原主カ典權即チ典主ノ使用收益權ヲ消滅セシムル行爲ニシテ之ヲ爲スト否トハ原主ノ自由タリ、而シテ典價ノ提供ハ單ニ回贖ノ要件タルニ過キス、從テ原主ニシテ回贖ヲ欲セサルトキハ勿論典價ヲ提供スヘキ必要ナク、典主ハ之ニ對シテ何等ノ請求權ヲモ有セス、諺ニ所謂催典不催贖トハ是レナリ」（二二一―二二三頁）とするのである。

進んで宮内は典主が找絶・別賣を強要することが可能かという論点に対し、具体的な規定の解釈から説明を行う。彼は過去論議の対象となった条例第三、戸部則例田賦旗民交産第四項、律例鼇頭部分、新竹碑文を挙げ、まず新竹碑文について「如受主不願找斷應即取贖別售トアリ、即チ受主（典主）カ找貼即チ找買ヲ願ハサルトキハ原主ニ於テ取贖別售ヲ爲スヘシ、詳言スレハ原主ハ別售ノ方法ニ依リテ金錢ヲ得、之ヲ以テ典贖ノ回贖ヲ爲スヘク、決シテ典主ヲ强制シテ再三ノ找貼ヲ爲サシメ、以テ紛擾ヲ致スヘカラスト云フナリ、是レ取贖別售カ一熟語トシテ讀トスヘキコト文法上明瞭ナルノミナラス、又此諭示カ主トシテ原主ノ再三ノ找貼ヲ求ムル事、即チ所謂重找ヲ禁スルノ旨意ニ出テタルニ徵スルモ明ナリ…（中略）…同報告書（筆者註：『臺灣私法』）ハ取贖ト別售トヲ分離シ「出典者ヲシテ回贖ヲ爲サシムルカ又ハ他人ニ賣却セシム可キ」法意ナリトノ解釋ヲ下シタリト雖モ、此規定タルヤ元來原主カ回贖ニ力ナキ場合ニ於ケル救濟方法ヲ定メタルモノナルハ明白ナリ、然ルニ尚ホ原主ヲシテ取贖セシムヘシト云フハ是レ實ニ原主ニ對シ其不能ヲ强ユルモノト云フヘク、讀法上ニ於テモ亦穏當ナル解釋ニ非ス、從テ此諭示ヲ以テ典主ノ找賣及ヒ別售ノ權利ヲ認メタリト云フヲ得ス」（七三―七四頁）と説明する。

また宮内は条例第三と戸部則例田賦旗民交産第四項の該当部分が同文であることを指摘し、典価を帰還すべき者は原主であり、別售を行う主体が典主だとすると同文は読み下せないとし、律例鼇頭部分も別售を行うのは原主と規定するものであるとの分析を行っている。よって以上から彼は条例第三、戸部則例田賦旗民交産第四項、律例鼇頭部分、新竹碑文は全て別售を原主の権利であるとする点で一致するとの結論に達するのである。

また典物が典価に対する引当物であり、別賣の結果得られた代価が典価を下回った際にも差額を請求できないとする所謂「物上責任」と呼ばれた性質については、別賣は「是レ原主カ典價ヲ償却スルニ力ナク而モ典主ニ金錢ノ急需アル場合ニ生スルモノタリ、而シテ是レ典物ノ賣價カ通常典價ヨリ多キコトヲ前提トシタルモノニシテ典主ハ是ニ依リテ全典價ヲ得原主モ亦其剰餘ヲ得ントスルニ出ツ、従テ賣價ガ典價ヨリ低キ場合ニハ殆ト此協議ヲ生スルコトナシ、萬一此場合典主ヨリ此協議ヲ提出スルコトアリトスルモ原主ハ典價償却ニ力ナキ者タルヲ以テ典主カ其賣價ノミニ滿足セサルヘカラサルハ實ニ已ムヲ得サルニ出ツルノミ、之ヲ以テ典主ハ當然之ニ滿足スヘキモノナリト推定スルハ失當ナリ、從テ臺灣ニ於テハ典主カ不足ナル賣價ニ滿足スヘキ一般ノ觀念アリトノ説ハ他ニ明白ナル證左ノ存セサル限リ首肯スル能ハサル所ナリ」（八二頁）とし、「原價償還ニ力ナキコトヲ前提トセル以上ハ必ス賣價ヲ以テ典價ニ充當スヘシト爲スハ法律ノ規定トシテ當然ノ事タリ、而シテ法律ハ賣價カ典價ヨリ多キ通常ノ場合ヲ豫想シタルカ故ニ賣價以外不足額ノ請求ニ付テハ何等言及スル所ナカリシノミ、然ラハ之ヲ以テ法律カ典主ヲシテ賣價ノミニ滿足セシムルノ意ナリトスハ曲解ト云ハサルヘカラス」（八三頁）との判断に達している。

また買戻特約付売買説に関しては「（筆者補：同説に）アリテハ賣主ハ買戻ノ權利ヲ保有スルノミニシテ所有權ハ全ク買主ニ移轉シ買主ハ唯買戻ニ應スヘキ義務ヲ負擔スルニ過キス、然ルニ典ニアリテハ典物ノ所有權ハ初ヨリ全然典主ニ移轉スルコトナク從テ回贖ハ所有權ノ回復ニ非スシテ使用收益等ノ權能ヲ消滅セシムルノ行爲タルノミ、是レ兩者ニ於ケル根本ノ差異ナリ」（八九頁）とし、続けて「清國ニ於テハ買戻約款附賣買ヲ呼テ活賣ト云ヒ而シテ活賣ト典トハ通常之ヲ區別セス、但シ其間全然區別ナシトスルニ非ス、或清人ハ活賣ハ賣ニシテ典ハ典ナリト稱ス、其意所有權移轉ノ有無ニ因リテ異レルコトヲ指スカ如シ、然レト是レ唯純理上ノ差異ニ過キサルカ故ニ、清國ノ法律モ常ニ活賣ト典トニ對シテ同一規定ヲ以テ是ヲ律ス」（九〇頁）ものとして活賣と「典」に対する説明を行っている。また活賣については さらに条例第九を挙げ、「杜絶ナラサル賣契トハ即チ活賣ヲ指スモノタリ然ラハ清國ノ立法者モ夙ニ此兩者ノ相異ヲ認メタルコトヲ知ルヘシ」（九〇頁）と論じている。

以上の論述をもとにまとめられた宮内の理解は以下のようなものである。即ち「典」は「清國ニ於ケル仁義主義（筆者註：弱者救済）ト土地愛重觀念トノ混血兒」であり、「典價ノ利用ヲ以テ典物ノ利用ト交換セントスルニ過キス…（中略）…故ニ典物利用權ヲ以テ典價利用權ニ對立セシメ從テ原主典主ニ對シ交互ニ各利用權ヲ消滅シ得ヘキ權利ヲ附與スルハ立法上當然ノ配置」（以上九二頁）であるとする。しかし「仁義主義カ過分ニ原主ヲ保護セントシタル結果典價利用權ヲ終了セシムヘキ權利ヲ失ヒ、而シテ又典價ガ金錢（又ハ他ノ代替物）タルカ爲メ典價利用權ハ其存在ヲ失シ、典價ノ返還ハ却テ典物利用權ヲ終了セシムヘキ原主ノ意思表示ニ結合シテ其要素ト爲リテ所謂回贖權ヲ生シ、茲ニ立法上前述ノ四權ハ變シテ唯典物利用權ト回贖權ノ兩者タルニ至」ったのである（九三―九四頁）。結局「典ハ經濟的ニ觀察セハ一ノ融通行爲タリ、法律的ニ云ヘハ一ノ用益物權設定行爲ニシテ、之ニ因リテ發生スルモノハ用益物權タリ、唯其用益物權タルヤ回贖ト稱スル一種特殊ナル消滅原因ヲ有スル點ニ於テ普通ノ用益物權ト異レルノミ」（九四頁）というのが彼の達した理解であった。

第二款　杉本―川村論争

『典ノ慣習』発表以後にも幾つかの研究、調査報告が提出されている。朝鮮銀行『滿洲ノ不動産權ニ關スル調査』（朝鮮銀行調査課・一九一七）では「典トハ他人ヨリ一定ノ金錢ノ融通ヲ受ケ之ニ對シテ自己ノ不動産ヲ使用收益セシムル行爲ニシテ他日之ト同額ナル金錢ヲ給付シ其ノ使用收益ヲ終了セシメ得ヘキモノヲ謂フ」とし、「典ハ融通行爲ナレトモ其ノ結果タル典權ノ第一要素ハ不動産ノ使用收益ニアリ不動産質ニ於テハ質權者ハ等シク不動産ノ使用收益ヲナスモ是レ第二位以下ノ要素ニシテ質權ノ中心點ハ擔保權タルコトニアリ即チ前者ハ用益物權タルコトヲ根本ノ性質トシ其ノ附屬トシテ擔保的職能ヲ有スルモノニシテ後者ハ擔保權タルコトヲ根本ノ性質トシ使用收益ハ寧ロ附随的ノ地位ニ立ツモノナリ」（以上三七頁）と述べている。

また高橋聿郎「法律上の滿蒙」（支那研究資料一―四・一九一七）は「典の法律上の性質は一見我國の不動産質に似たるも、典は典主が直接に原主に對し又は其典物に就き其典價の囘復を求むるの權無きの點に於て不動産質の如き法律關係とは根本的に相違せり、斯くの如く債權者にして債務の履行を請求するの權無く、債務者にして債務を履行するの義務無きときは乃ち全く債權債務の關係無きものといふべく債權關係としては其根本的性質を缺けるものといふべきのみならず、既に主たる債權無しとせば之が從たる擔保權の存在すべき理由無しといふべし」（五一頁）としている。また「奉天省に於ける典の慣習」（滿蒙研究彙報二一・一九一七）も『典ノ慣習』から大きな影響を受けた記述となっており、以上の史料では特に新しい主張はない。

問題の新たな展開の契機は論文「關東州土地制度梗概」（滿蒙經濟事情七・一九一七）の登場であった。そこでは「典權は之を買戻約款付所有權と看做す」との改正案が発表され、その是非を巡り『滿洲日々新聞』上で争われた杉本吉五郎と川村宗嗣[37]による論争は一九二二年以前に於いては最後の大規模な論争となった。後日この経過は杉本の手により滿鐵調査資料第五編『關東州土地制度論　關東州土地制度改正に際し慣習法の尊重を望むの論』（南滿洲鐵道株式會社社長室調査課・一九二二）という形にまとめられるに至っている。

同論争に於いてはまず杉本が「典」は買戻約款付所有権でないとの主張を行う。「民國に於ては典を一時的の金融の方法と認め、法律的には囘贖の負擔ある用益權と見てゐることは、明かてあると信し得る。我關東廳に限り、贖を買戻し約款附所有權と認むるのは、果してとんなものてあらうかと疑はざるを得ないのてある」（四一頁）というのである。また民国では「一人たりとも典を以て業主權の譲り渡しと信して居るものは無い」（三四頁）のであり、「典」を賣とすると「典」に連続する押も賣とみなす結果となって土民の驚愕を招くとしている。

これに対し川村は「典」が「買戻約款所有権」であるとの主張を行った。彼はまず「典」に於いて「典權者は何時になつても其融通した金錢卽ち典價の償還を出典者に請求することか出來ない從つて質權の實行の場合の様に典の標的物件たる不動産の變賣して其賣得金に付き典價の辨濟を受くることも出來ない」（一六六頁）という不十分な担保的作用しか存せず、「典」と質は根本的に異なるとしている。そして「典」は「法理上から見れは何処迄も典であって賣てはない」ものの「實際上から之を觀察するときは非常に似寄ったものである」とし（以上一七二頁）、典価が賣価より安価であること、使用収益権を有すること、典主が税負担を負うこと、買戻特約の登記により第三者に対抗できること、利息が生じないこと、などの点を挙げている。そして「典」を「買戻し條件付賣」とみなすについても、「典と同し様に事實將來其の所有權を取返し得ることさへ解れは從來の典に慣れて來た支那人でも文句はないことと考へる」（一七六頁）としている。

杉本はこれに対し、「所有權」の移転の有無が両者の厳然たる区別であるとし、買戻約款付売買は「活賣」の名で「初より一つの法律行爲としてあったもの」であり、「清朝の後半に降って滿洲及支那の大部分に於て現在の活賣は典と混同するに至った」（以上七四頁）ものとしている。彼は結論として「典」を質権とみなすことを求むとしており、その見解は彼の執筆した『滿蒙全書』第六巻「法制」（一名を「支那の法制」）に於いて整理されている。『滿蒙全書』の最終的結論は不動産質権説であった。そこでは「典」は為政上の仁義主義即ち土地兼併の防遏と父産保存の孝名主義、徴税上の便宜主義即ち典主の経済力を当てにしての納税確保と契税額の差異による節税、経済上の実利主義即ち旗民不交産の脱法行為としての利用から発展したものであるとされ、また「典」を買戻約款付売買と見たり、「典」が担保物権でないとしたりする立場は「典」の弛緩状態を捉えたものとして退けられている。

また典主に回贖権なしとの主張は議論上の推断で法律上根拠のないものであり、「典」に担保物権的効力を認められないとする説は「担保と担保物の利用とを混同したもの」で、留置も可能であることから十分に担保性は存在するとされている。

さらに進んで典主の典価返還請求権なしとする説も必ずしも正しくないとされ、民国の大理院四年統字第二二六号解釈例が「典物體を換價し典價に比して不足あるときは出典者はその不足額を補足して支拂ふへきものとの解釋を公にしてゐる」（二八〇頁）ことからも請求権は認められるとする。また買戻約款付売買との説もあるが認め難く、同説は活賣の存在とその「典」との混同という状況から見て適当でなく、「典」に於いて「所有権」の移転がないことからも同説は認められないとする。

同書は最終的に「之を要するに典の内容は其の契約に依って典主の爲に典物の利用權を設定するものであって出典主に於て業主權を把持してゐる點から見れは如何なる條件かあったにせよ、法律的には決して買戻約款附の賣買を以て見るへきものてはなく、要は他日回贖に依りて消滅すへき内容を有する最も強大なる用益物權の設定行爲てあることか明確てある。而して出典主をして典價の利用權と回贖權とを把持せしめたる點は經濟的に一種の融通行爲てある。更らにまた、原主か典價返還の義務あることは、典を取扱ふに質權の理論を以てしてゐる大理院の判例からみれは、典主の有する典物の占有權は典價の回收に對する擔保の意義の有るものとして取扱はれてゐることは明白なる事柄てある」（二八三頁）との認識を示すに至っているのである。

以上の展開を示した日本に於ける論争は一九二二年、既に述べた通り勅令によって法制上一定の結論を得、また実務もこれに倣う形で決着し、ここに於いて論争は一応終息することとなったのである。

註

（1）『第一回報告書』は字句の異同を含みつつ三三九頁一二行目、三四〇頁一行目中程—七行目（挿入有）、三四一頁一八行目—三四二頁一行目、五—六行目、九行目中程—一一行目中程、三四四頁六—九行目、三四五頁一四行目—三四六頁四行目、三四六頁一四行目中程—三四七頁三行目（省略有）、三五三頁三—八行目、一〇—一五行目中程、三五五頁七—一三行目（省略有）、三五五頁一六行目—三五六頁一行目、三五九頁一五—一八行目、三六〇頁二—三行目、三六一頁一六—一七行目、三六二頁一〇—一五行目（挿入有）に於いて先行する『調査一斑』の記述と共通する文章を認めることができる。また『第二回報告書』では五三〇頁一八行目—五三三頁九行目、五三五頁一—一六行目、五三七頁一七行目—五四一頁八行目に於いて、間に多くの記述を挟み込みながら山本第三論文が引用されている。『臺灣私法』は六五一頁六行目—六五二頁一四行目が書き起こし、六五二頁一五行目―六五五頁一八行目に『第一回報告書』、六五六頁一行目―六五九頁一三行目に『第二回報告書』、六九五頁一五行目―六六〇頁一二行目に『第一回報告書』、書き起こしを挟んで六六一頁一行目―六八二頁四行目が『第二回報告書』、書き起こしを挟んで六八三頁一二行目―六八五頁七行目が『第二回報告書』、書き起こしを挟んで六八五頁三行目―六八七頁一一行目に『第一回報告書』、六八七頁一二行目―六八八頁一行目に『第二回報告書』、書き起こしを挟んで六八八頁二行目―六八九頁一二行目に『第一回報告書』、六八九頁一三行目―六九〇頁九行目に『第二回報告書』、六九〇頁一〇―一三行目が『第一回報告書』、六九〇頁一五行目―六九一頁五行目に『第二回報告書』、書き起こしを挟んで六九一頁八行目―六九二頁一〇行目に『第一回報告書』、六九二頁一一―一六行目に『第二回報告書』、書き起こしを挟んで六九三頁一一行目―六九八頁一〇行目に『第一回報告書』、六九八頁一一―一五行目に『第二回報告書』、六九八頁一六―一八行目に『第一回報告書』、若干の書き起こしがあり六九九頁五―八行目に『第一回報告書』・『第二回報告書』の文章が混在、書き起こしを挟んで六九九頁一三―一四行目が『第二回報告書』、六九九頁一五行目―七〇〇頁三行目が『第一回報告書』、書き起こしを挟み七〇〇頁八―九行目に『第一回報告書』、書き起こしを挟み七〇〇頁一一行目―七〇一頁一行目に『第一回報告書』、七〇一頁一一―一三行目に『第二回報告書』、書き起こしを挟んで七〇一頁一七行目―七〇三頁六行目は書き起こし・『第一回報告書』・『第二回報告書』が混在、七〇三頁七行目―七〇七頁にかけては『第二回報告書』に加筆、七〇八頁一―九行目に『第一回報告書』、七〇八頁一〇―一四行目に『第二回報告書』、七〇八頁一五行目―七〇九頁二行目に『第一回報告書』、若干の書き下ろしを加えて七〇九頁五―一三行目は『第二回報告書』に加筆、以下「典」の記述の終わりまでを書き下ろしとしている。後に本文で指摘するように重大な変更・削除部分も含まれており、用語の変更も存在する。特に六九三頁以降の記述は字句の異同が激しいが、扱われる内容は同一である。

（2）　山本留蔵は慶應元（一八六五）年京都生れ、明治一五年京都府師範学校を卒業、同一六年より二〇年まで小学校訓導として勤務するかたわら大亦浩堂（大亦俊）について経史文章を学んでいる。同二〇年から東京法学院に学び、同時に三島中洲に師事している。同二三年東京法学院英語法学科を卒業、同二五年からは峰山区裁判所詰書記として勤務。同三三年七月一四日から大正五（一九一六）年三月三一日（大正四年六月三〇日付無給）まで第一部の補助委員として旧慣調査に携わっている（以上臺灣總督府公文類纂四三一八―六　裁判所書記：山本留蔵（屬ニ任用）参照）。また『臺灣舊慣調査事業報告』一〇一頁以下に掲載されている一覧表によれば山本は「典胎ニ關スル契字類調査要項」七冊、「参考書　臺湾ニ於ケル流質ト為ルヘキ場合如何」一冊、「典當其他金錢貸借ニ關スル規定類」九冊の中間報告書を提出している。なお大亦浩堂は京都の漢学者で明治二一年に没している（芳賀矢一『日本人名辞典』（思文閣・一九一四）参照）。三島中洲は明治初期の漢学者・裁判官、また二松学舎の創立者としても夙に著名である。裁判官としての三島については福島正夫「在朝法曹時期の三島中洲」（二松学舎百年史編集委員会『二松学舎百年史』（二松学舎・一九七七）所収）、同「三島中洲と中江兆民――兆民の新発見資料をめぐって――」

（思想六四一・一九七七）、霞信彦「新治裁判所在勤・司法権少判事三島毅の一側面」（戸川芳郎編『三島中洲の学芸とその生涯』（雄山閣出版・一九九九）所収）などを参照。

（3）『臺灣私法』を岡松一人の業績或いは失敗として論じることはできない。山本第三論文がテキストとして『臺灣私法』に継承されているということは、『臺灣私法』成立の陰に多くの調査員達による報告が存在しており、岡松は『臺灣私法』編集に当たりそれらとも一定の関係を設定していたことを示している。『臺灣私法』を読み解くに当たっては、岡松を「総合舞台監督」の如き存在と見て、調査活動に従事した調査員との関係を考慮することが有用であろう。

（4）宮内は『典ノ慣習』冒頭の凡例に於いて「本報告書ハ此等報告書（筆者註：『臺灣私法』を指す）ヲ基礎トシ其満洲ニ於ル慣習ノ異同ヲ比較調査シタルニ過キス従テ之ヲ同會各報告書ノ補遺ト稱スルモ亦可ナリ」と述べている。台湾旧慣調査と初期満鉄調査部との間の人的な繋がりについては第一章註6参照。

（5）些少な字句の異同を省くと、『典ノ慣習』より削除された部分は同書一頁一二行目―二頁六行目、九―一三行目、三頁四行目―六頁一二行目、七頁六行目―九頁八行目、一〇頁一行目中程―一二頁九行目、一四頁一〇―一三行目、一五頁二行目、九―一三行目、一七頁八行目―一八頁四行目、九―一八行目、一九頁四―九行目、一九頁一三行目―二二頁一一行目、二三頁三―一五行目、二四頁七―九行目、二四頁一四行目―二五頁三行目、四―一一行目、二五頁一三行目―二八頁六行目、二八頁一七行目―二九頁七行目、三〇頁五―六行目、八―一〇行目、三一頁五―七行目、三一頁一七行目―三六頁一行目、三六頁一三行目―三八頁五行目、三八頁一三行目―三九頁六行目、九―一三行目、三九頁一七行目―四〇頁六行目、四〇頁一三行目―四一頁一一行目、四一頁一八行目―四三頁一一行目、四三頁一四行目―四八頁六行目、四八頁一四行目―五四頁一一行目、五五頁九―一八行目、五六頁一〇―一六行目、五七頁一行目―五九頁八行目、五九頁一一行目―六〇頁一五行目、六〇頁一八行目―六一頁一三行目、六三頁一五―一八行目、六五頁八行目―六六頁二行目、六七頁一〇行目―六八頁四行目、一四行目、六九頁四―五行目、七〇頁一一行目―八六頁一〇行目、八六頁一四行目―八七頁一行目、五―一一行目、八八頁三行目―八九頁一三行目、九一頁一行目以下資料部分全てである。概ね『典ノ慣習』のうちやや専門的な議論と思われる箇所、原資料を挙げての論証の箇所が削除の対象となっている。それ以外はほぼ同文の為、本章に於ける分析の対象からは外すことにする。

（6）なお中国で発表された「典」関係の論考に於いて、しばしば朝鮮半島に於ける「傳貫」慣習を引き合いに出し、韓国に於ける「典権」として言及するものがあるが、「傳貫」と「典」はその表面上の類似性のみで同一視されるべきものではない。両概念を分析するには、それぞれの概念の認識が植民地時期の朝鮮、台湾に於ける慣習調査の認識過程と密接な緊張関係に立つこと、また一九五八年の大韓民国民法典が「傳貫」を民法典に規定するに当たり、旧満洲国民法典及び中華民国民法典を参照したこと、またその旧満洲国民法典に於ける「典」の構成は我妻榮の立論に大きく影響されているであろうこと、朝鮮に於ける

「傳貫」それ自身が社会構造との緊張関係を有し、またその変遷との間に相互影響を有することなど、いくつもの媒介項がそこに存在する。これらを飛び越えて両者を同一視したり、無媒介に比較したりすることは意味をなさない。韓国に於ける「傳貫」についてはさしあたり鄭鍾休『韓国民法典の比較法的研究』（創文社・一九八九）二三六―二四二頁及びそこで扱われる先行研究が出発点となろう。高賢升・劉向涛「中韓典権制度比較研究」（政治與法律・二〇〇三年第三期）は中国大陸の法学界に「傳貫」慣習を紹介した意義は認められるもののその紹介は簡略に過ぎる感が否めない。また最近発見された我妻榮『中華民國民法　物權（下）』の草稿（この経緯につき高見澤磨「東京大学東洋文化研究所「我妻榮氏旧蔵資料」新発見資料紹介」（創文四七三・二〇〇五）参照）はこの問題を考える上での不可欠の史料であり、公開の後には我妻の持論を研究することが可能となろう。

（7）福島正夫「岡松参太郎博士の台湾旧慣調査と華北農村慣行調査における末弘厳太郎博士」（東洋文化二五・一九五八）に「天海謙三郎氏によれば、予定の三分の二にも達せず、当初の計画は未遂行に終った。既刊の全量に於いて、台湾私法の約半分である。そして、たとえば、業主権のように重大なものが未刊に終っている。」（三九頁）とある。また「中国旧慣の調査について」（同・同）で天海は「調査項目は…（中略）…宮内さんが主として業主権以下典、押、租等の権利関係を…（中略）…分担して調査することに決めました。」（五五頁）と証言する。

（8）中国近代法史一般を扱う基本文献としては同時代研究である楊鴻烈『中國法律発達史』（商務印書館・一九三〇）、楊幼炯『近代中國立法史』（商務印書館・一九三六）、謝振民『中華民國立法史』（正中書局・一九四八）があり、また戦後の主なものとして大陸では張国福『中華民国法制簡史』（北京大学出版社・一九八六）、台湾では展恒擧『中國近代法制史』（臺灣商務印書館・一九七三）、羅志淵『近代中國法制演變研究』（正中書局・一九七六）、國史館『中華民國史法律志（初稿）』（國史館・一九九四）、張晋藩総主編『中国法制通史第九巻　清末・中華民国』（法律出版社・一九九九）がある。その他各法分野での近代法史を扱うものがあるが、本章と関連する民法分野については潘維和『中國近代民法史』（漢林出版社・一九八二）、同『中國民事法史』（同・同）、同『中國歴次民律草案校釋』（同・同）、張生『民国初期民法的近代化』（中国政法大学出版社・二〇〇二）、同『中国近代民法法典化研究』（同・二〇〇四）、孟祥沛『中日民法近代化比較研究――以近代民法典編纂為視野』（法律出版社・二〇〇六）、李顕冬『従《大清律例》到《民国民法典》的転型』（中国人民公安大学出版社・二〇〇三）、何勤華・李秀清『外国法与中国法――20世紀中国移植外国法反思』（中国政法大学出版社・二〇〇三）、朱勇主編『中国民法近代化研究』（中国政法大学出版社・二〇〇六）などがある。近年中国大陸に於いては清末民国時期に関する文章が多数発表されており、それら個別研究は枚挙に遑がない。

（9）北洋政府期の大理院判例・解釈例を参照するには郭衛『大理院判決例全書』（会文堂新記書局・一九三〇）、同『大理院解釈例全文』（会文堂新記書局・一九三〇）がある。同書は大理院編輯處『大理院判例要旨匯覽』（大理院收發所・一九一九）、大理院『大理院解釈例要旨匯覧』（大理院・一九一九）の増補版として位置付けられ、また成文出版社から重印本が出版されており、版本の正統性、使用の便という点から見て現時点では最善といえる。ただ判例は主要なものの要旨のみであり、原本がそのまま採録されている訳ではない。なお本章に於いてもしばしば大理院の判例に言及するが、重要なものを除いて引用することはしないので、興味のある方は右の判例集で確認されたい。なお大理院の判例・解釈例はそれぞれ（民國）何年上字第何号、何年統字第何号という番号をつけた形で通常引用される。大理院に関する研究としては黄源盛「民初大理院（1912-1928）」（政大法学評論六〇・一九九八）や Richard Lawton Thurston, *China's civil law reform movement, 1912-1930*, Ph. D. thesis. University of Virginia, 1979 がある。大理院檔案については同「民初大理院司法檔案的典蔵整理與研究」（政大法学評論五九・一九九八）に詳しい。

(10) 詳しくは寺田浩明「清代中期の典規制にみえる期限の意味について」（島田正郎博士頌寿記念論集刊行委員会編『東洋法史の探究：島田正郎博士頌寿記念論集』（汲古書院・一九八七）所収）を参照。そのほかに同条例・則例に関して分析を試みたものに張富美「清代典買田宅律令之演變與台灣不動産交易的找價問題」（陳秋坤・許雪姫主編『台灣歴史上的土地問題』（中央研究院台灣史田野研究室・一九九二）所収）がある。

(11) 寺田浩明「清代中期の典規制にみえる期限の意味について」（島田正郎博士頌寿記念論集刊行委員会編『東洋法史の探究：島田正郎博士頌寿記念論集』（汲古書院・一九八七）所収）三六三頁。

(12) 民事的法源としての大清律例について滋賀秀三『清代中国の法と裁判』（創文社・一九八四）は「以上を要するに、聴訟の場においても裁判官は国法のなかに何か判断の基礎になる条項がありはすまいかと一応は思いめぐらすのを常とした。しかし、全ての判断は国法の解釈として導き出されるべきものだという考え方ではもとよりなかったし、また法の文言の一つ一つが厳しく判断を規制すべきものとも考えられていなかった。」（二七六頁）としている。

(13) 彼自身は「其自」の二字が同条例中段の効力を既往に遡及させる為の文字であると論ずるが、同部分は「其れ乾隆十八年定例より以前の」と読むのが妥当と思われる。なお岸本美緒「明清時代における「找価回贖」問題」（中国——社会と文化——十二・一九九七）も「乾隆十八年以前の」と訳している（二七四頁）。

(14) それぞれ『臺灣総督府覆審・高等法院判例 二』（文生書院・一九九五）二〇一頁（原本の頁数表記では一七三頁）所収の「明治三二故六六號 明治三三、二、二七日」判決と「明治三三控二七一號 明治三四、二、二五日」判決。前者は臺灣慣習記事三—四・一九〇三、四七頁以下に「質入地所受戻請求ノ件」として収録されている。事件番号は同一であるが、『臺灣慣習記事』に収録された方では「入質後三十年を經れば當然流質と為り質物たる業主權は承典者に歸すとの慣習の存在を認めす」と判示している。なお判決言渡日について両者の間で明治三三年二月二七日、二一日と異同がある。

(15) 明治三五年控五六號、同年八月一一日覆審法院民事第一部判決。「擔保物返還請求事件」として臺灣慣習記事二—九・

一九〇二、三一頁以下に収録。なぜか同じものが臺灣慣習記事三―一一・一九〇三、四四頁以下にも収録されている。

(16) 旧慣調査の途上発見されたもので、山本第一論文に於いて全文が発表されている。「典」に関する部分は以下のようなもので、同治一二（一八七三）年四月の年号を有する。

禁賣業重找、典賣田宅以契爲憑、賣契必載明永遠杜絶字様、立時投税、不得控找控贖、典契必載明年限、屆滿無力回贖、准予找價一次、換立賣絶文契、如受主不願找斷、應卽取贖另售、亦不得強勒滋擾、乃淡屬買賣田業、契載不明、又多匿税、以致一業找價數次、被擾何堪、嗣后置買産業、如係賣斷、務於契内照例註明永遠杜絶、立卽投税、是則縦有控找控贖、或檢呈新舊呈驗、或聲明投税年月契尾字號、據寔具訴、一經核寔、立究誣告、免傳買主、以省拖累、如係典業、必帶上手印契、將契尾存留出主之手、竝於契内、載明随帶舊契幾張、所典年限、自三五年至十年爲準、不得過多、亦應議明登載、契内限滿催令取贖、或卽找價一次、將契尾檢出、換立買契投税管業、倘或不找不贖、亦卽將典投税、並將税費若干、於契内載明、將來回贖、由原主听還、倘受主因循稽延、應由出主催令往税、以免捏造假契、似此明定章程、原爲灶絶弊端、敢有不遵、定卽究處

(17) ここにいう「典物」の「滅失」が、具体的に如何なる場合を想定しているのか、についての明確な言及はテキストには現れない。ここでいう「典物」は土地なのか家屋なのか、または単なる物品を想定しているのか、土地だとすればその「滅失」とはどのような場合か、といった問題に対する反応をテキストに見ることができない。以下見ていくように、『臺灣私法』に繋がる議論に於いては土地を想定する場合に限らず、質屋の例を引くものもあるが、「典」と関連して「動産」、「不動産」の別についてこれを問題として扱うという方向性もテキストには現れない。

(18) 「危険負担」の語が山本により「危険負擔の責任に關しては、之を不動産典にも應用し得るものにして」（二―九、七頁）とされる様は、「危険負担」が現在多く売買を設例として解説されている状況からすれば違和感を覚えさせるかもしれないが、一方で当時梅謙次郎は「從來危險問題は大抵所有權の移轉を目的とする契約に付て之を論すると雖も他の物權の設定又は移轉に付ても亦同しからさることを得す例えは地上權、永小作權又は地役權の設定若くは移轉を目的とする契約の如き是なり」（同『民法要義』巻之三（明法堂・一八九六）四一七頁）と論じている。また山本も未だ性質の決していない「典」について同語を用いることに対し特段の問題を提起していない。また山本は後述の乾隆十二年例との類似という側面から「危険負担」の理由を説明しているが、同例は典物延焼後の再建についてその費用の調整を場合毎に規定するものである。ここに於いて山本が同語を「危険」の「負担」と捉えている可能性も存するが、この問題と山本の姿勢が如何なる関係に立つかは文面のみからは判断できない。一方で「危険負担」の語に対し「ここでいう「危険」が、双務契約の一方の債務の消滅という危険のことであっ

て、火災や地震などの事象そのもののリスクとは違うということに注意する必要がある」（内田貴『民法Ⅱ　債権各論』（東京大学出版会・一九九七）六〇頁）との言明も参照。

(19) 条文は以下の通りである。

凡民間活契典當田房、一概免其納税、其一切賣契、無論是否杜絶、倶令納税、其有先典後賣者、典契既不納税、按照賣契銀兩實数納税、如有隱漏者、照律治罪。

(20) 典買田宅条部分に「見戸部則例」として『大清律例増修統纂集成』、『大清律例彙輯便覧』ともに収録している。具体的には以下の文である。

凡典契而原主不願找、賣契而現業主不願找貼者、均聽原主別售歸還典賣本價、至典契並原賣聽贖之産、現業主果有急需、原主不能回贖、亦聽現業主轉典、倘有冒稱原主之原主隔手告找告贖、或原主於轉典未滿年限以前强行告贖及限滿而現業主勒贖者、均治其罪

「鼇頭」という名称は「上註」の意として用いられる名称で、当然多くの「鼇頭」が外にも存在するが、本書では論争の中心資料の一つである右の部分のみを特に「律例鼇頭部分」と呼ぶことにする。

(21) 『第一回報告書』は「物上責任」と記した後に括弧書きで Sachhaftung と記載するが、同語は通常の法律辞典ではあまり見かけない。一方で von Jacob Grimm und Wilhelm Grimm, *Deutsches Wörterbuch*, Leipzig, S. Hirzel, 1854 は SACHHAFT の語を収録し、"adj. in alter Sprache, was rechtlich streitig ist, klagbar, wichtig" との解説を置くが、これは問題の Sachhaftung とは直接の関係を有しないように思える。ドイツに於いてどのように使用されている語であるのか究明が必要なのだが、筆者にはこれ以上不明である。

(22) 「物上責任」という語は、「典」につき所謂「精算ルール」（担保物を換価し債務を弁済する際、売却で得た代価が債務を下回る場合（所謂担保割れ）は不足分を債務者側が支払い、反対に余剰が出た場合には債権者側から返還する）では整合的な説明ができないことから持ち出されている。「物上責任」の定義は『第一回報告書』によれば「典ノ目的物ハ其兩肩ニ於テ債權者ニ對スル債務ヲ負擔スルモノト看做ス、換言スレハ目的物以外ニハ債務ヲ負ハストノ觀念ナルヲ以テ目的物ニ付キ生スル變更ハ損益共ニ債權者ニ歸スヘキモノト爲シタルナリ」（三四二頁）であり、山本の言葉を借りれば「典の目的物件は債權に對する引當物なれば、其物以外に債務を負はずとの至極簡單なる思想」（山本第二論文、二一—九、七頁）である。一方で売却後余剰が出た際の扱いにつき、完全に引き当てられたものとして所謂「質物丸取り」（所謂質流れによって貸金と担保物の賣價の間の差

額を債権者が丸取りする状況）のように余剰が出ても返還されないのか、それとも不足は払わないが余剰は返還してもらうのか、を明確に言及する箇所はない。これにつき山本第三論文は「従て中公人をして承典物件の價銀を評定せしむる如きは、物件の價額は多くの場合に於て典本價額より超過し而して此超過額は當然出典者に於て所得すべく」（一〇頁）と述べており、出典者側から見れば「余ったら返してもらうが足りなければ払わなくていい」ということのようである。なお「質物丸取り」は、暴利行為との関係から日本民法では第三四九条に於いて禁止されている。

(23) この例も『大清律例増修統纂集成』、『大清律例彙輯便覧』の「鼇頭」部分即ち上註に現れるものとして言及される。具体的には以下の通りである。

凡租屋失火例不賠償凡典産延燒其年限未滿者業主典主各出一半合起房屋如典三年年限滿足業主仍將原價取贖如年限未滿業主無力合起者典主自爲起造加典三年年限滿足業主照依原價加四取贖如年限未滿而典主無力合起者業主照依原價減四取贖如年限已滿者聽業主照依原價減半取贖如年限已滿而業主不能取贖典主自爲起造如典三年年限滿足業主仍依原價加四取贖活賣房屋與典産原無區別如遇火毀一例辦其或被火延燒原業兩主均無力起造所有地基公同售價原主將地價償還業主三股之一起造典屋其高寛丈尺工料裝修俱照原屋以免爭執至租屋出有頂首銀兩如火係租戸自起則既累業主起造其頂首銀兩不應給還如延燒者業主起造後或另租他人所有頂首銀兩量償三股之一乾隆十二年例

なおこの例のうちで「活賣房屋與典産原無區別」とある箇所は、「典」＝売買説の論拠として触れられることがある。また、この部分は後に大理院四年上字第六五三号判例により実効力をもつものとして援用されている。

(24) この性質は後に「典」の長所として逆に宣伝されることになる。後に立法院長を務める胡漢民は「民法物權法的精神」（中國國民黨中央委員會黨史委員會編輯『胡漢民先生文集』（同会・一九七八）所収）の中で、

在我們所訂的民法物權編中、還有典權一項、爲世界各國所沒有的。我國舊草案、也想不要它。但經我們再三攷慮之後、覺得不動産典乃是我國固有的習慣、與外國不動産質爲担保權的、很有不同。照我國習慣、如典物價格低減、出典人拋棄了回贖權、便可免除負担、如果典物價格高漲、出典人還可向典權人找補、這眞是一種富有王道精神的習慣、爲我國道德上濟弱觀念的優點。現在物權中保存了這種習慣、規定出典人對於典權人表示讓與其典物之所有權時、典權人得按時價找貼、取得典物所有權。可是習慣上往往有迭次請求找貼、致發生糾紛的、所以又規定找貼衹以一次爲限

と述べ、また起草の中心人物である傅秉常も「新民法與社會本位」（中華法學雜誌一―一二・一九三〇）の中で、

我國固有習慣。無不動産質而有典。故新民法酌採習慣。特設關於典權之規定。但典權之存續期間。不得逾三十年。約定期間逾三十年者。縮短爲三十年。（第九一二條）又依我國習慣。如典物價額低減。出典人拋棄其回贖權。即可免除負擔。反之如典物價額高漲。則有找貼之權利。此誠我國道德上濟弱觀念之優點。故新民法第九二六條明定。出典人對於典權人表示讓與其典物之所有權者。典權人得按時價找貼。取得典物所有權。但習慣上往往迭次請求找貼。致生糾紛者。故規定找貼以一次爲限。（第九二六條）以杜爭論。

と述べている。しかしながらこの主張に対して我妻榮・川島武宜は

胡漢民氏の指摘する諸點のうち、公同共有の規定と典權中の典物の價格の增減に關する規定とが、中國の慣行を尊重した意味に於いて、王道精神に立脚するものであるとなすは最も適當な立言であらう。のみならず、…（中略）…後者は、出典人の經濟的地位を保護したといふ意味に於て、何れも、個人本位の近代法を修正せんとする思想を宿すものとして、その有する重要性は高く評價せらるべきであらう。我々はこの事實を認め、立法者の功績を讃へるに吝ならざるものである。然し…（中略）…又右の典權中の一規定が果して、典權制度をして投資者中心の近代法的擔保制度を修正する程の實質を具有せしむるものなりや。我々は寧ろ本編が全體として獨逸、瑞西の近代法系を模倣せる中にこれ等の規定を挿入せることは、譬へば水の中に油の二三滴を落したことにも比すべきものにあらざるやを疑ふのである。（同『中華民國民法　物權（上）』（有斐閣・一九四一）一九—二〇頁）

と述べ批判している。

(25) 臺灣慣習記事三—四・一九〇三、三三頁以下所收。明治三五年八月一六日台中地方法院に於ける舊慣諮問會の記録であり、「典胎に關する事項」として掲載されている。なお面倒なことにこの史料は出典人を典主、承典人を銀主と呼んでいる。これに関しては『第二回報告書』が「又臺南地方ニ於テハ出典者ヲ典主ト云ヒ承典者ヲ銀主ト云フコト其例甚多シ、然レトモ是又正當ノ用法ニアラス只當時ノ代筆者カ如斯キ誤用ヲ爲タルモノナルコトハ臺南一般人士ノ認ムル所ナリ」（五二二頁）と述べている。またこの史料では「大清律令」との表記がされている。現在では「大清律例」と表記するのが一般的だが、この史料以外にも「大清律令」と表記する当時の文献は多く見受けられる。

(26) 臺灣慣習記事三—一〇・一九〇三、三六頁以下所收。

(27) 臺灣慣習記事四—六・一九〇四所收。明治三六年五月九日、臺南地方法院事務室に於いて開催された第十一回臺南慣習研究會の筆記のうち、三五頁以下に「臨時問題」と題された部分に掲載されている。またこの史料も記事①同様出典人を典者、承典人を銀主と呼んでいる。

(28)『第一回報告書附録參考書』二五二頁、『臺灣私法附録參考書』第一巻中、一二七頁所収。具体的には以下の通りである。

十三年禁止契紙契根、竝停徵收税課、議敍之例、奉諭旨、民間買賣田房、例應買主輸税交官、官用印信鈐蓋契紙、所以杜奸民捏造文券之弊、原非爲增課也、後經、田文鏡、創爲契紙契根之法、預用布政司印信、發給州縣、行之既久、書吏夤緣爲奸、需索之費、數十倍於從前、徒飽吏役之壑、甚爲閭閻之累、不可不嚴行禁止、嗣後民間買賣田房、仍照舊例、自行立契、按則納税、地方官不得額外多取絲毫、將契紙契根之法、永行禁止、至於活契典業者、乃民間一時借貸銀錢、原不在買賣納税之例、嗣後聽其自便、不必投契用印收取税銀、其他地方官徵收税銀多者、停其議敍

(29)質屋営業法第二十条二項は「災害その他質屋及び質置主双方の責に帰することのできない事由に因り、質屋が質物の占有を失った場合においては、質屋は、その質物で担保される債権を失う。」と規定しているが、議論当時現行法であった質屋取締法は、質物の滅失時の債権の扱いにつき第六条に「質屋ハ左ノ事項ヲ見易キ場所ニ掲示スヘシ」として「質物ノ災難ニ罹リタルトキノ處辦法」を掲げるのみであり、松濱のいう質屋慣行は条文の上には現れていない。しかし例えば小早川欣吾『日本担保法史序説』(寶文館・一九三三、法政大学出版局・一九七九)に依れば、日本に於いて同様の慣行は「質物兩損慣行」と関連するものとして比較的古い時代から存在したもののようである。現在の民法学では質権の解説に際しては質屋業に関するものを特例として扱う為具体的に質屋の債権につき論じられることはあまりないようであるが、この問題は法制史の分野に於いて非常に興味深い問題である。また台湾に於いてこのような慣行が存在したのかどうか、という問題についてはこの慣行と所謂「物上責任」という問題が「ひきあて」という要素を通じて密接な関連を持つものとして扱われているだけに重要な問題である。覆審法院はこの問題につき明治三二年に「質物の天災其他正當の理由により其全部又は大部分の消滅したる場合に在りては其質物の消滅と同時に質債權も亦消滅するものなりとは本島の習慣なりとす」との判示を行っている(「明治三二控一四五號明治三三、二、二一日」判決。臺灣慣習記事三―五・一九〇三、四三頁以下に「質代金請求ノ件」として収録)が、その判定を下すに至らしめたものが何であるかは明らかではない。

(30)これらの反論の後に発表された山本の「本島土地に關する權利の大要」(法院月報二―一〇・一九〇八)では「典」の解説が置かれているが、特に新しい立論は見られず、松濱・早川の反論に対する山本の再反論は誌上では確認できない。

(31)条文は以下の通りである。

民人契典旗地回贖期限以二十年爲斷如立契已逾例限即許呈契升科無論有無回贖字樣不准回贖在限内者仍准回贖儻賣主無力回贖許立絶賣契據公估找貼壹次若買主不願找貼應聽別售歸還典價如或不遵定限各有勒措找贖情事均照不應重律治罪

(32)　これらの問答記事、松濱論文、山本第三論文は全て「と爲すものあれど」、「と論ずる者あり」、「唱する者あり」と何故か匿名で引用されており、続く引用箇所の指定から各論者の記事であることが判明する。

(33)　それぞれ『臺灣私法』六六三頁三行目、六六八頁四行目。

(34)　「業主權」に関係する記述は、『臺灣私法』六六八頁一四行目に於いて「典主ニ典地ノ業主權ヲ移轉スルノ行爲ニシテ」という記述、六六九頁一八行目に於いて「土地ノ業主權ヲ移轉セスシテ」という記述が削除されている。また担保権との関係では六七八頁一行目に於いて「對人的債權ヲ作ルモノト見ス」とあったものが「對人的債權ニ伴フヲ要セサルモノトシ」、さらに四行目に於いて「對人的債權ヲ作ルモノト認メサリシナリ」とあった部分が「對人的債權ノ存在ヲ認メサリシナリ」と書き換えられている。

(35)　「典權」という用語自体は既に『調査一斑』の小見出しに「典權ノ性質」として登場するが、「典權」の明確な定義はなされないままに以後使用されていた。

(36)　条文は以下のものである。

旗人典賣房地、無論本旗隔旗、倶准成交、係出賣令赴左右翼納税、係出典、令各報明該佐領記檔、回贖時仍令報明銷檔、凡典當田房、契載年分、統以十年爲率、十年限滿、原業力不能贖、再予餘限一年、令典主呈明該翼、由翼將契紙交旗、鈐用佐領圖記、送翼補税、發給本人收執、該參佐領、毋得掯勒、自報税後、原業不准告找告贖、倘逾一年餘限、仍不報税、及白契置買房地、並老典三五十年、遺漏未經納税者、一經査出、或被人首告、均追價治罪

(37)　両者の経歴については『人事興信録』(上)(人事興信所・一九四一(一三版))ス三九頁、カ一八六頁にそれぞれ簡単な紹介がある。それによれば杉本は東京外語支那語科卒、川村は東亜同文書院卒である。両者が法学の知識を得る機会があったのかどうかは不明。ただ川村は民国の個別法規や判例を広く集め『支那現行民事法法則』(魯庵記念財団・一九二五)を執筆しており、実務法律家として活躍したようである。

第五章　「典」を巡る議論過程内外の諸問題

第一節　史料の問題と立論過程

第四章で見てきた議論は相当に混乱した状況を呈するものであった。以下それら議論の検討に当たり、議論の当事者達が選んだ素材、行われた解釈、使用された言葉に注目し、当事者達の議論の中に既に存在した問題の整理を行うことから始めることとする。

まず当事者達は何故議論の中心的素材として大清律例や則例を用いたのであろうか。山本留蔵は次のように証言している。

學識經驗ある士人、竝に利害關係を有する者に就きて諮問するに、…（中略）…其極茫漠として捕風捉影の憾なき能はず、於是乎本問題を決せんとするに於ては、彼等の言ふ所奈何に拘はらずして、第一、大清律令の規定するところ如何、第二、臺灣に於ける習慣及び其裁判例は如何を考察せざるべからず（山本第一論文、一七頁）

即ち相当に錯綜する現地証言の前で、彼らが採用したのが律例と則例であったのである。また『調査一斑』は次のように述べる。

大清律令ハ清國ノ法典ニシテ臺灣ハ清國ノ版圖ナルカ故ニ、大清律令ハ理論上臺灣ニ行ハレサルヲ得スト雖モ事實ハ之ニ反ス。而シテ大清律令ノ臺灣ニ行ハレタル範圍ハ之ヲ定ムルコト容易ニ非スト雖モ、…(中略)…民事ニ至リテモ之ニ依遵スルヲ以テ正則トシ、現ニ舊政府ノ判決例ニシテ大清律令ニ依據シテ裁判セシモノ無シトセス。然レトモ亦實際ニ於テハ現ニ大清律令ニ反スル習慣ヲ見ルコト少シトセス（一五頁）

ここでは既に反証が挙がっていながら、清朝の版図内である限り施行遵守されるとのいわば一つの「擬制」[1]のもとに議論の素材として律例が採用されているのである。これら命題の真偽は別として、このような手続を踏んでいる所に当事者達の姿勢の一端を窺うことができる。また宮内季子が「典権」という言葉の一義的な定義を試み、各条例・則例の適用対象を整理し、律例鼇頭部分が現行法規であるか否かに拘わる姿も、非常に興味深い。

さて次に『臺灣私法』成立過程での議論でも浮上した史料そのものに関する疑義について若干の整理を行っておきたい。律例・則例といった史料は現在の我々も依拠すべきものであり、その検討は十分に意味を持つと考えるからである。

まず問題になるのは議論の素材となった律例や則例の版本である。『臺灣私法』に至る各報告書・論文は引用元の版本を明示していないが、『第一回報告書』は緒論に於いて律例の版本につき若干の紹介を置き、最後を「現今大清律例増修統纂集成トアルモノハ光緒ノ初年聚文堂ニ於テ復再ヒ修輯ヲ加ヘタルモノナリ」（七頁）との記述で終えており、『臺灣私法』も同記述を引き継いで新情報を加えていない為、一応『大清律例増修統纂集成』に依拠したものとの推測が成り立つ[2]。また『典ノ慣習』は『大清律例彙輯便覧』を主に参照したことが各所の註から判明する。同書は光緒二九（一九〇三）年の編纂になるもので、後に大理院の判例にも引用され[3]、広く流通し一定の評価を得ていたことが明らかなものである。少なくとも「典」に関する部分は『大清律例増修統纂集成』と『大清律例彙輯便覧』のどちらの版本に依っても辿り着く条文は同一であり、特に大きな問題はない。

しかしながら戸部則例、特に「見戸部則例」として掲げられた律例鼇頭部分については問題が存する。当時既に宮内が「大清律例彙輯便覧典買田宅律鼇頭ニ戸部則例ニ見ユトシテ掲ケタルモノナルモ、同治四年ノ戸部則例及ヒ同治十三年ノ校刊ニ係ル戸部則例（即現行ノ則例ナリ）中ニハ全ク之ヲ見ス、故ニ此規定ハ同治以前ノモノタルヘク、現行法規ニアラサルコトヲ注意スヘシ」（『典ノ慣習』七二頁）と指摘しているのである。同部分は『大清律例増修統纂集成』、『大清律例彙輯便覧』双方の鼇頭即ち上註に掲載されているが、彼の主張通り同規定は同治期の戸部則例本体の版本には登場しないのである。

歴代の版本によってその来し方を訪ねるならば、同規定は「典賣找贖」第二として最初の戸部則例版本である乾隆四一（一七七六）年版に登場し、以下嘉慶七（一八〇二）年の版本までこの条文が受け継がれていることが判明する。しかしながら道光二（一八二二）年の版本ではこの条文は姿を消し、同治期の版本に見られる「典買田宅」へと編名自体が変化しているのである(4)。

上註に掲載された戸部則例について『大清律例彙輯便覧』はその凡例に「至戸禮兵工各部則例及中樞政考會典等書有與刑例交渉者亦即摘録分列上中兩層以便稽考」と記し、また『大清律例増修統纂集成』も凡例に「六部均有則例如各例添註律例之上亦誠掛一漏萬今擇常援之處分遵照部頒則例凡有關權讞獄衙門随時引用者均分門列于上格以便査核」との記述を置いている。勿論断言はできないが、以上からは上註は参考条文に過ぎず、第一義的には原典たる各則例を繰って確認すべきものであるとの記載のようにも見受けられる。『大清律例彙輯便覧』は『大清律例増修統纂集成』に影響を受けた版本でもあり、版本の作成の際に先行する版本の記述がそのまま継承されたと考えることも強ち無理ではない。

こうした新旧条文の関係は、律例に関しては『臺灣私法』に「律ハ古今ノ大法ニシテ例ハ特別ノ状況ニ依リ發生シタル規定ナルヲ以テ、例ノ意カ律ノ意ト相反スルカ如キコトハ稀有ナルヘシト雖モ、若之アルニ於テハ例ニ従フヘキモノトス、是名例中新頒律ノ規定アリテ、新法ハ舊法ニ勝ツノ原則ヲ採用シ、新ナル例ニ依テ處斷ス可キコトヲ明ニシタル所以ナリ」（三二頁）との記述があるものの、戸部則例についてどのような認識を持っていたかは明らかではない。(5)

しかしながらむしろ、当事者達が現行法規か否かという問題に神経を使っている事実が、彼ら自身の律例・則例に対する姿勢を窺わせて興味深い。つまり大清律例に於いて真に新法が旧法に勝つという法則が存したかどうかということよりも、法制を論ずる際にまずその問題が論じられなければならないと感じている彼ら自身の思考がここに看取されることの意味が注目されるべきである。

次に問題となるのは律例・則例の「読み方」である。山本第一論文に於いては「其自」の文言に拘わった解釈が示され、また宮内は『臺灣私法』の訓読は誤謬を含むとの指摘を行い、それぞれ立論中の一つの鍵となっている。律例・則例といった漢文に対する読解の水準や中国に於ける実務の理解・受容程度の問題は、彼らの議論の背景として興味深いが、また非常に立証し難い問題でもある。特に山本については当人の読解内容を示す記述（書き下し文）を欠く以上分析が困難である。また当時の清律研究については主要大学に於ける教授状況など間接的な状況は把握できるものの、(6)それらと台湾旧慣調査での職員との間に何らかの因果関係を見出そうとすることも困難である。

一方で律例の文章は実に中国人にとっても見解の一致するものではなかったようである。清朝から民国に移行した際には旧来の律例のうち有効なものを民国継続適用現行律民事有効部分として暫行援用する方針が採られ、(7)「典」の部分については律本文の第二、第三項、条例第三、三十年規定が効力を持つものとして援用された。(8)その原形となった大清現行刑律の修改作業を担当した修訂法律館は三〇年の部分を削除してしまうのであるが、(9)その理由は乾隆一八年以来同例の施策が遵守されており最早問題は解決されたというものであり、第四章冒頭での整理とも通じる理解が見て取れる。しかし他方当時の碩学薛允升は三〇年の解釈や乾隆一八年云々という箇所について疑問を呈しているのである。(10)また台湾での旧慣調査の際この問題を福建当局に問い合わせたところ、不明との回答が寄せられたとの報告もあり[11]、読解自体がそう簡単な問題でもなかったということを知ることができる。

この「読み方」の問題は、「典」を質とする議論に於いて、典主が別賣権を有するか否か（強制できるか否か）、また別賣権を認める前提に立った場合に物上性が存するか、即ち代価が典価に満たない際不足分について請求が可能か否かという問題に関係すると思われ、当時の論客も同様の主張を行うのであるが、その根拠とする条文を摘出し、彼らがそれをどう読んだかという点を注意深く観察するならば、そこには別の問題が存在している。

山本第二論文に於いて請求権ありとされた根拠は条例第三であり、また律例鼇頭部分がそれを補充するものとして論じられている。後に同様の見解を示す記事②も現れたが、これらは皆山本第三論文に於いて、解除請求権を認める条文であるとされつつも、中国は「典」に於いて債権を認めるまでに発達していないという理由により退けられたものであった。これに対し宮内は、新竹碑文は別賣行為の主体を原主とするものであり、条例第三と戸部則例田賦旗民交産第四項は同文であり、律例鼇頭部分も「均聽原主別售歸還典賣本價」とするもので、これらは全て原主に別賣を認めたものであるとしていた。

また松濱逸史は新竹碑文の「催令取贖」部分を挙げて典主に請求権ありとの論拠としている。松濱は「令」の字を使役の意味に解して典主に請求権ありとするもののようであり、字義・文法の問題からこの問題を考える立場と言えなくもないが、彼自身の論述に於いて踏み込んだ形での「令」の文法上の解釈が行われている訳ではなく、その後も『第二回報告書』が「催令取贖ト云フモノハ立法者典ノ弊害ニ鑑ミ施政ノ方針上可成出典者ヲ督促シテ自ラ取贖ヲ爲スニ至ラシム可キコトヲ命シタルニ過キス」（五四五頁）とするのみである。

山本第一論文の「其自」への拘わり以後この問題に対して字義を取り上げて論ずるという手法は採られていない。また宮内によって同文と判じられた条例第三と戸部則例田賦旗民交産第四項はそれぞれ「若買主不願找貼、聽其別賣、歸還原價」と「若買主不願找貼應聽別售歸還典價」であり、些少な字句の異同、特に「應」字を含むか否かという差異を有するが、宮内は特に「應」字を取り上げて論ずることをしない。また宮内が指摘した律例鼇頭部分「均聽原主別售歸還典賣本價」については、山本第二論文が「均く原主の別售を聽るし典賣本價を歸還せしむ」（二一九、二二頁）と読み下しているにも関わらず宮内とは異なる解釈に達している。このように、字義や文法の問題は彼らの立論過程に於いてはむしろ後景へと退いているのである。このことから調査員達の議論が須く結論先行型であるとまで言い切れるか、ということについては慎重であるべきだが、字義の解釈と彼らの立論の間の関係に於いて以上に見た差異が存することを認識しておくことは必要であると言えよう。

また当事者達の立論過程に於いては律例・則例以外の資料が混乱を持ち込んでいる。論争過程では前章に於ける記事①②③のように現地人の答弁が重要な論拠として引用されているが、その内容はやや質権寄りの理解を示しているようにも見受けられ、問答自体が何らか個別の場合を言い表しているのか、既に何らかの形で日本側の影響を受けた形での「典」の姿を言ったものか、所謂現地人の「証言」という資料独自の性格に由来する特殊性が論争の中で重要な因子となってくるのであるが、こうした資料の扱い方に関しては特に触れられていない。

また宮内や杉本吉五郎の論では民国初期の判例・解釈例が参照されている。特に杉本は大理院四年統字第二二六号解釈例を引用し、「典」=質権との説の補強に用いているが、同解釈例は後に日本の影響を受けて「典」を誤解したものとして中国人達からは非難されたものである。後に指摘する通り、清末民初に日本側の「典」=質権との見解がかなり広汎に影響を与えているが、そうなれば杉本は日本の影響下に成立した解釈を用いて中国の「典」を解釈していることになる。

あまつさえ混乱を招来する要素として、東三省地域に於いては清朝末期に自覚的に「典」に時効を設ける法令が出現している。奉天省に於ける整頓奉省旗民各地及三園税契試辦章呈と吉林省に於ける清賦升科章呈がそれである。[12] これらは日露戦争の戦場となり荒廃した同地域での戦後整理と財政再建の文脈に於いて開墾と徴税を目的として発せられたものであり、「典」に明確に期限を附することでその整理を図っている。同法令は当時の初級審判庁でも参照されており、[13] これらの法文や判例は宮内以後の研究に於いて参考資料として導入され、立論に影響を与えているのである。これらの法令は勿論一定の目的のもとに発せられた地方特別法規であり、これらを以て伝統的な「典」の姿を示すものといえるかどうかは別の問題である。そうなると宮内以降の研究、特に杉本の研究には、「典」に対し変更を加えんとする法令・解釈例も素材として入り込んでいる可能性があるといわなければならない。

以上のように見て来るならば、『臺灣私法』成立過程以来登場した幾人もの論客の間には、「法学」の問題、また西洋法概念の東洋への適用といった大きな議論とは別個の要素が存在しているように思われる。この問題に関しては各個人の素質や知識の伝播経路、共有状況を検討し、その条件の下で展開されたものと捉える方向での理解が意味を持つと思われる。

第二節　日本人を取り巻いた背景

『臺灣私法』成立過程の議論では、初期に発表された『調査一斑』が「典ハ本邦内地ニ於ケル質ト畧相同シク」（二一三頁）とし、山本第一論文もその題名を「臺灣に於て不動産の流質と為るべき場合」として質という見解を持ち込んでいる。山本第二論文では買戻特約付売買か質かという論点が提示され、山本第三論文では債権の成立を認めるに至っていないとして質権説が撤回され、宮内季子の論により深められたが、杉本吉五郎によって再び質権説が提唱され、結局は不動産質権という処理が確定していった。諸説入り乱れる中で、質は一つの考え方として存在し続け、さらには最終的結論として採用されているのである。

しかし成立過程のごく初期に発表された山本第一論文や『調査一斑』が既に「典」を質と捉えているのは何故であろうか。何かそのように捉えざるを得ない条件があったのであろうか。当事者達を取り巻いた要素は多々存するが、多くの要素のうち「典」＝質という捉え方に影響を与えたと考えられる条件はないかと探索してみるならば、実に意外な所に「典」という言葉が存在したことが判明する。

驚くべきことに「典」は日本の法体系に過去一時期存在した法律用語であった。現行法として明確に規定が置かれたのは明治三（一八七〇）年の新律綱領[14]戸婚律盗賣田宅、重典賣田宅部分である。条文は、

盗賣田宅

凡他人ノ田宅ヲ。盗賣。換易。冒認《カスメトリ》。典賣。スル者ハ。並ニ竊盗ニ準テ論シ。罪。流三等ニ止ル。官ニ係ル者ハ。各二等ヲ加フ。田産。及ヒ典賣スル田價。並ニ遞年《トシドシ》得ル所ノ花利《トクマイ》ハ。各官ニ還シ。主ニ給ス。

重典賣田宅

凡已ニ典賣シテ。人ニ與ル田宅ヲ將テ。重子テ典賣スル者ハ。得ル所ノ價錢ヲ贓ニ計ヘ。竊盗ニ準シテ論シ。價ヲ追徵シテ主ニ還シ。田宅ハ。原《モト》ノ典買主ニ附ス。若シ重子テ典賣スル人。及ヒ牙保《セワニン、ウケニン》。情ヲ知ル者ハ。犯人ト同罪。價ヲ追シ。官ニ入ル。知ラサル者ハ。坐セス。

其典スル所ノ田宅園林等。年限已ニ滿チ。本主。價ヲ備ヘテ。取贖《トリモドス》スルニ。若シ典買主。事故ニ託シテ。肯セサル者ハ。笞三十。限外ニ於テ。遞年得ル所ノ花利ハ。追徵シテ。本主ニ給シ。原價ニ依テ取贖セシム。其年限滿ルト雖モ。本主。取贖スル力ナキ者ハ。此律ニ拘ハラス。

であり、いうまでもなくこれは中国側の律例に由来するものである。従ってそこには「読み換え」が介在している。例えば同綱領に対する初期の註釈書として著名な近藤圭造註釋『新律綱領改定律例合巻注釋』（小川半七、坂上半七・一八七六）は、盗賣田宅の「典賣」の語に「質ニ置ク」との註釈を附し、重典賣田宅を「此條ハ。人ノ田宅ヲ。二重質ニ。書入ル事ヲ云フナリ。」と解説し、同条の「典」の語にも「質入レ」と註釈を附している。

「典」という語は明治一三年の旧刑法の中にも生き続けていた。即ち、

第三百七十一条

自己ノ所有物ト雖モ典物トシテ他人ニ交付シ又ハ官署ノ命令ニ因リ他人ノ看守シタル時之ヲ竊取シタル者ハ竊盜ヲ以テ論ス

第三百九十三条

他人ノ動産不動産ヲ冒認シテ販賣交換シ又ハ抵當典物ト爲シタル者ハ詐欺取財ヲ以テ論ス

自己ノ不動産ト雖モ已ニ抵當典物ト爲シタルヲ欺隱シテ他人ニ賣與シ又ハ重ネテ抵當典物ト爲シタル者亦同シ

第三百九十五条

受寄ノ財物借用物又ハ典物其他委託ヲ受ケタル金額物件ヲ費消シタル者ハ一月以上二年以下ノ重禁錮ニ處ス若シ騙取拐帶其他詐欺ノ所爲アル者ハ詐欺取財ヲ以テ論ス

がそれである。これらの条文に対し、新律綱領の起草者として知られる村田保は『刑法註釋』（内田正榮堂・一八八〇）巻七に於いてやはり抵当典物に対し「ヒキアテシチイレ」との振り仮名を附しており、「典」を質と読み換えている。旧刑法にはフランス刑法の影響を受けた条文が多数存在するが、同時に新律綱領を引き継いだものと考えられる条文も存在し、高木豊三『刑法義解』（高木豊三・一八八二）は特に第三九三条二項に関し「舊律所謂重典賣田宅ノ罪ニ係ル」と註解を行っている。[15] 旧刑法には「典物」という言葉しか登場しないが、新律綱領に於ける「典」、「典賣」と連絡を持つ語彙として認識されていたとして良いと思われる。

こうして刑法に於ける「典物」の語は現行刑法が制定される明治四〇年まで現役の法律用語として存在したのである。日本人が「典」＝質という理解を示した背景には以上の如き明治初年代の状況を考慮する必要がある。

また明治四〇年という年に「典物」という単語はまさに日本法体系の中から消え去ろうとしていたのであるが、当時の教科書や人々の語彙からも即座に消え去った訳ではなかった。興味深いことに同時期は清国からの留学生が激増した時期と丁度重なり、当時日本や清朝に於いて出版され留学生達が多く使用したであろうと推測される日本語の辞典[16]も多くこの「典物」の語を収録している。例えば『漢訳法律経済辞典』（奎文館書局・一九〇七）は「典物」の項に「質権之目的物。是為質物。亦曰典物。日本現行民法上。皆用質之文字。而刑法則有使用典字者。」との説明を置き、『漢訳日本法律経済辞典』（商務印書館・一九〇九）は「謂所質之物也。與質物同一意義。」と解説している。また同書は「質入」の項で「將財産典於人。使生質權。曰質入。即所謂設定質權是也。」と述べるなど、「典」を質と読み換えて用いることは当時の日本では普通のことであったように思われる。辞書のみならず当時の刑法の教科書の多くがこの語を使用していた訳であるから、これらの環境の中で日本の法律を学び帰国していった中国人達が「典」は質のことであると了解していたのはむしろ至極当然とも思われる。

さらに顧問として清朝で法典起草作業、法律講義に従事した岡田朝太郎は刑法学者であった。彼も勿論この単語を知っていたばかりでなくその著書『日本刑法論』（有斐閣・一八九五）三七一条の解説に於いて「典物とは動産質物を謂ふ」とし、三九三、三九五条の解説に於いても「抵当典物」という語を頻繁に使用している。そして彼は清朝での講義をまとめた著書『法学通論』（冨山房・一九〇八）に於いても質権総説の部分で「略ぼ清国の典に類す」と述べ、不動産質の説明でも「大体に於て清国の典地典房と同一なり」と述べるに至っている。

当時の中国人の証言に依ると、この結果「岡田氏が其の講義したる法學通論に於て中國の典當を大體日本の不動産質に等しと論述し、松岡氏が其の起草したる民律草案の物權編に於て亦質權のみを規定して典權はこれを規定しなかった。斯くて其時京師法律學校に修業し、二氏に教授せられし數百人は中國最初の法律學習者として卒業後中國法曹界に分布した。此によって典は不動産質權なりと云ふ學説は全國法曹界人士の思想を支配し、大理院判例亦其の判決及び解例に於て典權と質權との觀念を相混同したもの多く、四年統字第二二六號解釋例に其の最も露骨なる表示を有し、固有の慣習は全く之を抹殺し直に典權を不動産質權と認め」ることとなったのである。[17]

また清朝側法学者が「典」＝質権説の影響を被った例証は、同時期の慣習調査にも見て取ることができる。清末慣習調査の手引書である『調査民事慣習問題』（修訂法律館刷印・一九一〇）では、挙げられた質問項目の中に「典」という項目は設けられていない。「抵押權関係」としてまとめられた中には「質當典押其名目既異其規則有無異同」としたものや「業主至期限無力取贖加何辦理」のように「典」に関係すると思しき設問も並んでいるが、やはり「抵押」、「押」といった単語が前面に押し出されている。報告書はこの質問表に対応する形式で叙述が進められている為、その回答に「典」の語は登場しない。ただ『雲南民商事習慣調査報告』（［刊年不明］・京都大学人文科学研究所図書館蔵）のみ「典當意義格別」をはじめ「典」に関する報告を数件含む。同時期に作成された私的な慣習調査である徐霖『奉天民事類存』（一九一四序）[18]も「私人抵押」と題する部分に「典」に関する記述を含んでいるが、「典」と「抵押」の語の関係については特に触れられていない。

また同時期に「典」を論じた数少ない文献である費廷璜「中國典胎當與日本質權抵當權之比較」（法政雑誌［東京］一―四、一九〇六）では「以不動産之物及權利。移轉其占有。供債務之擔保。而債權者不收受利息。可直接于其不動産爲收益之事。此中國之所謂典也。」（二〇二頁）として「典」が担保であるとの立場を採るが、同時に「典」に於ける使用収益が質権の如き制限を受けないことから「典主對于其典物取得實權。恰如買主在同一之地位。」（二〇三頁）とも述べるに至っている。以上のように「典」＝質説は清末民初の通説として流布したのである。

以上の事実は、非常に多くの興味深い問題を我々の前に提示する。まず江戸期の明律研究に於いて既に「典」を質と読み換えての理解がなされており、そのいわば「伝統」が明治に於いても日本に存在していたという問題である。江戸期の著名な註釈本である高瀬喜朴『大明律例釋義』は「典は、質物にとる事也。」との解説を行い、典主を「質ニとりたる人」とする。また荻生徂徠『明律國字解』も「典買とは、しちにとることなり」と説明している[19]。特に『明律國字解』は明治初期の実務に於いて広汎に参照されたことが指摘されており[20]、江戸期の理解が明治に影響を与えている様を見ることができる[21]。

また中国人の情報源は以上の留学生、岡田朝太郎の講義以外にも存在する。旧刑法は黄遵憲『日本國志』刑法志によっても中国へ紹介されている。[22] 彼は問題の条文を以下のように訳している。

第三百七十一条

雖係己物已典付他人又有官司之命令他人監守而竊取之者以竊盗論

第三百九十三条

竊冒他人之動産不動産販賣交換者或抵當典物者以詐欺取財論雖自已之不動産已爲抵當典物又欺隠賣與他人或重爲抵當典物者亦同其罪

第三百九十五条

消費受寄之物借用之物典質之物及其他受人委託之金額物件者處一月以上二年以下重禁錮若騙取拐帶及爲其他詐欺之事者以詐欺取財論

『日本國志』は当時本格的に日本を紹介する初の文献として多く読まれたものとされる。刑法志の部分は治罪法と旧刑法の紹介及び全中国語訳であり、刑法の条文のうちには註釈の附せられたものも存する。「典」の語を含む右の条文に対しては特に註釈はないが、「典」、「典物」、「典質」の語を含んでおり、非常に興味深いものである。刑法志の部分が清朝社会に対しどれほどの影響を与えたものかは今後慎重に検討されるべきであるが、一つの状況証拠として注目すべきであろう。

さて、以上の如き質を巡る明治日本に於ける思考経験と、「典」の議論過程との間に相関の存することは、他の要素からも指摘できる。

先に山本留蔵の漢文読解が『臺灣私法』の結論を左右する鍵を握るものとなっていたことを見たが、山本の師事した三島中洲は新治裁判所長時代、まさにこうした質地問題に頭を悩まされた裁判官の一人であった。彼の手になる伺文[23]には先に見た条例第七(三十年規定)を引用して質入と売渡の別について論じた箇所すらある。こうした三島の経験が、漢文の読解とともに山本に伝えられたかどうかは確認の方法がないけれども、非常に興味深い連関がそこに示されている。

こうした明治初期に於ける「質入」、「書入」慣行を巡る思考経験は、広く「所有」を考える際に非常に重要な素材を提供する。ここに於いて先程紹介した村田保『刑法註釋』（内田正榮堂・一八八〇）を再度見返すならば、我々はそこに「所有」を巡っての衝撃的な発言が行われていることを目の当たりにすることとなる。当該箇所を引用するならば以下の通りである（傍線筆者）。

第三百七十一條

自己の所有物なりと雖も一度質物と爲して他人に渡し又は官署よりの命令に因り其物品を差押へ他人をして看守せしめたる時は其所有權己に屬せずして他人に屬す之を搶取する者は即ち盗財なり仍て前數條に記載したる窃盗の例に照らし之を處斷すべし

第三百九十三條

本條は自己の所有に非ざる他人の動産物件を云ふ不動産家屋田畑山林等を云ふを冒認して己れの所有と爲し之を販賣し又は他物と交易し若くは抵當典物《ヒキアテシチイレ》に入れ人を欺罔して利益を得る者なれば亦詐欺取財の罪と爲し二月以上四年以下の重禁錮四圓以上四十圓以下の罰金に處す

…（中略）…

自己所有の不動産と雖も一たび他人に抵當典物と爲したる時は其所有權他人に屬す若し之を秘隱して更に別人を欺き之を賣與し又は重ねて抵當典物を爲したる時は詐欺取財と何ぞ異ならん因て前項と同刑に處す（以下略）

即ち傍線を施した発言がそれである。管見の限りでは同時期の刑法の註釈書で抵当典物に出した物品の「所有権」が相手方に移るとした文献を見出すことができない。また村田は民法関係の著書として『民法註釋　物權之部』（村田保・一八九〇）を有するが、擔保篇の記述を欠く為この問題に対する彼のこれ以上の見解を窺うことができない。

ではこれは村田一人の勘違いによるものか。旧刑法起草過程(24)の最初の議論を収録した早稲田大学鶴田文書研究会・早稲田大学編『日本刑法草案会議筆記』（早稲田大学出版部・一九七六―七七）を見ると、そこにはBoissonadeによる非常に興味深い発言を見ることができる。以下の問答である。（以下は旧刑法三七一条に繋がる議論部分からの抜粋、B：Boissonade、T：鶴田皓、傍線筆者）

・第一案策定に至る議論（二二一七頁）

T：然シ己レノ品ニテ他人ヘ預ケ置キタルヲ窃ミタルハ全ク他人ノ品ヲ窃ミタルトハ少シ異ナル所アルヘシ

B：然シ仮令己レノ品タリトモ差押ヘラレ又ハ質物トシテ他人ヘ附与シタル以上ハ其所有權ヲ中止シタル者ニ付即全ク他人ノ品ヲ窃ミタルト同視スヘキ訳ナリ

T：夫レモ一理ナキニハアラサレトモ全ク窃盗ト同視スルハ過酷ナラスヤ

B：然ラハ窃盗ノ刑ヨリ少シ軽ク爲シ而シテ窃盗ノ条ノ次ヘ附記スヘキカ兎モ角モ背信ノ罪又ハ詐偽取財ト一所ニ置クヘキモノニアラス

・第一稿に関する議論（二二三五頁）

T：第四百四十八条自己所有ノ物品ト雖モ典物云々裁判所ヨリ押住云々ハ動産而已ニ係ルモノト見做シテ此窃盗ノ本条中ニ置キ其外裁判所ヨリ付託ヲ受ケタル物品ヲ窃取シタル者ハ背信ノ罪ノ本条ニ置クヘシ

B：然シ此典物云々又裁判所ヨリ押住云々窃取シタル者ハ必ス窃盗ノ本条ニ置カサルヲ得ス決シテ背信ノ罪ノ本条ニ置クヘキ者ニアラス何トナレハ仮令自己ノ所有ノ物品ト雖モ已ニ典物トシテ他人ニ交付シ又ハ裁判

所ヨリ他人ニ管守セシメタル以上ハ即他人ノ所有物ト為リタルモ同シ事ナレハナリ

T：然リ其説ハ大ニ道理アリ故ニ之レヲ全ク削ルヘシト云フヘキニモアラス（以下略）

…（中略）…

T：然シ第四百四十七条ニ「他人ノ所有物云々」ト記シタルニ付一時他人カ典物ニ為シタリトモ元来自己ノ所有物ナレハ之レヲ其眞ニ他人ノ所有物ヲ窃取シタル者ト同刑ニ処セラル、ハ不服ナリト犯人ヨリ故障ヲ言ヒ立ツルノ煩雑ヲ生セントス

B：然シ已ニ他人ヘ典物ニ爲シタル物品ヲ窃取スルハ其最初之レヲ典物トシテ受取タル金額ヲ窃取スルモ同一理ナレハ之レヲ窃盗ト爲ストモ決シテ其犯人ヨリ故障ヲ言ヒ立ツルコトナリ又仮令其故障ヲ言ヒ立ツルトモ之レニ屈スルノ道理ナシ

傍線を施した箇所は村田の発言との関係で非常に興味深いが、Boissonadeは「所有権が移転する」とは発言しておらず、また村田がBoissonadeより直接この発言を聞き及んだかどうかは不明である。[25]ともかくも全体として広く「所有」というものをどう考えるか、という問題に関する貴重な信号がここから発せられていることの意義は強調されてよい。このことは、第四章で見たとおり、山本第二論文に於いても以下のような言明として発せられている（傍線筆者）。

不動産典の如きは一たび其設定を爲すと同時に、典主は目的不動産に對し之を占有、使用、收益するものなれば、假令其關係を以て債權の擔保なりとするに於ても、不動産に對する實權は一時典主に移轉するに相違なければ、其實權移轉の状態を目して之を賣買の一種なりとするも決して無理からぬこと、謂ふべく…（中略）…之を要するに不動産に於ける典權の設定は、年限回贖なる條件を附帶したる一部權利の賣買たるに相違なく、而して他の一面に於ては、債權の擔保なる觀念が漸次發達し來りたるものと論斷し得べきなり（二―九、一

五頁）

さらに「質権」という語に関し、日本に於いて江戸時代に存在していた「しちいれ」と、近代法に於けるAntichrèse, gage, nantissementの訳語としての「質権」[26]が等価なものとして重ねられてゆくという過程の持つ問題は、一見「典」と無関係なものと映るかもしれないが、実は「典」、さらには質自身を語る際の大きな鍵を握るものである。それは即ち旧来からの固有語が西洋由来の概念の訳語として法学用語に採用される際に生ずる緊張関係の問題である。

例えば先に見た高木豊三『刑法義解』（高木豊三・一八八二）は旧刑法第三九三条二項に関し「舊律所謂重典賣田宅ノ罪ニ係ル」としていたが、このように旧来の律との連絡に於いて旧刑法の条文を理解する発想が現れる背景としては、『日本刑法草案会議筆記』の議論過程に於いて「文字ノ用法ハ從來慣行ノ律文ニ依ルコト」との条項が「起案ノ大意」の中に置かれたことも作用したのではないかと思われる。

実際に箕作麟祥がHypothèqueの訳語に「書入」を当てることに躊躇したこと、また地所質入書入規則による「書入」概念に変容があったことについては既に指摘がなされており[27]、この問題自体日本の法制に対しても大きな問題を投げかけるものであることがわかる。特に質地関係が形成されている土地についての地券名請の問題と法的な所有権者確定の関係を巡って多発した質地帰属紛争の問題及びその紛争を通じての「所有権」概念の民間への浸透の問題[28]は、広く「所有」のあり方を考える上で、また「典」を巡る議論過程の分析に関して、鍵を提供するものといえよう。

さて、以上の日本に於ける慣習整理の経験は中国に於ける慣習調査に何らかの示唆を与えるには至らなかったのであろうか。日本側の議論に於いて日本自身の経験との対比を行う文献は皆無ではないが、わずかに宮内が『典ノ慣習』に於いて「典ノ期限ハ我民法ニ於ケル不動産質ノ存續期間ノ如キモノト異リ、却テ地所書入質入規則ニ存シタリシ存續期間、即チ不動産質ハ三年間ニシテ消滅セス辨濟ナキ限リハ永續スヘキモノトセル舊規定ノ期間ト同種ノモノタルコトヲ知ルヘシ」（一四頁）と述べるに止まる程度である。日本に於いて旧時代の土地関係の整理は明治初年の一大問題であったが、その経験は（勿論全てが忘却の彼方に置き去られたものではないであろうが）『臺灣私法』が成立した明治末期にあっては既に過去のものとなりつつあったのであろうか。

最後に日本の植民地統治が与えた政治的影響についての議論を振り返っておく。この問題については一九〇五年の臺湾土地登記規則（律令第三號）の規定に関して当時の台湾に於いても既に議論されている。

臺湾土地登記規則第二条は「登記シタル典權又ハ胎權ヲ有スル者ハ債務ノ擔保ニ供セラレタル土地ニ付他ノ債權者ニ先チ自己ノ債權ノ辨濟ヲ受クルコト得」と規定している。この条文に関しては発表直後から反響が寄せられた。『第二回報告書』に於いて同規定は「恰モ典ノ性質ヲ一變シ之ヲ以テ債權擔保ノ物權ト爲シ典價ヲ以テ債權ニ屬スルモノトシ從テ典主ハ物權的ノ典關係ノ外ニ出典者ニ對スル對人的ノ典價返還ノ請求權ヲ有スルモノト爲セルモノ、如シ」としてその影響が論じられているが、全体的な結論としては「典カ今日有スル物上負擔ノ性質ヲ變更スルモノニ非ス」（以上五四八頁）とされている。

同条への反響は大きく、以下数本の論文がこの問題を論じている。上内恒三郎の「臺灣法制の研究」（法院月報二―五・一九〇八）に於いては臺湾土地登記規則第二条、更に同条第二項が「競賣法中質權ニ關スル規定ハ典權ニ、抵當權ニ關スル規定ハ胎權ニ之ヲ準用ス」と規定したことについて「此規定の正面より解するときは典權の性質に一大變更を來したるものとす、前に述べたるが如く元來典權は業主權と殆んど同様なる强力の權利なるにも拘はらず、規則第二條に依り典權は一種の擔保權に過ぎざるものと爲りたるを以て、典主の權利は法律上甚だ薄弱なるものと爲り、典主は自ら進んで典權の執行を爲すにあらざれば其債權の辨濟を受くるを得ざるに至れり」（一五頁）と述べ、その影響を指摘するとともに「臺灣人にして登記規則に依る典權の性質を了解する者恐らくは千百人中唯一人あるに過ぎざるべし」（一六頁）と批判している。

また野津三次郎は「典價及び典權の性質」（法院月報二―六・一九〇八）に於いてこれを分析して「余輩は土地登記規則發布の結果登記したる典權は質權と略〃同一の性質及效力を付與せられ同時に舊來の典價は債權と變じたるものと爲すに在り」（二四頁）としている。山田示元も「典權は純然たる擔保物權にあらざる乎」（法院月報三―九・一九〇九）に於いて「舊慣上獨立物權たりし典權は一大變更を來たし、全然典價金は純然たる債權となり、典權は其辨濟を擔保する從たる物權となりたるものと謂はざるべからざること、なり」（二一〇頁）としており、同条が旧来の典権に対する変更を企てたものであるとの主張が多く見受けられる。(29)

「典」を巡る議論は広く「所有」一般を論じる議論と緊張関係に立つ。その一端は既に見た村田保、Boissonadeの発言などにも示される通りであったし、山本留蔵を初めとして調査に従事した人物に於いても関連する発言を見ることができた。ただ先にも述べた通り、大変残念なことに『滿洲舊慣調査報告書』は「業主權」の巻を計画しながらもこれを刊行しなかった為、同調査に於ける「業主權」観を窺えないのが遺憾ではあるが、(30)そのことは「業主權」を巡る問題と「典」を巡る問題の関係が消滅した、乃至は無視されたということを直ちには意味しない。実際に調査終了後「典」と「業主權」の関係を論じる論考も現れており、(31)これら広く「所有」を巡る問題は本章の扱った時期を超えて継続する。(32)本章の分析以降の時代の文献についてもその議論の来し方を洗う作業が必要であり、またそのことによって現在の立場をもヨリ明確に位置付けることが可能となるであろう。「典」を巡る議論が、一慣習を巡る議論に止まらず広く「所有」を巡る議論へと繋がり得る問題である、ということを視野に入れることが、「典」を巡る議論を位置付ける際にはやはり不可欠のものとなってくると思われる。このことを認識せず、さらに『臺灣私法』に淵源する議論の枠組みを無批判に用いて議論を行ったとしても、その議論に進展は期待できない。現在中国・台湾に於いて行われている「典」を巡る議論を考えるには、このような視点からの検証も必要となるのではなかろうか。(33)

また「典」の語が刑法分野から出現するという事象も興味深い。なんとなれば明治の日本に於ける民法と刑法の交流の問題に発し、それらの中国に於ける認識[34]、西洋法と中国の律例の根本的な性格に関する問題にまで発展する可能性を秘めた多くの論点に辿り着くことができるからである。[35]ここに於いて「典」を巡る問題は、単に土地を巡る議論を超えてさらに豊かな素材を提示することとなろう。[36]またそれは、社会経済史学の成果[37]、西洋に於ける「典」を巡る研究などを通じて、今後とも多角的な研究が行われて良い素材であるとすることができよう。

註

(1)「典」に関して想定される地域差はこの「擬制」によって解消されるということなのであろうか、『臺灣私法』と対象地域を異にするその後のテキストに於いて、地域差を主要な問題点とするものを見出すことが困難である。

(2) 山本第一論文中には三十年規定が掲げられているが、そこでは中段末尾の部分が「但未註明回贖者、即以絶産論、不詳許贖」とされている。『大清律例彙輯便覧』や『大清律例増修統纂集成』は「但未註明回贖者、即以絶産論、概不許找贖」としており、何か別の版本によったのか、単なる写し間違いか不明である。管見の限りでは上記二書のほか『大清律例会通新纂』同治一二年版・光緒元年版、『大清律例根原』同治一〇年版、『大清律例通考』光緒一二年版が同所を「概不許找贖」としている。

(3) 大理院四年上字第六五三号判例は「按大清律例彙輯便覧内輯註乾隆十二年之例載」として具体的な書名を挙げて判断の参考としている。

(4) 瀧川政次郎「戸部則例考」(社会経済史学一三―六・一九四三)に依れば嘉慶六年の編纂の後道光元年の編纂までの間に嘉慶一一年、嘉慶一六年、嘉慶二二年と三回の編集が行われたようであるが、その三回の編集にかかる版本を手にすることができなかった。

(5) 先学の教えるところによれば、戸部則例自体は若干の取捨選択を行いつつも基本的には行われていた例を収集しただけのもので、収録されていないが依然有効であるという例も存在し、採録されているという事実はその例が絶対的な権威を持つということを意味しなかった(谷井陽子「戸部と戸部則例」(史林七三―六・一九九〇)七五―七六頁)ということであり、また則例が判語に引用される例が殆ど見出せない(滋賀秀三『清代中国の法と裁判』(創文社・一九八四)二七一頁)ということである。

(6)『東京大學法理文三學部一覽』(丸谷善七・一八八一―八二)、『帝國大學一覽』(丸善・一八八六―九六)に依ると、明治一〇年代後半以後東京大学では主に文学部に於いて唐律疏義を中心とした支那法制の講義が行われたことが確認できる。『東京大学法理文学部第六年報（自明治十年九月至同十一年八月）』（『東京大学年報』（東京大学出版会・一九九三）所収）に依れば法学部に於いても初期に「支那法律要領」として唐律、明律、清律の教授も行われたようであるが、以後の『東京大学一覧』の講義題目からは姿を消している。

（7）暫行援用については一九一二年臨時大総統令が「現在民國法律未經議定頒布、所有從前施行之法律及新刑律、除與民國國體抵触各條應失效力外、餘均暫行援用」と規定しており、同方針は参議院、大理院三年上字第三〇四号判例に於いても確認されている。

（8）民国継続適用現行律民事部分の正確なテキストがどれか、という問題は意外に困難なものである。本章では『中華民国民法制定史料彙編』下冊（司法行政部總務司・一九七六）三頁以下のものに依ったが、鄭爰諏編『現行律民事有效部份集解』（世界書局・一九二八）という刊行物もある。また『司法公報』第九十期に掲載された民事部分は他のものと若干の異同を有している。当時の立法史の教科書である楊鴻烈『中國法律発達史』（商務印書館・一九三〇）や謝振民『中華民國立法史』（正中書局・一九四八）では項目を挙げるのみでそれ以上の立ち入った論及はなされていない。

（9）『大清現行刑律按語』（修訂法律館・一九〇九）「典買田宅」部分は「臣等謹按此條係乾隆十八年定例故中有其自乾隆十八年以前三十年内外等語今此例遵用已百餘年早無從前契載不明之産此層應即節刪例首嗣後二字亦應刪去謹将修改例文開列於後」とその改定理由を述べている。同記述は汪庚年『大清現行刑律叢纂』（一九一〇）にも確認することができる。

（10）薛允升『讀例存疑』（一九〇五、成文出版社排印本・一九七〇）は三十年規定につき「此係乾隆十八年纂定之例、是以十八年以前、有分別三十年内外字様。若由現在溯自十八年以前、萬無三十年以内之理。例内如此者尚多、毎値大修之年、何以並未更生耶?。再分別三十年内外、現在各省仍未能畫一辦理、且有不知有此例者。」（二八三頁）と述べている。

（11）同回答は『臺灣私法附録參考書』第一巻中、第四節第三一、一五五頁所収。

（12）具体的な条文は以下の通りである。

整頓奉省旗民各地及三園税契試辦章呈（『論摺彙存』光緒三二年二月初二日条所収）

旗民典當田産房園往往並無年限揑賣作典弊端百出糾葛成訟貽累甚多嗣後典當之契應概以二十年爲限逾限不贖即作絶賣令典主税契過割請換戸管管業倘典主屆限不税亦照漏税罰辦其定章以前已逾二十年之典契准再展限一年由原業主趕緊回贖逾限不贖概照新章辦理

清賦升科章呈（『東三省政略』巻七附吉林省墾務所収）

典地論年限也。典受之地准典主過戸升科、准贖不贖以契載年限爲斷、契内不載則以三十年爲斷、限内准贖、限外作絶。旗典旗地民典民地、固不必論。惟例載旗地不准民人典買、現在順直各省久已奏明開禁、吉省旗地近亦半成民産、名爲典地當租、實與絶賣無異。今既清釐、宜爲酌定、凡民典旗地已滿三十年者、不找不贖、歸民戸升科。其契内僅寫當租字様、實則早歸民戸、管業已滿三十年者、准找不贖、歸民戸升科。未滿三十年、准找准贖。若由旗戸升科者、照内註明、限滿過戸。由民戸升科者、照内註明、限滿作絶。須於給照以前交割清楚、給照以後、此項詞訟該管官概不准理。典賣官地、不在此例。如有揑註册檔、新税僞契、査出加等懲治。

(13) 宣統二（一九一〇）年二月二二日吉林府第一初級審判庁民事案は「査吉林新章旗民交産典地逾三十年不找不贖又例載不明之産若遠在三十年以外契内雖無絶賣字様但未註明回贖者即以絶産論概不許找贖」と述べている（同判決は『吉林司法官報』宣統庚戌年第四期所収）。

(14) 新律綱領の編纂については藤田弘道『新律綱領・改定律例編纂史』（慶應義塾大学出版会・二〇〇一）、また手塚豊「新律綱領編纂関係者考」（法学研究二一―一二・一九四八）、内容につき水林彪「新律綱領・改定律例の世界」（石井紫郎・水林彪『法と秩序』（岩波書店・一九九二）所収）、註釈書については手塚豊「新律綱領、改定律例註釈書」（法学研究三八―四・一九六五）を参照されたい。

(15) 岡田朝太郎『日本刑法論　各論之部』（有斐閣・一八九五）では第三九三条につき「案スルニ我新律綱領ノ賊盗律中、詐欺取財ノ條下ニ「人ノ財物ヲ冒認シテ己ノ物ト爲ス者ハ竊盗ニ准ス」トノ規定アリト雖モ現行法ノ本罪ニ關スル規定ハ却テ佛蘭西民法ニ重抵當、抵當物販賣（Stellionat）ノ條ヨリ脱化シ來レルモノ、如シ」（一〇五五頁）と述べ、異なる来歴を提示している。

(16) これらの辞書はさねとうけいしゅう『増補中国人日本留学史』（くろしお出版・一九七〇）三四七頁以下に詳しく紹介されている。

(17) 黄錞「中国不動産典権論」（台法月報三一―六〜三二―一二・一九三七〜三八）三一―九、二六頁。同様の主張はその後の中国側の論文に多く見ることができる。

(18) なおこの本は慣習を知るための希少な資料として当時の奉天総領事落合謙太郎から外務大臣加藤高明へ和訳が送られている（外交史料館蔵「支那に於ける土地に関する雑件」（三―一二―一―一〇―一七九）所収）。

(19) 両著の参照に当たっては小林宏・高塩博編『高瀬喜朴著　大明律例譯義』（創文社・一九八九）、徂徠物茂卿著／内田智雄・日原利國校訂『律例對照定本明律國字解』（創文社・一九六六）が便利である。

(20) 高塩博「江戸時代享保期の明律研究とその影響」（池田温・劉俊文編『日中文化交流史叢書　第2巻　法律制度』（大修館書店・一九九七）所収）参照。

(21) このほかにも江戸期の随筆である山崎美成編『疑問録』（市島謙吉編『續燕石十種』第二（国書刊行会・一九〇九）所収）に

「質物ヲ典物ト云ノ義　醒齋問」との発問に対し「後漢劉虞傳云、典當胡夷注ニ出、物質錢俗曰當云々、コレニヨリテ典物典質ナドモ云ヘリ」との回答がある（以上三七二頁）。同書については「天保四年福井春水の發起により、毎月二十日山崎美成の宅にて疑問會を開く、本書は其の時の筆記にして、美成の編する所なり」との解題がある（七頁）。同記述の存在に関しては渡辺浩氏よりご教示を賜った。

(22) 黄遵憲と中国の法制の関係については李貴連（松田恵美子訳）「近代中国法の変革と日本の影響」（池田温・劉俊文編『日中文化交流史叢書　第2巻　法律制度』（大修館書店・一九九七）所収）参照。また『日本國志』の受容については佐藤三郎『近代日中交渉史の研究』（吉川弘文館・一九八四）参照。黄遵憲の日本滞在は明治一〇年から一五年であり、公布されたばかりの旧刑法を持ち帰ったことになる。また『日本國志』自体は一八九〇年に刊行されたものの、公刊と同時に広く読まれたものではないようである。その後読まれたとしても、旧刑法を紹介した部分がどれほどの衝撃を与えることができたかについては慎重な検討が必要であり、ただ表面的な連鎖のみで過大な評価を与えるべきではない。

(23) 福島正夫「在朝法曹時期の三島中洲」（二松学舎百年史編集委員会『二松学舎百年史』（二松学舎・一九七七）所収）三〇頁参照。三島の質地論については村上一博「明治初期における一裁判官の法意識——三島中洲の『民事法律聞見随録』と質地論——」（明治大学社会科学研究所紀要三二―二・一九九四）がさらに詳しく展開している。

(24) 詳細な起草過程の紹介は膨大なものになるためさしあたり早稲田大学鶴田文書研究会・早稲田大学編『日本刑法草案会議筆記』（早稲田大学出版部・一九七六―七七）解題、及びボアソナード講義／ボアソナード述、吉井蒼生夫ほか編著『旧刑法別冊（1）刑法草按注解』（日本立法資料全集8・9）（信山社・一九九二）収録の吉井蒼生夫・藤田正・新倉修「旧刑法の編纂過程」を参照。

(25) 村田はこの討議の場には参加しなかったようであるが、この討議を経て作成された草案の刑法草案審査局に於ける審査には委員として参加している。

(26) 司法省『法律語彙初稿［仏和法律辞典］』（原本・一八八三、信山社より復刻・一九九七）によれば gage, nantissement を質入、hypothèque を書入質と訳している。これら欧米の概念の翻訳過程についてはフランスだけでなくドイツからの流入にも注意すべきであると思われる。現に『臺灣私法』は「今日ニ於ケル臺灣ノ典權ハ其對人的債務ヲ作ラス單ニ物上的負擔ヲ作ルノ點ニ於テハ頗ル獨逸法ノ Grundschuld ニ類似スルモ、Grundschuld ハ抵當權ト同シク他人ノ物ニ對スル占有用益ノ權利ヲ與ヘス、又他人ノ物ヲ占有用益スルト同時ニ擔保權タルノ性質ヲ有スルノ點ニ於テハ佛國法ノ Antichrèse ニ類スルモ、Antichrèse ハ單純ナル物上的負擔ニ非スシテ債務關係ヲ作ルノ點ニ於テ典ニ異ル、或ハ之ヲ以テ物上的負擔（Sachhaftung）ヲ作ル Antichrèse ナリト云ハ、正鵠ヲ得ルニ庶幾カランカ」（六九二頁）としているが、これら諸概念については『臺灣私法』やそれに繋がるテキストに於いて参考文献等は指示されておらず、岡松参太郎の他の著作に於いてもこれらの概念について敷衍を行うものを見出せないため、これらの分析の手掛かりを欠く。また英国法との関連を考える際には宮坂宏「明治初期の法律用語辞書草稿――Dictionary of Law Terms vol. Iと法詞訳集――」（専修法学論集一一・一九七一）が紹介する相馬永胤の草稿がHypotherationを仮質、Mortgageを質と訳していることも手掛かりの一つとなろう。

(27)　伊藤孝夫「明治初期担保法に関する一考察」（法学論叢一二八―四／五／六・一九九一）参照。

(28)　日本に於けるこうした慣習の整理過程に関しては既に日本法制史学に於いて多くの研究が発表されているが、特に藤原明久「明治初期における土地担保法の形成――明治六年「地所質入書入規則」を中心として――」（神戸法学雑誌二四―三・一九七四）、同「地租改正過程における質地関係の処分」（神戸法学雑誌二五―一／二・一九七五）がまず参照されるべきである。同氏は後に「明治初年における二重書入（抵当）の処罰――「新律綱領」の重典売田宅条の適用をめぐって――」（神戸法学雑誌五四―三・二〇〇四）、「明治十三年公布「刑法」（旧刑法）の二重抵当罪規定の成立と抵当権の公証」（修道法学二八―二・二〇〇六）を発表し、本書の行論とも関連する条文について詳細な検討を加えている。またこの問題を扱う文献として清瀬一郎「維新以後ノ土地制度ノ概略」（京都法学会雑誌一二―四、五・一九一七）、同「維新以後ノ土地擔保制度ノ概略」（京都法学会雑誌一二―七・一九一七）参照。

(29)　この他には崎本武兵衛「典権に就て」（法院月報三―一一・一九〇九）が山田論文に対する批判をよせ、地上権説を提唱している。

(30)　このことを証言した天海謙三郎自身は関東庁時代、「業主権」について以下のような問答を残している（南滿洲鐵道株式會社總務部資料課編輯『關東廳ノ法廷ニ現ハレタル支那ノ民事慣習彙報』下巻（南滿洲鐵道株式會社・一九三四）一八九二頁所収「証人天海謙三郎訊問調書」参照）。

問　證人は普天の下王土に非るはなしとの趣意か所有權を認むるに付ても行はれて居ると云ふも右趣意は領土權の事にて所有權とは別問題にはあらさるなきか

答　自分が觀る所は支那ては領土權所有權との觀念か左樣に明確に區別せられては居らないのて普天の下王土に非るはなしは矢張り所有權に付いて用いられをると思ひます元來自分等か云ふ所有權は支那人は業主權と云ふて居り日本に於ける所有權の觀念とは異つて居るのてす

問　夫ては業主權と日本て云ふ所有權とは觀念の上に於て如何なる差異ありや

答　業主權は永代借地權の樣なものて永代小作權よりは強大て租税滞納なき限りは官に取り上ける樣な事は無いのてす

問　業主權と支那て云ふ永小作權と如何なる差異ありや

答　紅冊地は業主權で餘地は永小作權てすか永小作權は官に入用の時は取上けます

問　業主權と日本の所有權とは如何なる差異ありや
答　業主權は刑法上の犯罪の時は没收せられます先す此點が異つて居ります

（31）「典」との関連に於いて初めにこの問題に言及したのは『臺灣私法』成立時期の早川彌三郎である。彼は典主が「旧来の業主權」を保持し、「日本統治下の業主權」を獲得しないとの説明に於いてこれを提唱している。しかし彼自身はその後「典」に対して明確な結論を得るには至っておらず、後の著書『物權法要論』（明治堂書店・一九二四）に於いても「支那の法律に於て典（質）は債權擔保の爲めの物の買戻契約たり」（二八九頁）とした箇所もあれば「支那の法律に依れは土地の上の質權は之を典と稱し古來より行はれたる如し典は我邦に在つては通例動産質に用ひらるる文字なるか如しと雖も支那に在つては動産質は之を當と稱するか如く典と稱せす我邦の不動産質の觀念は恐らくは支那より來れるものなるへし」（三〇四頁）とした箇所もあり、一定しない。また成宮嘉造「支那民律買回總説」（臺灣時報一三一・一九三〇）は「此の時代（筆者註：清朝中葉以降）の私法變遷の根蒂を成すものは土地の業主權が漸次王土法の領域を克服し行き、傳統的國家論者により領土（Staatsgebiet）の支配權（Herrschaftsrecht）を以て國法的物權（Staatsrechtliches Sachenrecht）と解せらるゝ意義を有つ領土高權（Gebietshoheit）が、民法上物に對する所有（Dominium）と公法上人に對する支配（Imperium）とに分化し、今日私法上に妥當して居る所有權の形成へと漸移し行つたことである。即ち土地の業主權は最早や從來の如き其の占有、使用、收益等の範疇に止まらず、從來の公法の領域を私法化し、近世的意義に於ける所有權にまで擴張されて行つた。吾人はこの業主權の變遷を認識することに依つて始めて典と活賣との區別が客觀的に可能なることを知り得る。斯くて臺灣舊慣調査會當時の典及び活賣の根本的質疑の問題は氷解すべき筈であると私は考へる。即ち出典の場合、舊來の意義に於ける業主權（土地の占有、使用收益のみを内容とする物權）は承典主に移轉するも、猶ほ新意義に於ける業主權即ち所有權は出典主に留保せらる關係を、この認識によりて遺憾なく説明し得る。活賣の場合は所有權の移轉（Eigentums bergang）即ち所有權者の交替（Eigentumerwechsel）を效果つけ、單に買賣權のみが買主に留保せらることが理論上爭ひ難くなつたと言ひ得る。」（七九頁）と述べている。

（32）この広く「所有」を巡る問題は、本書で扱った時代を超えて、旧満洲国に於いても展開する。江夏由樹「関東都督府、及び関東庁の土地調査事業について——伝統的土地慣習法を廃棄する試みとその失敗——」（一橋論叢九七—三・一九八七）、同「満州国の地積整理事業について——「蒙地」と「皇産」の問題からみる——」（一橋大学研究年報経済学研究三七・一九九六）等、広く「所有」一般の問題を見据えつつもそれらを短絡的に論じることについて健全かつ正当な警戒を示す氏の一連の論考は、この問題を考える上で貴重な手掛かりを提供する。

（33）台湾に於ける改正作業では、「典権」を規定する中華民国民法第九一一条「稱典權者謂支付典價占有他人之不動産而爲使用及收益之權」について、「占有」の語を削除するか否かという議論が提起されたが（法務部主編『法務部民法研究修正委員會物權編研究修正小組會議資料（典權部分）彙編（十）』（法務部總務司・一九九三）四五―四八頁）、これをきっかけとして広く「所有」のあり方へと繋がる議論を引き起こすまでには至らなかったようである。

(34) 当時の清朝政府は勿論新律綱領の存在は認知していたが、それ自体の性格、特に新律綱領に於ける民事と刑事の問題をどのように認識していたのかは不明である。参考までに沈家本が新律綱領に触れている箇所を挙げておく。

　日本未行新刑法以前折衷我國刑律頒行新律綱領一洗幕府武健嚴酷之風繼復酌採歐制頒行改定律例三百餘條以補綱領所未備維持於新舊之間成效昭著（『清朝續文獻通考』巻二百四十七刑六）

(35) 例えば律例に於いて横領罪を成立せしめるものは何か、といった問題は民事と刑事の交錯の問題に止まらず、律例そのものの性格を探る手掛かりとなろう。ただ一方に於いて刑事と民事が交錯する犯罪に於いてその民事に関する概念――例えば本書の関心からいえば「所有」など――を詳細に検討した様子は（少なくとも三九三、三七一条に関しては）あまりない印象を受ける。律例に含まれるところの、現在の我々から見て物権に関する用語と見て取れるものについて議論が行われていないという状況は、清末の刑法改正に於いても同様の如くである。『大清現行刑律按語』（修訂法律館・一九〇九）「典買田宅」條の部分を見ても、刑罰の変更（笞丈、刺字の廃止）に伴う変更があるのみで、それ以外の変動は見当たらない。清末の大清新刑律に関する資政院での議論を詳細に検討した小野和子『五四時期家族論の背景』（京都大学人文科学研究所共同報告『五四運動の研究』第五函15（同朋舎・一九九二））は「以上のようにして新刑律はようやく公布に至ったのだが、資政院における五日間にわたる審議は、政府側委員及び法典股委員の報告の時間を除いて、ほとんどの時間を尊属親と卑幼の関係と無夫姦の問題に終始したといえる」（四〇頁）とその分析を示している。資政院での議論に先立つ総督・巡撫からの意見書について小野は「論点は多岐にわたる」として家族論に関する論点を主に取り上げているが、其の他の論点を求めてこれら総督・巡撫の上奏を紐解いてみても、土地に関する論点に触れるものはない。

(36) 例えば『第二回報告書』には「真ニ典價ノ請求權ヲ有ストセハ、原主ハ典物別賣ニ因リ得タル代價ヲ以テ典價ノ償還ニ宛ツ可シト爲スノ理ナク」（五四三頁）とする箇所がある。これに対し、民法制定以前の担保のあり方との関係に於いてこのような言説が登場することを如何に評価すべきか、担保というものをどのように捉えているか、という方向から問題を立てるならば、非常に有意義な議論に発展する可能性を秘めていよう。また「對人的債權アルモノトセハ、律例中必ス典主ハ典銀ノ辨濟ヲ強要スルヲ得ルノ明文ナカルヘカラズ」（五四四頁）とする箇所も、当時の法律の条文に対する感覚を示すものとして興味深い。

(37) 本書では扱わなかったが、一九三〇年代以降旧満洲国下で行われた農村実態調査（概要、報告書については中兼和津次編『旧満州農村社会経済構造の分析』（アジア政経学会・一九八一）「第四章　旧満州の農村および農業実態調査について」を参照）では、「典」の持つ経済的機能に着目した言説が現れるようになる。康徳年間の調査をもとに編集された滿洲國實業部臨時産業調査局産調資料（45）ノ（8）『土地關係並に慣行篇――康徳元年度農村實態調査報告書』（原本・康徳四（一九三七）、『農村実態調査報告書第八巻』として龍渓書舎より復刊・一九八九）には「典關係そのものが既に土地の實質的集中である許りでなく、それが完全な土地所有權の集中にまで移行する過渡的な形態をなしてゐることである。農民の窮乏化―負債―土地の出典―土地の喪失―雇農への没落といふ道は、そのまったく逆のコースである資金の貸付―土地の入典―土地の集中といふ道と共に、一つの避け難き傾向をなしてゐるのである」（七九頁）との記述があり、民国期に中国側で作成された上海中央政治学校地政学院編集『民国二十年代中國大陸土地問題資料』（成文出版社・一九八二）に農業金融類として収められた報告書にも押から「典」、「典」から賣へと移行する土地収奪の様相を描くものが多い。また東亜研究所『支那都市不動産慣行調査報告書』北京の部（アジア経済研究所がマイクロフィルムとして所蔵、史料の詳細は井村哲郎「東亜研究所「支那慣行調査」関係文書――解題と目録――」（アジア経済資料月報二九―一、四・一九八七）を参照）は民事訴訟執行規則第七十三条の規定を説明して「この制度は補訂民事執行辨法一六條五項によってもはや廢止されたものではあるが、抵押權を一種の典權に變移せしめるものであり、やはり典權に轉換する慣行的形態の一つを想起せしめて興味深いものがある。」（三〇五―三〇六頁）と述べている。

第六章　補論：「舊慣」と『臺灣私法』
――議論の素材として――

本章ではまず第一節に於いて、広く「舊慣」一般について『臺灣私法』が如何なる態度を採っているのかを窺うことのできる部分のテキスト分析を示し、第二節に於いては『臺灣私法』後の時期について「舊慣」を考えるに有用と思われる素材として、『臺灣私法』の成立過程にも関与した石坂音四郎・雉本朗造の二人に関連するテキストを考察する。ともに本論とは少しく距離を置くけれども、「舊慣」全体を考えるに有益な示唆を与えるものといえる。特に補論としてこれを置く所以である。

第一節　「舊慣」の変容

『臺灣私法』に繋がる報告書に於いて「舊慣」に関する定義を行っているのは『第一回報告書』「臺灣現時ノ法律」の「臺灣ニ於ケル法律ノ實質」部分であるが、この部分は『臺灣私法』へも基本的に改変されないまま継承されて[1]おり、旧慣調査を通じての基本的な認識と見ることができる。またこの部分は実は同報告書刊行直前に発表された岡松参太郎「臺灣現時の法律」（臺灣慣習記事三―一・一九〇三）の該当部分と同じものである。そこでは、

臺灣ニ行ハルヽ法令ヲ以テ舊慣ノ効力ヲ認メタルモノ少カラス。例之明治三十一年七月律令第九號第一條ノ如シ。舊慣トハ何ヲ云フカハ立法上ノ解釋ナシト雖トモ、之ヲ舊政府時代ニ行ハレタル法律ト解スルヲ至當ト

ス。一方ニ於テハ之ヲ舊時ニ行ハレタル慣習法ニ限ルノ要ナク、舊時ニ行ハレタル成文法ヲモ亦之ヲ包含セシメサルヲ得サルト共ニ、他方ニ於テ舊時ノ慣習ニ屬スルモ法律タルノ効力ナキモノハ之ヲ除外セサルヲ得ス。蓋舊慣ノ効力ヲ認メタル法令ノ主旨タル法力ナキ慣習ヲモ認メントスルモノニ非ルヤ明ナレハナリ（二〇頁）

と述べられている。「舊慣」の語はここでは「舊政府時代ニ行ハレタル法律」、即ち清朝時代の「成文法」及び「法律たるの効力ある慣習」（即ち「慣習法」）の双方を含むものと構成されており、この解釈が採られることにより、「舊慣」を認識する材料として律例、諭示（中央から府縣までの各段階のものを含む）を導入することが可能となっていると考えられる。ここで単に「舊慣」＝「古い慣習」、「昔の慣習」とする捉え方や、「舊慣」と「慣習」、「習慣」をほぼ同義とする捉え方とは異なる設定がなされていることには注意が必要である。一方で『臺灣私法』が「舊慣」という概念を以上の如く設定したことが理解されず（乃至は忘れられ）、異なる理解がなされて「舊慣」の語が表す内容が変容してゆくという可能性はある。[2] それは現在の我々が「舊慣」と聞いた時に何を想像するかを考えてみるだけでも理解できよう。

「舊慣」を認定する際の史料について『調査一斑』は

此等ノ慣習ヲ知ルノ材料ハ舊記ニ散見シ口碑ニ傳フルモノニ依リ、又實際ノ慣行、舊政府ノ判決例及土人ノ證言ニ依ルノ外、其材料ト爲ルモノ二種アリ。一ハ官廳ヨリ發行セル縣誌及廳誌ノ類ナリ…（中略）…此外魚鱗冊、采訪冊ト稱スル二書アリテ存ス…（中略）…其二ハ各地人民ノ所有ニ係ル證書類ナリ（一五―一六頁）

との記述を置いており、中でも最も重要視されたのは「各地人民ノ所有ニ係ル證書類」、即ち現在広い意味で言う所の「契約文書」であった。[3]

さて、先に本書第三章第二節第三款で見たような契約文書への姿勢の変化は、『第一回報告書』緒論の「慣習法」

の記述にも影響を与えていると見られる。この部分は『第一回報告書』もほぼこれを踏襲したが[4]、新たに冒頭には「元來支那ノ法律ノ原則ハ民間ノ法律關係ハ之ヲ其私約ニ任セ、如何ナル事項ト雖トモ私約ヲ以テ之ヲ定ムルヲ許シ、且直接公益ニ關係ナキ事項ハ、官敢テ之ニ關渉セサルヲ主義トス」（一二頁）との一文を置き、後半でも「殊ニ私法的關係ニ付テハ民間ノ私約ニ一任スル主義ナルヲ以テ」（一四頁）との挿入を行い、再度この性格を強調している。

この分析を冒頭に置いた上で新たに、「殊ニ契約ニ關スル慣習ニ至リテハ已ニ屢述シタルカ如ク、廣ク契約ノ自由ヲ認メタルカ故ニ、各種ノ契約皆各様ニシテ、其孰レヲ採リテ慣習ナリト爲スヘキヤハ往々困難ノ問題タリトス」（一三頁）との記述が挿入され、後半では「臺灣ニ於ケル證書類ハ…（中略）…千篇一律ノ形式ヲ有スルモノ多ク、又由來權利觀念ニ乏シカリシヲ以テ關係ノ明瞭ナラサルアリ。重要ノ字句ヲ輕々ニ使用シタルアリ、形式ニ拘泥シテ實質ノ表明ニ疎ナルアリ、決シテ一端ヲ取テ全斑ヲ推論シ得サルモノニシテ、要ハ周圍ノ事情事後ノ状況如何ニ着眼シ、以テ慣習ノ眞相ヲ索出ス可キ要アルナリ」（一五頁）とその複雑多岐な要素への注意が促されている。

さらに『臺灣私法』に至っては、契約文書の文言に関してヨリ慎重な記述が加えられている。『臺灣私法』「契字ノ方式」の記述に於いては、『第一回報告書』に於ける契字の「要件」または「要スル」、「必要トスル」という表現、また「法律上ノ効果」といった表現が全て削除されるかまたは書き換えられ、その表現が避けられている[5]。これらの記述がこの時点で挿入されているのは、おそらく「地基」を巡る経験を反映したものと見ることができるのではないかと思われる。

「舊慣」の認定の為の方法として明言されていた「各地人民ノ所有ニ係ル證書類」に依るという方針は、無条件にそれに依りさえすれば良いという性質のものではないことが「地基」の認識を通じて痛感されていく様がここに現れている。契約文書は、「舊慣」を見る際の重要な資料ではあるものの、「決シテ一端ヲ取テ全斑ヲ推論シ得サルモノ」なのであった。

さて、当初契約文書については、それに依って何らかの形で画一的なものを抽出しようと試みながら、最終的にはその複雑性の前に「決シテ一端ヲ取テ全斑ヲ推論シ得サルモノ」とされた一方で、「成文法」として導入された律例については、『調査一斑』から『第一回報告書』への移行に於いてむしろヨリ強い効力を認める方向へと転化し、律例・会典を中心とする体系を志向している様が分析より浮かび上がる。

まず慣習と律との関係、特に律の性格を巡る見解については第五章で見た通り『調査一斑』と『第一回報告書』の間に決定的な差異が存在している。『調査一斑』が

大清律令ハ清國ノ法典ニシテ臺灣ハ清國ノ版圖ナルカ故ニ、大清律令ハ理論上臺灣ニ行ハレサルヲ得スト雖モ事實ハ之ニ反ス。而シテ大清律令ノ臺灣ニ行ハレタル範圍ハ之ヲ定ムルコト容易ニ非スト雖モ、要スルニ刑事ニ付キテハ其大部分行ハレタルカ如シ。民事ニ至リテモ之ニ依遵スルヲ以テ正則トシ、現ニ舊政府ノ判決例ニシテ大清律令ニ依據シテ裁判セシモノ無シトセス。然レトモ亦實際ニ於テハ現ニ大清律令ニ反スル慣習ヲ見ルコト少シトセス（一五頁）

としていた箇所は『第一回報告書』では姿を消しているのである。

それに代わり『第一回報告書』は大清律の序文や講読律令條を引いた上で、

支那大陸ニ於テハ何レノ世朝タルヲ問ハス一定ノ成法ヲ有シ、且豫メ之ヲ公布シ臣民一般ヲシテ周知セシムル方針ヲ取リタルモノナレハ、其裏面ニ於テハ都鄙ノ別ナク總テ之ヲ遵奉ス可ク、換言スレハ律ノ効力ハ當時ノ版圖内ニハ充分ニ實行サレタルモノニシテ、決シテ任意ニ之ヲ昂低變更シ能ハサリシコトハ講讀律令ノ部ニ於テ成法ヲ更改變亂セントシタル者ハ斬ニ當スル旨ノ規定アルニ徴シテモ明ナルナリ（四－五頁）

とし、律例の効力に関する解釈を変更している。この『第一回報告書』の記述はそのまま『臺灣私法』にも継承さ

れており、これによって律例は台湾に於いても実効性を持つものと構成されているのである。

以上の構成を経た上で『第一回報告書』では律例と慣習の関係に関する段落が挿入されている。即ち、

支那殊ニ臺灣ニ於テハ慣習法ノ範圍頗ル廣大ナリト雖モ、然カモ支那法律ノ理論ノ正面ヨリ云フトキハ、律例其他成文ノ規定ニ反スル慣習法ノ成立ヲ認メサリシヤ疑ナシ。是律例其他成文法ノ規定ノ多クハ公法的ノモノナルノミナラス、私法的ノモノト雖トモ强行ノ目的ヲ有シタルヨリ見ルモ明ナリトス。則支那法理ノ正面ヨリ云フトキハ、慣習ハ成文法ヲ補充スルノ効力ヲ有スルニ過キスシテ、之ニ違反スルコトヲ得ス。從テ成文ニ反スル慣習ニ依リ權利義務ヲ生シ裁判ノ保護ヲ仰ク能ハサリシモノナル可シ。只已ニ述タルカ如ク臺灣ニ於テハ事實上律例ニ反スル慣習ノ成立スルノミナラス、又後ニ述フルカ如ク支那政府ノ治下ニ於テ臺灣ノ慣習ノ効力ヲ定ムルト今日ヨリ臺灣ノ舊慣ヲ見テ臺灣舊時ノ慣習如何トノ問題トハ自ラ別ニシテ、支那法律ノ理論上其効力ヲ認ムル能ハサル慣習ナルモ正ニ事実上臺灣ニ成立スル以上ハ今日ヨリ見ルトキハ之ヲ臺灣ノ慣習ナリト云フヲ妨ケス。但其慣習タル素ヨリ悪風悪俗ナルモノモ少カラス又條理ニ悖ルモノモ少カラス從テ之ヲ臺灣ノ慣習トシテ尚將來ニ其ノ効力ヲ有セシム可キヤ否ヤハ更ニ又別問題ナリトス（一三―一四頁）

である。

また『臺灣私法』「臺灣舊時ノ法律」部分では則例と条例の位置付けを変更し、[6]「律」乃至「条例」とあった語を悉く「會典」[7]と変更している箇所[8]が見受けられる。会典を成文法としてこの段階で挿入したのは成文法の解説の冒頭に大清会典を掲げる『清國行政法』の記述との兼ね合いによるものであったかもしれない。[9]また則例の効力を強調した記述も見られる。[10]これらを受ける形で例えば「大租小租」に関する「清國開墾成例」と「清賦事業」という『第二回報告書』の記述をほぼそのまま継承する部分に於いて、多く嘉慶会典事例や戸部則例を用いた行論を見ることができる。[11]

以上の如く、「舊慣」という語の特殊な位置付け、また「地基」を巡る経験によると推測される契約文書史料に対する姿勢の変化、律や例に対する姿勢の変化は、何れも史料に対する一つの姿勢を提示するものといえる。『臺灣私法』成立過程に於いて、史料との関係について以上の議論が存在していたこと、その変遷過程をテキスト分析から導き出しておくことは、『臺灣私法』を読み解くに当たり興味深い鍵を提供するのみならず、現在の我々と史料との関係を問う際にも一つの手掛かりを与えることになるといえよう。

第二節　『臺灣私法』その後

第一款　石坂音四郎「慣習法論」

臨時臺灣舊慣調査會第三部、即ち旧慣調査結果を元にした「舊慣立法」を担当した部局に於いて岡松参太郎、雉本朗造と共にその起草作業に従事した石坂音四郎はその初の論文として「慣習法ヲ論ス」（京都法学会雑誌二―七、九・一九〇七、のち同『民法研究』（有斐閣書房・一九一一、同改纂・一九一三）に「慣習法論」として再録[12]）を発表していた。発表時期が台湾渡航の時期（明治四〇（一九〇七）年八月に臨時臺灣舊慣調査會第三部に着任）とほぼ重なることから、論文自体は台湾渡航前に書かれていたものと思われる。

全体ではまず旧来の学説を国家認許説（「慣習法ノ成立ヲ立法者ノ認許ニ基クモノトナス」説）、人民意思説（「慣習ノ法力ハ人民ノ意思ニ基クモノトナス」説）、人民確信説（「獨逸歴史派ノ首祖ザビニー、プフターカ凡テ法律ハ國民ノ法律確信ヨリ生ストノ説ヲ唱導シタル以來此學説ハ獨逸ノ學界ヲ風靡シ」たとされる説）、慣行説（「慣習法カ法力ヲ存スル所以ハ人民ノ永年間ノ慣行ニ基ク」との説）の四つに分け[13]、最終的には「成文法ノ拘束力ノ所由ヲ主權者ノ意思トナサハ成文法ノ下ニ在ル慣習法モ亦主權者ノ意思ニ依リテ其法律タル拘束力ヲ生スルモノトナサヽルヘカラス」（二一九、二〇頁）との結論を導いているようである。[14]

以上の石坂の主張[15]は『臺灣私法』及びそれに繫がるテキストに於いて特に言及されている箇所はなく、石坂の「慣習法論」と『臺灣私法』の関係は不明であるけれども、この「慣習法論」に関しては後に牧野英一がこれに言及し緊張関係を設定している。

牧野は石坂の「慣習法論」に関し「予輩ハ多少失望シタノデアッタ」とし、先の石坂の結論を引いて「之ハ寧ロ論理法學ノ説明タルニ過ギナイ。予輩ハ、慣習ガ成文ト離レテ特ニ有シタ法律的創定力ト、特ニ有スベキソレハ、之デハ説ケナイト考ヘテ居ル。慣習法ノ基本ヲ成文法ニ置クノハ所謂成文宗 culte du droit écrit ノ名殘ニ過ギナイト予輩ハ考ヘテ居ルノデアル[16]」と述べ、別の論考[17]では法源の性質について述べるに当たり、明治八年太政官布告第一〇三号裁判事務心得「民事ノ裁判ニ成文ノ法律ナキモノハ習慣ニ依リ習慣ナキモノハ條理ヲ推考シテ裁判スヘシ[18]」に関し「實質上此の規則が何故に存して居るか」という「合理的基礎」の考察が必要であることから説き起こしている。

牧野は筆を進めて「慣習法と成文法との關係に關する沿革に徵するに、慣習法が法源として第一次的地位を占むるか、將た成文法が然るかは、社會の事情の如何に依るものである。兩者はなほ車井戸の兩箇の釣瓶の如し」（九七頁）と述べており、また「法律統一の希望が社會の裡に十分に熟して居るときには、成文法は克く其の統一の使命を全うするのである[19]。同時に、從來の不當に固くなって居る成文法を妥當に柔らぐべく慣習法の成立することも亦可能である」（一三九頁）とする。

牧野のこのような論は、「國家に對ししかく强行を要求しうる規範が、成文法としての外、尚、慣習として（又は條理として）成立しはしないか」（一〇四頁）、「慣習法は、苟も合理性を具有する限り、成文法の特別な許容がなくとも、それ自身で當然に法律たる效力を有する」（一〇九頁）という前提に立つ訳であるが、以上の文脈から慣習法に積極的な位置付けを与える記述が、後に滿洲に於いて慣習調査に携わる我妻榮の『民法總則（民法講義

Ⅰ)』（岩波書店・一九三三）に於いて既に現れている。曰く、

果して當時（第十八世紀末から第十九世紀の初め）編纂せられた大法典は何れも慣習法の效力を否認する旨を直接又は間接に規定した。然し…（中略）…第十九世紀に於ける歴史派の學説の隆盛は結局慣習法の否定から補充的效力の明言に迄進歩せしめたのである。…（中略）…然るに近時の法律思想は更に一層慣習法の地位を重要視し、補充的效力から一歩を進めて、對等の效力を認めんとして居る。從ってこの思想から見れば法例第二條はもはや時勢に適せざる思想と稱せざるを得ないのである。（一三―一四頁）

であり、また、

社會生活の流動する以上慣習法が自ら不斷に發生し、成文法を如何に完備せしむるもこれを永久に阻止し得ないといふ社會的事實は、結局如何なる學説が勢力を占めようとも事實として存在する…（中略）…慣習法が終局に於て成文法を改廢する目的を達することに差はないのである…（中略）…從って私は…（中略）…民法の解釋に當っては慣習法の右の如き終局の效力に着眼し、慣習法によって成文法が改廢せられてゆく事實を正面から直視して、これに成文民法と對等の地位を與へてゆかうと思ふのである。（一四頁）

である。これに関してはまさに中国農村慣行調査が行われていた第二次世界大戦末期、尾高朝雄「慣習法の成文法改廢力」（京城帝國大學法學會論叢一四―二・一九四三）が右の我妻の論を引き、「わが國法の正面からの解釋としては、當然に許容説に歸着する外はないのであるが、それにもかかはらず、近頃の民法學の趨勢は、慣習法に成文法改廢の效力を認めようとする方向に進んで來てゐる」（一七五頁）としている。同調査の背景を考える際に興味深い素材としてよいであろう。[20]

一九二〇年代から以上の理論を展開した牧野英一が、石坂音四郎との間に緊張関係を設定していることは、一九

二〇年代以降の慣習調査を考える際に重要な問題となると思われる。岡松参太郎の『註釋民法理由』を校閲した富井政章は「余輩ノ所信ニ依レハ慣習法ハ國家ノ承認ニ基クモノニシテ主權者カ特ニ之ヲ否認セサリシニ因リテ其效力ヲ有スルモノニ外ナラス」（同『民法原論』第一巻上（有斐閣書房・一九〇三）二七頁）として所謂許容説に依っており、石坂もこの方向での結論を導くものであった。牧野が石坂との間に緊張関係を設定し、先に見たような所論を展開するに至る過程を考える際には、彼が盛んに引用するFrançois GényやRaymond Saleillesの影響の分析も必要となろう。

ともかく、慣習法から成文法へという一直線の不可逆的な思考ではなく、「不當に固くなって居る成文法を妥當に柔らぐ」という表現に見られるような、相互の間にいわば往復運動の如きものを設定する思考が登場することに注意しておきたい[21]。

第二款　雉本朗造と鳴海小作争議

臨時臺灣舊慣調査會に参加し、所謂「舊慣立法」の草案作成にも参加した雉本朗造は、後に帝國農會『本邦永小作慣行』（同会・一九一五）の書評「本邦永小作慣行（帝國農會調査）ヲ讀ム」（京都法学会雑誌一一－五・一九一六）に於いて「臺灣土地調査ノ際ニ於テハ、研究ニ研究ヲ重ネラレタル結果、大租戸ニ所有權ヲ認メスシテ、小租戸ニ所有權ヲ認メタル」（一一八頁）と台湾に言及し、永小作につき「所謂永小作人ニ所有權ヲ認メ、所謂地主ニハ單ニ土地負擔的ノ（Reallast）果實收得權ヲ認ムヘキモノタルナリ」（一一八－一一九頁）としている。

この書評は雉本が後に関与する鳴海小作争議に於いて小作人側が用意した永小作権確認訴訟の準備書面[22]に於いても引用されており、雉本自身がこの争議に関わるに当たって台湾での経験を参照していたことがわかる。同書面は所謂「地主」と「小作人」の関係につき言及し、当該土地が両者の共有とされるのか、どちらかがその「所有者」とされるのかという問題が検討されなければならないとし、「小作人」側を「所有者」とした例として台湾に於ける「大租小租」の処理例を引用している[23]。

さらにこの準備書面は民法制定時にこれら「地主」―「小作人」間の関係が十分に考慮されなかったとし[24]、永小作を巡る問題について戸水寛人『阿蘇ノ永小作』（有斐閣書房・一九〇一）が小作人側への「所有権」附与を主張する箇所をも引用しながら論を進め[25]、その結論を以下のようにまとめている。

雉本博士カ嘗テ台湾土地調査規則ノ趣旨ヲ是ナリトシ、立法政策上ノ問題トシテ経過規定トシテ「民法施行前ニ永久存続スヘカリシ永代耕作ニ在リテハ、其耕作者ヲ以テ所有者トス、但耕作ヲ為サシメタル者（地主）ハ、其目的タル土地ヨリ契約又ハ慣習ニ依リテ定マリタル割合ノ収穫ヲ収得スル権利ヲ有ス　前項ノ収穫分収権ハ、永代耕作者ニ於テ相当償金ヲ払フトキハ其消滅ヲ請求スルコトヲ得」ト云フカ如キ旨趣ノ規定ヲ設クヘキ旨ノ提案ヲ為セルハ（雉本博士前掲京都法学会雑誌一一巻第五号一一九頁以下参照）、蓋シ内地殊ニ係争地方ニ於ケル農耕地ニ対スル地主及ヒ掟米小作人間ノ従来ノ法律関係ニ頗ル適合スルモノト云フヘキカ（三二〇頁）

鳴海小作争議自体は帝国議会でも取り上げられるに至ったが、最終的には雉本の死の翌年裁判所に於いて仲裁案が成立している。日本では民法施行法第四七条により永小作権は原則その存続期間を五〇年とされ、五〇年の経過後は「一年内ニ所有者ニ於テ相当ノ償金ヲ払ヒテ其消滅ヲ請求スルコトヲ得」と規定されたことにより、表向きその関係が整理されたように見えるが、鳴海小作争議に見るように、「所有」を巡る議論は続いていたのである。雉本や戸水のこの論考は、「所有」とは何であるか、を考えようとした営みであったと捉えることができよう。

現在このような「所有」を巡る議論を細密に捉え直し、翻って現在の「所有」を考えるとすれば、その手掛かりはこの小作争議にも存在するということができる。しかも大正期に既に『臺灣私法』の引用という形で台湾での「経験」が日本に於ける「所有」のあり方を巡る議論へと接続されていた。『臺灣私法』に於ける議論は最早植民地

台湾だけの問題に止まらないのである。(26)

註

（1）藤井乾助「臺灣に於ける古法の效力」（臺灣慣習記事二―一・一九〇二）の参照を指示した部分が削除され、『第一回報告書』刊行から『臺灣私法』刊行までに出された新たな法令のうち「舊慣」の効力を認めた法令を若干追加している以外は基本的にそのままの文章となっている。藤井の経歴については大園市蔵『台湾人物誌』（谷澤書店・一九一六）三三一頁参照。

（2）岡松参太郎「臺灣現時の法律」（臺灣慣習記事三―一・一九〇三）を巡っては岡松と細谷五郎の間に小論争が行われている。両者の応酬は以下細谷五郎「岡松博士の『臺灣現時の法律』を讀む」（臺灣日日新報・明治三六年三月八―一〇日、のち臺灣慣習記事三―三・一九〇三へ転載）、岡松参太郎「細谷君に答ふ」（臺灣日日新報・明治三五年三月二七日、のち臺灣慣習記事三―四・一九〇三へ転載）、細谷五郎「再ひ岡松博士に質す」（臺灣日日新報・明治三六年三月二九日、のち臺灣慣習記事三―四・一九〇三へ転載）に見られる。細谷は山形県出身、明治三〇年七月東京法学院邦語法学科卒業、台湾総督府陸軍法官部理事などを務めている（『東京法学院院友会会員名簿』（明治三五年七月改）参照）。

（3）その理由として『調査一斑』は「統治ノ主權薄弱ニシテ政府ニ依リ其財産ノ安固ヲ望ム可ラス、裁判ニ依リ其權利ノ確保ヲ得ル能ハサルニ於テハ、各自自衛ノ方法ヲ講スルハ自然ノ勢ナルヲ以テ、臺灣ニ於テハ各種ノ法律行爲ニ付キ證書ヲ作ルコト一般ノ習俗ヲ成ス…（中略）…是實ニ臺灣ノ慣習ヲ知ルノ最好材料ニシテ本書ノ據ル處モ專ラ此證書類ニ在リトス」（一六頁）と述べている。

（4）変更点としては、舊記・口碑が実際の慣行・判決例・証言の後に言及されていること（ここで言及の順番が入れ替わっていることから重要性の順位が入れ替わっているとまで言えるかは疑問）、采訪册に関する解説が削除されていること（「多少參考ノ資ニ供スルニ足ルト雖モ直接今日ノ用ヲ爲サス」との結論により削除されたものか）、などである。しかしながら「舊慣」を知る為の何か新しい材料が追加されている訳ではない。

（5）例えば『臺灣私法』一八二頁三行に於いて「然レトモ此表記ハ必シモ契字ノ要件ニアラス」、また一一行に於いて「何レモ法律上ノ効果アルニ非ス」とあった記述が削除されている。また契字について挙げた各要素についてこれを「要件」としていたものを「重要事項」と改めている（一八二頁一行）。

（6）そこでは、次のような変更が加えられている。

詳述スレハ（一）條例ハ治下一般ニ向フテ公布シタルモノナルモ、則例ノ本質ハ官廳部内ニ於ケル事務取扱ニ關スル處分章程タルニ過キス（二）條例規定事項ハ重大ナルモノ多シトスルモ、則例ハ輕易ナル事項ニ付テ規定スルモノ多シ（三）條例ヲ變更スルニハ鄭重ノ手續ヲ要スルモ、則例ノ變更ハ比較的容易ニ爲サル、ヲ常トス（四）條例ハ大綱要目ヲ示スニ止マルモノ多キヲ以テ、則例ハ其範圍内ニ於テ之ヲ補足スルモノ多シ（『第一回報告書』九頁）

とあった記述が

則例ト會典トハ何レモ行政上ノ法規タルコトハ同一ナルモ、會典ハ一定不變ノ大法タルコトヲ目的トシ、則例ハ時勢ノ變遷ト共ニ推移スヘキヲ目的トス。又則例ト條例トハ大ナル差異アルニアラス、共ニ事例ニシテ其刑事ニ關スルモノヲ條例ト謂ヒ行政ニ關スルモノヲ則例ト謂フニ過キス。例ヘハ督捕則例ヲ一ニ督捕條例ト謂ヘルカ如シ。但條例ハ律ニ合シ律例トシテ施行セラレ則例ハ其綱要ヲ大清會典事例トシ會典ト共ニ竝行セラル（『臺灣私法』三五―三六頁）

と差し替えられているのである。

（7）現在では滋賀秀三が「『会典』は、唐の律令や明清の律例などと異なって、法典と称すべきものではない。」（同「清朝の法制」（坂野正高・田中正俊・衛藤瀋吉編『近代中国研究入門』（東京大学出版会・一九七四）所収、のち滋賀秀三『中国法制史論集　法典と刑罰』（創文社・二〇〇三）に収録）参照）と明言するように、成文法とは捉えられないとするのが一般的である。会典については山根幸夫「明・清の会典」（滋賀秀三編『中国法制史――基本資料の研究』（東京大学出版会・一九九三）所収）を参照。

（8）即ち「則例ハ會典（←律及條例）ニ準據シ其範圍内ニ於テ規定スルヲ常トスト雖モ、時勢ノ變遷ニ依リ會典（←律若クハ條例）ノ規定ニ從ヒ難キモノ又ハ該規定以外ニ於テ更ニ新ニ規定ヲ作ルノ必要ヲ生スルコト稀ナリトセス。如斯場合ニハ反覆審議シテ新ニ則例ヲ設ケ、此則例ハ會典（←律若クハ條例）ト獨立シテ其效力ヲ有ス。是則例ハ亦其源ヲ會典（←律令）ノ規定ニ取ルモノ多シト雖モ而モ亦會典（←條例）ニシテ其源ヲ則例ノ規定ニ取ルモノモ少カラサル所以ニシテ、互ニ相循環包合シ以テ其效用ヲ全フスルモノト謂フヘシ」（『臺灣私法』三六頁。傍線筆者。（←）は（　）内（『第一回報告書』）から傍線部への変更を示す）となっている。

（9）『清國行政法』の編纂に携わった加藤繁は織田萬・加藤繁『清國行政法編述に關する講話』（第六調査委員會學術部委員會・一九四〇）に於いて「清朝制度の大略を把握せんとするものは」、「當時の制度を横に簡明に並べた」『嘉慶会典』と、「簡単に縦に沿革的に説明した」『石渠餘記』を「併せ読むがよかろう」とし、「各種制度の沿革の大要を知るには今日に於いてもこれ（筆者註：『皇朝政典類纂』）程便利なものはあるまい。私は先づこの書に就いて、自分の擔任する事項の大體の事を窺ひ、然る後、會典事例・則例その他の根本資料について詳細に検討したのであった。」と証言している（以上一二一―一二三頁）。もちろんこれは第一義的に『清國行政法』に関する証言であるから、『臺灣私法』に関して無批判に適用できるものではなく、また加藤の証言であり、他の人員も全く同様の方法を採ったものとみなすことはできないけれども、彼らの方法の一端を窺う参考として扱うことはできよう。『清國行政法』自体、（テキスト上担当者の名前は明記されていないけれども）「第二巻　第五章産業第一節農業　第四款開墾」に於いて六五頁にわたり開墾に関する制度に関して詳細な記述を置いている。これに比して『臺灣私法』の該当部分は非常に簡略なものである。この両テキストの間に直接の引用関係は認められないけれども、情報の共有が行われた可能性は否定できない。『臺灣私法』の当該部分で扱われる史料はほぼ全て『清國行政法』の当該部分に於いても言及されているからである。『臺灣私法』と『清國行政法』の間にどのような関係が存在するのか、非常に興味深い問題ではあるけれども、テキストの上のみからその問題に関して何か得ようとするのは困難である。

(10) 戸部則例については起科の年限に関する記述の中で「起科ノ年限ニ關スル規定ハ臺灣ノ後年ニ於テモ遵守スヘキモノタリシコトハ光緒十二年恒春縣ヨリ…（中略）…稟申シタルモノ、中ニ…（中略）…ノ語アルニ依リ知ルヘシ」（二五三頁）とされ、また「不動産權ノ保護」部分に於いて「戸部則例置産投税ノ部」につき「臺灣ニ於テモ右戸部則例ノ規定ニ準據スヘキハ勿論ニシテ」（二二二頁）とされている。ただ「清國開墾成例」部分は「康熙二十二年臺灣ノ清國ノ版圖ニ入ルヤ清國々法ハ當然臺灣ニ行ハレ土地ノ開墾ニ關シテモ亦清國ノ成例ニ従フ可キヲ本則トセリ」としつつも、「必シモ其規定ノ如ク臺灣ニ行ハレタルニ非ス」とも述べている（以上二四八頁）。

(11) 「清國開墾成例」部分に於いては嘉慶会典事例、戸部則例が多く史料として引用されている。嘉慶会典事例巻百四十一　戸部田賦　開墾、戸部則例巻七　田賦二上　開墾事宜第一～三、一三～一九則例（第四～一一、二〇～二四則例は「特殊ノ地種又ハ地方ニ關スルモノナルヲ以テ之ヲ省略シ」たものであろう（二六〇頁））、陸科定限第一～三則例、稽査私墾第一・二則例が引用されている（戸部則例は同治一三年版を使用）。ほかにも、『皇朝政典類纂』巻二　田賦二　田制　開墾一、『皇朝文獻通考』巻二田賦考二　田賦之制、『皇朝通志』巻八十一　食貨略から史料を引用しているのが見られる。

(12) 再録に当たって章立ての変更や誤植の訂正、文章の追加・削除が行われているが、全体を通しての主張に変更はない。

(13) 『民法研究』では主權者認許説、國民意思説、國民確信説、慣行説と用語を改めているが、各説の内容に変更はない。

(14) 國家認許説については国家による「黙示ノ認許ト云フハ是レ擬制ヲ以テ説明セントスルモノ」、人民意思説は「此意思ハ人民ノ總意ニシテ各個人ノ意思ヲ合計シタルモノニアラス…（中略）…此説ニ所謂ル總意（Gesammtwille）ナルモノハ形而學（メタフィヂック）上ノ論ナリ經驗的ニ之ヲ知ルヲ得ス」としてこれを駁し、人民確信説は「通説ハ慣習法成立ノ要件トシテ法律確信ト慣行トノ二個ノ要素ヲ必要トス」とした上で、「法律確信ハ慣習法成立ノ要件トシテ存在スルヲ得ス」（「何人ト雖モ或規則ヲ法律トシテ之ヲ遵守スル所以ハ其規則カ既ニ法律タルカ故」）、「一般的法律確信ハ存在スルヲ得ス」（「此如キ一種ノ心理的現象ハ架空的ニシテ經驗的ニ之ヲ認ムルヲ得ス」)、「法律確信説ハ慣行ノ必要ヲ説明スルコト能ハス」、「慣習法ノ拘束力ハ法律確信ヨリ發生スルヲ得ス」との理由を挙げてこれを退け、「歴史派カ此ノ如キ誤謬ヲ有スルニ至リシ主タル原因ハ法律ノ内容(Rechtsinhalt)ト法律ノ形式(Rechtsform 又は Rechts-befehl)トヲ明ニ區別セサルニ在リ」(二一七、六九頁)として退けている(なおこの箇所で「レーゲルスベルゲルノ如キモ法律ノ形式ト内容トヲ明確ニ區別セルニ係ラス其慣習法ノ拘束力ヲ説クニ到リテハ卽チ之ヲ混同ス」(二一七、七〇頁)とされていた記述は『民法研究』では削除されている)。慣行説は「慣習法カ事實上行ハル、所以ト法律タル力ヲ有スル所以トヲ混同ス」(二一九、一八頁)として退けている。一方石坂のこの論文の前年に発表された市村光恵「慣習ノ法力」(京都法学会雑誌一—五・一九〇六)は「慣習ノ法力カ國權ノ認定ニ待ツコトナクシテ當然ニ發生スル」(一四頁)とする立場を非とし、「慣習ニ法力ナシ一切ノ慣習ハ凡テ事實ナリ」(二四頁)としている。

(15) 一方で「慣習法ヲ論ス」以外の石坂の手になる論文の検討から辻伸行「石坂音四郎の民法学とドイツ民法理論の導入——ドイツ民法理論導入全盛期の民法学の一断面——」(水本浩・平井一雄編『日本民法学史・通史』(信山社出版・一九九七)所収)が「石坂は、末弘厳太郎が強調するより以前にすでに、法解釈のために実際の社会関係の考察が必要であることを主張し、また、各国における法律のローカルカラーに着目すべきことを強調し、また外国法学の模倣の排除と日本法学の独立を強調した」(二二六頁)としていることは『中国農村慣行調査』の理論的指導者の地位を占めた末弘厳太郎(末弘については和仁陽「末弘厳太郎——日本民法学史の自作自演者——」(法学教室一七八・一九九五)参照)との関係から注目される。ただし石坂はそれらの論文に於いて直接「慣習」と「ローカルカラー」の関係について何らかの言及を行うものではない。末弘がその著『物権法』に於いて早くも一九二二年に展開する「ローカルカラー」論は『中国農村慣行調査』との関連で非常に興味深いが、末弘と石坂の関係については何かを言える状況にはない。なお辻は主張の論拠として石坂の「法律學ノ性質」(『民法研究』第三巻(一九一四)、原載は「法律學トハ何ゾヤ」(法学協会雑誌三一—一・一九一三))、「日本法學ノ獨立」(法学新報二三—一・一九一三)を挙げている。双方とも台湾での「舊慣立法」に関与した時期の作品である。

(16) 牧野英一「故石坂博士ニ付テ思ヒ出ヅルママ」(法学志林一九—五・一九一七)八二—八三頁。

(17) 牧野英一「二三の民法上の基本観念に就て」(法学志林二三—一～一二・一九二一、のち同『民法の基本問題』(有斐閣・一九二四)に収録、以下はこの著書に依る)。牧野はこの論文に於いて再度石坂の論文に失望した由を述べている(一〇七頁註釈)。

(18) これは現在の日本民法学に於いて慣習が論じられる際、民法九二条、法例二条とともに素材として扱われる。これらと慣習の関係を扱う主な論考に星野英一「編纂過程から見た民法拾遺」(法学協会雑誌八二—三、五・一九六九)、来栖三郎「法の解釈における慣習の意義——法例二条の慣習と民法九二条の関係を中心として——」(小山昇編『裁判法の諸問題：兼子博士還暦記念』下(有斐閣・一九七〇)所収)、同「いわゆる事実たる慣習と法たる慣習」(竹内昭夫編『現代商法学の課題：鈴木竹雄先生古稀記念』上（有斐閣・一九七五）所収）、米倉明「法律行為――法律行為解釈基準としての慣習」（法学教室七四―七六・一九八六―八七）などがある。また最も早期に出された裁判事務心得については、後に大清民律草案第一条、中華民国民法第一条にも同様の規定が置かれていることが知られており、「慣習」の問題を考える際の論点となっている。滋賀秀三『清代中国の法と裁判』（創文社・一九八四）は「成文法、慣習、条理の三者を所掲の優先順位で裁判基準として考えることは、近代法学にとって一種のおおまかな常識であり…（中略）…成文法の不備を補うものとしてまずは慣習への依拠を指示するのは極めて自然な発想であったと言うべきである。」（三二八頁）としている。裁判事務心得に見られる発想の来源への関心は穂積陳重が『法律進化論』第一冊（岩波書店・一九二四）に於いて清律不應爲律と同内容の新律綱領雜犯律不應爲條が裁判事務心得の下地をなすものとして、「近世立法の傑作」であり「スゥイス民法第一條に先鞭を著けたもの」（二二八―二二九頁）と述べるなど古くから示されており、（なお清律不應爲律については中村茂夫「不応為考――「罪刑法定主義」の存否をも巡って――」（金沢法学二六―一・一九八三）、新律綱領雜犯律不應爲條については後藤武秀「新律綱領「不応為」条の一考察――明治六年より同九年に至る事例分析を通して――」（手塚豊編『近代日本史の新研究Ⅶ』（北樹出版・一九八九）所収）を参照。またスイス民法第一条が同様の規定を持つことについて Ivy Williams, *The Sources of Law in the Swiss Civil Code*, Oxford, Oxford University Press, 1923, pp. 49-54. を参照。）牧健二「明治八年民事裁判の原則」（法学論叢一七―二・一九二七）や杉山直次郎「明治八年布告第百參號裁判事務心得と私法法源――ヂュニー先生の古稀を祝して――」（法学協会雑誌四九―九～五〇―一・一九三一―三二）も独自の見解を示したが、現在ではそれが Boissonade の教示に依るものであることがほぼ確定しているようである（このことにつき野田良之「明治八年太政官布告第百三号第三条の「条理」についての雑観」（法学協会編『法学協会百周年記念論文集』第一巻（有斐閣・一九八三）所収）とそれに対する大河純夫「明治八年太政官布告第一〇三号「裁判事務心得」の成立と井上毅」（立命館法学二〇五／二〇六、二二七、二三四・一九八九、九三、九四）の詳細な考察を参照）。また民法典論争時、Boissonade が新法典に於いても「慣習」が尊重された由主張したことについての論及が福島正夫によってなされている（このことにつき福島正夫「旧民法と慣行の問題」（松山商大論集一七―六・一九六六）、村上一博訳「G・ボアソナード　日本の新法典――法律家の意見書および議会の反対論に対する反駁――」（同志社法学二〇三・一九八八）、村上一博訳「Japan Weekly Mail（明治二十五年）掲載の無署名論文「新法典と旧慣」（上）」（同志社法学二〇四・一九八八）参照）。

（19）富井政章が法典編纂の目的につき「區々曖昧ナル各種ノ慣習ヲ明カナ規定ニ直シテサウシテ人民ノ權利ヲ擔保スル」（第六回民法整理會議事速記録）と発言していることを想起。星野英一「編纂過程から見た民法拾遺」（法学協会雑誌八二―三、五・一九六九）も指摘するとおり、第六回民法整理會議事速記録に於ける慣習を巡る立法者達の議論は「今日でも味読に価する」。

（20）以上見た一九二〇年代、一九四〇年代という時期に呼応するかのように、ローマ法学に於いても慣習法に関する論考が発表されている。恒藤恭『羅馬法における慣習法の歴史及理論』（弘文堂・一九二四）、船田享二「羅馬慣習法理論考」（京城帝國大學法學會論集一五—一・一九四四）、同「羅馬慣習法理論考」（法律時報一六—三・一九四四）などを見ることができるが、これらと牧野、我妻らとの関係は現在のところよく分からない。

(21) これに関しては穂積陳重『慣習と法律』（岩波書店・一九二九）が「慣習法統制の時代には、何人も慣習の法性を有するを當然として、敢て其理由を問ふものが無かったから、當時は慣習法論は未だ起らなかったのである。然るに慣習法が變態法たるに至って慣習法論が生じ、慣習法衰勢の時に及んで慣習法論が熾んなるに至った。故に、慣習法論は救ひを求める叫號の如きもので、慣習法が危急に迫るに随って其聲が倍々大なるに至ったものである。」（六六頁）と述べていることも興味深い。

(22) 雉本博士銅像後援会編『鳴海小作争議と雉本朗造博士』（雉本会・二〇〇二）三一四—三二一頁所収。なおこの争議につき後に雉本家の本家たる永井家から出た阪本釤之助（庶子は作家の高見順）が地主側に立った質問を貴族院に於いて行うことになるが、その質疑も同書三二二—三三四頁に収録されている。なお当時の永井本家には長男久一郎（のち日本郵船横浜支店長、永井荷風の父）以下、松右衛門（真田貿易社長）、阪本釤之助（貴族院議員）、大島久満次（のち台湾総督府警視総長、同総務局長から民政長官を歴任、後に神奈川県知事から衆議院議員）の兄弟がいた。なお永井勝三編『法学博士雉本朗造先生小伝』（雉本博士銅像維持会・鳴海土風会・一九六三）は大島欧州出張の際ドイツ留学中であった雉本が案内役を務めたことが縁で台湾での土地改革を委嘱されたとしている。

(23) 「明治七、八年ノ降初メテ土地ノ私有権ヲ認メテ地券証ヲ交付セムトスルニ当リテハ、「徳米収得権」ヲ有スルニ過キサル所謂地主ト、古来「耕作上ノ実権」（掟米小作権）ヲ有スル所謂小作人トノ何レヲ所有者ト認ムヘキヤ、（イ）両者ヲ共有者ト認ムヘキヤ、若クハ（ロ）又台湾総督府カ土地調査ノ結果、耕作上ノ実権ヲ有シタル所謂「小租戸」ヲ所有者ト認メ、大租戸（即チ官府ヨリ開墾権ヲ得テ開墾ヲナサシメ、小租戸ヨリ年々一定ノ「租穀」（小作米）ヲ収受スル権利ヲ有シタル者）ニハ所有権ヲ認メスシテ、単ニ蓋土地ヨリ其収穫ノ若干ヲ収得スル物権（即チ其土地ノ負担トナル収穫ノ一部収得権）ヲ認メタルカ如ク（明治三十一年律令第十四号、台湾土地調査規則第一条、臨時台湾旧慣調査会報告台湾私法第一巻ノ上、一五六頁以下、一六〇及二〇四頁以下、尚、雉本博士「本邦永小作慣行ヲ読ム」京都法学会雑誌第一一巻第五号（大正五年五月）一一二頁以下、殊ニ一一八頁以下参照）、掟米小作人ニ負担付所有権ヲ認メ、所謂地主ニハ目的タル土地ノ収穫ヨリ其若干割ヲ収得スル物件《ママ》（即チ土地ノ負担トナルヘキ収穫分収権）ヲ認ムルヲ以テ、徳川時代以来ノ法的観念ニ適合スル者トセサリシヤハ、蓋シ慎重ニ調査スヘカリシモノナリ」（三一七頁）とある。

(24) 明治二七年に再度民法典編纂の為の調査が行われている。小柳春一郎「法典調査会の慣習調査（明治二七年）と永小作権」（山梨大学法経論文集三八・一九九一）を参照。また Boissonade 草案に於ける永借権規定の問題につき同「ボアソナード草案の賃貸借規定について」（法制史研究三九・一九九〇）を参照。

(25) 「唯新民法制定ノ際ニハ此等ノ点ニ付充分調査スル遑ナクシテ、羅馬法及ヒ仏法ニ於ケル永小作権、即チ「エンフイトイシス

（筆者註：Emphiteusis か）」ノ制度ヲ採用シ、其期限ヲ五十ケ年トシ、又民法施行法第四十七条ヲ以テ民法施行前ニ設定シタル永小作権ハ民法施行ノ日ヨリ起算シテ五十年間存続スルモノトシ、且「民法施行前ニ期限ヲ定メスシテ設定シタル永小作権」、若クハ「永久存続スヘキモノトシテ設定シタル永小作権」ニ付キテモ然ルモノトシタリ、是ヲ以テ係争地方ニ於ケル「掟米小作権」ヲ初メ徳川時代ニ在リテハ永代存続スヘカリシ耕作上ノ実権モ亦民法施行法ニ謂フ所ノ「永小作権」ニ外ナラサルモノトセハ、戸水博士カ嘗テ『阿蘇ノ永小作』ナル著書ニ於テ「細川家ノ武士ハ其槍先ヲ以テ禄ヲ得、永小作人ハ其鍬先ヲ以テ永小作権ヲ得タリ…（中略）…然ルニ咄何事ソ、永小作人ノ権利ハ一朝ニシテ簡単ナル条文ノ為メ其期間ヲ著シク短縮セラレ、其結果トシテ之カ為ニ利益ヲ受クル者ハ嘗テ是等ノ土地ヲ開墾スルニ力ヲ尽シタルコトナキ地主即チ御家人ノ子孫ナリ」ト慨歎スルニ至リタルハ（本邦永小作慣行一二頁ノ引用参照）至当ナリト云ハサルヘカラス、畢竟民法制定ノ際ニ於ケル調査ハ必スシモ我邦ニ於ケル従来ノ法律関係ノ詳細ニ及ハサリシ結果ノミ」（三一九―三二〇頁）とされている。

(26) 一方で『臺灣私法』後の社会への考察の手掛かりは『臺灣私法』自身の中にも示されている。それは「地基」関係を巡る契約書（『臺灣私法附録參考書』第一巻上、五二五頁所収「土地調査局ニ於テ起厝者ヲ以テ業主ト査定シタルハ總テノ場合ニ於テ臺灣ノ慣習ニ適合スルモノト云ヒ難キコトヲ證スヘキ事例」）であり、そこでは「起蓋者ヲ以テ厝地ノ業主ト査定シタルハ土地調査局ノ悞準タルヲ以テ厝地ハ再之ヲ地基主ニ復還セシムルト共ニ地基主ハ政府ノ下付シタル補償金ヲ私受セサルコト」が約されていた。土地調査による「業主」の認定への現地なりの対応を見て取ることができ、またそのような動きが出ていることを『臺灣私法』は知っていたのである。このような史料は『臺灣私法』後の台湾を見る際の一つの手掛かりとなる。

終章

『臺灣私法』は一体何をして何をしなかったのか。本書の第一義的な関心はこの点に絞られていた。臨時臺灣舊慣調査會の参加者達は実際に台湾に赴いて実地調査を行い、文献を収集し、議論を交わし、報告書をまとめあげていった。現在残されている報告書はその調査研究活動の実態を明らかにする「史料」でもある。本書は台湾に於ける旧慣調査にかかる各報告書や論文、またそれに繋がる諸研究に於いて発表された論考を史料とし、一体その当時誰が何を主張したのかという議論状況を明らかにすることを試みた。

或る問題について考える際には、それを巡って行われてきた議論が我々の前提となる以上、そこで何がどこまで、何を論拠に検討されたのかということを明らかにし、またそのことによって現在の位置付けをも行うという作業がなければ、如何なる立場を提唱しようともその確たる位置付けは行われ得ない。以上の問題関心に導かれて本書が得た分析結果は以下のようなものであった。

『臺灣私法』に繋がる台湾旧慣調査は、日本民法典の成立を促した条約改正問題とも関係を有しつつ展開された。台湾旧慣調査が何故にかくも大々的に展開されたのかについて、調査の首班であった岡松参太郎は明治初期に日本で行われた『全國民事慣例類集』に結実する調査を先行する範型として挙げていた。彼はまたドイツに於けるStengelの所論へも言及し、植民地行政の計画立案の為には現地慣習に関する正確な情報収集が必要となることを認識していた。背後にあるドイツの植民法学では特設機関の設置、比較法の駆使、現地語の習得など、かなり詳細かつ具体的な調査方法への言及も見られた。また岡松はそのドイツが実際に清朝の域内にある膠州湾を植民地統治している様にも中山成太郎らとともに多大な関心を寄せており、またドイツのみならず英国、フランスなどの植民地統治に関しても比較検討を行っていた。その状況からは、何れかの国が一義的に模範とされているとまでは言えないものの、テキストに現れるのは主としてドイツを巡る議論であり（何故かフランス由来の議論はほとんど展開されることなく）、英国由来のものがこれに次ぐという状況が見て取れた。

『臺灣私法』は、『調査一斑』、『第一回報告書』、『第二回報告書』といった先行報告書の上に成立したテキストであり、これら先行報告書は『臺灣私法』に至る議論の過程を検証する為の格好の史料となるものであった。また相互の報告書間にはテキストの継承（再利用）・追加・削除が認められるなどテキスト同士が密接な関連を有しており、このことから同一のテキストが改変なく先行報告書から継承されている箇所はその発想が継承されているものとし、追加・削除が行われている箇所についてはその改変をもたらしている何らかの原因がその時点で作用しているものと考えることができた。このようにテキストの継承・変更という諸関係を含みつつ重なるテキスト群（及びそれが指示する文献）を持つ『臺灣私法』を、恰も地層を一枚一枚剝ぐようにその前後の関係に留意しながら読み解くことにより、『臺灣私法』に至る作者達の議論の過程に接近することができた。

「大租小租」の部分ではその中核の位置を占めるテキスト部分が『調査一斑』から継承されており、そこで提示される「「時勢ノ變遷ト共ニ」変化する「大租戶」の「權利」」という主題、及び「物權」か「債權」かに異常なまでに執着するその姿勢が、テキストの中で具体的にどのように展開されているのかを追った。記述は「當初」、「大租戶」が有していた「權利」をまず措定し、それが変化するとの構成が、（代表的契約文言に依るという形で）直接に個別具体的な史料への依拠を伴わない形で提出されていた。またこの「當初」から「後年」への構成は「權利」の「移轉」、「消滅」に関する記述に於いても登場したが、この「當初」から「後年」へという主題は、これらの記述に於いて援用される史料を編年的に処理することによって導かれたものではないことが確認できた。その主題を導く可能性のある史料としては「舊記」乃至劉銘傳の清賦改革が指摘できた。

「物権」と「債権」の問題に関しては、岡松参太郎は論文「大租権の法律上の性質」を用意し、その中で「大租権」が或る一定の内容を持つものと前提して（その内容自体は争わずに）、それは「物権」ではなく「債権」であると構成していた。特に Reallast については（一方でそれは同時期の日本に於ける「物権」と「債権」の別を巡る議論でも登場したものであったが）それが土地にかかっていけることから「大租権」との比較はできないとしていた。さらに『臺灣私法』に至る段階で「大租権」が土地との直接の関係を有しないという記述が特に強調されていたことも確認できた。

「地基」の部分では『調査一斑』から『第一回報告書』への所論の転換、即ち「地基主」―「厝主」関係について、それを「大租戸」―「小租戸」関係同様の変遷を経て「厝主」に「實權」が移っているとする構成（給地基）ではなく、「地基主」と「厝主」のあいだの「賃貸借関係」（税地基）であるとしたことが、当時生起していた基隆土地紛争事件と密接に関わるものであったということを、『臺灣民報』紙の攻撃した『調査一斑』の論点が『第一回報告書』に於いて悉く変更を蒙っている様から確認することができた。「大租」と同様、時間の経過と共に「土地ニ對スル實權」が「地基主」から「厝主」へと移行するものと構成しようとした方針は、基隆土地紛争事件の過程で改変を受けたのである。

こうした路線の転換は、立論の際に主に論拠として用いられた契約文書の性格の認識へも変化を与えており、史料として最重要視されながらもその性格は千差万別のものとして、総論たる「慣習法」の記述部分へも影響を与えていた。その後賃貸借の関係とされた「地基」は『臺灣私法』に於いて「贌地基」として分離されるに至り、「舊慣立法」に於いて作成された「地基権」はほかならぬこの「贌地基」であったが、それとても草案段階で『臺灣私法』との明示的な連絡は一旦絶たれる結果となっていた。

以上の結果をどのように考えるかについて、当時の租税制度の確立や土地取引、不動産金融などからの要請により、土地に対する「権利」が整理された状況が求められていることを確認し、一方で初期に台湾総督府官僚を務めた中山成太郎がプロイセンに於けるシュタイン・ハルデンベルグ改革や内国植民運動の様相をかなり詳細に追究し、（最終的にはローマ型の「所有」のあり方を見据えながら）不動産金融体系の創出を目途とした青写真を描いていたことを見てきた。臨時臺灣舊慣調査會がそれに対応すると見られる「舊慣立法」草案を作成したことも確認できた。

『臺灣私法』に於いて不動産権の中心的記述をなす「業主權」の部分に於いては、「最モ主要ナルモノ」とされた「租權」の記述と「業主權」の記述が併置されていた。「業主權」を「所有權ト看做スニ毫モ不都合ナキ」とする『調査一斑』の記述に対し、『第一回報告書』は「業主」の語を「土地ニ關スル最强ノ權利ヲ有スル者、即所有權ニ比ス可キ者」として用いるのは「舊來ノ用法」ではなくそれは「汎ク土地ニ關スル權利ヲ有スル者」を指すとして、各人が各人の「業」を持って土地に関係するというあり方へも明確な反応を見せていた。この捉え方は初期の他の文献にも見られ、「租權」に関する記述はこの各人が各人の「業」を有して並立するというあり方に対応するものであると見られる。しかし『臺灣私法』に至る過程では、「業主」という語を巡る以上の経緯を認めながらも、それを「所有權者」に限りなく近い意味へと読み換えていた。

以上の、各人が各様の「業」を有して土地に関わるというあり方と、「所有權」を頂点とする階層的なあり方との接点を考える上で鍵を握ると思われる清代の租税を巡る問題については、納税者であることと「業主」であることとは直接には関係しないとする見解と、「土地ニ對スル實權」を持った「小租戸」の地位を認定したものとする見解の両方が示されていた。また「大租戸」が「大租」の中から「課」、即ち官への税金を納入し、また開墾に当たり他から招いた「小租戸」の身分を保証するなどの社会経済的役割を果たしていたことも認識されていた。

この論点は劉銘傳の清賦事業という一つの範型をどのように解釈するか（即ち清賦事業を「所有權者」に近い意味での「業主」を認定した作業と見るか見ないか）という問題に集約されるものである。そこで『臺灣私法』は、単なる納税上の便宜とする見解と、「所有權者」的な意味合いでの「業主」を認定したものとする見解の双方を示しつつ後者を選択し、清賦事業過程を土地調査に於ける「權利」の確定という過程と重ね合わせ（即ち「權利」の確定という作業の淵源・範型として認識し）、土地調査の作業自体が劉銘傳以来の系譜を引くものと構成していた。即ち清賦事業を一つの「先例」として読み、「所有権」の創出へと進む志向が推定されるのである。

最終的に『臺灣私法』は「租權」と「業主權」の間の関係について「租權」と「土地ニ對スル實權」を分けて考える見解も示しながら、それを分離せず「大租權」の内容の変化として捉える記述を置くという処理を施していた。このことは、「所有」を巡る二つのあり方を繋ぐ要素として注目されるものであった。そこではおそらくは「大租戸」の持つ「權利」をまるごと囲い込み、それ全体が質的な変化を蒙ったと構成することによって、旧来の「所有」のあり方から、新たに設定された「所有」のあり方への侵入を防ぐ、そのような効果が見込まれているのではないか、という「仮説」を得るに至った。

さらに『臺灣私法』の作者達が、「所有権」的な体系に集約できない土地の「所有」のあり方にも反応を示していたことが、特に英国法由来の概念に仮託された形でしばしば記述中に現れる様相を検討し、他方 Estate に関連する王土思想が早期から英国人によって中国の土地制度を語る際に持ち出されたこと、また領土権と所有権の関係という問題に関し当時の日本に於いてそれが「所有」一般の問題であるとの認識が示されつつも議論が発展しなかったことなど、凡そ「所有」一般の議論に繋がる問題群がそこにあったことも指摘しておいた。しかしこうして諸処で用いられた英国法由来の概念は、全体として英国法的な土地「所有」のあり方と台湾でのそれとを結びつける発想へと展開することはなかった。

このことに関連して「胎」を巡る議論を検討し、「胎」を当初 Deposit of titledeed に比し、契約文書からの構成として担保としての位置付けを与えながら、日本勧業銀行の融資に際して律令という形で担保権に近い「胎権」が作られると、「胎」は担保ではなく単なる金銭の貸借であるとの構成が同様に契約文書から導かれるという結果が生じていたことを確認した。これにも旧来の「所有」を巡る体系からの侵入を防ぐ施策としての可能性を見ることができた。

岡松参太郎は一方でドイツ法に於ける物権契約論に基づく物権法体系を台湾に於いて構想しており、その一部は「舊慣立法」の草案という形で示されていた。またそれにあわせ登記もトルレンス制度ではなく、登記に公信力を与える方向での制度が構想され、それが土地登記規則により台湾に於いて既に実現しているものとの言明も行われた。また「契尾」が第三者に対抗する要件として効力を持たないという問答結果から、それが登記制度として構成される可能性が弱まっていた様も見ておいた。しかし一方で『臺灣私法』に先行する報告書の段階では、台湾に於ける土地取引の様を英国法のそれに準えて理解する方向性を示す記述も存在したことが確認できた。

「典」を巡る議論に於いても、『臺灣私法』と先行する『第一回報告書』・『第二回報告書』の間、また『臺灣私法』補遺を自認する『典ノ慣習』と『關東州土地舊慣一斑』の間に文章そのものについての引用関係が存在することが明らかにされた。また議論自体は、山本留蔵という一人の職員の論文に於いて提出された論点に対し、多くの論者が異論・反論を寄せる構造であることが判明した。

分析に於いては報告書や論文の執筆を通じて議論に参加した論者達の「法学的」概念の理解・使用や、漢文の読解といった「実態」に対し、史料に現れる範囲で可能な限り接近を試みることにより、それ自身が当時の論者達の姿勢（作法）を写し出すものであることに加え、現在の民法学や近代法制史学にも多くの思考材料を提供することを見ることができた。

そして議論を通じて存在し続け、最終的な処理方法としても用いられた「典」＝質権説がどこから招来されたものかという問題に対し、議論当時に存在した数多くの要素から、その説に影響したであろうと考えられるものを検討することにより、「典」という語が日本の同時期の法典内に存在したという事実に突き当たることになった。この事実は、近代に於ける日中間の知識の伝達関係として旧来主張された「日本から中国へ」という構図のみならず、日本には旧来中国からもたらされていた知識が厳然として存在し、思考の前提として機能していた、という要素を考慮に入れなければならないことを認識させるものであった。

以上に加えて「『臺灣私法』のその後」として、『臺灣私法』成立過程にも関与した石坂音四郎、雉本朗造の論考を取り上げ、石坂の「慣習法論」に対し牧野英一が緊張関係を設定し、その立論が我妻榮を通じて『中国農村慣行調査』へと関係を広げてゆく可能性について、また雉本が晩年関わった鳴海小作争議に於いて、小作人の地位を巡って『臺灣私法』成立時の「大租戸」を巡る議論が引き合いに出されていたことなどを、それぞれ議論の素材として汲み上げておいた。

以上の複雑な要素を単線的な話にまとめ上げることは凡そ不可能であり、また適当でもない。本書に於いては土地「保有」のあり方に関して、『臺灣私法』成立過程に於いて英国法的な構成と大陸法（特にドイツ法）的なあり方との交錯という一つの型を取り出してみたが、これとて確乎たる一義的な傾向として措定できるものではなく、可能な一つの流れとして提示し得るに止まるものである。この多様な錯綜状況こそは、現在の我々を拘束する問題群の淵源するところであり、また豊かな議論をそこに孕み続けるものであるということができる。留意しなければならないのは、『臺灣私法』に於いて何か一義的な結論が得られている訳ではないということであり、むしろそこに現出している錯綜状況を、短絡的な理解を排除しつつ注意深く分析しておくことこそが必要であるということである。

この『臺灣私法』成立過程に於ける思考の錯綜状況につき、その錯雑さ故に分析を放棄し、ただ単に複雑な議論が行われたと述べるのみであれば、それは『臺灣私法』を読まないに等しい。確かにこの錯綜状況は安易な分析を拒否するまでに複雑難解ではあるが、その錯綜の中に於いて何がどこまで検討されたのか、その際の論拠は何か、またどの段階で分析が未決とされた乃至は放棄されたのか、を先入見・短絡なしに分析しておくこと、このことによって初めて議論の為の前提が整うといえる。

即ち『臺灣私法』が当時の社会との緊張関係の中で何を認識し、如何なる選択肢の間で如何なる選択を下したのか、この問題を踏まえておくことで『臺灣私法』に於ける論点の生じ方そのものを考えることができ、そのこと自体が『臺灣私法』を読む際の貴重な鍵を提供することとなるのである。『臺灣私法』に於いては或る「舊慣」について様々な論点が提起され分析が行われているが、何故その論点が問われなければならなかったか、という観点から読み直してみること、即ちただ漫然と『臺灣私法』の記述を受け取るのではなく、『臺灣私法』がそこにそのような記述を置いていることの意味を考え、これを考慮に入れた上でさらに現在へと切り返すという読み方の必要性が再確認できたものと思われる。

以上のような作業は非常に細密な処理を要求されるものである。例えば「所有権」と言い切ってしまわず、あえて回りくどい表現を採った本書の叙述に対しては、非常な不満を覚えた向きも或いは多いかと思われるが、ヨリ重要なことは、『臺灣私法』が「所有権」と言い切っていないことである。即ちここを短絡するか否か、このことは、凡そ広く「所有」一般に関する議論を行う際に決定的な差異をもたらすといえる。確かに「所有権」ということはたやすく、或いはそのほうが簡明に映る場合もあろう。ただしその「簡明さ」と引き換えに失ってしまうものがあることについてもまた沈思しなければならないのではなかろうか。

また本書の立場は例えば「大租」とは何かという問題さえ分かればそれでよいとする立場からは遠いところにある。そうではなく、「大租」とは何かという問題を巡って我々がどのような思考を積み重ねてきたか、即ち「「大租」とは何か」ではなく「「大租」を何であると書いてきたか」というその過程を分析し、そこに存在した様々な可能性を逐一検討しておくこと、そのことによって現在の我々の立論の位置をヨリ明確にすることができるとするものである。『臺灣私法』の記述は、それが緊張関係を有したと目される他の可能性の存在を引き出し、その可能性との間の差異を分析し、その差異の中で或る記述が選択されるまさにその瞬間に於いて「意味」を生じるとすることができると思われる。

或る一つの記述が生れるには、その背後に、その記述が緊張関係を有した膨大な諸要素が存在する。記述の「意味」を確定する（確定という語が不遜であれば、ヨリ接近する）為にその背後に回ろうというのであれば、その際に考慮されるべき諸要素は当然の如く記述の何倍もの分量になり、相当な作業量を迫られる。しかし反面その膨大な諸要素に分け入る（しかもむやみやたらとそれを行うのではなく、テキストに根拠を持つ形で分け入る）ことによって初めて、ヨリ豊かな「意味」を手にすることができる。これを行うか行わないか、これがテキストの理解にもたらす差は歴然たるものとなる。

過去のテキストとの関係を有耶無耶なままにするのではなく、過去のテキストに於いてその作者達はそこで何をどのように処理したのか、このことをテキストに即してギリギリまで明らかにしておくこと（そしてこのことは、テキストからはこれ以上は言えないという「限界」を認識しておくことでもある）、このことが必要である。またそうして過去のテキストを分節し批判しておくことで初めて、過去のテキストが与える「前提」に訳のわからないまま「支配」されるのではなく、「自由」な議論を行う条件が整う、ということになると言えよう。

また以上の『臺灣私法』の営為のなかで、その存在が意識されつつも後景に退くことを余儀なくされた諸要素は、『臺灣私法』以前の社会を考える手掛かりを与えてくれるものとすることができよう。本書の分析で『臺灣私法』は、清賦改革を「租税上の便宜」であると認識しつつも「業主」を認定したものと読み、「各人が各人の「業」を持って並行して土地に関与する」という土地「所有」のあり方を認識しつつ、「所有権」に近い「業主権」を設定していたことが見られたが、これらの『臺灣私法』が置かれた緊張関係を十分に認識した上で、『臺灣私法』が敢えて採らなかった見解について再度考えてみることは、現在の研究にとっても興味深い議論をもたらすのではなかろうか。例えば「各人が各人の「業」を持って土地に関与する」という「所有」を巡る旧来のあり方が一〇〇年前にすでに認識されていたということについて、現在の東洋法制史学は十分に意識的であったろうか。また「要スルニ官ハ租額ニ満ツルタケノ金穀ヲ得ルコトヲ唯一ノ目的トシ、納人ノ如何等ハ全ク關係者間ノ契約ニ放任シ去リタルモノニシテ、其ノ不規律一驚ヲ喫スルニ堪ヘタリ」といった清朝の税制に関する認識が、第二次世界大戦後の研究を待たずこの段階ですでに登場していることをどのように評価すべきか、等等。

本書ではこうした「各人が各人の「業」を持って土地に関与する」というあり方と関連するものとして英国法由来の用語が現れる様を見たが、英国法との比較という契機が過去に存したということは現在あまり触れられることがないように思われる（しかもこの可能性については『臺灣私法』の先行報告書自身が記述を置いていたのであった）。この比較の契機は再度検討される価値を十分に有していると思われる。

ただし、英国法との比較はあり得べき一つの方向性として存在してよいが、いうまでもなく社会構造の異なるこの二者を何らの媒介もなく直接に比較することは厳に慎まれなければならない。英国法を用いるということは、今日たった今から大陸法由来の用語をやめて英国法由来の用語で説明すればよい、という短絡的な結論を招来するものでないことは自明である。これらの十分な留保のもとに、議論の可能性を見出すことは許されるであろう。

『臺灣私法』の行ったことは、西洋法を単に中国に当て嵌めるといったことや、西洋法の概念で慣習を無理に説明することではなかった。むしろ旧来の「所有」のあり方を認識しつつ「所有権」的体系の創出と保護へと向う理論をどう作り上げるか、という課題に取り組んだものということができる。台湾社会の認識に当たって『臺灣私法』を読む際には、『臺灣私法』がそれ以前の社会と緊張関係を有し、社会との相互影響の中で形成されたテキストがその後の社会を形成してゆくという流れを十分に意識することが必要となると言える。

『臺灣私法』は「先行研究の一つ」であると同時に当時行われた調査研究の実態に迫ることのできる「史料」でもあった。しかしながら、「先行研究の一つ」であるという側面から現在の研究者が「『臺灣私法』の結論は何か」を性急に追い求めてしまうならば、『臺灣私法』に至る議論過程に於いて提示された様々な問題を見過ごしてしまうことにもなりかねない。

『臺灣私法』自身がその作成に関与した多くの論者の主張と無関係でないことは既に見た通りである。『臺灣私法』の議論過程が内包する様々な方向性を一括して『臺灣私法』＝A説、の如き「短絡」を行うことは全く適当ではない。またそこから一段降りて、『臺灣私法』成立過程の各論者に目を向ける際にも、「誰某＝何説」という極端な要約は、論者の思考過程を非常に見えにくいものにしてしまう可能性がある。或る論者が何を素材にどのような過程を経てその結論に達したのか、まさにその過程に目を向けることにより、現在の研究者は本書に於いて紹介した問題のほかにもヨリ多くの問題をそこから引き出すことができるであろう。

過去の議論をその当時の議論のまま理解すること、いかに微少であろうとも当時存在した可能性を可能性として残したまま整理することに意義があるのではなかろうか。当時の人々が何をなし、何をなさなかったのかということについて、現在の価値・基準からそれを整理してその「未熟」を糾弾するのではなく、当時の人々がその行動を採った理由が何であるかを考えるべきであり、当時の人々の議論が現在の通説に繋がらない、或いは既に捨てられたものであって顧みる価値がないという理由で議論ごと廃棄するのではなく、当事者達の議論を議論としてまずその「実態」を可能な限り明らかにすること、さらにその議論を支えていると思われる要素について考えて見ることによって、現在では看過されている幾つもの問題を拾い上げることができるのである。

また、過去の議論が何であったか、その議論の枠組みは如何にして採用されるに至ったか、それらを飛び越えて過去の議論に「参入」することはあまり意味がない。過去の議論の動態はそれだけで十分に魅力的なものかもしれないが、それを突き放して整理し、認識することの必要性は強調されるべきである。『臺灣私法』への「批判」を掲げる立場についても、それが真に『臺灣私法』の議論過程を仔細に分節し認識した上での「批判」足り得ているのかをまず見る必要がある。

また植民地時期台湾の土地を巡る問題は、台湾のみに止まる問題ではない。台湾に於ける「旧来の「所有」のあり方」を叙述する際には、プロイセンに於ける「旧来」の土地「所有」のあり方も引き合いに出されていた。台湾社会を考える際にまず台湾を見るということに加えて、当時の日本やドイツに於ける同様の問題にも考察を広げる（ただしその際には、表面的な相似のみで両者を同一視したり、また社会構造を踏まえずに短絡的に両者を接続したりしてしまうことに対して十分に注意することが必要となる）ことでヨリ豊かな成果を挙げることが期待できよう。また日本やドイツに於けるそうした問題へと考察を広げることについては、既に当時の史料がそのような方向性を示していることから、むしろ必要なことであるともいえるであろう。

一方こうした日本・ドイツに於いても、旧来の「所有」のあり方との間に如何なる葛藤が存したのか、或いは深刻な葛藤を見て見ぬふりをしたのか、そこには各国独自の緊張関係が存在する筈であり、このような緊張関係を一際鋭く考察してゆくことが、台湾という社会を考える際に有用な比較対象を提供するものと考えられる。各国には各国の苦闘があった筈であり、その過程に目を向けずに一括して（例えば）「西洋近代法」といった表現で捉えることは、議論を無味乾燥なものにしてしまうのではなかろうか。ましてそれが何であるかを正確に認識しないうちから「「西洋近代法」とは異なる」といってみても、その表現には意味はないものと考えられる。何よりも比較対象が持つ豊かさ・複雑さを捨ててしまうことになるのは惜しむべきことであり、注意すべきことであろう。

それらの比較対象によってヨリ多くの問題を導き、凡そ「所有」一般という広い議論に繋げてゆくことが可能であり必要であると本書は考える。広く凡そ「所有」一般という問題を考える素材は、台湾―日本―欧州という広がりの中で、さらなる検討を待っているということができる。

資料

資料1　台湾旧慣調査年表

西暦	法令等	『臺灣私法』関係	その他関係書籍	土地調査・舊慣立法関係	岡松論文（本書で言及したもの）
一八九五			『臺灣制度考』		
一八九六		六三法・民政局調査開始	『吉井主税官臺灣財務視察復命書』		
一八九八				臨時臺灣土地調査局	
一八九九		岡松参太郎招聘	『臺北縣下農家經濟調查書』		
一九〇〇		**『調査一斑』** 『臺灣慣習記事』		『清賦一斑』	「倉庫證券に就て」
一九〇一		臨時臺灣舊慣調査會成立			「大租權の法律上の性質」
一九〇二	このころ基隆土地紛争事件	『調査一斑』英訳			
一九〇三	日本勧業銀行ノ貸付ヲ為ス 土地ニ關スル件 大租權確定ニ關スル件	北部調査開始・織田萬招聘 **『第一回報告書』** 南部調査開始			「債權の讓渡について」 「假登記」
一九〇四	大租權整理ニ關スル件			『大租取調書』	「我國法上ニ於ケル物權契約」 「登記法一斑」
一九〇五	臺灣土地登記規則 工場抵当法（内地）	『清國行政法』刊行開始	『經濟調査資料報告』 『支那ニ於ケル所有權ノ專門的觀念』	『臺灣土地慣行一斑』	
一九〇六		三一法・**『第二回報告書』** 中部調査開始 岡松・織田・狩野渡清	（不動産法調査會（韓国）発足） 中山成太郎『不動産信用論』		
一九〇七		臺灣慣習研究會解散 『台法月報』	中山『韓國ニ於ケル土地ニ關スル權利一斑』		
一九〇八				『台湾合股令仮案』	
一九〇九		『臺灣私法　第三編』 『清國行政法汎論』	『殖民地組織法大全』	法案審議会①	
一九一〇	臺灣製糖及纖維工場胎權規則	**『臺灣私法』**	『法蘭西殖民法綱要』 『土地登記トルレンス氏制度』		
一九一一			『佛獨墺國ニ於ケル抵當證券制度』	法案審議会②	「物權契約論」
一九一二				法案審議会③ 『臺灣不動産權舊慣法要目』 『不動産物權總則案』『家産法梗概』	
一九一三			『蕃族調査報告書』 （韓国）『慣習調査報告書』	法案審議会④	
一九一四		『清國行政法』改訂刊行		法案審議会⑤	『法律行爲論』
一九一五			『蕃族習慣調査報告書』『台湾蕃族図譜』		
一九一六					『無過失損害賠償責任論』
一九一九		調査会解散	『人種學的法學綱要』		
一九二一		法三号・岡松逝去	『臺灣蕃族慣習研究』		

資料2　「大租小租」関係部分テキスト対照表

『調査一斑』	『第一回報告書』	『第二回報告書』	『臺灣私法』
第二章　大租小租			
第一節　大租小租ノ沿革	第二章　大租小租	第三款　大租小租	第一項　大租小租
第一款　總説	第一節　總説	第一項　大租小租ノ沿革	第一目　總説
	第二節　大租小租ノ沿革		第二目　大租小租ノ沿革
		第一　清國開墾成例	第一則　清國開墾成例
第二款　普通大租ノ沿革	第一款　大租ノ沿革	＋ 第二　大租ノ起元	第二則　大租小租ノ起元
(第三款　蕃租ノ沿革	第二款　蕃租ノ沿革)	第三　臺南地方ノ大租	
(第四款　官租ノ沿革)		第四　清賦事業	第三則　清賦事業
(第五款　隘租及學租)		第五　田園ノ業主	第四則　業主ノ確定
第二節　大租小租ノ性質	第三節　大租小租ノ性質	第二項　大租小租ノ性質	第三目　大租小租ノ性質
第一款　大租ノ性質	第一款　大租ノ性質	第一目　大租ノ性質	第一則　大租ノ性質
	第一　大租權ノ内容	＋ 第一　大租權ノ内容	第一　大租權ノ内容
	第二　大租權ノ得喪移轉	第二　大租權ノ得喪移轉	第二　大租權ノ得喪移轉
	第三　大租權ノ性質	＋ 第三　大租權ノ性質	第三　大租權ノ性質
		第四　大租ノ收納	第四　大租ノ收納
		第五　大租ノ價格	第五　大租ノ賣買價格
第二款　小租ノ性質	第二款　小租ノ性質	第二目　小租ノ性質	第二則　小租ノ性質
	第一　小租權ノ内容	第一　小租權ノ内容	第一　小租權ノ内容
	第二　小租權ノ得喪移轉	第二　小租權ノ得喪移轉	第二　小租權ノ得喪移轉
	第三　小租權ノ性質	第三　小租權ノ性質	第三　小租權ノ性質
	第四節　大租小租ノ收納	第四　小租ノ收納	
	第一款　大租ノ收納		
	第二款　小租ノ收納		第四　小租權ノ收納
			第五　小租權ノ賣買價格

＊傍線はその大部分の記述が、点線はその一部の記述が『臺灣私法』に継承されたことを示している。網掛けは『調査一斑』から『臺灣私法』へと一貫して同一のテキストが継承されている部分を示す。＋↓は前後の報告書の記述がともに継承されたことを示す。

資料3−1　『臺灣私法』「大租小租」関係部分（「田園ノ業主權」）引用史料一覧

番号	史料名	日付	文書種類	来自	その論拠が支える記述
1	河南ノ開墾地ニ對シ起科徴糧ニ關スル奏議	日付なし	奏	Ⅱ-3	開墾通患ニ關スル勅諭又ハ奏議
2	起科年限ニ關スル奏議	康55	奏	Ⅱ-4	〃
3	荒地開墾ニ付キ地方官勒索ノ陋弊ヲ防遏シタル諭示	雍1	諭	Ⅱ-5	〃
4	廣東省ニ於ケル荒地開墾奨勵ニ關スル奏議	雍5	奏	Ⅱ-6	〃
5	廣東省内ニ於ケル荒地開墾奨勵ニ關スル上諭	雍6	上諭	Ⅱ-7	〃
6	臺北地方開發當初ニ於ケル官給開墾諭單	康48・7・21	諭單	Ⅰ-1	官給開墾ニ係ル土地モ少シトセス
7	墾首ヨリ佃戸ニ田園ヲ給出セル佃批	乾17・4	契	Ⅰ-2	土地開墾ノ慣習
8	墾首ヨリ佃戸ニ對シ曠地一所ヲ給出セル佃批	乾32・10	契	Ⅰ-3	〃
9	丈單ノ費用及錢糧ノ義務者等ニ關スル曉諭	光13・12・3	諭	大租上43頁4	清賦事業関連法令
10	大租ノ四成ヲ控減シ小租戸ヲシテ錢糧義務ヲ負擔セシムルコトニ付テノ諭告	光14・5・18	諭	Ⅰ-5	〃
11	小租戸ニ於テ錢糧ヲ納入ス可キ旨ノ諭示	光14・6・22	諭	Ⅰ-6	〃
12	丈單費用ノ納入及丈單受領者ニ關スル曉諭	日付なし	諭	Ⅱ-8	〃
13	加三完粮章程ニノミ準據スルノ要ナキコトヲ示シタルモノ	日付なし	批	Ⅱ-9	〃
14	臺灣縣下ニ於ケル新粮章程	光14・12・1	章程	Ⅱ-10	〃
15	大租小租ノ關係及清丈、租率、納税義務者等ニ關スル調査書	日付なし	調査書	Ⅱ-11	
16	清賦事業ノ遂行ニ關スル巡撫ノ命令ヲ臺灣府ヨリ各廳縣へ轉達シタルモノ	光12・7・24	札	追加	清賦事業ニ關スル各種事情
17	恒春縣下ノ土地清丈ニ關シ臺北府ヨリ恒春縣へノ通牒	光12・8・21	行	〃	〃
18	臺灣府ヨリ恒春縣ニ對シ急速ニ清丈事業ニ着手スヘキ旨ノ通達	光12・9・6	札	〃	〃
19	清丈委員ノ選用ニ關シ臺灣府ヨリ恒春縣へノ照會	光12・9・6	札	〃	〃
20	恒春縣下ノ清丈ニ關シ恒春縣ヨリノ伺案	光12・9・23	稟	〃	〃
21	恒春縣下ノ清丈ニ關スル臺灣府ヨリ恒春縣知縣へノ飭知	光12・12・29	札	〃	〃
22	同上ニ關シ兵備道ヨリ恒春縣へノ札飭	光13・1・21	札	〃	〃
23	清賦總局設置ニ關スル臺灣府ノ通達	光13・6	札	〃	〃
24	丈單ヲ發給シ丈單費ヲ徴收スルノ件ニ付巡撫ノ告諭	光13・9	諭	〃	〃
25	清丈費用ハ江蘇省ノ例ニ倣ヒ田園ニ割當抽收スルノ件ニ付臺灣府ヨリ各縣へノ轉達	光14・7・2	札	〃	〃
26	清丈經費ノ支出及其整理方ニ關シ臺灣府ヨリ各縣へノ轉達	光14・7・12	札	〃	〃
27	次ニ掲出スル布政使ノ示論ニ基キ丈量漏ノ田園アラハ速ニ申告シテ補丈ヲ請求スヘキ旨臺南府ヨリ各縣へノ通牒	光15・10・6	札	〃	〃
28	丈量漏ノ田園ニ關スル布政使ヨリノ示論	光15・9・23	諭	〃	〃
29	康熙四十七年諸羅縣下付ノ墾照	康47・4	墾照	追加（Ⅱで言及）	墾戸ノ權利トシテ記スル所

30	光緒十三年埔里社撫民分府ヨリ下付シタル墾照	光13・10・11	墾照	〃	〃
31	雍正二年彰化縣下付ノ開墾執照	雍2・12	執照	〃	〃
32	雍正五年彰化縣下付ノ墾單	雍5・2・8	墾單	〃	〃
33	道光二十三年噶瑪蘭分府下付ノ執照	道23・6・11	執照	追加	〃
34	光緒二十年布政使司ヨリ發給シタル執照	光20・9	執照	追加	〃
35	光緒十五年按司道ヨリ下付シタル墾照	光15・12	墾照	追加（Ⅱで言及）	〃
36	給墾後二年ヲ經ルモ尚拋荒スルトキハ官ハ別人ニ給墾シ得ルコトヲ明ニシタル墾照	日付なし	墾照	追加	規定ノ励行
37	給墾後一年内ニ田園ヲ墾成スヘク若之ニ違フトキハ追回スヘキコトヲ明記シタル墾單	光14・3・1	墾單		
38	山業ヲ開墾佃耕ニ付シタルモノ	同2・12	契	Ⅱ-13	契字ノ名稱 ・換佃別耕
39	已墾埔園ヲ給墾シタルモノ	乾39・1	契	Ⅱ-14	〃 ・墾底銀
40	出墾字ヲ以テ大租ノ物體納期及場所ヲ約シタルモノ	道3・6	契	Ⅱ-15	〃 ・換佃別耕
41	當初ノ佃戸退佃シタルヲ以テ業主ニ於テ更ニ他人ニ給墾シタル例	嘉6・11	契	追加	退墾後ノ再給墾
42	大租車工水銀等ヲ怠缺シタル爲大租戸ニ退歸シタル田業ヲ大租戸ニ於テ更ニ他人ヲ招佃シ大租權ヲ留存シタル例	嘉3・12	契	〃	〃
43	退佃歸管シタル田底ヲ大租戸ニ於テ更ニ他人ヲ招佃シ大租權ヲ留存シタル例	道4・11	契	〃	〃
44ノ1	園底ヲ退還シ小租權ト大租權ノ混同ヲ生シタルモノ	道16	契	Ⅱ-16	退佃
44ノ2	前契ニ於テ混同シタル小租權ヲ分離シ更ニ第三者ニ對シ賣却シタルモノ	光15・1・4	契	Ⅱ-16	〃
45	永耕字ニシテ承耕年限二十八年ヲ約シタル例	光14	契	追加	永耕に年限を附した例
46	相當制限内ニ於テ渡臺者ノ家眷携帯ヲ許可セラレ度旨ノ奏議	雍5・7・8	奏	Ⅱ-12	
47	承墾者ニ於テ自己ノ權利ヲ他人ニ轉賣スルコトヲ豫メ許容シタル例	道4・12	契	追加	佃戸が墾戸の許可なく売れる例
48	大租ヲ缺納シタル爲退佃スルト共ニ退佃者ニ對シ開墾工資銀ヲ支拂タル例	雍13・11	契	追加	耕作権の大租戸への返還
49	退佃スルト共ニ從來怠缺ノ大租粟及新舊車工圳費銀ヲ抵還シタルモノト爲シタル例	乾49・11	契	〃	〃
50	大租ヲ積缺シタル爲大租戸ニ對シ歸管退佃シタル例	道6・12	契	〃	〃
51	同上	道25・3	契	〃	〃
52	退耕歸管ト共ニ工本銀ヲ受取タル例	道29・2	契	〃	〃
53	水害ノ爲耕種ニ堪ヘサル土地ヲ佃戸ヨリ取上更ニ他人ニ給墾シタル例	嘉5・3	契	追加	大租權の再発
54	退佃後ノ田底ヲ更ニ他人ニ給墾シタル例	嘉5・7	契	〃	〃
55	大租ヲ以テ小租戸ニ對スル借銀ノ利息ニ充當シタル例	光10・10	契	追加	小租戸による大租の買得
56	佃戸タル小租戸ニ對シ大租權ヲ賣却シタル例	光16・11	契	〃	〃
57	大租權ヲ物體トシ小租戸ニ對シ質借シタル例	道13・11	契	〃	〃
58	官ニ於テ買收シタル土地ノ大租ハ土地買收ト共ニ消滅スル慣習トシタルモノ	明36・2・16	調査書	追加	
58ノ1	共有大租權ヲ共有者ニ鬮分シタル例	乾9	契	〃	土地其物を処分する初期文書形式

番号	史料名	日付	文書種類	来自	その論拠が支える記述
58ノ2	大租權ヲ找絶杜賣シタル例	乾43・8	契	追加	土地其物を処分する初期文書形式
59ノ1	每年糖三百觔ヲ收納スヘキ大租權ヲ典ノ物體ト爲シタルモノ	嘉5・3	契	Ⅱ-17-1	大租ノ處分ニハ契字ヲ作製シ
59ノ2	前契ト同一ノ大租權ヲ胎借ノ物體ト爲シタルモノ	嘉10・3	契	Ⅱ-17-2	〃
59ノ3	前契承胎者ニ於テ同一大租權ヲ轉胎借ニ供シタルモノ	咸10・10	契	Ⅱ-17-3	〃
60	大租穀九十五石ヲ收納スヘキ權利ヲ抽出シ杜賣シタルモノ	光13・2	契	Ⅱ-18	〃・大租ノ分割處分
61	大租穀九十七石ヲ收納スヘキ權利ヲ賣却シタルモノ	明30・8	契	Ⅱ-19	〃・〃
62	大租權ヲ鬮分シタルモノ	明33・10	契	Ⅱ-20	〃
63	大租ノ杜賣ニシテ佃戸及其甲數等ヲ明記シタル例	明34・1	契	追加	後年マテ甲數及佃戸ヲ明記シタル例
64	大租粟四石ノ内二石ヲ小租戸ニ對シテ杜賣シタル例	光10・6	契	追加	大租ノ分割處分
65	大租產業及小租業ヲ合セテ出典シタルモノ	光16・5・1	契	Ⅱ-22	大租小租を合わせて處分した例
66	分割土地ノ割合ニ從ヒ大租負擔額ヲ定メタル例	乾7・12	契	追加	土地分割の割合に従う大租
67	分割シテ土地ヲ出典シ大租ハ出典セサル土地ニ於テ負擔スヘキコトヲ約シタル例	光16・10	契	追加（Ⅱで言及）	大租の軽減・免除
68	土地ヲ分割シテ交換シ大租ハ交換セサル土地ニ於テ負擔スヘキコトヲ約シタル例	光17・12	契	〃	〃
69	大租ノ賣買ニ小租戸ヲシテ連署セシメタル例	明35・10	契	追加	小租戸の契字への連署
70	租糖租粟ノ換銀率ヲ明ニシタル例	光14・2	契	追加	
71	土地給出ニ際シ抽的租ヲ締約シタルモノ	道27・12	照	Ⅰ-33	
72	抽的租契約	乾35・1・2	墾照	Ⅰ-34	
73	抽的租ヲ改メ結定額大租ト爲シタル約字	咸1・7	契	Ⅰ-36	
74	永遠定額ノ大租ヲ約シタルモノ	同13・9・16	契	Ⅰ-37	
75	結定租ヲ約スルト共ニ佃人ヨリ銀員ヲ受取リ爾後ノ租額ヲ減セシモノ	光7・12	契	Ⅰ-38	
76	一九五抽的ヲ變シテ定額租ヲ約シタルモノ	道7・12	契		
77	定額租ヲ約スルト共ニ他日圳水ヲ引用スルニ至レハ按甲定租ト爲スヘキコトヲ約ス	道12・10	契		
78	上中下三年間ノ抽的大租ヲ平均シタル額ヲ以テ定額租ト爲シタルモノ	道14・3	契		
79	結定額大租穀九石五斗ヲ約シタルモノ	道28	契		
80	結定額大租四石ヲ約シタルモノ	道29・10	契		
81	車工谷ニ關スル約款アル例	乾1・12	契		
82	車工銀每甲三錢六分ヲ約シタル例	乾12・8	契		
83	大租谷一石ニ付車工銀四分五厘ヲ約シタル例	乾26・8	契		
84	同上	乾32・3	契		
85	退佃後ノ抛荒土地ヲ給墾スルト共ニ車工銀ニ關スル約款アルモノ	嘉13・1	契		

86	定額鐵租ヲ約スルト共ニ一時ニ銀三百三十六員ヲ受取其租率ヲ折減シタルモノ	光4・11	契		
87	原佃戸脱逃シ大租ヲ怠欠スルコト多年ニ渉リシヲ以テ別佃ニ給墾シタルモノ	嘉2・11	契		
88	大租ヲ積欠シタルヲ以テ別佃ニ給墾シタルモノ	嘉5・7	契		
89	退佃ノ際佃戸ノ工資ヲ補償スヘキコトヲ約シタル給墾	雍11・2	契		
90	小租戸ノ轉賣權ヲ認メタル給墾	嘉25・11？	契		
91	退佃ノ際小租戸ノ工資補償ニ關スル約款アル招墾字	嘉6・2	契		
92	自己ニ抽留シタル部分ニ付テハ大租及銭糧ヲ負擔セサルコトヲ明ニシタル例	光20・11	契		
93	抄封租負擔ノ水田及厝地等ヲ賣渡タルモノ	同5・11	契		
94	抄封租負擔ノ水田及其付属物一切ヲ杜賣シタルモノ	道14・11	契		
95	漢大租抄封租番口粮ヲ負擔セル小租權ヲ賣渡シタルモノ（清丈以後）	光19・11	契		

＊「日付」は年号を略して表記した（康・雍・乾・嘉・道・咸・同・光・明はそれぞれ康熙・雍正・乾隆・嘉慶・道光・咸豊・同治・光緒・明治の略）。資料3－2、3－3、5－1、5－2、5－3、6－1、6－2、6－3も同様。

＊斜線を附したものは「懇戸の當初の権利」の論拠として引用されたものを示す。

＊薄い網掛けを附したものは「當初」、濃い網掛けを附したものは「後年」で言及された史料を示す。

＊「来自」は収録された史料の来源を示す（Ⅰ：『第一回報告書』、Ⅱ：『第二回報告書』、大租：『大租取調書附屬參考書』、その後の番号は各參考書での史料番号、また「追加」は『臺灣私法』に至って初めて追加されたものを示す）。

＊「その論拠が支える記述」はその史料がどのような記述の論拠となっているかを示す。「〃」は右に同じ、の意を示す。

＊史料96以下は本書では扱わない記述部分で引用される史料の為、割愛する。

資料3－2　『第一回報告書』「大租小租」関係部分引用史料一覧

番号	史料名	日付	文書種類	出典	調査一斑	臺灣私法
1	臺北地方開發當初ニ於ケル開墾許可證	康48・7・21	諭單			↓1段6
2	墾首ヨリ佃戸ニ田園ヲ給出セル契字	乾17・4	佃批		↑66頁2	↓1段7
3	墾首ヨリ佃戸ニ對シ曠地一所ヲ給出シタル契字	乾32・10	契		↑67頁3	↓1段8
4	清賦施行ニ關スル劉巡撫ノ諭告	光12・6・8	諭		↑70頁6	↓2節8
5	大租ノ四成ヲ控減シ小租戸ヲシテ錢糧義務ヲ負擔セシムルコトニ付テノ諭告	光14・5・18	諭			↓1段10
6	小租戸ニ於テ錢糧ヲ納入ス可キ旨ノ諭示	光14・6・22	諭			↓1段11
7	大租ノ四成控減ニ付特ニ大租業戸曾禎祥ニ對シ發シタル諭告	光15・11	諭			
8	蕃有地ニ關スル諭示	乾3	諭		↑77頁1	
9	蕃人ヨリ漢民ニ與ヘシ佃批	乾12・8	佃批		↑78頁2	
10	蕃社ト漢民トノ間ニ成立シタル招墾合約字	乾38・3	契			↓1段141
11	蕃ヨリ漢民ニ與ヘシ給墾佃批	乾43・2	佃批		↑79頁3	
12	蕃人ヨリ永耕字ノ名ヲ以テ土地ノ實權ヲ移轉セシモノ	嘉1・4・15	契		↑79頁4	
13	蕃社ト蕃社間ニ於ケル土地給墾證	同11・10	契		↑81頁6	
14	養贍租納入ニ關スル諭告	光12・6・17	諭			
15	蕃地混佔ヲ禁スルコトニ付テノ諭告	光12・6	諭			
16	蕃租收納ニ關スル諭告	光14・6・27	諭			↓1段143
17	蕃租徵收ニ關シ從來ノ包辨（請負者）ヲ罷メ頭目ヲシテ之ニ代ラシムル旨ノ諭示碑文	光15・2・12	諭	碑文	↑82頁7	
18	貓閣社頭目潘和泉ニ對シ戳記ヲ下付シタルモノ	光16・5・23	戳記			
19	頭目ヨリ佃人ニ對シ蕃租完納ニ關スル告知書	明29・7	告知書			
20	頭目ヨリ佃人ニ對シ漢人ノ爲メニ蕃大租ヲ混收セラレサルコトニ付テノ告知書	明31・5・16	告知書			
21	大租權賣渡證	明30・11	契		↑109頁1	
22	大租權賣渡證	咸10・3	契		↑111頁2	
23	質入ニ係リシ大租權ヲ賣買ニ改メタルモノ	光17・11	契		↑112頁3	
24	領臺以後ニ於ケル大租權賣渡證	明29・11	契		↑113頁4	
25	大租權ヲ擔保トシテ銀員ヲ質借セシ證書	道13・11	契		↑114頁5	
26	大租權轉質證	道11・12	契			
27	大租權質入證	道15・2	契			

28	大租銀六角ヲ徴收シ得ヘキ權利ヲ質入シ佛銀三大元ヲ借出シタルモノ	光17・8	契			
29	小租權賣渡證	同2・11	契		↑118頁1	
30	小租權ノ賣渡證（水田、山林及宅地ヲ包含ス）	嘉16・11	契		↑119頁2	
31	小租權質入證	光15・12	契		↑121頁4	
32	土地書入證（抵當ニ似テ非ナルモノ）	明30・6	契			
33	土地給出ニ際シ抽的租ヲ締約シタルモノ	道27・12	契			↓1段71
34	抽的租契約	乾35・1・2	契			↓1段72
35	抽的租負擔田園ノ賣買證書	嘉21・11	契			
36	抽的租ヲ改メ結定額大租ト爲シタル約字	咸1・7	契			↓1段73
37	永遠定額ノ大租ヲ約シタルモノ	同13・9・16	契			↓1段74
38	結定租ヲ約スルト共ニ佃人ヨリ銀員ヲ受取リ爾後ノ租額ヲ減セシモノ	光7・12	契			↓1段75

＊「調査一斑」は『調査一斑』から採用された史料（例：↑頁数・史料番号）、「臺灣私法」は『臺灣私法』へと採用された史料（例：↓史料番号）を示す。
＊網掛けは『臺灣私法』に於いて省略された部分を示す。

資料3―3 『第二回報告書』「大租小租」関係部分（「田園（含大租）」）引用史料一覧

番号	史料名	日付	文書種類	出典	臺灣私法
1	等外田園ノ等則及租率ニ關スル出示	光14・11・22	諭	江以忠提出	
2	府八房首書ニ對シ下付シタル執照	光20・8・10	執照		↓1段188
3	河南ノ開墾地ニ對シ起科徴糧ニ關スル奏議	日付なし	奏	皇清奏議	↓1段1
4	開墾着手後六年ニシテ起科納賦スヘキ規定ヲ旱地ハ十年ニ改メラレ度旨ノ奏議	康55	奏	嘉樹山房集	↓1段2
5	荒地開墾ニ付キ地方官勒索ノ陋弊ヲ防遏シタル諭示	雍1	諭	会典事例	↓1段3
6	廣東省ニ於ケル荒地開墾奨勵ニ關スル奏議	雍5	奏	經世文編	↓1段4
7	廣東省内ニ於ケル荒地開墾奨勵ニ關スル上諭	雍6	上諭	雍正内閣上諭	↓1段5
8	丈單費用ノ納入及丈單受領者ニ關スル曉諭	光14・6	諭		↓1段12
9	加三完糧章程ニノミ準據スルノ要ナキコトヲ示シタルモノ	日付なし	批		↓1段13
10	臺灣縣下ニ於ケル新糧章程	光14・12	章程		↓1段14
11	大租小租ノ關係及清丈、租率、納税義務者等ニ關スル調査書	日付なし	調査書	土地調査局	↓1段15
12	相當制限内ニテ渡臺者ノ家眷携帯ヲ許可セラレ度旨ノ奏議	雍5・7・8	奏		↓1段46
13	山業ヲ開墾佃耕ニ付シタルモノ	同2・12	契		↓1段38
14	已墾埔園ヲ給墾シタルモノ	乾39・1	契		↓1段39
15	出墾字ヲ以テ大租ノ物體納期及場所ヲ約シタルモノ	道3・6	契		↓1段40
16ノ1	園底ヲ退還シ小租權ト大租權ノ混同ヲ生シタルモノ	道16	契		↓1段44-1
16ノ2	前契ニ於テ混同シタル小租權ヲ分離シ更ニ第三者ニ對シ賣却シタルモノ	光15・1・4	契		↓1段44-2
17ノ1	毎年糖三百觔ヲ收納スヘキ大租權ヲ典ノ物體ト爲シタルモノ	嘉5・3	契	徐松庭提出	↓1段59-1
17ノ2	前契ト同一ノ大租權ヲ胎借ノ物體ト爲シタルモノ	嘉10・3	契	徐松庭提出	↓1段59-2
17ノ3	前契承胎者ニ於テ同一大租權ヲ轉胎借ニ供シタルモノ	咸10・10	契	徐松庭提出	↓1段59-3
18	大租穀九十五石ヲ收納スヘキ權利ヲ抽出シ杜賣シタルモノ	光13・2	契	徐松庭提出	↓1段60
19	大租九十七石ヲ收納スヘキ權利ヲ売却シタルモノ	明丁酉・8	契	徐松庭提出	↓1段61
20	大租權ヲ鬮分シタルモノ	明33・10	契	徐松庭提出	↓1段62
21	抽的租ノ納入ニ關シ佃人ニ對シ發シタル曉諭	光17・10	諭		
22	大租産業及小租業ヲ合セテ出典シタルモノ	光16・5・1	契		↓1段65
23ノ1	下則沙園四分ニ對スル業主權ヲ賣渡シタルモノ	乾54・2	契	鄭雲嵐提出	
23ノ2	前契買受人ニ於テ更ニ他人ニ賣渡シタルモノ	道7・1	契	鄭雲嵐提出	

23ノ3	前契買受人ニ於テ更ニ出典シタルモノ	道22・9	契	鄭雲嵐提出	
23ノ4	前契承典者ニ於テ更ニ轉典シタルモノ	同1・3	契	鄭雲嵐提出	
23ノ5	前契承轉典者ハ更ニ之ヲ再轉典シタルモノ	光11・6	契	鄭雲嵐提出	
24ノ1	下則園大小六坵ノ業主權ヲ賣渡シタルモノ	乾24・12	契	鄭雲嵐提出	
24ノ2	下則園一坵ノ業主權ヲ賣渡シタルモノ	乾44・1	契	鄭雲嵐提出	
24ノ3	前ニ契ヲ以テ買受タル土地ニ他ノ土地ヲ加ヘ更ニ他ニ賣渡タルモノ	道1・2	契	鄭雲嵐提出	
24ノ4	前契承買者ニ於テ承買土地ヲ出典シタルモノ	道22・1	契	鄭雲嵐提出	
24ノ5	前契承典者ハ更ニ之ヲ轉典シタルモノ	光13・8	契	鄭雲嵐提出	
25ノ1	下則田壹所ノ業主權ヲ賣渡タルモノ	乾22・11	契	林老賜提出	
25ノ2	前契ト同様ノ賣契ナリ	乾22・11	契	林老賜提出	
25ノ3	前ニ契ノ承買者ニ於テ承買土地ヲ更ニ他人ニ賣渡タルモノ	乾36・10	契	林老賜提出	
25ノ4	前契承買者ニテ承買土地ヲ出典シタルモノ	道11・1	契	林老賜提出	
26	田園山斜埔地竝ニ公館一座及之ニ備付スル器物ヲ合セ賣渡タルモノ	嘉7・12	契	林老賜提出	
27ノ1	蕃婦ヨリ漢人ニ對シ山埔園一所ヲ賣渡タルモノ	乾35・10	契	江以忠提出	↓1段131
27ノ2	前契山埔園ニ付キ更ニ找洗銀ヲ受取タルモノ	道3・12	契	江以忠提出	

＊「臺灣私法」は『臺灣私法』へと採用された史料を示す（例：↓史料番号）。
＊史料28～33は蕃租に関する史料の為、割愛する。

資料4「地基」関係部分テキスト対照表

Arrow targets in 『臺灣私法』 (they do not stay in the same table row): 第一節 地基關係ノ起源 ↓ → 第二 臺灣市街ノ經營; 第一款 總說 ↓ → 第一 地基關係ノ原因; 第二款 現銷銀 ↓ → 第二 地基關係ノ要件.

『調査一斑』	『第一回報告書』	『第二回報告書』	『臺灣私法』
第五章　地基租	第七章　地基	第二節　厝地	第二段　厝地ノ業主權
		第一款　總說	第一項　總說
		第一　厝地ノ意義 ↓	第一　厝地ノ意義
		第二　厝地ノ範圍 ↓	第二　厝地ノ範圍
		第三　厝地ノ起元	
		第四　厝地ノ賦課 ↓	第三　厝地ノ賦課
		第二款　厝地ノ取得	第四　厝地ノ法律關係
		第三款　厝地ノ業主權	第二項　地基關係ノ沿革
			第一　總說
第一節　地基租關係ノ起源 ↓	第一節　地基關係ノ起源 ↓		第二　臺灣市街ノ經營
第二節　地基租關係ノ成立	第二節　地基關係ノ成立		第三項　地基關係ノ成立
第一款　總說 ↓	第一款　總說 ↓		第一　地基關係ノ原因
第二款　現銷銀 ↓	第二款　現銷銀 ↓		第二　地基關係ノ要件
第三節　地基租關係ノ性質	第三節　地基租關係ノ性質		第四項　地基關係ノ性質
第一款　厝主ノ權利義務	第一款　厝主ノ權利義務		第一目　總說
第一　厝主ノ權利義務ノ內容 ⇓	第一　厝主ノ權利義務ノ內容		第一　厝地ノ業主權
第二　厝主權ノ得喪移轉 ⇓	第二　厝主權利ノ得喪移轉		第二　業主ノ確定
第三　厝主權ノ性質 ⇓	第三　厝主權利ノ性質		
第二款　地基主ノ權利義務	第二款　地基主ノ權利義務		第二目　地基主權ノ性質
第一　地基主權ノ內容 ⇓	第一　地基主ノ權利義務ノ內容		第一　地基主權ノ內容
第二　地基主權ノ得喪移轉 ⇓	第二　地基主權ノ得喪移轉		第二　地基主權ノ得喪移轉
第三　地基主權ノ性質 ⇓	第三　地基主權ノ性質		第三　地基主權ノ性質
第四節　借地權	第四節　地基租ノ收納		第四　地基租ノ收納
第五節　地方的差異	第五節　贌稅		第五　地基主權ノ廢止
	第六節　稅厝		第三目　厝主權ノ性質
			第一　厝主權ノ內容
			第二　厝主權ノ得喪移轉
			第三　厝主權ノ性質
			第四　地基關係ナキ厝地ノ業主權

＊↓はテキストの基本的な継承を、⇓は大幅な変更を含んでの継承を示す。

資料5—1 『臺灣私法』「地基」関係部分引用史料一覧

番号	史料名	日付	文書種類	出典	第一回
1	基隆市街經營ニ關スル諭告	嘉23・10	諭		↑地基1
2	臺北市街經營ニ關スル諭告	光5・3	諭		↑地基2
3	永靖街經營ニ關スル合約字	嘉18・9	契		
4	給付永管地基ナル名義ヲ以テ地基關係ヲ發生シタル例	嘉15・7	契		
5	給批地基ナル名義ヲ以テ地基關係ヲ發生シタル例	道21・12	契		
6	招永賃荒埔蓋造瓦屋約字ナル名義ヲ以テ二紙ヲ作製シ各一本ヲ所持シ地基關係ヲ發生シタル例	光3・10	契		
7	地基關係ニ付合約字ヲ作製シ雙方各一本ヲ所持シタル例	光10・11	契		
8	給墾字ヲ以テ地基關係ヲ發生シ業主權ヲ移轉シタリト見ルヘキ例	光17・11	契		
9	同上	嘉21	契		
10	杜賣契ニ依リ地基關係ヲ設定シタル例	乾23・12	契		↑地基3
11	杜絶賣契ニ依リ地基關係ヲ設定シタル例	乾35・12	契		↑地基4
12	漢業主ノ土地ヲ給出シ地基關係ヲ設定セシ證	光7・1	契		↑地基7
13	給字ニ依ル地基關係ノ設定	嘉10・3	契		
14	給佃字ニ依ル地基關係ノ設定	嘉25・4	契		
15	贌字ニ依ル地基關係ノ設定ニシテ當事者各一本ヲ所持シタル例	同12・11	契		
16	給字ニ依ル地基關係ノ設定	明29・10	契		
17	贌字ニ依ル地基關係ノ設定	明31・7	契		↑地基40
18	地基ノ賃貸借ト認ム可キ例	光20・4	契		↑地基38
19	地基ノ賃貸借ト認ム可キ例	咸6・1	契		↑地基39
20	現銷銀ヲ領受シ地基ヲ給出シタル例	光13・11	契		
21	同上	光12・12	契		
22	現銷銀ヲ授受シ地基ヲ招贌シタル例	光7・5	契		
23	給出ニ對シ壓地基銀ヲ授受シタル地基關係	嘉12・5	契		
24	給出ニ依ル地基關係	乾52・8	契		
25	給出ニ依ル地基關係	嘉2・10	契		
26	頭圍街經營ニ關スル公約字	嘉19・1	契		
27	頭圍街經營ノ爲、官地ヲ民人ニ給出シタル執照	嘉21・4・15	執照		

番号	史料名	日付	文書種類	出典	第一回
28	瓦屋及店地ヲ併合シテ杜賣シタル契字	明31・10	契		↑地基11
29	厝主ニ於テ厝屋及厝地二者ヲ併合シテ賣却シタル契字	咸8・11	契		↑地基12
30	厝主ニ於テ厝屋及店屋ノ二者ヲ賣却セシ契字	光15・11	契		↑地基13
31	店地基ヲ賣却シタル例	光10・8	契		
32	賣契ニ依リ地基關係ヲ設定シタル例	乾28・9	契		
33	承給セル地基ヲ賣却シ買主ト地基主ノ間ニ地基關係ヲ發生セシメタル例	明31・6	契		
34	磧地銀トアルモ其實質ハ現銷銀ト異ナラサルモノ	道17・10	契		↑地基37
35	地基租權ヲ賣渡シタルノ例	乾43・2	契		↑地基30
36	同上	同9	契		↑地基31
37	同上	光辛巳・10	契		↑地基32
38	同上	乾32・10	契		↑地基33
39	地基租權ヲ胎借ノ擔保ト爲シタル例證	同4・3	契		↑地基34
40	地基租權ヲ賣渡タル例	明29・7・6	契		↑地基35
41	厝地ヨリ収得スヘキ地税銀ヲ以テ胎ノ物體ト爲シタル例	明34	契		
42ノ1	地基主ヨリ承税者ニ對シ地基ヲ賣却シタル例	光壬午・10	契	曾萬益	
42ノ2	前契買受ニ係ル地基ヲ更ニ税主ニ對シ杜賣シタルモノ	明35・5・1	契		
43	厝主ノ厝地ニ對スル權利ヲ目シテ地皮ト云ヒタル例	光20・11	契		
44	地皮ヲ出賣シ厝屋架造ノ敷地ニ供セシメタル例	嘉17・8	契		
45	厝主ニ於テ厝地ニ對スル權利ヲ杜賣シタル例	嘉14・10・18	契		
46	同上	光10・8	契		↑地基14
47	同上	光13・4	契		
48	同上	明30・12	契		
49	地基租ヲ減額シタル例	光20・11	契		
50	後日店舗ヲ架造スルトキハ地基租ヲ增額スヘキコトヲ約シタル例	光2・11	契		
51	地基ノ給出ニ際シ或約款ヲ付シアル例	明31・1	契		↑地基18
52	同上	明31・1	契		↑地基19
53	同上	明33・4	契		↑地基20
54	黄家ニ對シ地基租ヲ負擔スル厝地及店屋ヲ杜賣シタルモノニシテ買主ノ建築上ニ付テ制限ヲ加ヘタル例	明32・11	契		↑地基22

55	厝屋毀壊スルモ厝主之ヲ修築スルノ資力無ク且地基租ヲ拖欠シタルヲ以テ別人ニ給出シタル例	嘉4・8	契		↑地基21
56	厝主ニ於テ厝屋ト共ニ地基ニ對スル權利ヲ處分シタル例	光10・11	契		
57	同上	明29・11	契		
58	同上	同2・4	契		
59	同上	光12・12	契		
60	同上	道18・12	契		
61	同上	道15・10	契		
62	同上	明36・12・20	契		
63	同上	乾42・6	契		
64	同上	同1・2	契		
65	同上	道8・4	契		
66	同上	明33・閏8	契		
67	同上	嘉21・4	契		
68	同上	雍4・9	契		
69	同上	道12・4	契		
70	同上	道27・5	契		
71	同上	乾41・4	契		
72	同上	光15・5	契		
73	同上	光6・1	契		
74	房屋ノミノ拂下ノ如ク見ユルモ其實敷地ヲモ包含シテ拂下タル執照	光17・5・8	執照		
75	土地調査局ニ於テ起厝者ヲ以テ厝地ノ業主ト査定シタルハ總テノ場合ニ於テ臺灣ノ慣習ニ適合スルモノト云ヒ難キコトヲ證スヘキ例	明38・7・26	契約書		
76	地基租權ヲ賣却シタル例	咸1	契	庄長杜大廷	
77	地基租權ハ混同ニ因リ消滅シタル例	光14・3	契		
78	同上	光19・8	契		
79	地基主權ヲ杜賣シタル例	光14・10	契		
80	地基租ヲ滞納セシ例	光20・12・2	執照		↑地基36
81	滞納セル地基租ニハ利息ヲ付スヘキ約款	光7・8	契		

*「第一回」は『第一回報告書』から採用された史料を示す（例：↑地基・史料番号）。

資料5―2 『第一回報告書』「地基」関係部分引用史料一覧

番号	史料名	日付	文書種類	調査一斑	臺灣私法
1	基隆市街經營ニ關スル諭告	嘉23・10	諭	↑168頁1	↓1
2	臺北市街經營ニ關スル諭告	光5・3	諭	↑170頁2	↓2
3	杜賣契ニ依リ地基關係ヲ設定シタル例	乾23・12	契	↑180頁6	↓10
4	杜絶賣契ニ依リ地基關係ヲ設定シタル例	乾35・12	契	↑180頁7	↓11
5	給出地基字ニシテ厝主ノ權利ニ制限ヲ付シタル證	嘉10・1	契	↑181頁9	
6ノ1	建物及敷地ノ賣買ニ關シ別個ニ契字ヲ作リタル證	光15・1	契		
6ノ2	同上	光15・1	契		
7	漢業主ノ土地ヲ給出シ地基關係ヲ設定セシ證	光7・1	契		↓12
8	給店地基字トアルモ其實賣買ト同様タル證	同9・12	契		
9	給出地基ニ依リ業主權ヲ移轉セルモノト認メ得可キ證	明29・11	契		
10	蕃業主ヨリ土地ヲ給出シテ店地ト爲サシメタル證	嘉21	契		
11	瓦屋及店地ヲ併合シテ杜賣シタル證	明31・10	契		↓28
12	厝主ニ於テ厝屋及厝地二者ヲ併合シテ賣却シタル契字	咸8・11	契		↓29
13	厝主ニ於テ厝屋及店屋ノ二者ヲ賣却セシ契字	光15・11	契		↓30
14	店地基ヲ賣却シタル證	光10・8	契	↑189頁1	↓46
15	杜賣盡根瓦店契字トアルモ其實厝地ヲモ併セテ賣買シタル證	光22・11	契		
16	厝主カ厝屋及厝地ヲ併合シテ出典シタル證	道22・12	契	↑192頁5	
17	第一六契字ニ於ケル典主カ承典物件ヲ第三者ニ轉典シタル證	咸10・12	契	↑192頁6	
18	地基ノ給出ニ際シ或約款ヲ付シアル例	明31・1	契		↓51
19	地基ノ給出ニ際シ或約款ヲ付シアル例	明31・1	契		↓52
20	前契字ト同斷	明33・4	契		↓53
21	地基ノ業主權ハ移轉セサルモノト認ム可キ給墾批	嘉4・8	契		↓55
22	地基賣買契字ニシテ尚買主ノ權利ニ制限ヲ付シタルモノ	明32・11	契		↓54
23	地基ノ給佃批ニシテ或約款ヲ付シタルモノ	乾15・10	契		
24	給地基墾批ニシテ或約款ヲ付シタルモノ	光19・12	契		
25	地基墾批ヲ補給セシモノニシテ尚約款ヲ付シタルモノ	光2・11	契		

26	給地基墾批ニシテ或約款ヲ付シタルモノ	明33・5	契		
27	給店舗地基墾批ニシテ或約款ヲ付シタルモノ	同9・葭	契		
28	地基給出字中地基租ハ加減スルコトヲ得サル旨ヲ約シタルモノ	嘉24・12	契		
29	給字ニシテ現銷銀ト云ハス地價銀ト云ヒタルモノ	光5・3	契	↑181頁8	
30	地基租權ヲ賣渡シタルノ例	乾43・2	契	↑201頁1	↓35
31	同上	同9	契	↑201頁2	↓36
32	同上	光辛巳・10	契	↑202頁3	↓37
33	同上	乾32・10	契		↓38
34	地基租權ヲ胎借ノ擔保ト爲シタル例證	同4・3	契		↓39
35	地基租權ヲ賣渡タル例	明29・7・6	契	↑203頁4	↓40
36	地基租ヲ滞納セシ例	光20・12・2	執照		↓80
37	磧地銀トアルモ其實質ハ現銷銀ト異ナラサルモノ	道17・10	契	↑208頁4	↓34
38	地基ノ賃貸借ト認ム可キ例	光20・4	契		↓18
39	地基ノ賃貸借ト認ム可キ例	咸6・1	契	↑212頁2	↓19
40	地基ノ賃貸借ト見ルヘキモノ	明31・7	契		↓17

＊「調査一斑」は『調査一斑』から採用された史料（例：↑頁数・史料番号）、「臺灣私法」は『臺灣私法』へと採用された史料（例：↓史料番号）を示す。

資料5―3 『第二回報告書』「地基」関係部分（「厝地」）引用史料一覧

番号	史料名	日付	文書種類	出典	臺灣私法
1	蓋屋居住ノ為メ地基給出ノ執照	日付なし	執照		
2ノ1	施侯租負擔ノ厝屋及厝地ヲ賣渡タルモノ	道4・5	契		
2ノ2	前契承買者ヨリ轉得シタル者ニ於テ又更ニ杜賣シタルモノ	道25・2	契		
3	官給地基ニ對スル執照	乾55・9・16	執照		
4ノ1	厝屋及厝地ニ對スル權利ヲ合セ杜賣シタルモノ	光8	契		
4ノ2	前契買受者ニ於テ更ニ之ヲ轉賣シタルモノ	明32・2	契		
4ノ3	厝地ヨリ收得スヘキ地税銀ヲ以テ胎ノ物體ト為シタルモノ	明34	契		
5	厝主ニ於テ厝地及碎破セル厝屋ヲ合セ賣却シ官ハ之ニ對シ契尾ヲ下付シタルモノ	光10・11	契		
6	厝主ニ於テ厝屋厝地ヲ合セテ賣却シタルモノ	道23・8	契		
7	店屋店地ヲ杜賣シタルモノ	乾32・2	契		
8	官地ニ對スル永年税借ヲ許可シタルモノ	道26・7・23	諭		
9	前契ト同様ノ關係ニ於ケル厝主ニシテ厝屋及厝地ニ對スル權利ヲ合セ賣渡タルモノ	光13・11	契＋契尾		
10	店屋店地ニ二者ヲ合セ賣渡タルモノ	道8・4	契		
11	前同斷	同1・2	契		
12	店屋店地ノ二者ヲ合セ賣渡タルモノ	咸10・10	契		
13	店地及店屋ノ二者ヲ明記シ賣買セルモノ	道18・6	契		
14	瓦店一座トアルモ其敷地ヲ合セテ賣渡タルモノ	光19・12	契		
15	店屋及厝地ノ二者ヲ合セ賣却シタルモノ	光11・10	契		
16	厝屋ヲ出典シ厝地ハ税地ニ係ルコトヲ明ニシタルモノ	光	契		
17	店屋ヲ賣渡シ其敷地ハ税地タルコトヲ明ニシタルモノ	明	契		
18	店屋及地基ヲ併合シテ賣却シタルモノ	嘉6・1	契		
19	振文書院ヨリ土地ヲ出税シ店地ト為サシムルニ付キ發シタル墾單	光18・9・11	墾單		
20ノ1	嘉慶二十五年ニ於テ厝屋厝地ノ一部ヲ抽出シ出典シタルモノ	嘉25・7	契		
20ノ2	前契承典者ニ於テ道光十三年ニ至リ更ニ之ヲ黄雲記ニ轉典シタルモノ	道13・8	契		
20ノ3	前契轉典ヲ受タル黄姓ハ咸豐六年ニ至リ育嬰堂ニ獻業シタルモノ	咸6・6・29	契		
21	義塚ノ董事ニ於テ轉典ヲ承受シタルモノ	明34・7・8	契（契尾）		
22	亡友ノ遺産事務管理者ヨリ厝屋厝地ヲ出典シタルモノ	明34・6・13	契（契尾）		
23	房屋ノミノ拂下ノ如ク見ユルモ其實敷地ヲ拂下タル執照	光17・5・8	執照		
24ノ1	官没家屋及其敷地ノ拂下ニ際シ拂受人ニ下付シタル執照	光17・11・10	執照	呉道源提出	
24ノ2	官ノ拂下物體ニ對シテハ何人ト雖トモ紛爭アルヘカラサル旨ノ曉諭	光17・11・13	諭	呉道源提出	

＊「臺灣私法」は『臺灣私法』へと採用された史料がないことを示す。

番号	史料名	日付	文書種類	来自
1	典ノ字義	日付なし	報告	Ⅱ-1
2	田宅ノ典賣ニ關スル律ノ規定	日付なし	律例	Ⅰ-1
3	妻又ハ女子ノ典雇ニ關スル律ノ規定	日付なし	律例	Ⅰ-2
4	典賣契字内ニ包含ス可キ事項及之ヨリ生スル法律關係ノ規定	日付なし	律例	Ⅰ-3
5	田宅ノ典當ニ付テハ税契ヲ免スル旨ノ規定	日付なし	律例	Ⅰ-4
6	前掲條例ト同斷ノ規定	日付なし	法令	Ⅰ-5
7	典業ニ付テハ免税ス可キ旨ノ福建省例	日付なし	省例	Ⅰ-6
8	典ノ年限ハ多キモ十年ヲ越ユルコトヲ許サヽル規定	日付なし	碑文	Ⅰ-7
9	典契字ハ必シモ上下對契ヲ設立シ之ヲ當事者間ニ分存スル要ナキ旨ノ省例	日付なし	省例	Ⅰ-9
10	典主ニ對シテ丈單ヲ下附シタル場合ニ關スル諭告	光14・6	諭	Ⅰ-8
11	不動産流質ニ關スル舊記	光13・4	訴状	
12	典ニ關スル戸部則例ノ規定	日付なし	則例	
13	典關係ヲ以テ賃ト稱シタル例	道6・3	契	
14	水車ヲ典ノ物體中ニ包含セシメタ例	光9・11	契	
15	贌耕帯借銀字ニシテ典ト同様ノ法律關係ヲ有スルモノ	光14・11	契	Ⅰ-14
16	招耕帯借銀字ニシテ典ト同様ノ法律關係ヲ有スルモノ	光10・10	契	Ⅰ-15
17	承典者ハ承典土地ノ上ニ家屋ヲ開張シ得ルコトヲ約シタル例	乾23・12	契	Ⅱ-2
18	承典者ハ承典土地ノ上ニ竹圍ヲ插ミ且厝屋ヲ起蓋シ得ルコトヲ明ニシタル例	光4・1	契	
19	承典土地ノ上ニ起蓋シタル建物ニ關シ賠償方法ヲ定メタル例	咸9・8	契	
20ノ1	承典主ニ於テ起蓋シタル杉料磚瓦等ニ付賠償義務ヲ約シタル例	嘉12・2	契	
20ノ2	承典店地ヲ他人ニ出税シ起蓋セシメタル例	嘉19・10	契	
21	蕃婦ヨリ漢人ニ對シ檳榔宅地ヲ出典シ典主若檳榔及荖葉ヲ栽插スルトキハ回贖ニ際シ其費用ヲ賠償スヘキコトヲ約シタルモノ	咸5・4	契	Ⅱ-19
22	檳榔宅地ノ添典ニ關シ特ニ契字ヲ作製シ且檳榔荖葉ニ對スル賠償方法ヲ明ニシタルモノ	同13・4	契	Ⅱ-20
23	數人ノ出典者ニシテ各自典價ヲ異ニシ又回贖ハ各自ノ自由タルコトヲ明ニシタル例	光15・11	契	
24	典契ニシテ回贖權ナキコトヲ明ニシタル例	明32	契	Ⅱ-24
25	回贖セサルコトノ確定セル典權者ニ於テ承典物件ヲ育嬰堂ニ獻業シタル例	咸6・6	契	
26	亡友ノ遺産管理者ヨリ厝屋厝地ヲ出典シタルモノ	咸9・2	契	

番号	史料名	日付	文書種類	来自
27ノ1	石芝圃ニ於テ田園四段ヲ承典シタル契字ニシテ本契字ハ次ニ示スカ如ク胎借ノ物體ト爲リタルモノナリ	咸7・12	契	Ⅱ-3ノ1
27ノ2	單ニ借銀状トアルモ其實胎借關係タルモノ	光12・1	契	Ⅱ-3ノ2
28	典ノ期限滿了後回贖セサルトキハ回贖權ヲ喪失スヘキコトヲ明ニシタル例	乾52・10	契	
29	同一典主ニ對シ再典借ヲ爲シ且十年ノ期限後回贖セサルトキハ典ハ變シテ賣ト爲ルコトヲ約シタル例	道19・10	契	
30	典ノ期限内ニ於テ典ヲ變シテ賣ト爲シタル例	道26・2	契	
31	臺灣ニ於テ出典後三十年ヲ經過スルトキハ回贖權ヲ失フヘキ規定ノ有無ニ關スル清國福建省官衙ヨリノ回答	日付なし	公文	Ⅱ-4
32	瓦店一間ヲ出典シ出典前ノ地租ノミ出典者ニ於テ負擔スヘキコトヲ明ニシタルモノ	嘉15・5	契	Ⅱ-5
33	瓦店三座ヲ出典シ出典後ハ典主ニ於テ地租ヲ負擔スヘキコトヲ明ニシタルモノ	道29・12	契	Ⅱ-6
34	田二所及之ニ附帯シテ牛屎潭埤水ヲ出典シ出典後ハ典主ニ於テ正供ヲ負擔スヘキコトヲ明ニシタルモノ	道24・12	契	Ⅱ-7
35	磧地銀付田園ヲ起耕典ニ付シタルモノ	道12・11	契	Ⅰ-16
36	瓦店壹座ニ進ヲ重複シテ典ニ供シ其後地保公人ノ調處スル所ト爲リ本契字ヲ作製スルニ至リタルモノ	光9・4	契	Ⅱ-9
37	單ニ典契字トアルモ其内容ハ起耕典ト異ラサルモノ	光8・10	契	Ⅰ-10
38	典契字トアルモ起耕典ト其内容ヲ同フスルモノ	道13・11	契	Ⅰ-11
39	典契字トアリテ其内容ハ起耕典ニ異ラサルモノ	光18・3	契	Ⅰ-12
40	布政使ヨリ配布ヲ受タル契尾ノ不足セル場合ニ一時換用セル執照	同3・5	執照	Ⅱ-10
41	典限ヲ五年ト定メ典限内ニ於テ贖回スヘク典限後ハ贖回ノ權ナキコトヲ明ニシタル例	光21・3	契	
42ノ1	典厝字ヲ以テ地基及厝屋ヲ合セテ出典シタルモノ	光5・3	契	Ⅱ-11ノ1
42ノ2	前契承典者ニ於テ原典價及原典期限内ニ於テ轉典シタルモノ	光7・4	契	Ⅱ-11ノ2
42ノ3	前契轉典主ハ更ニ之ヲ轉典シタルモノ	光7・6	契	Ⅱ-11ノ3
42ノ4	前契轉典主ニ於テ又更ニ轉典シタルモノ	明35・6	契	Ⅱ-11ノ4
43	轉典契トアルモ其第一ノ出典ニ係ルモノ	道11・9	契	Ⅱ-13
44	轉典トアルモ初典タル例	光4・11	契	
45	同上	明31・1	契	
46	轉典トアルモ其實典權ノ讓渡ト見ルヘキ例	道6・8	契	Ⅱ-14
47	典權ノ讓渡ナルモ轉典ト稱シタル例	光16・6	契	
48	同上	光17・7	契	
49	洗找轉典トアルモ典權ノ讓渡タルモノ	光7・11	契	
50	繳典トアルモ普通ノ轉典ト見ルヘキモノ	光7・8	契	
51	繳典トアルモ普通ノ轉典ト見ルヘキモノ	乾57	契	

52	典主カ典權ノ一部ヲ轉典シタルモノ	明31・11	契	Ⅰ-17
53ノ1	典契トアルモ其實轉典タルモノニシテ且建增及修理費用ノ償還義務ニ付明約シタルモノ	同7・1	契	Ⅱ-15ノ1
53ノ2	前契轉典主ニ於テ水溪潭義塚董事ニ對シ再轉典シタルモノ	同10・3	契	Ⅱ-15ノ2
54	轉典價銀カ原典價銀ヨリ減少セル場合ニ於テ原出典者ニ於テ取贖セントスルニハ原典價額ヲ備足スヘキコトヲ記明シタルモノ	道30・8	契	Ⅱ-16
55	轉典ノ期限内ト雖トモ原出典者ニ限リ取贖シ得ヘキコトヲ明ニシタルモノ	光7・5	契	Ⅱ-17
56ノ1	轉典繳賣ナル題目ヲ以テ承典物件ハ之ヲ轉典シ承典後出典者ニ代リ修理シタル物體及火災後新ニ起蓋シタル物件ハ之ヲ賣却スルノ意ヲ明ニシタルモノ	同4・9	契	Ⅱ-18ノ1
56ノ2	前契轉典主ニ於テ再轉典ニ付シタルモノ	光7・9	契	Ⅱ-18ノ2
57ノ1	繳典課租字ヲ以テ承典大租ヲ退典シタル例	光13・8	契	
57ノ2	繳典字ヲ以テ典權ヲ讓渡シ上手ノ外ハ取贖セサルコトヲ約セリ	光2・12	契	
58	繳典字ヲ以テ典權ヲ讓渡シ典關係ヨリ離脱シタルモノ	明31・12	契	
59	退典字ヲ以テ原典價ヲ受取全然典關係ヨリ離脱シタルモノ	光6・11	契	
60	典權ヲ轉賣シタル例	道1・9	契	
61	典ノ回贖ニ際シ原典契ヲ返還スルト共ニ承典者ニ於テ更ニ贖回字ヲ作製シ之ヲ出典者ニ交付シタル例	光2・10	契	
62	典權ノ消滅ヲ證スル爲ニ作製シタル贖還管收清銀字	明30・11	契	
63	典ノ回贖ニ付典主ニ於テ許贖回字ヲ作リ出典者ニ交付シタル例	明35・11	契	

＊「来時」は収録された史料の来源を示す（Ⅰ：『第一回報告書』、Ⅱ：『第二回報告書』、その後の番号は各参考書での史料番号を示す）。

資料6―2 『第一回報告書』「典」関係部分引用史料一覧

番号	史料名	日付	文書種類	調査一斑	臺灣私法
1	田宅ノ典賣ニ關スル律ノ規定	日付なし	律例		↓2
2	妻又ハ女子ヲ目的トスル典雇ニ關スル律ノ規定	日付なし	律例		↓3
3	典賣契字内ニ包含ス可キ事項及之ヨリ生スル法律關係ノ規定	日付なし	律例		↓4
4	田宅ノ典當ニ付テハ税契ヲ免スル旨ノ規定	日付なし	律例		↓5
5	前掲條例ト同斷ノ規定	日付なし	律例		↓6
6	典業ニ付テハ免税ス可キ旨ノ福建省例	乾24	省例		↓7
7	典ノ年限ハ多キモ十年ヲ越ユルコトヲ許サヽル規定	同	碑文		↓8
8	典主ニ對シテ丈單ヲ下附シタル場合ニ關スル諭告	光14・6	諭		↓10
9	典契字ハ必シモ上下對契ヲ設立シ之ヲ當事者間ニ分存スル要ナキ旨ノ省例	日付なし	省例		↓9
10	單ニ典契字トアルモ其内容ハ起耕典ト異ラサルモノ	光8・10	契		↓37
11	典契字トアルモ起耕典ト其内容ヲ同フスルモノ	道13・11	契		↓38
12	典契字トアリテ其内容ハ起耕典ニ異ラサルモノ	光18・3	契		↓39
13	起耕典契字	光2・11	契		
14	贌耕帯借銀字ニシテ典ト同様ノ法律關係ヲ有スルモノ	光14・11	契		↓15
15	招耕帯借銀字ニシテ典ト同様ノ法律關係ヲ有スルモノ	光10・10	契		↓16
16	磧地銀付田園ヲ起耕典ニ付シタルモノ	道12・11	契		↓35
17	典主カ典權ノ一部ヲ轉典シタルモノ	明31・11	契		↓52
18	承典物件ヲ更ニ胎借ノ目的ト爲シタルモノ	道15・11	契		
19	單ニ胎借銀字トアルモ其内容ハ對佃胎借タルモノ	道27・10	契		
20	對佃胎借字則佃人ノ署名アルモノ	光20・11	契		
21	起耕胎借ノ要項ヲ包含スル契字	明33・11	契		
22	前契同斷	明34・11	契		
23	贌小租谷ト胎借銀ニ對スル利息粟トカ同額ナルトキハ之ヲ起耕盡租胎借ト云フノ例	光19・11	契		
24	起耕胎借銀主カ自己ノ權利範圍ヲ目的トシテ轉胎借ヲ爲スモノ	明28・11	契		
25	同上	明30・11	契		

*「調査一斑」は『調査一斑』から採用された史料がないことを示す。「臺灣私法」は『臺灣私法』へと引用された史料を示す（例：↓史料番号）。

番号	史料名	日付	文書種類	臺灣私法
1	典ノ字義	報告		↓1
2	承典者ハ承典土地ノ上ニ家屋ヲ開張シ得ルコトヲ約シタルト認ムヘキモノ	乾23・12	契	↓17
3ノ1	石芝圃ニ於テ田園四段ヲ承典シタル契字ニシテ本契字ハ次ニ示スカ如ク胎借ノ物體ト爲リタルモノタリ	咸7・12	契	↓27ノ1
3ノ2	單ニ借銀状トアルモ其實胎借關係タルモノ	光12・1	契	↓27ノ2
4	臺灣ニ於テ出典後三十年ヲ經過スルトキハ回贖權ヲ失フヘキ規定ノ有無ニ關スル清國福建省官衙ヨリノ回答	日付なし	公文	↓31
5	瓦店一間ヲ出典シ出典前ノ地租ハ出典者ニ於テ負擔スヘキコトヲ明ニシタルモノ	嘉15・5	契	↓32
6	瓦店三座ヲ出典シ出典後ハ典主ニ於テ地租ヲ負擔スヘキコトヲ明ニシタルモノ	道19・12	契	↓33
7	田二所及之ニ附帶シテ牛屎潭埤水ヲ出典シ出典後ハ典主ニ於テ正供ヲ負擔スヘキコトヲ明ニシタルモノ	道24・12	契	↓34
8	税店ニ付シアル瓦店壹間ヲ出典シタルニ際シ税店者ヲモ連署セシメタルモノ	乾54・1	契	
9	瓦店壹座二進ヲ重複シテ典ニ供シ其後地保公人ノ調處スル所ト爲リ本契字ヲ作製スルニ至リタルモノ	光9・4	契	↓36
10	布政使ヨリ配布ヲ受タル契尾ノ不足セル場合ニ一時換用セル執照	同3・5	執照	↓40
11ノ1	典厝字ヲ以テ地基及厝屋ヲ合セテ出典シタルモノ	光5・3	契	↓42ノ1
11ノ2	前契承典者ニ於テ原典價及原典期限内ニ於テ轉典シタルモノ	光7・4	契	↓42ノ2
11ノ3	前契轉典主ハ更ニ之ヲ轉典シタルモノ	光7・6	契	↓42ノ3
11ノ4	前契轉典主ニ於テ又更ニ轉典シタルモノ	明35・6	契	↓42ノ4
12	賃貸ニ付シアル瓦店ヲ出典シ其後更ニ添典シタルモノニシテ添典價銀ニ付キテハ利息ヲ付スヘキ契約アリ	乾24・8	契	
13	轉典契トアルモ其實第一ノ出典ニ係ルモノ	道11・9	契	↓43
14	轉典トアルモ其實典權ノ讓渡ト見ルヘキモノ	道6・8	契	↓46
15ノ1	典契トアルモ其實轉典タルモノニシテ且建増及修理費用ノ償還義務ニ付明約シアルモノ	同7・1	契	↓53ノ1
15ノ2	前契轉典主ニ於テ水渓潭義塚董事ニ對シ再轉典シタルモノ	同10・3	契	↓53ノ2
16	轉典價銀カ原典價銀ヨリ減少セル場合ニ於テ原出典者ニ於テ取贖セントスルニハ原典價銀ヲ備足スヘキコトヲ記明シタルモノ	道30・8	契	↓54
17	轉典ノ期限内ト雖トモ原出典者ニ限リ取贖シ得ヘキコトヲ明ニシタルモノ	光7・5	契	↓55
18ノ1	轉典繳賣ナル題目ヲ以テ承典物件ハ之ヲ轉典シ承典後出典者ニ代リ修理シタル物體及火災後新ニ起蓋シタル物件ハ之ヲ賣却スルノ意ヲ明ニシタルモノ	同4・9	契	↓56ノ1
18ノ2	前契轉典主ハ再轉典ニ付シタルモノ	光7・9	契	↓56ノ2
19	蕃婦ヨリ漢人ニ對シ檳榔宅地ヲ出典シ典主若檳榔及荖葉ヲ栽挿スルトキハ回贖ニ際シ其費用ヲ賠償スヘキコトヲ約シタルモノ	咸5・4	契	↓21
20	檳榔宅地ノ添典ニ關シ特ニ契字ヲ作製シタルモノ	同13・4	契	↓22
21	典契字トアルモ其内容ハ賣契ト異ル所ナキモノ	明32	契	↓24
22	田共計七甲及大租谷十九石七斗ヲ收納スヘキ權利ヲ以テ典ノ物體ト爲シタルモノ	同5・1	契	
23	大租谷二百五十六石ヲ抽出シ典主ノ所得ト爲シ典價銀壹千元ノ利息ト爲シタルモノ	乾35・閏5	契	

＊「臺灣私法」は『臺灣私法』へと採用された史料を示す（例：↓史料番号）。

あとがき

本書の元になったものは拙稿「土地をめぐる「舊慣」と『臺灣私法』の関係について——「不動産權」部分のテキスト分析を手掛かりに——(1)(2)(3・完)」(法学協会雑誌一二二—七、八、九・二〇〇五年七—九月)及び「慣習調査における「典」を巡る議論過程について」(国家学会雑誌一一八—一一/一二・二〇〇五年一二月)である。筆者がそれぞれ東京大学大学院法学政治学研究科助手、修士課程に在籍した際の助手論文、修士論文を基礎にしたものである。

従って問題関心としては先に修士論文の「典」の話があり、その調査を進めていくにつれ、これは広く「所有」全体に関わる議論に突っ込んで行かないことにはどうにもならないということに思い至り、さりとて「所有」という膨大な議論の「場」にただやみくもに飛び込む訳にも行かず、どうしたものかと考えた挙句に辿り着いたのが、始原テキストとしての『臺灣私法』のテキスト批判による議論過程の復元であった。この構想の下に執筆したのが助手論文である。

修士論文執筆段階において我流ながら気がつけば自然に行っていた「校合」という作法・及びそれに基づくテキスト批判(critique)について、それが歴史学の「常識」の一つでありそれが厳密にできないでは話にならないということを先輩である源河達史先生からご教示頂き、ならばそれで行けるところまで行ってみればどうなるか、ということをただ愚直に行ったのが本書の元となった論考群である。勿論近代という時代を対象としたことで、その情報量に相応する膨大な作業を強いられたのではあるが、情報量の多寡に関わらず基本は基本としてその作業を精確に行っておくことは、やはりどうしても必要なことであったと思われてならない。

加えて人物研究（prosopography）により、或る人物の履歴情報から辿る人間関係を頼りに関連文献を「発掘」し、それを文献学（philology）的に処理してさらなる関連テキストを掘り起こす、という本書のもう一つの作業工程は、どうしても最後には「人」に興味を持ってしまう筆者個人の性格の為せる業だったのかもしれない。こうした悉皆・網羅的なリサーチの基礎を叩き込んで下さったのは今年無事定年を迎えられた佐藤慎一先生であった。こうした様々な手法を用いながら、東洋法制史学に於ける記史学史（history of historiography）を巡る諸問題について考えてゆくことは、筆者に課せられた問題の一つであり続けることであろう。

本書収録に当たり、旧稿たる修士論文については公刊後に発表された研究を補充した。同じく助手論文については公刊後「岡松参太郎文書」及び「日治法院檔案資料庫」がようやく二〇〇八年に刊行されたが、この文書の本格的な利用はあまりに膨大な作業となるため他日を期し、逆にその研究の基礎を整備するという意味に於いてもひとまずそれとは切り離し、旧来の研究を「一里塚」として一書にまとめておくのが適当であろうという結論に至り、改稿の上で今回の公刊となったものである。

本書が成るに当たって思い返せば実に多くの人々にお世話になった。まずは学問を行う場を提供して下さった指導教官、ポール・チェン先生のお名前を挙げなければならない。また高見澤磨先生は言わば第二の指導教官として、松原健太郎先生は良き先生かつ良き先輩として筆者の拙い原稿に幾度となく目を通して頂き、そのたびに適切かつ厳しいご意見を頂戴した。東京大学大学院法学政治学研究科では木庭顕先生、西川洋一先生、新田一郎先生、渡辺浩先生から格別のご配慮を賜った。良き先輩方、同学に恵まれたのも幸福であった。源河達史先生はテキスト批判の何たるかについて一からご教示下さり、分野こそ違え水野浩二先生、和仁かや先生、桑原朝子先生は常に知的刺激を与え続けて下さった。また日々の生活の中で同期の友人達との議論の場があったことは何よりの支えであった。中でも大久保直樹君、手賀寛君、許淑娟さん、溜箭将之君、直井義典君、深町晋也君には特に感謝を述べなければならない。

東京大学では文学部の先生方にも大変なご迷惑をおかけした。佐藤慎一先生、岸本美緒先生、濱下武志先生、吉澤誠一郎先生は、中国のことを何も知らない一学生であった筆者に懇切丁寧にご指導下さった。岸本先生の契約文書研究会では臼井佐知子先生、中島楽章先生、佐藤仁史先生、太田出先生のご指導を得る機会も手にすることができた。また他大学ながら慶應義塾大学の山本英史先生には勉強会への参加の機会を頂き、会では吉田建一郎君、戸部健君、宮田義矢君ら若手研究者との議論の機会も得ることができた。

残念ながら昨年ご逝去された滋賀秀三先生には、修士論文の草稿を携えてご自宅にお伺いして以来折にふれて声をかけて頂いた。森田成満先生には漢文読解について親しくご教示を賜った。寺田浩明先生はまだ東北大学におられた頃に研究室にお伺いして以来、厳しくも温かいご指導を頂いている。毎年の東洋法制史研究会でお世話になっている奥村郁三先生、佐藤邦憲先生、岡野誠先生、川村康先生、中村正人先生、七野敏光先生、石岡浩先生、陶安あんど先生、松田恵美子先生、喜多三佳先生をはじめとする会員の諸先生からも学会の内外で有益な助言を頂いており、また年の近い加藤雄三先生、鈴木秀光先生、高遠拓児先生、赤城美恵子先生との議論の機会は何ものにも代え難いものとなっている。隣接分野としての現代中国法研究会の先生方にも、現代法の視点から貴重な示唆を頂いている。

筆者の留学先である中央研究院（台湾）の劉翠溶先生、林玉茹先生、鍾淑敏先生、邱澎生先生、國立政治大學の黃源盛先生、國立台灣大學の王泰升先生、社会科学院（北京）の蘇亦工先生、渠涛先生、呉玉章先生、阿風先生、また名古屋大学の宇田川幸則先生には留学中の生活面でのご支援も含めて大変なご助力を頂いた。留学時代の前後を通じて筆者を支えてくれている友人、野口真広君、平川信幸君、湊照宏君、横井香織さん、張恵東君にも深く感謝している。大学の教養学部時代からの恩師である義江彰夫先生にも満腔の謝意を表したい。

京都大学大学院法学研究科ＣＯＥ研究員として在籍した際には、大石眞先生、寺田浩明先生、森川伸吾先生をはじめとする諸先生から良好な研究環境を提供して頂いた。京都時代では畠山亮先生との議論も大変に有益であった。また九州大学法学研究院へ赴任してからは、西村重雄先生、植田信廣先生、直江眞一先生、五十君麻里子先生をはじめとする同僚の各先生方から多大なご支援を賜り、この上ない環境を提供して頂いている。九州大学法学部では比較的年の近い友人にも恵まれた。河野恵一先生や山本弘先生、特に山口亮介君には日々の議論の相手として多くのことを学ばせてもらっている。筆者の講義やゼミに参加してくれている学生の皆さんもかけがえのない財産であるし、また高校時代からの友人として共に中国に携わる萩野敦司君にも改めて「謝謝」と伝えたい。

これほど多くの方々からご支援を頂きながら、それに応え得るだけのものを書くことができたのか反省しきりであるが、わずか一冊の本で全てご恩返しができるということはそもそも無理なことであり、今後の研鑽を通じて少しずつでもそれができればと思う次第である。

なお本書は九州大学法学研究院国際学術交流振興基金からの出版助成により刊行される。本書の出版に当たっては九州大学出版会、中でも尾石理恵氏のお手を煩わせた。

最後に、一旦就職した会社を辞めてまで研究の道に進みたいと言い出した道楽息子を温かく見守ってくれている両親と妹に、本書を捧げたい。

二〇〇九年九月、筑前国筥崎にて

西　英昭

事項・人名索引

さ行

た行

な行

は行

ま行

や行

ら行

わ行

著者紹介

西　英昭（にし・ひであき）

1997 年 3 月　東京大学法学部卒業。

2000 年 3 月　東京大学大学院法学政治学研究科修士課程修了。

2000 年 4 月　東京大学助手（大学院法学政治学研究科）。

2005 年 4 月　京都大学大学院法学研究科 COE 研究員・東京大学東洋文化研究所非常勤講師。

2006 年 10 月　九州大学法学研究院助教授。

2007 年 4 月　九州大学法学研究院准教授（職名変更）、現在に至る。

『臺灣《たいわん》私法《しほう》』の成立《せいりつ》過程《かてい》

——テキストの層位学的分析を中心に——

2009 年 10 月 15 日　初版発行

著　者　西　　英　昭

発行者　五十川　直　行

発行所　(財) 九州大学出版会

〒812-0053 福岡市東区箱崎 7-1-146

九州大学構内

電話　092-641-0515（直通）

振替　01710-6-3677

印刷／大同印刷㈱　製本／日宝綜合製本㈱

ISBN978-4-87378-999-6